민들레

법학의 탐색과 실마리

제3권

Dandelion

Ever widening horizon of law

Vol. 3

기획

명순구 | 고려대학교 법과대학 교수

Planning

SK MYOUNG | Professor of Korea University

법경제학

JEFFREY L. HARRISON 저

명 순 구 역

세창출판사

민들레

법학의 탐색과 실마리

Dandelion

Ever widening horizon of law

제3권 Vol. 3

기획 Planning

명순구 | 고려대학교 법과대학 교수 SK MYOUNG | Professor of Korea University

Law and Economics

(3rd ed.)

written by Jeffrey L. Harrison

translated by Soon-Koo MYOUNG

발간사

민들레 시리즈 제2권으로 『현대미국신탁법』을 번역・출판한 것이 작년 이맘때였습니다. 이번에 제3권 『법경제학』을 번역・출판하게 되었습니다.

다른 일과 마찬가지로 법학의 논의를 전개함에 있어서도 고비가 있는 것 같습니다. 일정한 문제인식을 출발점으로 하여 단계를 밟아 논의를 전개하다 보면 몇 가지 중에서 하나를 선택해야 하는 고비의 순간에 처하는 경우가 많습니다. 어떤 주제를 대상으로 논의하는 과정에서 수 차례의 고비가 있었다고 가정해 봅시다. 각 고비마다 일정한 선택을 하여야 할 것인데 문제는 그 선택의 기준을 무엇으로 할 것인가 하는 것입니다. 이와 같은 작업에 있어서 그나마 가장 손쉬운 방법은 하나의 원칙을 세워 놓고 각 고비마다 그 원칙에 비추어 판단을 하는 것입니다. 그런데 여기에는 딜레마 요소가 내재하고 있습니다. 기준으로 작용한 원칙이 너무 추상적이면 선택의 기준으로서 역할을 하기가 힘들 것이고, 그 반대로 너무 구체적이면 모든 고비에 적용될 수 있는 가능성을 가지지 못할 것입니다.

이와 같은 사정에도 불구하고 실제로 대륙의 전통적인 법학은 원칙을 세우고 그것을 기준으로 학문을 수행하는 성향이 강했던 것으로 생각됩니다. 그런데 이와 같은 태도가 법학방법론의 모든 것은 될 수 없습니다. 따지고 보면 법이라는 것은 법주체 사이에 대립하는 이해관계를 조정하는 도구라고 할 것인데, 그 복잡하게 얽히고 설킨 이해관계를 어떻게 하나의 일관된 원칙으로 조정할 수 있겠습니까? 하나의 원칙을 가지고 모든 것을 꿰어 보고자 하는 것은 체계화를 위한 노력일 것이고, 이러한 시도도 의미가 있습니다. 그런데 그와 아울러 각 고비에서 어떠한 결정이 경제적으로 가장 합리적인가를 기준으로 고민하는 것도 유용한 방법론이라 할 것입니다. 법경제학은 법과 제도를 경제학적 방법론을 사용하여 분석하는 학문입니다. 경제적 관점에서의 효율성(Efficiency)과 형평성(Equity)이라는 것이 법이 추구해야 할 유일한 가치는 아닐 것입니다. 그러나 그것은 법 속에 존재하여야 할 합리성의 요소 중의 하나라고 생각합니다.

경제학은 오랜 기간에 걸쳐 여러 가지의 엄격한 분석도구를 발전시켰는데, 이에 힘입어 경제학적 방법론은 경영학, 정치학, 사회학 등 인접 사회과학에 널리 적용되어 왔습니다. 경제학적 분석방법이 법학에 적용되기 시작한 것은 비교적 최근의 일이기는 하지만, 이제 법학방법론의 현대적 경향을 주도할 정도로 크게 발전하고 있습니다. 이러한 추세에 걸맞게 국내에도 이미 법경제학에 관한 여러 저서 및 역서가 나와 있습니다.

선학들의 연구물과 더불어 이 책이 법경제학의 저변확대에 미력을 더할 수 있다면 제게 큰 기쁨이 될 것입니다.

2006년 3월 19일
고려대학교 법과대학 연구실에서
기획자 명 순 구 교수 드림

머리말

이 책은 미국 웨스트출판사(West Publishing Co.)에서 출간한 『Law and Economics』 제3판(2003년)을 번역한 것입니다. 이 책은 우리나라에도 많이 알려진 넛쉘 시리즈(Nutshell Series)에 속한 저작물입니다. 이 책의 저자는 Jeffrey L. Harrison 교수입니다. 그는 현재 미국 플로리다 대학교 법과대학(University of Florida College of Law)에서 독점금지법, 계약법, 법경제학 등을 강의하고 있습니다.

역자가 대학교에 다니던 시절에는 법대생에게 경제학이 필수과목이었습니다. 그래서 별생각 없이 경제학을 수강하였습니다. 당시 한때는 경제학의 매력에 푹 젖어들었던 시절도 있었던 것으로 기억됩니다. 그러나 주전공인 법학을 하는 것도 벅차다 보니 경제학이라는 학문에 눈을 돌릴 여유가 없었습니다. 그러다가 프랑스 유학중에 우연히 과실(過失)을 정의함에 있어서 "과실이란 정당한 방지조치비용의 결여이다"라고 하면서 경제학적 시각과 수식으로 과실개념을 설명한 핸드공식(Hand formula)을 접하였습니다. "과실이란 주의의무를 게을리한 것이다. 과실은 주의의무의 기준을 무엇으로 할 것인가에 따라 추상적 과실과 구체적 과실로 구분된다…"라는 식의 과실 개념으로 굳게 무장되어 있던 역자에게 있어서 핸드공식은 충격이었습니다. 나중에 한 번 기회를 잡아 법경제학을 좀더 면밀하고 체계적으로 공부해야겠다는 생각을 한 것이 그 때였던 것 같습니다.

오랜 기간 동안 계획을 실천으로 옮기지 못하고 있던 중 약 4년 전에 역자의 대학원 제자를 중심으로 법경제학 강독모임을 운영하였는데, 그 때의 강독교재가 바로 Harrison 교수의 『Law and Economics』 제2판이었습니다. 순서를 정하여 번역과 발표를 거듭하면서 책 전체를 통독하게 되었습니다. 면밀하고 체계적으로 법경제학을 공부하리라는 계획을 본격적으로 실천하지는 못했지만 법경제학의 대강을 이해하는 계기는 되었던 것 같습니다. 그 때 이 책을 번역·출판하는 것도 강독모임을 좀더 의미있게 마무리하는 것이라는 생각을 하게 되었습니다. 그렇게 고민하던 중에 Harrison 교수는 제3판을 출간하였고, 이에 제3판을 번역·출판하기에 이른 것입니다.

민들레 제3권의 출간에 있어서 몇 분들께 감사의 말씀을 전하고자 합니다. 우선, 原著者 Jeffrey L. Harrison 교수님께 감사합니다. Harrison 교수님께서는 한국에서 번역본을 내는 일에 대하여 原出版社와의 연락 등 귀찮은 일을 신속하고 적극적으로 해주셨습니다. 역자가 해야 할 일을 기꺼이 대신 해준 Harrison 교수님의 배려는 역자로 하여금 학문적 동지로서의 연대감을 느끼게 해주었습니다. 다음으로, 이 책의 출판과정에서 교정을 맡아 수고한 오영걸 군에게 고마운 마음을 전합니다. 끝으로, 이 책의 출판을 맡아주신 세창출판사의 이방원 사장님과 임길남 상무님께 감사합니다.

책을 출간할 때마다 경험하는 감정은 크게 다르지 않은 것 같습니다. 약간의 설레임과 큰 두려움이 그것입니다. 이 책에 잘못된 부분이 있다면 그것은 모두 역자의 천학의 결과입니다. 앞으로 제 스스로 다시 살펴보고 독자 여러분들의 지적을 수용하여 새로운 발전의 밑거름으로 삼겠습니다.

이 책이 우리나라 법학의 방법론을 다변화함으로써 학문발전에 기여할 수 있다면 그것은 역자에게 큰 기쁨이 될 것입니다.

2006년 3월 19일
고려대학교 법과대학 연구실에서
역자 명 순 구 교수 드림

제3판 저자서문

이번 제3판은 제1판과 제2판의 논의범위를 확대한 노력과 구판에서 행했던 분석을 다듬는 노력을 반영하고 있다. 이전과 마찬가지로 이 책은 법에 대한 경제학의 전통적인 적용을 다루고 있다. 나아가 이 책에서는 경제학자들이 만든 가설들의 유효성에 대하여 현재 진행되고 있는 연구의 의미를 논하고 있다. 또한, 이 책은 법경제학을 완전하게 검토하기 위해서는 법에 대한 전통적인 경제원칙의 적용과 방법론의 철학적인 함의에 관한 연구가 필요하다는 나의 믿음을 계속 반영하고 있다. 이는 경제학의 가치를 평가절하하기 위한 것이 아니라 경제학의 활용과 한계에 관한 이해를 전달하고자 하는 것이다. 사실 경제학을 두 개의 학문 분야에 걸쳐서 적용하려는 사람들보다는 오히려 경제학자들이 기본적인 가설과 자신의 이론의 가치를 더 검토하고 싶어한다는 사실은 항상 나를 흥미롭게 만들었다. 그럼에도 불구하고 우리는 경제학이 법에 적용될 때에 경제학이 해줄 수 있는 부분과 그렇지 않은 부분에 대해서 반드시 알아야 한다.

이번 판에서는 많은 구체적인 내용들이 추가되었다. 제2판에서 처음으로 등장한 형법에 관한 제7장은 이제 형사절차법의 내용까지 포함하게 되었다. 독점금지법의 기초를 다루고 있는 제8장은 Alcoa와 Microsoft 사례에 관한 논의로 마무리된다. 공적 규제에 관한 제9장에서는 사회정의에서의 이익을 명백히 반영하고 있는 것으로 보이는 규제에 관한 간략한 논의를 포함하고 있다. 지적재산권법에 의해 야기되는 몇몇 경제학적 논의들은 제10장에서 다루고 있는데, 이는 이번 판에서 새로 추가된 것이다. 전체적으로 몇몇 사항들이 추가되었는데, 여기에는 제3장에서 논의되는 'taking'의 문제도 포함된다.

이 책의 보다 나은 개선을 위하여 많은 의견과 제안을 주신 분들 그리고 이 책의 잘못된 부분을 지적해 주신 분들께 감사의 마음을 전한다. 이번 제3판은 McCabe Harrison의 실질적 기여와 훌륭한 보조로 이루어졌는데 그는 지난 제1판과 제2판에 있었던 오류를 발견해냈으며, 또한 나의 설명이 개선될 수 있는 부분을 확인해주었다.

Jefferey L. Harrison
Gainesville, Florida
2003

차례

제1장 서　　론

제2장 경제학의 도구와 개념들

제3장 경제학을 법학에 적용함에 있어서 문제되는 몇 가지 쟁점들

제4장 코스 정리와 관련된 재산상의 제문제

제5장 계약법에 대한 적용

제6장 불법행위법의 경제학

제7장 형사법에 대한 경제적 분석

제8장 독점금지의 경제학

제9장 정부규제의 경제학

제10장 지적재산권

제11장 공공선택

법경제학

제1장
서 론

01

비록 적극적인 표출은 없었지만, 법조인들은 경제학이 보충적인 분야(법과의 관계에 있어서)라는 점을 오래 전부터 인식하여 왔다. 예컨대, 올리버 웬델 홈즈(Oliver Wendell Holmes)는 1897년에 '미래의 인류는 통계와 경제의 인류'라고 기술했다.[1] 나아가, 유명한 핸드 공식(Hand formula)[2]은 과실(negligence)을 '정당한 방지조치 비용의 결여'라고 정의하고 있는데, 이러한 정의는 경제학에 의해서 지탱되고 있음이 명백하다. 마찬가지로 1960년대 후반 및 1970년대 초에 이르러 법학자가 법과 경제학에 관하여 생각하거나 저술하기 시작하였는데 그 이전부터 경제학자들은 권리의 구제책이나 독점금지법의 영역에서 변호사들에게 소송에 필요한 도움을 열심히 제공했다.

마찬가지로, 경제학자들도 법과 경제의 관계에 대한 중요성을 항상 의식해 왔다. 이러한 사실에 대한 증거는, 애덤 스미스(Adam Smith)와 칼 마르크스(Karl Marx)의 저작에서뿐만 아니라 초기의 경제학적 문제들에 대한 연구에서도 발견할 수 있다. 지난 세기 초기에, 존 코먼(John R. Commons), 로버트 리 헤일(Robert Lee Hale) 그리고 어빙 피셔(Irving Fisher)와 같은 학자들은 명시적으로 경제발전에 대한 법제도의 영향과 경제의 변화가 법의 변화를 촉진할 수도 있는 방법들에 대하여 논의했다.[3] 사실, 이들 앞선 법경제학 학자들과 '제도학파 경제학자들'(Institutional Economists)은 법과 경제의 복잡한 상호작용에 대하여 완벽하게 설명하기 위하여 현재의 저작들보다 더욱 많은 노력을 했다고 할 수도 있다.[4]

이 책의 대부분을 할애하고 있는 법경제학의 최근의 물결은, 대체로 시카고학파의 시대로 잘 알려져 있다. 이는 로날드 코스(Ronald Coase)의 유명한

---

1) Oliver Wendell Holmes, "The Path of the Law," 10 *Harv. L. Rev.* 457(1897).

2) 이에 관하여 자세한 것은 제6장 불법행위법의 경제학 부분 참조.

3) Steven G. Medema, "From Interwar Pluralism to Posner," 30 *History of Political Economy*(Ann. Supp., 202) 1998.

4) 이에 관한 일반적인 사항에 대해서는, A. Allan Schmidt, "Institutional Law and Economics," 1 *European Journal of Law and Economics* 33(1994) 참조.

1960년의 논문 '사회비용의 문제'(The Problem of Social Cost)의 등장에 의하여 시작되었다.[5] 이러한 물결의 기세는 리차드 포즈너(Richard Posner)의 『법의 경제분석』(Economic Analysis of Law)이 공식간행된 후에야 비로소 법학연구자 사이에서도 많이 증가하였다. 이 시기의 법과 경제학은 주로, 만약 법원이 그의 지도적 기준으로서 효율성을 채용할 경우, 법은 어떻게 될 것인가를 기술하기 위해 노력했던 것이 특징이었다. 그리고 그 당시의 결론은 종종 현행법과 많이 닮아 보인다. 시카고학파의 시대는 또한, 법률이 불가피하게 효율적 규칙 체계로 향해서 이행할지 여부를 확정하기 위한 과정, 즉 법의 발전을 연구하는 시도였다고 파악할 수도 있다. 나아가, 효율성의 채용이 바람직한 기준이라는 것에 대한 도덕적 정당성을 설명하려는 시도도 있어 왔으며, 특히 최근에는 경험적 연구에 의하여 개인의 행동을 법률적인 차원에서 검증하려는 시도도 존재해 왔다. 본서를 통해서, 법과 경제학에 대한 이러한 접근방법으로부터 도출되는 견해들은 '전통적인 것'(conventional)으로서 언급될 것이다.

후기 시카고학파의 시대는 전통적인 시카고학파의 법경제학적 사고의 등장과 대체로 같은 시기에 시작되었으며, 실제로 두 분파로 나뉜다. 제1의 분파는 주로 시카고학파를 정면으로 비판하는 데 주력했다. 이 분파는, 전통적인 시카고학파가 경제학을 법에 적용함에 있어서 고유의 이데올로기적 편견이 있다고 주장함으로써 의문을 나타내고 있다. 게다가 전통적인 시카고학파의 접근방법의 여러 가정들이 현실적인지 여부, 특히 행동을 좌우하는 데 중요하다고 생각되는 도덕적·사회적 제 규범의 영역에 경제학이 적용되는 경우에 있어서 들고 있는 여러 가정들이 현실적인 것인지에 대하여 의문을 제기한다.

후기 시카고학파의 제2분파는 직접적인 의미에 있어서 전통적인 시카고학파의 법경제학적 사고에 대하여 그다지 비판적이지는 않다. 그 대신에 이 분파는 법학과 관련하여 둘 이상의 학문분야에 걸치는 광범위한 이론영역에 법경제학을 편입시키려는 시도를 하였다고 파악할 수 있다. 이 분파의 주요목적은 순

---

5) Ronald Coase, "The Problem of Social Cost," 3 *J. L. & Econ.* 1(1960).

수한 전통적인 접근방법에 대하여 '행동상의 현실주의적 요소'를 다소 부가하는 데에 있다. 어떤 의미에 있어서, 이러한 접근방법(사회경제학적 접근방법)은 제도학파 경제학자(Institutional Economists)들의 접근방법과 흡사하다. 이 시기에 있어서, 이러한 광범위한 연구는 법학자들의 주의를 끌었다.[6)]

이 제2분파의 주목할 만한 점은 전통적 학파나 시카고학파가 취하는 기본전제의 현실성에 관해서 의문을 제기한 것인데, 특히 도덕적·사회적 규범이 사람의 행위에 중요한 영향을 미치는 경우에 그 전제의 현실성에 관해서 의문을 제기한 것이다. 이 점에서 이 학파는, 실험 경제학자들(Behavioral Economist)이 '합리적 이기심'(rational self-interest)의 가정과 실제 행위 사이의 불일치에 지난 30년 동안 의문을 제기해 왔던 것에 그 근거를 두고 있다. 이 실험의 타당성은 실험 경제학(Economic Experimentation)의 두 거장인 Daniel Kahneman과 Vermon Smith가 2002년 노벨 경제학상을 수상하면서 인정되었다.

경제학부이든 법학부이든 불문하고, 법경제학에 대한 적절한 교육과정은, 전통적인 경제분석을 법에 적용하는 것에 대한 일방적인 설명 그 이상의 것을 포함하여야 하고, 본서는 그러한 전제로부터 출발하고 있다. 요컨대, 법경제학에 관한 비판에 대하여 많은 주의를 기울이는 것은, 이 분야를 보다 깊이 있게 이해하는 데 도움이 될 수 있다. 마찬가지로 다른 학문 분야로부터 제공되는 인간행동에 관한 정보를 고찰하는 것을 통하여 법경제학 이론이 개선될 수 있는 방향을 연구하는 것도 유익한 것이다.

본서의 제2장은, 공급과 수요의 원리를 포함한 기초적인 가격이론에 관한 도입부라고 할 수 있다. 이 부분에서의 대부분의 기술은, 독점금지법의 경제학에 관한 제9장에서 보다 자세히 논의하겠다.

제3장은, 경제학을 법에 적용함에 있어서 생기는 많은 전문용어나 논쟁점에 초점을 맞추고 있다. 비록 여기에 서술되어 있는 여러 개념들이 언제나 명

6) Robert Ashford, "Socio-economics: What is its Place in Law Practice?" 1997 *Wisc. L. Rev.* 611 (1997); Jeffrey L. Harrison, "Law and Socioeconomics," 49 *The Journal of Legal Education* 224(1999).

료하게 서로 관련되지는 않지만, 본서 제3장 이후에 이어지는 많은 논의들이 그 개념들에 의존하는 경향이 있으므로, 그 개념들에 익숙해지는 것은 의미가 있다.

제4장에서는, 법경제학의 기초라고 할 수 있는 코스의 정리(Coase Theorem), 그리고 이 정리가 재산권과 관련된 여러 문제에 적용되는 문제를 주로 논의할 것이다.

제5장에서는, 계약법 및 계약법상의 구제책을 논의하는 과정에서 전형적으로 발견되는 갖가지 개념을 설명한 것이다.

제6장에서는, 과실에 의한 불법행위(unintentional torts)와 핸드 공식(Hand formula)에 중점을 두면서 불법행위법에 관하여 검토할 것이다. 그리고 제6장에서는, 불법행위법의 경제적 기능은 사고비용과 사고를 방지하기 위한 노력과의 합계액을 최소화하는 데에 있다는 것을 논증할 것이다.

제7장에서는, 형법에 대하여 경제학을 적용하는 다양한 시도에 관한 예가 제시될 것이다.

제8장은 기업활동을 규제하는 경제학적 정당화 근거에 중점이 맞추어져 있다. 이들 정당화 근거는, 자연독점의 규제와 본질적으로 희소한 자원의 분배로부터 시작하여, 오염의 억제 및 멸종위기에 빠진 종(種)에 대한 파괴를 제한하는 노력에까지 걸쳐 있다.

제9장에서는, 대부분의 독점금지법의 배후에 놓여 있는 경제이론들이 많이 다루어지고 있다.

마지막으로 제10장에서는 법과 경제학의 최신분야인 공공선택의 이론(Public choice theory)이 검토된다. 공공선택은 장기간 사회과학자들에 의하여 관심의 대상이 되어 왔다. 전통적인 경제학이 전통적인 시장에서의 '의사결정과 선호에 관한 표시'를 다루고 있는 반면, 공공선택은 선호의 표시형태가 투표라고 하는 맥락에서 그와 같은 문제를 다루고 있다. 공공선택은, 경제분석을 법에 적용할 경우에 받는 여러 비판들을 이해하는 데 있어서 특히 중요하다. 왜냐하면, 사람들은 공정함 · 정의로움에 관한 일정한 가치 · 관념에 대한 '일반화'된 선호를 표시하는 형태로 투표하는 경향이 있기 때문이다. 전통적인 시장에 있어서, 거의 모든 사람들은 개별적인 선호를 표시하는 방법으로서 자신들이 가지고 있는 화폐를 사용하여 투표(소비)한다.[7] 법을 포함한 여러 결정에 경제학을 적용하는 것은, 일반적 평가(집단으로서의 가치평가)와 개별적 선호(개인의 가치평가) 쌍방이 일정한 역할을 하는 것처럼, 어떠한 중간적인 영역을 차지하는 것이 된다.

법과 경제학에 관하여 상세한 검토를 하기에 앞서서 마지막으로 한 가지 주의할 것이 있다. 법경제학의 연구는 전통적인 법학의 과정이 요구하고 있는 것과는 다른 방향을 취할 것을 학생들에게 요구하고 있다. 법경제학은 실제로 단일한 논제라기보다도, 미시경제학으로부터 게임이론, 사회학 및 법리학에까지 미치는 일련의 논제들이다. 사법상의 결정에서 묵시적이며 명시적인 경제학의 풍부한 분석을 발견할 수는 있어도, 기초적인 자료가 되는 것은 법률저널이나 경제전문지에서 볼 수 있는 학문적인 저작들이다. 사법상의 견해가 기준이 되는 것과 마찬가지로 이들 저작들도 기준이 된다: 즉 이러한 저작들이 새로운 기준이 되거나 주목할 만한 전환점이 되는 것이다.

7) Kenneth Arrow, *Social Choice and Individual Values*(1963) 참조.

제2장

경제학의 도구와 개념들

02

이 장에서는 경제학자들이 법학을 연구할 때 기본적으로 사용하는 도구와 개념들을 공급과 수요에 관한 논의와 함께 서술할 것이다. 그런 다음, 탄력성을 고찰하고, 완전경쟁과 불완전경쟁을 비교할 것이다. 전체적으로 이들 기초 개념들이 이른바 '기본적인 가격이론'으로 알려진 이론을 구성하게 된다. 본 장에서의 기초적 가격이론에 관한 논의를 계속 공부하고자 하는 독자들을 위하여, 제8장에서는 비록 여전히 기초적인 논의이지만, 이 장의 분석을 독점금지법과 관련하여 별개의 차원에서 확장하고 있다. 이 장은 또한 외부효과 및 법경제학에서 가장 일반적으로 논의되고 있는 효율성의 형태에 대해서도 살펴볼 것이다.

A. 수요, 공급 및 시장균형

1. 수 요

「수요」(demand)는 극히 특별한 의미를 가지고 있으며, 일반인을 대상으로 하는 출판물에서는 종종 혼란스러운 용법으로 사용되고 있다. 경제학자들이 수요에 관하여 언급하는 경우, 그것은 '어느 특정 시기에 특정한 시장에 있어서의 여러 가격과, 그 각각의 가격하에서 개인이 자발적으로 구입할 수 있는 재화·용역(good or service)의 총량과의 조합'을 가리키는 것이다. 수요는, 재화·용역을 구입할 능력이 없는 사람들이나 구매의사가 없는 사람들을 고려하지 않는다는 것을 주의할 필요가 있다. 또한, 시간과 장소의 양면에서 시장을 직접적이든 간접적이든 한정하지 않으면 수요에 관하여 언급할 수 없다. 이렇게 해야, 오스카빌〔Oscarville: 조지아주 북부의 도시〕에서 월요일 오전 7시부터 오전 9시까지 가솔린에 대한 수요가 어느 정도인지를 질문해 볼 수 있는 것이다. 이 질문에 대한 적절한 대답은 '가능한 가격들과 사람들이 이 한정된 시간 안에서 구입할 의사가 있는 가솔린의 총량'을 나타내는 표 혹은 그래프에서 구할 수 있을 것이다. <표 1>은 이에 대한 대답이 될 수 있을 것이다.

이 표로부터 각각의 가격에서의 가솔린의 수요량을 결정할 수 있다. 이 표에 나타나 있는 것과 같이, 가격이 상승함으로써 수요량은 감소된다. 예컨대

〈표 1〉 가솔린에 대한 수요

1갤런당 가격	수 량
1.00 달러	800 갤런
1.05 달러	750 갤런
1.10 달러	700 갤런
1.15 달러	650 갤런
1.20 달러	600 갤런

〈그림 1〉

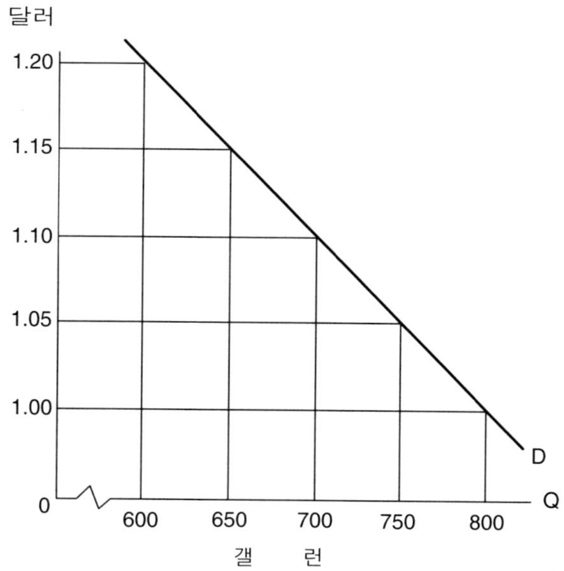

1갤런당 1달러인 경우에는 수요량이 800갤런이며, 1달러 5센트인 경우에는 수요량이 750갤런이다. 이러한 가격과 수요량 사이의 관계는 표에 표시되어 있다. <그림 1>에서 Y축에 해당하는 종축은 가격을 나타내는 것이며, X축에 해당하는 횡축은 수량을 나타내는 것이다. 가솔린에 대한 수요를 도식화하면, 그 가격과 수량의 조합은 하나의 직선에 의하여 연결될 수 있다.

<그림 1>에서 D를 수요곡선이라고 부르며, 이것은 <표 1>에 나타나 있는 수요를 도식화하여 표현한 것이다. <그림 1>에는 시장에서 가능한 가격과 수량이 나타나 있다.

수요곡선은 거의 모든 경우 우하향으로 되어 있다. 이러한 사실은 가격이 상승함으로써 사람들이 기꺼이 구입할 수 있는 양이 감소한다는 그래프상의 수요곡선과 일치한다. 대체품을 구입하거나, 혹은 물품의 가격 상승은 일반적으로 그들의 구매력을 저하시킨다는 이유에서 더 적게 구입하는 것이다.

수요의 변화는 각 가격마다 수요량이 증가하거나 또는 감소되는 것을 의미하고, 이는 수요곡선의 이동에 의하여 나타난다. <그림 2>에서 D_2는 수요의 감소를 나타내고 있는 반면에, D_3은 수요의 증가를 나타내고 있다. '수요'의 변화와 '수요량'의 변화를 혼동하지 않도록 하여야 한다.

〈그림 2〉

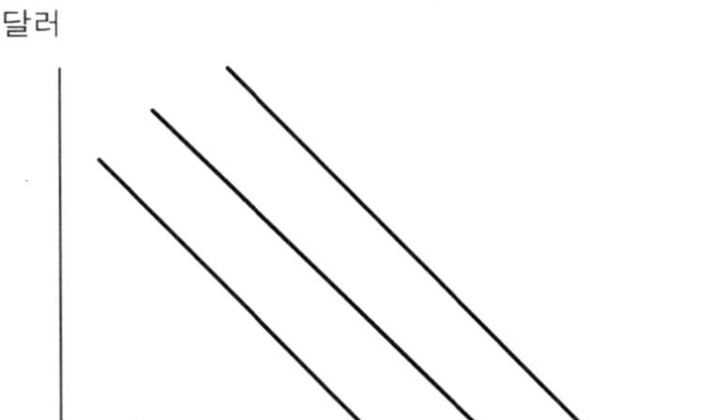

가격의 변화에 의하여 동일한 수요곡선상에서 새로운 위치로 이동하는 경우에 '수요량'의 변화가 발생한다. 이에 대하여 '수요의 이동' 혹은 '수요의 변화'라 함은 수요곡선 자체가 전부 변화(이동)하는 것을 의미하며, 이것은 또한 수요곡선이 변화된 후에 그래프상에 있는 각각의 가격에 해당하는 수량에 대한 수요가 '수요곡선이 변화되기 전'의 수요와는 다르다는 것을 의미한다.

수요곡선의 이동은 재화 또는 용역에 대한 선호도・취향의 변화의 결과로서 발생할 수 있다. 그것은 또한 다른 재화・용역의 가격변화의 결과로서 발생할 수도 있다. 예컨대, 함께 사용되는 보완재의 경우를 들 수 있다. 테니스볼과 테니스라켓은 전형적으로 함께 사용되는 보완재이다. 테니스라켓의 가격이 상승한다면 테니스볼에 대한 수요는 대체로 감소할 것이다. 테니스볼에 대한 당초의 수요가 <그림 2>상의 D_1인 경우, 새로운 수요곡선은 아마도 좌측 D_2로 이동될 것이며, 이는 수요곡선이 아래쪽으로 이동된다는 것을 나타낸다.

또 하나의 가능성은 당해 재화에 대하여 대체재가 있는 경우이다. 다시 말해서, 두 물건이 정도의 차이가 있겠지만, 대체재가 동일한 목적을 위하여 사용될 수 있다는 것이다. 이러한 이유에서, 테니스를 대신하여 어느 정도까지는 조깅을 할 수도 있다. 테니스라켓의 가격이 상승하면 조깅화에 대한 수요는 증가할 것이다. 이는 조깅화의 수요곡선이 우측으로 이동하는 것에 의하여 나타난다. <그림 2>에서 D_3은 D_1 위에 있는 것으로 수요의 증가를 표시하고 있다.

2. 공　급

공급(supply)의 적절한 정의는 수요의 정의와 비교된다. 공급이라 함은 특정 시간에 특정한 시장에서의 재화의 가격과 그 가격으로 판매할 수 있는 수량에 관한 관계이다. 따라서 Oscarville에서 오전 5시부터 오전 7시 사이에 가솔린의 공급은 <표 2>와 같이 될 수 있다.

〈표 2〉 가솔린의 공급

1갤런당 가격	수　량
1.00 달러	600 갤런
1.05 달러	650 갤런
1.10 달러	700 갤런
1.15 달러	750 갤런
1.20 달러	800 갤런

수요와 마찬가지로 공급도 종종 그래프로 표시된다. <그림 3>에서는, 수량이 X축에, 가격이 Y축에 나타나 있다. S_1은 오전 5시부터 오전 7시 사이에 Oscarville에서의 가솔린의 공급곡선이다. 표와 그림에 나타나 있는 바와 같이 가격이 상승함에 따라 공급량은 일반적으로 증가한다. 그 이유를 이해하기 위해서는 한계비용(marginal cost)의 개념을 이해하여야 한다. 한계비용이라 함은, 생산물을 추가적으로 1단위 생산하는 데 드는 비용의 증가분이다. 그러므로 만일 생산물을 4단위 생산하는 데 드는 총비용이 4달러이며, 생산물을 5단위 생산하는 데에 드는 총비용이 5달러라면, 5단위째의 한계비용은 1달러이다.

한계비용을 그래프에 기입하여, 생산량이 증가함에 따라 생산물을 1단위 더 많이 생산함으로써 총비용이 어떻게 변화하는지를 그릴 수 있다. 이것이 한계비용곡선이며, 여기서의 분석과 관련된 한계비용곡선의 부분은 우상향으로 되어 있다. 실제에 있어서 한계비용곡선과 관련된 부분은 <그림 3>에 그려져 있는 것과 같이 공급곡선이 된다. 한계비용곡선과 공급곡선이 완전히 동일한 이유는, 생산물 1단위를 추가적으로 생산하는 데 제시된 가격이 그 추가적 1단위를 생산하는 데 드는 한계비용과 적어도 같은 한, 생산자는 생산물의 추가적인 1단위를 기꺼이 판매하려고 하기 때문이다. 이런 까닭에, 각각의 가격에서 어느 정도의 수량이 판매를 위하여 만들어질 수 있는 것인지에 관한 문제에 답하기 위하여 생산자는 각각의 단위를 생산하는 데 드는 한계비용을 고려하는 것이다.

〈그림 3〉

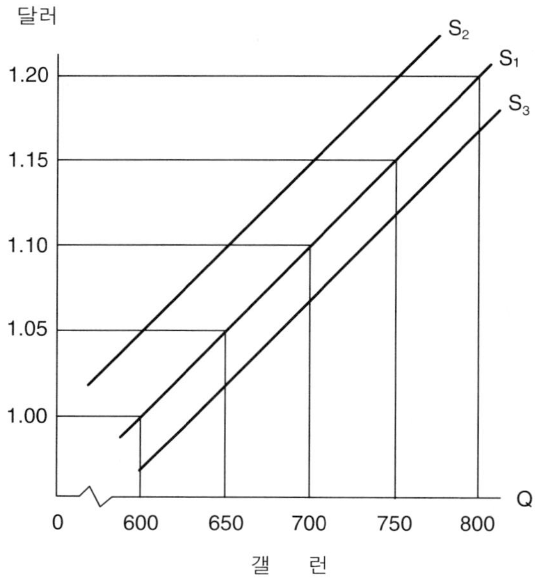

수요곡선과 마찬가지로 공급곡선도 변화할 수 있다. 수요곡선에서와 마찬가지로 '공급곡선'의 이동과 '공급량'의 변화를 구별하여야 한다. 가격의 변화에 의하여 동일한 공급곡선상의 새로운 위치로 이동하는 경우에는 공급량의 변화가 발생한다.

통상적으로, 공급곡선의 변화는 투입물의 비용이 상승하거나 하락하는 경우에 나타나는 반응이다. 따라서 만일 투입물로서 노동이 포함되어 있고 시간당 노동비용이 상승한다면 공급곡선은 좌상향으로 이동될 것이 예상된다. <그림 3>에서 이것은 곡선 S_2에 나타나 있다. S_2에 따라 각각의 가격에 있어서 생산자는 노동비용의 상승 전과 비교해 볼 때 보다 적은 수량만을 판매하기를 원할 것이다. 달리 말하자면, 각각의 수량에 있어서 더 높은 가격이 형성되어야만 생산자는 그러한 물품을 생산하려고 할 것이다. 역으로 노동의 가격(price of labor)의 하락은 S_1으로부터 S_3로의 변화를 가져온다. 이것은 공급의 증가를 의미한다.

3. 시장균형

공급과 수요를 조합함으로써, <그림 4>에 그려져 있는 것과 같이 특정시간에 특정시장에 대한 균형가격과 균형거래량을 결정할 수 있다. 이것이 가격 및 거래량이 확립되어 변화하지 않을 것이라는 것을 의미하는 것은 아니다. 오히려 시장은 균형가격과 균형거래량으로 조절되는 경향이 있다. Oscarville의 경우를 예로 들면, 균형가격은 1달러 10센트이며 균형거래량은 700갤런이 된다.

〈그림 4〉

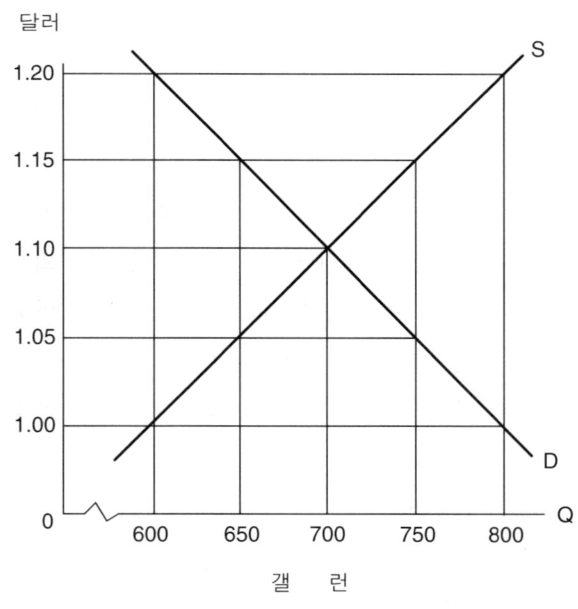

그 이유를 이해하기 위해서 1달러 20센트의 가격일 경우의 반응을 살펴보자. 1달러 20센트의 가격에 대한 수요량은 600갤런이며, 판매를 위해 제공된 수량은 800갤런이다. 모든 사람들이 구입할 의사가 있는 수량과 비교할 때, 판매를 위해 제공된 수량이 많으므로 시장에서는 재고가 발생하고, 그 때문에 가격은 하락하는 경향을 보이게 된다. 결국, 공급자들은 이 초과분을 제거하기 위하여 가격을 인하하는 방향으로 서로 경쟁할 것이다. 1달러의 가격에서 수요량은 800갤런이며 공급량은 600갤런이다. 이러한 경우에는 물품부족이 발생하기 때문에, 공급자들은 가격을 상승시켜도 된다고 생각할 것이다. 1달러 10센트의 가격에서만 공급량과 수요량은 같아진다. 가격은 이 수준으로 되어갈 것이고, 판매량은 700갤런으로 되어갈 것이다.

B. 탄 력 성

1. 총 설

일반적으로 수요곡선이 우하향으로 되어 있다는 사실과 공급곡선이 우상향으로 되어 있다는 사실은 중요하지만, 문제는 이들 곡선의 기울기가 어떠한가 하는 것이다. 달리 말해서, 매도인과 매수인이 가격의 변화에 대해서 어느 정도 반응하고 있는가 하는 것이다. 이러한 반응의 척도를 경제학자들은 '가격의 탄력성'이라고 한다. 가격의 탄력성은 다음과 같은 수치로 나타난다:

수량의 %변화 ÷ 가격의 %변화

수요의 경우를 예로 들면, 만약 수량의 변화비율이 가격의 변화비율을 초과하고 있다면, 즉 상기의 비율이 1보다 크다면 수요는 '탄력적'이라고 말할 수 있다. 단적으로 말해서, 이는 매수인이 가격변화에 대해서 비교적 민감하게 반응하는 경우이다. 만약, 가격변화의 변화비율에 대한 수량의 변화비율이 1보다 작다면, 이 때의 수요는 '비탄력적'이라고 말할 수 있다. 수요의 탄력성을 결정하는 주된 요인은 대체재의 이용가능성에 있다. 만일 가격이 상승했으나 많은

〈그림 5〉

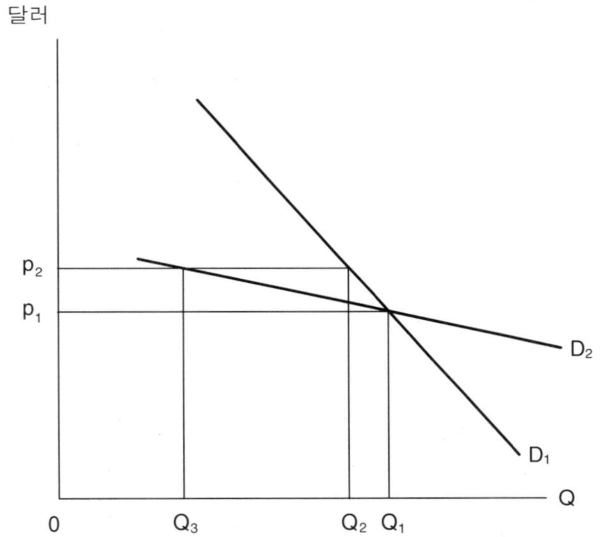

대체재의 이용이 가능하다면 모든 개인은 가격이 상승한 재화를 멀리하고 가격을 상승시킨 생산자로부터 멀어질 것이다.

탄력성이 상이하다는 의미가 <그림 5>에 나타나 있다. 그래프에는 2개의 수요곡선이 나타나 있다. D_1은 상대적으로 경사진 반면, D_2의 경사 정도는 상대적으로 완만하다. 양 곡선상의 P_1에서의 수요량은 Q_1이다. 만일 가격이 P_2로 상승한다면 D_1상의 수요량은 Q_2로 되며, D_2상의 수요량은 Q_3로 된다. 다시 말해서, 같은 크기의 가격 상승이 다른 반응을 가져온다는 것이다. 경사가 많이 진 곡선이 상대적으로 비탄력적이며, 수요자는 가격변화에 대해서 상대적으로 민감하게 반응하지 않음을 뜻한다. 이는 다른 여러 가능성 중에서도 특히 D_1에 의해서 나타나는 재화에 대해서는 대체재가 많이 존재하지 않는다는 것을 시사하는 것이다. D_2의 반응은 훨씬 크다. 즉 D_2는 D_1보다 탄력적이며, 수요자는 가격변화에 대한 반응으로서 지출액을 보다 큰 폭으로 변화시키고 있다는 것을 말한다.

공급의 탄력성은 수요의 탄력성과 동일한 방법으로 계산될 수 있다. 여기서도 가격의 상승 혹은 하락에 대한 생산자의 반응이 클수록 공급곡선은 보다 탄력적이라고 할 수 있다. 공급의 탄력성에 대한 중요한 결정요인은, 생산량이 증가함으로써 생산비용이 상승하는 비율에 있다. 예컨대, 어느 매도인이 잉여설비를 가지고 있으며 나아가 투입물이 비교적 싼 값인 경우에는, 소폭의 가격상승도 생산량에 있어서 큰 폭의 증가를 가져올 것이다.

2. 귀착분석

귀착분석(Incidence Analysis)은 생산비용 또는 조세가 상승한 경우에 생산자 집단과 수요자 집단 중 누가 실제로 더 많은 부담을 지는가 하는 것을 결정하기 위해서 사용된다. 탄력성은 어느 지불자 집단이 영향을 받는가에 대한 중요한 결정요인이다. 이는 Oscarville에서의 가솔린에 대한 공급과 수요로 예시할 수 있다. <그림 6>에서 초기의 균형가격은 P_1이며, 당초의 균형거래량은 Q_1이다. 오래된 주유소의 부지를 청소하는 것을 목적으로 하여 설립된 기금을 위하여 모든 주유소 소유자는 1갤런을 판매할 때마다 10센트를 지불해야 하는 새로운 행정조치가 취해졌다고 가정하자. 이는 가솔린의 판매를 보다 높은 가격으로 내몰게 함으로써 당초의 시장의 공급적인 측면에 영향을 준다. 따라서 공급곡선은 좌상향으로 이동할 것이다. <그림 6>에서 S_1은 행정조치가 취해지기 전의 공급곡선이며, S_2는 행정조치가 취해진 이후의 공급곡선이다. 공급곡선은 정확하게 징수금액분만큼 위쪽으로 이동한다. 왜냐하면 각 생산수준에서 가솔린의 한계비용은 동일한 액수(이 경우 10센트)만큼만 상승하기 때문이다.

여기서 귀착분석이 제시하는 문제는 10센트의 추가적인 비용을 수요자와 생산자 사이에서 어떻게 배분해야 하는가 하는 것이다. 예컨대, <그림 6>에서 가솔린의 비용은 1갤런마다 P_2로 상승하고 판매량은 Q_2로 하락한다. 따라서 어떤 소비자는 보다 많은 비용을 부담하게 되고, 그 반면에 어떤 소비자는 지금

〈그림 6〉

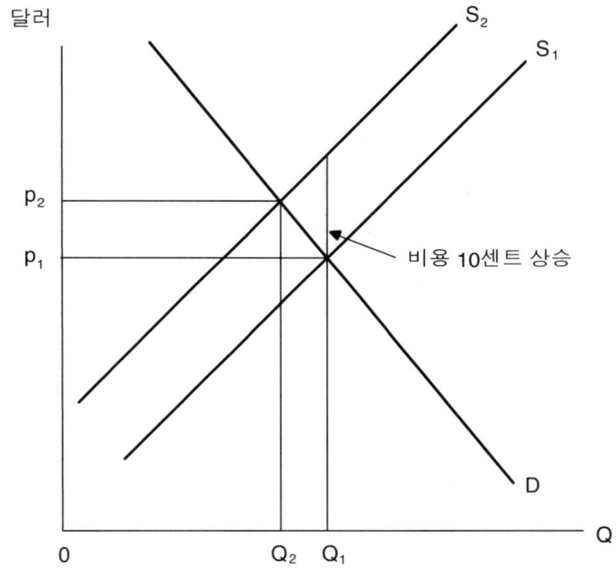

까지와 같은 양의 가솔린을 구입할 수 없게 된다. 그러나 <그림 6>에서 가격의 상승은 10센트인 생산비용의 상승분과 같지 않다.

<그림 6>을 <그림 7>과 비교해 보자. <그림 7>에서의 2개의 공급곡선은 <그림 6>에 있는 것과 같지만, 수요곡선은 극히 경사져 있으며 상대적으로 비탄력적이다. 수요곡선에 나타나 있는 것과 같이 가격의 상승이 극히 적은 수요량의 반응만을 가져온다. 즉 행정조치가 취해진 이후에 가솔린 가격은 P_2로 상승하고 거래량은 Q_2로 감소한다. 이 경우 생산에 드는 추가적인 비용의 대부분은 소비자가 부담하는 것이 된다. 이러한 수요곡선을 수평에 가깝게 하여 극히 탄력적인 수요곡선으로 만들 수도 있지만, 그렇게 할 경우 가솔린의 가격은 거의 상승하지 않는다는 결과가 된다. 이렇게 해서 공급의 탄력성과 수요의 탄력성 양자는 누가 추가적인 비용을 부담하는가를 결정하는 것이다.

〈그림 7〉

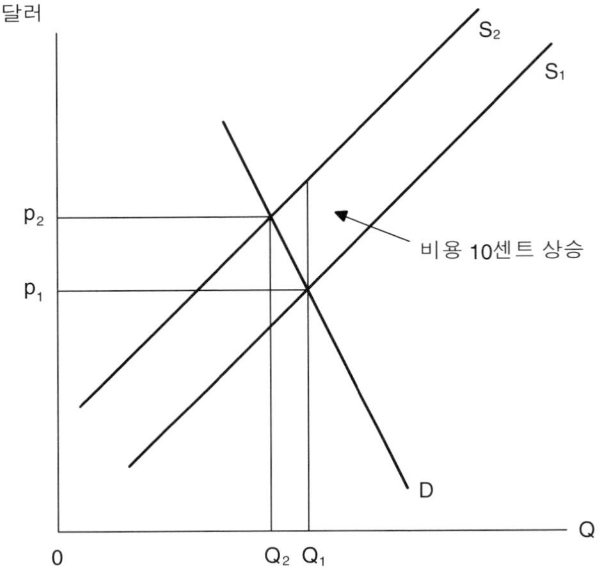

C. 완전시장과 불완전시장

공급곡선 및 수요곡선은 법의 경제분석에 있어서 유익한 도구이지만, 그렇다고 하여 그것들이 시장이 현실적으로 어떻게 조직되어 있는지를 묘사해 주는 것은 아니다. 예컨대, Oscarville에 있어서 시장 전체의 수요는, 관계표상의 각각의 가격에서 거주자들이 어느 정도의 가솔린을 구입하려고 하는지를 각각의 거주자에게 질문하고, 그 다음 시장전체의 수요를 얻기 위해 그들이 소비하는 가솔린의 양을 합계함으로써 결정할 수 있다. 이와 동일한 절차가 공급의 측면에 대해서도 행해질 수 있다. 모든 가솔린의 생산자에게 관계표상의 각각의 가격에서 어느 정도를 판매하려고 하는지를 질문하고, 그 양을 합계함으로써 시장에서의 공급량을 얻을 수 있다. 이것은 또한 모든 생산자의 한계비용곡선의 합계가 된다. 가격을 더하지 않고 각각의 가격에서 판매를 위하여 제시된 양을 더해가기 때문에, 이는 '수평선상에서의 합계'(horizontal summation)라고 불린다.

지금까지의 분석은 무수한 공급자〔및 수요자〕가 실제로 존재하고 있는 것으로 가정했다. 이러한 맥락에서, 생산자들은 시장에서 결정된 가격에 대해서 수동적으로 반응할 수밖에 없다. 사실, 기본적인 수요·공급 모델은, 〔상술한 다수의 시장거래자의 존재뿐만이 아니라 그 밖에〕 다음과 같은 가정들을 수반한다. 즉 생산자들은 동일한 품질의 생산물을 판매하고 있다는 것, 소비자와 생산자는 가격 및 그 밖의 관련요소에 대한 충분한 정보를 가지고 있다는 것, 시장으로의 진입과 퇴출이 용이하다는 것, 그리고 생산량을 증가 또는 감소시킴으로써 가격에 대하여 영향을 미칠 수 있을 만한 생산자가 없다는 것 등의 가정들이다. 경제학자들은 이것을 완전경쟁(perfect competition)이라고 부른다. 이들 조건하에서, 각 생산자는 '가격수용자'(price-taker)이며, 시장에서 결정된 가격으로 팔고 싶은 만큼 모두 팔아치우는 것이다.

만일 상술한 여러 조건들 중에 어느 것이 결여되면, 시장은 불완전한 것으로 된다. 불완전시장이라 함은 생산자가 수동적인 가격수용자가 되지 않는 상황을 말하며, 몇 가지 이유에서 생산자는 경쟁시장에서 성립된 가격 이상으로 가격을 올릴 수 있게 된다. 예컨대, 소비자가 쉽게 정보를 입수할 수 없거나, 또는 생산자는 자신의 생산물이 다른 생산자의 것과 다르다(즉 차별화된다)고 잠재적 소비자를 설득할 수 있는 경우이다. 이들 불완전성은 시장지배력을 가지게 되는 원인이 될 수 있다. 시장지배력이 클수록 생산자는 보다 큰 폭으로 경쟁수준 이상으로 가격을 올릴 수 있게 된다. 게다가 시장지배력을 가지고 있는 기업은 더 이상 가격수용자가 아니다. 시장상황이 서서히 완전경쟁하에서의 상황과는 다르게 되어감에 따라 단순한 수요·공급분석은 그 타당성을 잃게 된다. 그 대신에 개개의 기업은, 경쟁가격을 넘는 가격을 설정하고, 경쟁상태하에서의 수준 이하로 생산량을 감소시킬 것이다. 불완전경쟁의 경제학상의 의미에 관한 보다 상세한 설명은 제8장으로 미루어져 있지만, '현실적 가격결정과정'에 관해서는 이하에서 논의하고자 한다.

〔완전경쟁시장과 불완전경쟁시장에서의〕 가격결정이 어떻게 다른가를 설명하기 위하여, Oscarville에서의 모든 주유소가 단일한 거대공급자로 합병되었다고 가정해 보자. 이 새로 합병된 공급자의 한계비용곡선은 이전의 모든 소기업의 한계비용곡선을 전부 수평적으로 가산함으로써 도출되는 것이라고 가정하자. 다시 말해, 새로 합병된 공급자의 한계비용곡선은 합병 이전의 도시 전체에 대한 공급곡선과 동일하다는 것이며, 한 개의 기업이 Oscarville 전체의 수요에 직면하게 된다는 것이다.

이는, 이 기업이 수요곡선과 공급곡선이 교차하는 지점에 표시되어 있는 가격을 부여한다는 것을 의미하지는 않는다. 오히려 이 기업은 이윤을 최대화시켜 주는 가격을 선택하려고 할 것이다. 임의의 단위를 판매하는 것에 의하여 얻는 총수입의 추가분이, 당해 단위를 생산하는 데 드는 총비용의 증액분(한계비용)을 초과하고 있는 한, 판매된 각각의 단위로부터 기업은 이윤을 획득할 것이다. 추가적 1단위의 판매로부터 얻어지는 추가적 수입이 한계수입이다.

여기서 <그림 8>에 눈을 돌려 보자. 이 그림에서는 <그림 2>에서의 수요와 함께 <그림 3>에서의 공급도 그려져 있다. 이 도표에서는 공급을 의미하는 S가 아닌 한계비용(marginal cost)을 의미하는 MC가 표시되어 있다. 이는, 기업이 각각의 가격에 따라서 서로 다른 공급량을 제시하려는 것이 아니고 이윤을 최대화하는 어느 단일한 가격을 모색하고 있기 때문이다. 새로운 곡선은 한계수입(marginal revenue)을 의미하는 MR로 표시된다. 한계수입(1단위 많이 판매함으로써 얻을 수 있는 추가적 수입)은 판매되는 단위에 해당하는 가격에 비해 항상 낮다. 그 이유는 간단하다. 만약 생산자가 보다 많이 판매하려고 한다면 모든 단위에 대한 가격을 낮추지 않으면 안 되기 때문이다. 이리하여 가격이 낮아질 때 추가적 단위를 판매함으로써 얻는 수입의 증가분은, 가격이 인하됨으로써 이제는 낮은 가격으로 된 모든 단위로부터 발생하는 수입의 감소에 의하여 일부분 또는 완전히 상계된다.

기업은 한계비용보다 한계수입이 더 많이 생기는 한, 모든 단위를 판매하려고 할 것이다. 그래프에서 이는 한계수입곡선이 한계비용곡선보다 높은 모든 단위에 대하여 나타난다. 이리하여 기업은 Q의 수준까지 생산하고 판매할 것이다. 말할 필요도 없이 기업은 Q에 대하여 설정할 수 있는 가장 높은 가격을 설정하려고 할 것이다. 수량 Q에 부합하는 수요곡선상의 가격은 P이다. 이것이야말로 매도인에 의하여 설정되는 가격일 것이다.

경쟁의 정도는 명백히 중요한 의미를 가지고 있다. 제8장에서 보다 상세하게 탐구하겠지만, 그것들 중에 몇몇은 여기서 지적해 둘 가치가 있다. 첫째로, 완전히 경쟁적인 상황하에서 기업은 사업을 존속시키는 데 필요한 최소한의 이윤을 얻는 경향이 있다는 것이다. 이것은 '정상이윤'(normal profit)이라고 불리며, 경제학자들은 이것을 다른 생산비용과 함께 비용으로서 취급하고 있다. 정상이윤을 초과하는 이윤은 '경제적 이윤'(economic profit)이라고 불린다. 완전경

〈그림 8〉

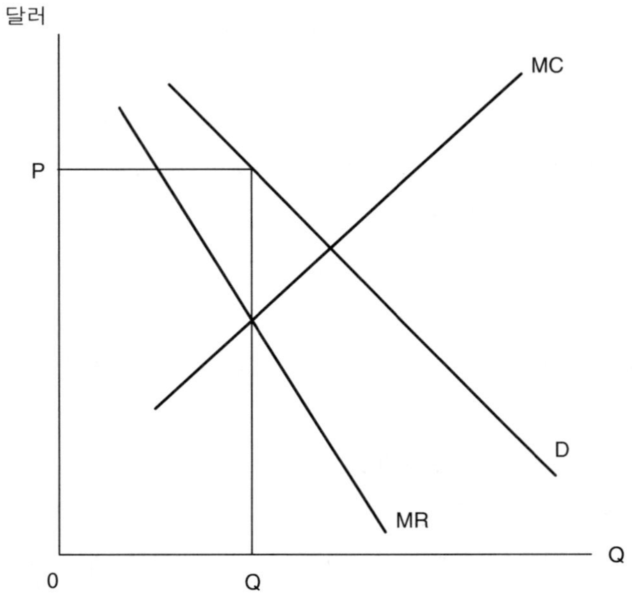

쟁의 산업에 있어서 기업이 정상이윤만을 얻으려는 경향을 가지는 이유는, 당해 시장으로의 진입이 극히 쉽기 때문에 정상이윤을 초과하는 이윤이 있을 경우에는 경쟁상대방을 만들어 낼 것이며 그로 인하여 공급이 증가되어 생산물의 가격과 이윤이 저하될 것이기 때문이다. 불완전경쟁하에서는 아마도 그렇게 될 일이 없을 것이며, 기업은 장기간에 걸쳐서 경제적 이윤을 얻을 수 있다. 게다가 〔경쟁이〕 불완전한 상황하에서는, 가격은 높아지면서 생산량은 줄어드는 경향이 있다. 여기서 알 수 있듯이, 이는 독점금지정책에 있어서 중요한 의미를 가진다.

산업의 '경쟁 정도'는 또한 귀착분석에 있어서도 일정한 역할을 담당한다. 완전경쟁의 상황하에서는 부과된 비용은 전부 소비자에게 전가될 것이 분명하다. 이는 산업 내의 여러 기업이 생존하는 데 필요한 최소한도의 정상이윤을 획득하는 데 지나지 않기 때문이다. 이것은 상승된 비용총액만큼 가격이 상승한다는 것을 반드시 의미하지는 않는다. 기업이 비용의 상승분을 메우기 위하여 가격을 올리면 소비자 중 일부는 시장에서의 구매를 포기하게 되므로, 보다 적은 수의 기업만이 남은 소비자의 요구를 만족시켜 주기 위하여 필요하게 된다. 기업의 수가 적어지게 되면 당해 산업 내에서 이용되는 생산요소에 대한 수요는 감소하기 때문에 생산요소의 가격은 하락할 것이다. 만약 그렇게 된다면 비용의 상승분은 다른 생산요소의 가격 하락에 의해서 부분적으로 상계될 것이기 때문에, 전체적으로 가격은 비용이 상승한 전액분만큼 상승하지 않을 것이다. 만약 누군가가 이 비용의 상승분을 '흡수'하려고 한다면, 그것은 구매를 계속하는 소비자, 즉 이전보다도 매력이 없는(가격이 높다는 의미에 있어서) 생산물을 구매하기 위해 시장에 남아 있는 사람들과 시장에 남아 있는 기업들일 것이다.

다른 한편, 산업이 불완전경쟁상태에 있다면, 기업은 경제적 이윤 혹은 '지대'(rents)를 향유한다. 이 경우, 상승된 비용의 일부는 소비자에게 전가되지 않고 보다 적은 이윤이라는 형태로 시장에 남아 있는 기업에 의해서 흡수될 것이다.

D. 한계분석 일반

경제분석 일반 및 경제분석의 법에 대한 적용에 있어서의 중요한 도구는 한계분석(marginal analysis)이다. 한계분석이라 함은 본질적으로 의사결정에 관한 '이익'과 '비용'을 비교하는 '의사결정기법'을 말한다. 이미 서술한 바와 같이, 가장 전통적인 경제학적 의사결정의 실행에 있어서 기업은 자기의 생산량의 수준을 결정하기 위하여 '한계분석'을 적용하고 있다.

형사법의 맥락에서는, 속도위반에 의하여 얻어지는 이익이 속도위반에 대하여 부과되는 예상 벌금액을 초과하는 한, 자동차의 운전자는 속도위반을 할 것이라고 추론할 수 있다. 여기서 예상되는 벌금액이라는 것은 적발될 경우에 부과되는 벌금액에 적발될 확률을 곱한 것이다. 한계이익은 속도제한을 준수한 때보다 빨리 도착함으로써 얻어지는 모든 이익이다.

한계분석의 유용성은 명백하며, 많은 사람들은 그것이 의사결정에 대한 '합리적 접근방법'이라고 말한다. 예컨대, 어느 발명가가 특수한 발모제를 발명하기 위하여 실험에 수년 동안 수천 달러를 소비하였으나, 지금까지 이렇다할 효과적인 처방조차도 파악하지 못했다고 하자. 그는 아마도 다음과 같은 말을 할 것이다. "지금 그만 둘 수는 없어! 지금까지 난 이 실험에 대해서 많은 시간과 막대한 자금을 쏟아 부어왔단 말이야!"라고. 그러나 이것은 한계분석이 되지 않는다. 이미 소비된 시간과 자금은 '매몰비용'(sunk cost)이기 때문이다. 추측건대, 합리적인 접근방법은 장차 투하될 노력에 대한 비용이 어느 정도가 될 것이며, 이익은 대략 어느 정도가 될 것인지를 따져보는 것이다. 그러나 계획을 단념하는 것에 대해서는 심리적인 반작용이 있다는 점을 감안하면, 이러한 접근방법은 지나치게 단순화되어 버린 것일 수도 있다. 이는, 경제학에서는 의사결정에 관한 한계비용과 한계이익을 매우 좁게 정의하는 경향이 있다는 것을 시사하는 것이다. 그렇다고 하여 의사결정의 전략으로서의 한계분석이 쓸모가 없다는 것을 의미하지는 않는다.

E. 효율성(Efficiency)

어떤 형태로나, '효율성'의 개념은 법경제학 연구에서 중요한 도구이다. 일반적으로 '효율성'(efficiency)이라는 개념은 '가능한 최소의 비용으로 결과를 달성하려고 하는 것'을 말한다. 이런 형태의 효율성을 '생산의 효율성'(productive efficiency)이라 한다. 그러나 생산의 효율성은 법경제학에서 나타나는 효율성의 여러 유형 중 단지 하나에 지나지 않는다.

1. 배분의 효율성(Allocative Efficiency)

배분의 효율성은 어떤 산업에서 특정 생산물을 '적정'한 양만큼 생산하고 있는지에 관한 개념이다. 이는 생산의 효율성에서의 문제와는 다른 것이다. 생산의 효율성은 가능한 최소의 비용으로 어떤 수준만큼 생산하는지에 관한 개념이기 때문이다. 배분의 효율성을 기본적인 수요·공급 모델로 이해할 수 있다. 수요곡선은 어떤 생산물이 개개인에게 어느 정도의 가치가 있는지를 의미한다. 수요곡선을 아래로 이동시키게 되면 추가적 생산단위의 가치는 감소하게 된다. 즉, 소비자들이 기꺼이 지불할 용의가 있는 가격이 감소한다는 것이다.

다른 한편, 공급곡선은 생산물을 추가적으로 생산하는 데 드는 비용을 말한다. 왜냐하면, 생산자가 각각의 가격에서 어느 정도를 판매할지 생각할 때, 제시된 시장가격을 추가적으로 생산하는 데 드는 비용과 직접적으로 비교하기 때문이다. 물론, 추가적으로 생산하는 데 드는 비용은 생산요소의 구입비용에 의해 결정되고, 이들 생산요소의 비용은 다른 재화의 생산에서 그 생산요소가 사용되는 경우의 가격에 의해 결정된다. 이리하여 실제로는, 어떤 생산요소를 가지고 한 재화를 생산하는 경우의 그 사회적 비용(social cost)[1]이라는 것은 그 생산요소로 다른 재화를 생산하였을 때의 가치이다.

효율적 자원배분의 관점에서 볼 때, 소비자가 생각하는 어떤 생산물의 가치가 그것을 생산하는 데 드는 사회적 비용보다 클 경우에만 그 생산활동이 바람직하다고 말할 수 있다. 수요는 한 상품에 대해 소비자가 내리는 평가이며 공급은 추가적으로 그 상품을 계속 생산하는 데 드는 사회적 비용이므로, 수요와 공급이 일치할 때까지 생산하는 것이 가장 바람직하다고 할 수 있다.

이러한 사실은 'Vespa'라는 스쿠터에 대한 수요와 공급을 보여주고 있는 <그림 9>에 나타나 있다. 수요와 공급은 스쿠터 15대에서 일치하고 있다. 스쿠터 14대에서는, 수요자가 지불할 용의가 있는 가격이 추가적으로 스쿠터를 계속 생산하는 데 드는 비용보다 크다. 즉 스쿠터를 추가적으로 계속 생산하는 것에 대해서, 그 생산활동을 그에 따른 사회적 비용보다 더 높게 평가하고 있는 것이다. 반면, 스쿠터 16대에서는 생산은 너무 높다. 즉 이 지점에서는 수요곡선이 공급곡선의 아래쪽을 지나기 때문에, 스쿠터 16대째 단위의 사회적 비용은 이 단위의 가치보다 크게 되는 것이다. 생산요소의 적정 투입량은 스쿠터 생산량이 15대가 되는 수준이 될 것이다. 이럴 때 비로소 '배분적으로 효율'이라고 말할 수 있는 것이다.

배분의 효율성에 대한 앞서의 설명에서 주의해야 할 것이 하나 있다. 전체분석은 수요·공급개념을 바탕으로 하기 때문에 이 분석은 시장에서 표현된

---

1) 역자주: 경제학에서의 관심의 대상이 되는 비용의 개념은 기회비용이다. 즉, '경제적 비용'은 '기회비용'과 같은 개념인 것이다(이만우·전병헌, 『미시경제학』, 태진출판사, 1999, p.211). 한계비용은 생산자가 상품 한 단위를 더 생산하기 위하여 부담해야 하는 기회비용을 나타낸다. 즉, 그 상품의 생산에 사용되는 자원과 결부된 (한계)기회비용인 것이다(이준구, 『미시경제학』, 법문사, 1999, p.263, p.346).

선호와 그 선호의 강도(strength)에 근거한다. 앞서 언급한 바와 같이, 수요와 공급은 '지불할 용의와 지불할 수 있는 능력'에 근거하고 있다. 그렇기에 지불할 능력이 없게 되는 수준에서 상품을 생산하는 것이 사회적으로 바람직하게 되는 경우도 생각해 볼 수 있게 될 것이다. 그러나 그렇다고 하여 경제학에서의 배분의 효율성에 대한 정의가 반드시 잘못되었다고 할 수는 없다. 배분의 효율성이라는 것은 규범적(normative)[2] 결정을 하는 데 있어 검토해야 할 여러 것 중 단지 그 하나에 지나지 않지만 고려할 가치는 충분히 있는 기준이라고 생각해야 할 것이다.

〈그림 9〉

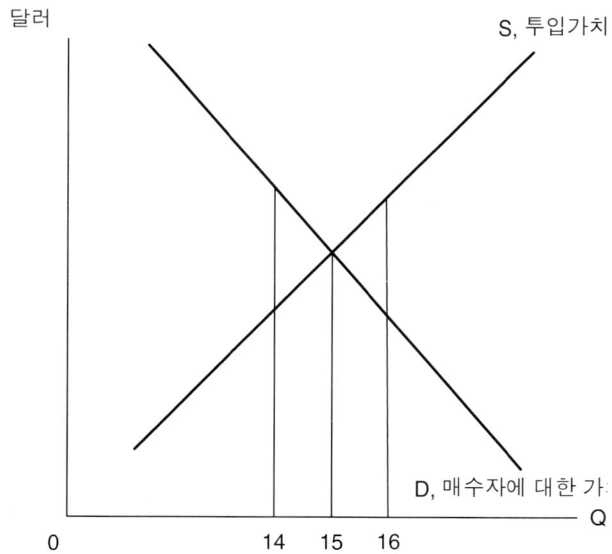

2) 역자주: 이는 '실증적'(positive)과 대비되는 말이다.

2. 차선(次善) 이론(The Theory of Second Best)[3)]

지금까지 수요와 공급에 대해 살펴보았고, 경쟁적인 시장이 어떻게 해서 배분적 효율을 달성하게 되는지 살펴보았다. 여기에서 또 하나의 중요한 개념을 살펴보고자 한다. 그 동안 '차선이론'은 법경제학에서 거의 주목받아 오지 못했다.[4)] 하지만 이 이론이 시사하는 바는 중요하여 현대의 많은 이론의 근저를 뒤집을 가능성을 가지고 있다는 점을 볼 때, 종래의 상황은 바람직스러운 것으로 볼 수 없다. 앞서 살펴보았던 배분적 효율의 개념을 생각해 봄으로써 이 이론을 이해할 수 있다. 배분적 효율은 수요곡선과 공급곡선이 교차하는 곳에서 이루어진다. 수요는 소비자가 재화에 부여한 가치를 나타내며 공급은 생산비용을 나타내는데 이는 다른 재화생산에 투입할 수 있었을 생산요소의 기회비용으로 계산된 비용이다. 여기에서 효율적인 투입량은 수요와 공급에 의해 결정된 생산수준에서 도출될 것이다.

단추와 지퍼, 두 재화가 있다고 하자. 단추를 만드는 데에는 플라스틱이 필요하지만 지퍼는 그렇지 않은 것 외에는, 두 재화는 모두 동일한 생산요소를 사용하는 것으로 하자. 그리고 플라스틱을 제외한 모든 생산요소는 완전경쟁

---

3) 역자주: 최선(最善)의 해(First-Best Solution)란, 치유불가능한 시장실패가 존재하지 않을 경우에 한 경제의 효율적 자원배분을 의미하는 파레토 효율조건을 의미하는 것이다. 치유불가능한 시장실패가 존재하여 한 경제의 최선의 해(解)를 실현할 수 없을 경우, 이 치유불가능한 시장실패 역시 제약조건으로 고려하여 사회후생을 극대화하는 해를 차선(次善)의 해(Second-Best Solution)라고 하는 것이다. 차선의 이론은, 한 경제의 몇몇(혹은 어느 특정) 부문에서 최선의 해인 파레토 효율조건을 만족하지 못할 경우 나머지 부문에서 최선의 해를 충족시킬 수 있다고 하더라도 이를 달성하지 않는 것이 오히려 경제전반의 효율적인 자원배분에 바람직하다는 것을 의미한다(이만우, 『후생경제학』, 태진출판사, 1999, p.278, p. 282).

4) 그렇지만, 리차드 말코비츠의 연구는 이에 대한 중요한 예외이다. Richard Markovits, "A Basic Structure for Microeconomic Policy Analysis in our Worse-Than-Second-Best World: A Proposal and Related Critique of the Chicago to the Study of Law and Economics," 1975 *Wisc. L. Rev.* 950 참조.

시장에서 거래되고 있는 것으로 가정하자. 플라스틱의 가격은 불완전경쟁 시장에서 결정되기 때문에, 이는 완전경쟁 시장에서 결정될 경우보다 높은 수준이다. 이렇게 부풀려진 높은 가격 때문에 단추의 공급은 감소할 것이다. 앞서 배분적 효율을 설명할 때의 모델과는 달리, 여기에서의 공급곡선은 여러 생산요소의 기회비용으로 계산된 단추생산 비용을 나타내지 않는다.

또한, 단추 가격이 지퍼 가격보다 더 높기 때문에, 소비자는 대개의 경우 단추 대신 대체재인 지퍼를 구입할 것이다. 설사 플라스틱 시장이 완전경쟁이어서 단추생산에서 생산요소들이 이전보다 효율적으로 사용된다 하더라도, 이 생산요소들은 단추생산에 투입되지 않고 지퍼생산에 투입될 것이다.

이 문제에 대한 답은 간단한 것 같다: 그것은 어떻게든 플라스틱 시장이 경쟁적이 되도록 하는 것이다. 그렇지만, 쉽게 예상할 수 있듯이 이렇게 하기는 매우 어려울 것이다. 모든 시장을 경쟁적으로 만드는 것이 불가능하다고 판단한다면, 되도록 많은 시장을 경쟁적으로 만드는 것이 효율성의 관점에서 의미가 있는지의 여부가 문제될 것이다. 궁극적으로 모든 시장이 경쟁적일 수는 없다는 점을 생각해 볼 때, 되도록 많은 시장을 경쟁적으로 만드는 정책으로는 효율성이 증가하지 않는다고 할 수 있을 것이다. 사실, 비교적 어느 정도의 불완전성을 허용함으로 실제로는 자원을 보다 효율적으로 배분하는 '차선(次善)'의 해결책이 존재하는 것이다.[5)]

차선이론은 시장 간의 상호 의존성을 잘 보여주고 있다. 이 이론은, 상호 연관되어 있는 시장의 구조를 검토하지 않고 단지 효율이라고 하는 기준에서만 손해배상(damages or sanctions)을 언급하는 분석에 대해서도 의문을 제기하는 것

5) 역자주: k개의 효율성 조건 중에서, 가령 조건 2개가 충족되지 못하고 있는 상황이 조건 3개가 충족되지 못하고 있는 상황에 비해서 반드시 더 낫다고 할 수 없다는 것이다. 불완전경쟁이나 조세 등의 어떤 제약 때문에 1개의 효율성 조건이 충족될 수 없을 때, 나머지 $k-1$개의 효율성 조건이 모두 충족된다 해서 차선의 결과가 나오지 않는 것이다. 이런 제약 때문에 최선의 배분이 실현될 수 없다면 차선의 결과라도 가져올 수 있도록 노력하는 수밖에 없지만 이 작업이 그리 간단하지 않음을 차선의 이론은 시사하고 있다(이준구, 『재정학』, 다산출판사, 1999, pp.92~94).

이다.[6]

3. 파레토 최적과 파레토 우위(Pareto Optimality and Superiority)

파레토[7] 최적과 파레토 우위의 개념은 법경제학의 모든 분야에서 논의되고 있다. 이 개념의 용도를 이해하기 위하여, 포드사의 무스탕 1965년형 자동차를 팔고자 하는 잭과 그 무스탕을 사고자 하는 샐리를 생각해 보자. 잭은 10,000달러를 요구하고 있지만 8,000달러에 팔 것도 생각하고 있다고 가정하자. 이는 잭이 그 차를 계속 소유하고 있는 것보다는 8,000달러 이상의 현금을 보유하는 쪽을 더 선호한다는 것을 의미한다. 즉, 잭은 포드를 계속 소유하는 것보다 현금 8,000달러에서 보다 더 큰 효용을 얻을 것이라는 말이다. 샐리의 경우도 이와 비슷하게 생각해 볼 수 있다. 샐리는 잭에게 7,000달러를 제시하지만 9,000달러까지는 지불할 용의가 있다고 가정하자. 여기서 샐리는 9,000달러를 들여서 다른 상품을 가지고 있는 경우보다 그 차를 소유하는 쪽을 더 낫

---

6) 역자주: 가령, 정부의 여러 가지 경제개혁 조치들은 대개 비합리성의 부분적인 제거를 통해 개선을 시도하는 점진적 접근법(piecemeal approach)이 보통이다. 차선의 이론은 이와 같은 점진적 개혁이 비록 좋은 의도에서 추진되고 있다 해도, 중간과정에서 부정적인 결과를 가져오게 될지도 모른다는 점을 경고해 주고 있다(이준구, 『재정학』, 다산출판사, 1999, pp.92~94). 즉 모든 부문에서 병존하는 제약조건들을 고려하지 않고 정부가 특정부문의 효율적인 자원배분에 개입하는 것은 전체 사회후생의 하락을 초래할 수도 있음을 의미하는 것이다. 후생증대를 위한 어떠한 정책도 경제전반의 제 문제들을 고려해야만 그 효과를 얻을 수 있다는 것이다(이만우, 앞의 책 『후생경제학』, p.283). 그렇지만, 현실적으로 정부가 경제전반의 문제들을 모두 고려하기는 매우 어렵다는 점에서, 차선의 이론은 정부개입을 반대하는 논리의 근거가 되기도 한다.

7) 역자주: Vilfredo Pareto(1848~1923): 이탈리아의 경제학자, 사회학자. 토리노 공과대학을 졸업한 후 경제학을 공부하여 스위스 로잔대학 교수가 됨. 파레토최적의 사고방식을 도입, 신후생경제학의 길을 열었으며, 또 소득분포에 대하여는 통계조사에 입각하여 '파레토의 법칙'이라는 소득분포의 불평등도를 나타내는 경험적인 경제법칙을 도출하였다.

게 여기는 것이다.

확실히, 잭과 샐리 모두의 효용을 높여 주는 가격범위가 존재한다. 즉 양쪽 모두의 효용 증가와 일치하는 가격범위가 존재하는 것이다. 이러한 효용의 증가는 보다 효율적인 자원배분으로 향한 움직임이라고 볼 수 있다. 앞의 예에서 이것을 달성하는 가격의 범위는 8,000달러에서부터 9,000달러까지이다.

이러한 가격의 범위는 가끔 '계약곡선'(contract curve)이라고 불린다. 이는 잭과 샐리 양쪽 모두의 효용이 높아졌다고 여기는 여러 가지 가격을 나타내고 있다. 만약 그들에게 이득이 되고 다른 어느 제3자에게도 손해가 되지 않았다면 그 재배분은 그 전보다 파레토 우위에 있다고 할 수 있다. 보다 일반적으로 말하면, 적어도 어느 한쪽의 효용이 높아지고 그 외 다른 누구의 효용도 낮아지지 않았다면 그 재배분은 파레토 우위인 것이다.

가령 어떤 자동차를 8,500달러에 거래하는 것과 같은 경우에 그 가격 조정을 생각해 보자. 즉, 계약곡선상의 어느 한 점이 거래의 조정가능성에 따라 같은 계약곡선상의 다른 점으로 이동하는 경우이다. 예컨대, 샐리가 자동차를 계속 가지고 있으면서도, 잭에게 100달러를 돌려달라고 요구하거나 또는 잭에게 200달러를 더 지불한 경우를 생각해 보자. 앞의 두 경우 모두, 한 가격체계에서 다른 가격체계로의 변화로 양쪽 모두의 효용을 높이지는 못할 것이다. 사실, 8,500달러로부터의 어떠한 움직임도 잭과 샐리 양쪽 모두에게 손해가 된다. 최소한 한쪽에게 손해가 가도록 하지 않고서는 재배분을 할 수 없는 방법으로 자원이 배분된 경우에, 그 배분을 '파레토 최적'(Pareto Optimal)이라고 한다.

요컨대, 적어도 어느 개인의 효용이 높아지고 효용이 낮아진 사람이 없는 경우라면, 그 배분은 파레토 우위라고 할 수 있다. 그런 배분상태에서 어떤 움직임이 적어도 어느 한쪽에게 손해가 된다면 이는 파레토 최적이라고 할 수 있다.

자발적 거래는 파레토 우위적 배분상태로 도달할 수 있는 가장 좋은 방법이지만, 비자발적인 수단으로도 파레토 우위에 도달할 수 있다. 예컨대, 샐리는 잭에게서 무스탕 자동차를 빼앗고 대신 100달러짜리 빳빳한 새 지폐 85장을 줄 수도 있다. 샐리가 빼앗은 자동차를 가지고 있는 것보다 이 지폐를 가지고 있는 것이 잭의 효용을 높게 하고 다른 누구도 이로부터 나쁜 영향을 받지 않았다면, 이런 결과도 파레토 우위라 할 수 있다.

그렇지만, 잭이 적어도 샐리에게 자신의 차를 빼앗기기 전과 같은 효용을 유지하기 위해서 필요한 금액이 어느 정도인지를 아는 데에는 단서가 세 개밖에 없다는 데 문제가 있다. 샐리가 그 단서 중의 하나이지만, 잭이 무스탕 자동차의 가치를 어느 정도로 평가하고 있는지를 그녀가 정확히 알 수 있는지 확실하지 않다. 잭이 또 다른 단서일 수 있지만, 잭이 사건 전의 복리수준을 회복하기 위해 샐리가 배상해야 할 금액을 그 사건 후에 법원에서 답변할 때 그를 신뢰할 수 있을 것인지는 명백하지 않다. 마지막으로 차의 공정한 시장가격을 증명하는 외부적 요인이 존재할 수 있다. 여기서의 문제는, 잭이 그 차에 대한 가치를 공정한 시장가격보다 높게 책정할지도 모른다는 것이다. 따라서 비자발적 거래로 파레토 우위를 달성하는 경우에는, 다른 어떤 것보다 선호와 행동의 일치가 문제될 수 있는 것이다.

파레토 효율성 기준이 공공정책에 주는 의미는 매우 한정적이다. 이런 기준에 절대적으로 집착하게 되면, 모든 비자발적 거래를 배제해 버리거나 본래 확실하지 않은 사후적(ex post) 수단의 보상을 적용해야만 하는 경우가 생기게 된다. 예컨대, 최상류층의 돈을 빼앗아 극빈층을 위해 식량이나 보호시설에 쓴다면 당연히 자원이 보다 효율적으로 배분될 것이다. 그리고 가난한 사람들이 얻는 이득은 돈을 빼앗긴 부자들이 얻는 손해보다 훨씬 크다는 사실은 누구나 안다. 이는 대개 명백히 확실한 것처럼 보이지만, 그러나 과학으로서의 경제학은 이런 재분배로 생긴 상대적인 이득과 손해를 확실하게 할 수 없다는 데에 그 문제가 있다. 이러한 분석은 경제학에서의 '개인간의 효용비교'(interpersonal comparison of utility) 문제를 수반한다. 파레토의 기준에서는 이러한 비교를 하지는 않는다.[8)] 그런데 만일 파레토 기준을 적용한다면 공공정책에 경직성을 가

8) 역자주: 어떤 변화를 통해 이득을 보는 사람도 있고 손해를 보는 사람도 있는 경우, 사회전

져다 줄 것이다.

4. 칼도-힉스[9] 효율성(Kaldor-Hicks Efficiency)

만약 파레토 효율성 개념이 모든 공공정책의 의사결정에 적용된다면 정부는 매우 제한적으로만 활동할 수밖에 없게 될 것이다. 어떤 정책에 모두가 동의해야만 파레토 효율을 달성할 수 있게 될 것이기 때문이다.[10] 또 하나의 효율성의 형태, 즉 칼도-힉스 혹은 부의 극대화(wealth maximization)가 이러한 문제에 대응하고 있다(칼도-힉스와 부의 극대화는 구별될 수도 있지만 종종 같은 것으로 보며 함께 논의된다). 어떤 것이 '칼도-힉스'적으로 효율적이기 위해서는, 정책(변경)으로 이득을 본 사람들이 이것으로 손해를 본 사람들을 보상할 수 있

체의 관점에서 이 변화가 개선인지의 여부를 평가하기 위해서는 서로 다른 사람에게 일어나는 이득과 손실을 비교할 수 있어야 한다. 다시 말해, 어떤 형태로든 개인간의 효용비교가 이루어져야만 사회후생이 증가했는지의 여부를 평가할 수 있는 것이다. 파레토 원칙과 보상의 제 원칙은 직접적으로 개인간 효용비교를 하지 않고서도 어떤 변화가 개선인지의 여부를 평가할 수 있는 가능성을 열어 주었다는 데 그 의미가 있다(이준구, 앞의 책 『재정학』, p.81).

9) 역자주: Nicholas Kaldor(1908~1986): 영국의 경제학자. 런던대학에서 경제학박사 학위를 취득하고, 1949년부터 1975년까지 케임브리지 대학교수 역임. 초기에는 불완전경쟁이론과 후생경제학 분야에서 활약하였으나, 후에는 케인스의 영향을 받아 경기순환이론, 분배론, 재정학 등에 걸쳐 다채로운 활동을 계속하였다.

John Richard Hicks(1904~1989): 영국의 이론경제학자. 옥스퍼드대학 졸업 후, 케임브리지, 맨체스터, 옥스퍼드 대학 등의 교수를 거쳤고, 1972년 노벨경제학상을 받았다. 그의 저서인 *Value and Capital*(1939)은 왈라스, 파레토의 일반균형이론을 기초로 케임브리지학파의 업적을 종합한 미시경제이론분야의 최고봉으로 꼽힌다. 후에 사회회계학을 창시하여 국민경제계산의 이론화에 기여하였으며, 후생경제학의 이론으로도 알려져 있다.

10) 역자주: 모든 경제주체들이 어떤 상태를 다른 상태보다 더 선호한다면 사회 전체적으로도 그 상태를 선호해야만 한다는 사회의사결정의 전원일치원리(unanimity principle)의 의미가 파레토효율에 담겨 있다(이만우, 앞의 책 『후생경제학』, p.33).

을 정도의 충분한 이득을 얻어야 한다는 것이다. 여기에서 중요한 점은 그 보상이 잠재적(potential)인 것이지 실제적(actual)인 것이 아니라는 점이다.[11)]

칼도-힉스 효율성에서 중요한 점이 두 가지 있다. 첫째로, 복리의 측정단위가 '효용'(utility)이 아닌 '부'(wealth), '가치'(value) 또는 '가격'(price)이라는 것이다. 이것은 '지불능력'(ability to pay)의 개념과 관계가 있다. 효용과 실제적 복리의 불완전한 대체물인 부나 가치가 최대화되는 것이다. 예컨대, 두 사람 —부자와 가난한 자— 을 가정하고 두 사람 모두 우유 1갤런을 얻고자 한다고 하자. 가난한 자는 우유가 절박하게 필요하여 이를 위해서라면 마지막 남은 1달러까지도 기꺼이 지불할 용의가 있을 것이다. 한편, 부자는 우유를 마시는 데에는 별 관심이 없으며, 다만 우유를 배수구에 부어 버리면 재미있을 거라는 생각으로 우유를 얻기 위해 1달러 50센트를 지불할 용의가 있을 것이다. 부의 극대화 원리에 따른다면, 부자가 우유를 가지고 가는 것이 효율적 배분이 될 것이다.

칼도-힉스 효율성 또는 부의 극대화의 두 번째 중요한 특징으로, 관련된 모든 사람들의 동의가 꼭 필수적인 것은 아니다는 점을 들 수 있다. 그러므로 앞의 예에서는 가난한 자가 이미 우유를 가지고 있다면, 부의 극대화를 충족하기 위해서는 우유를 가난한 자로부터 끌어내어 부자에게 주어야 할 것이다.

부의 극대화는 파레토 효율성 개념의 경직성을 극복하고 있지만, 분명히 그것은 두 가지 점을 간과한다. 첫째로, 부를 극대화하는 것이 복리를 측정하는 그 밖의 다른 척도를 최대화한다고 확실히 말할 수는 없다는 것이다. 둘째로, 파레토 효율성 개념에 있어서 본질적이었던 개별적 자율성이 상실된다는 것이다.

특히, 리차드 포즈너(Richard Posner)는 이런 자율성의 상실이 실제 이상으로 과장되어 있다는 것을 지적하고 있다. 그는 사전적(ex ante) 보상의 개념으로 논의를 전개한다.[12)] 그의 주장을 간략히 보면, 지금 개개인이 손해를 보았다고

11) 역자주: 만약, 실제로 보상이 이루어졌다고 한다면 칼도-힉스 기준이 적용되는 것이 아니라 파레토 기준으로 충분히 해결되게 되므로, 칼도-힉스 기준은 더 이상 필요하지 않게 될 것이다(이만우, 앞의 책 『후생경제학』, p.66).

생각하는 많은 경우가 실제로는 손해를 막을 수도 있었던 여러 행동에 앞서서 예전에 그가 내렸던 선택의 결과라는 것이다. 일반적으로 어떤 행동을 하는 데 있어 위험이 커지면 그에 따른 비용은 그만큼 작아지기 때문에, 이런 식으로 보상은 비용이 덜 드는 쪽으로 행해지게 될 것이다. 따라서 그는 지금 손해보고 있다고 생각하지만, 실제로는 예전에 그 손해를 보는 데 동의했던 것이며 그 손해에 대하여 비용을 들이지 않고 해결했다는 의미에서, 결국 절약된 금액이라고 하는 형태로 사전에 보상되었다는 것이다. 그러나 사전적(ex ante) 보상의 개념으로 칼도-힉스 또는 부의 극대화를 파레토 효율성 개념과 조화시키려 하는 포즈너 판사의 노력은 사전적(ex ante) 보상이라는 개념으로 인해 중대한 비판의 대상이 되고 있다.[13]

F. 외부성(Externalities)

1. 부정적 외부성과 재산권(Negative Externalities and Property Rights)

a. 부정적 외부성(Negative Externalities)

법경제학의 많은 부분은 외부성이라고 불리는 것과 관련되어 있다. 외부성은 긍정적일 수도 있고 부정적일 수도 있다. 부정적 외부성은 어떤 개인 또는 기업 활동으로 인하여 다른 사람이 그 비용을 부담하는 경우에 생겨난다. 가장 흔하게 드는 예로 공해를 배출하는 공장을 들 수 있다. 이 공장주들은 여

---

12) Richard Posner, *The Economics of Justice* 94-95(1980).

13) 예컨대, Jules Coleman, "Efficiency, Utility and Wealth Maximization," 8 *Hofstra Law Reveiw* 509, 534-540(1980) 참조.

러 가지 생산요소를 사용할 것이며, 이는 그들이 그 공급자들에게 대가를 지불한 것이다. 이 공장주들이 물이나 공기를 오염시켜 다른 사람에게 손해를 입히기도 할 것인데, 이 손해를 입은 사람들에 대하여 배상하지는 않는다. 여기서 중요한 문제는 그 활동이 다른 사람에게 부정적인 영향을 주는가의 여부인 것이다.

물론, 부정적 외부성을 정의하기 위해서는 기본적으로 개개인이 어떤 권리를 가지고 있는지 명확히 하는 것이 필요하다. 만약 공장의 영향을 받는 사람들에게 맑은 공기와 물에 대한 권리가 없다면, 단지 외부성은 이론상의 문제로만 그칠 뿐 공기와 물은 계속 오염될 수밖에 없을 것이다. 외부성을 일으키는 활동의 또 다른 예로, 흡연하는 것, 부주의하게 운전하는 것 또는 결함 있는 제품을 만드는 것 등이 있다. 부정적 외부성의 개념으로 환경법(environmental law), 불법행위법(tort law), 재산권법(property law) 등의 상당부분을 설명할 수 있다.

b. 공유지의 비극(The Tragedy of the Commons)

'공유지의 비극' 문제를 통하여, 부정적 외부성을 보다 상세히 서술하며 재산권의 필요성을 설명할 수 있다.[14] 게렛 하딘(Garrett Hardin)이 밝힌 바와 같이, 이 문제는 방목을 위해 목장을 공유하고 있는 사람들에 관한 것이다. 그 사람들 각각은 자신들의 가축을 한 마리 더 늘리는 것에 따르는 비용과 편익을 언뜻 합리적으로 계산하는 것같이 보인다. 그들 각각에게 편익은 목장에 가축 한 마리를 더 넣음으로 얻어지는 이익이다. 그렇지만, 비용은 공유지 전체에 과대하게 방목하는 것에 따르는 전체적인 것이다. 요컨대, 이익은 전부 목장 공유자에 의해서 내부화되지만 비용은 전부 내부화되지 않는 것이다. 그들은 모두 같은 생각을 하기 때문에, 장기적으로 볼 때는 공유지가 소멸하는 '비극'

---

14) Garrett Hardin, "The Tragedy of the Commons," 162 *Science* 1243(1968).

이 발생하게 되는 것이다. 따라서, '공유지의 비극'은 재산권을 분할하는 데에 대한 강한 근거가 되는 것이다. 재산권을 분할하게 되면 가축을 한 마리 더 늘리는 것에 따르는 비용이 토지소유자들에게 모두 내부화되기 때문이다.

c. 죄수의 딜레마(The Prisoner's Dilemma)

공유지의 비극은 또한 협조적 행동의 장점을 잘 보여주고 있다. 앞서 목장 공유자의 경우, 그들은 각기 자신들의 이익일 것처럼 보이는 것을 추구하지만 결과적으로는 그들 모두에게 손해가 되어 버린다. 만약 그들이 공유지 사용에 관해 자신들의 자유를 어느 정도 제한하는 어떤 협정에 합의할 수 있다면, 장기적으로 그들 모두는 이득을 얻을 것이다. 협조적 행동은 바로 재산권의 공적 부담(public assignment)이라는 말로 대신할 수 있을 것이다.

협조의 중요성을 묘사하기 위하여 법경제학에서 가장 일반적으로 사용하고 있는 논리구조는 '죄수의 딜레마'라는 것이다. 이 문제는 하나의 범죄혐의로 체포되어 격리 수용된 죄수 두 명에 관한 것이다. 그들은 각기 따로 심문을 받는다. 두 죄수 모두 자백한다면 그들은 모두 5년형을 받게 된다. 아무도 자백하지 않는다면 그들은 모두 2년형을 받게 되며, 한 명만이 자백하고 다른 한 명은 자백하지 않는다면 자백한 사람은 1년형을 받지만 자백하지 않은 사람은 10년형에 처해지게 된다.

죄수들이 서로 협조하지 않는다면, 그들 각각은 상대방도 분명히 이기적으로 행동할 것으로 생각하여 각기 자신에게 유리한 선택을 할 것이다. 그 결과, 죄수 두 명 모두 자백하고 5년형을 받게 될 것이다. 만약 자백하지 않게 되면 10년형에 처해지게 될 것이므로 이는 너무 위험한 선택이다. 물론 두 죄수 모두가 자백하지 않게 되면 그들 모두에게 가장 좋은 결과를 가져다 줄 것이다. 그렇지만, 이는 강제적으로 합의에 도달하도록 하는 힘이 없다면 이루어지기 힘든 결과로 보인다.

죄수의 딜레마는 공유지의 비극에 쉽게 적용시킬 수 있다. 서로 이웃하는 토지를 가진 두 농부가 같은 저수지에서 물을 끌어온다고 하자. 만약 두 사람 모두가 각기 자신의 생산량을 최대화하는 데 충분한 물을 확보하려 한다면, 저수지는 벼가 미처 자라기도 전에 말라버리게 되고 그들은 각기 50달러어치밖에는 생산하지 못하게 될 것이다. 만약 농부 한쪽이 벼가 자라는 데 꼭 필요한 물만 자발적으로 사용하려 한다면, 그 농부는 30달러어치를 생산하게 되고 그렇게 하지 않은 다른 한쪽은 70달러어치를 생산하게 될 것이다. 두 농부 모두 이렇게 한다면, 물은 벼가 자라는 기간 내내 마르지 않게 될 것이고 그들은 각각 60달러어치를 생산하게 되며 그 둘의 생산합계는 최대가 될 것이다.

농부들이 모두 어떤 수도 쓰지 않으면 그들은 전체 100달러어치의 생산물에서 각각 50달러어치밖에는 생산하지 못할 것이다. 마치 앞서 죄수들의 경우와 같이, 합리적이고 이기적인 행동은 상대방이 그 자신의 이득을 최대화하려 할 것이라 생각하는 것이다. 실제로 그렇다면 그 상대방도 그와 똑같이 자신의 이득을 최대화하는 것이 합리적이다. 한편, 상대방이 협조적인 전략을 취할 것이라고 생각하는 경우에도 그 상대방은 이기적 전략을 취하는 것이 또한 합리적이다.

이 딜레마에서 벗어나는 데에는 두 가지 방법이 있다. 우선, 재산권을 분할하여 무한정으로 물 쓰는 것을 막는 것이다. 각기 재산권이 분할된 만큼만 물을 쓰는 것이다. 한쪽이 일방적으로 무한정 물을 쓰게 되면 '외부성'이 발생하기 때문에, 과대이용을 막을 법적 근거를 다른 한쪽에게 주는 것이다. 실제로 다음 장에서 논의되는 것과 같이, 누가 그 '권리'를 갖는지는 문제가 되지 않는다. 딜레마에 대한 다른 해결책으로는, 양 당사자가 협조해서 그들 간에 사적으로 자신들의 권리에 관한 체계를 설정하는 것이다.

2. 긍정적 외부성, 무임승차 및 공공재 (Postive Externalities, Free-Riding and Public Goods)

a. 긍정적 외부성(Positive Externalities)

개인이나 기업이 자신이 생산한 편익의 가치를 내부화하거나 향유할 수 없는 경우에, 긍정적 외부성이 발생한다. 예컨대, 어떤 사람이 아름답게 가꾸어진 집을 가지고 있어서 자신의 집뿐만이 아니라 그 주변의 모든 집의 가치도 높아졌다고 해보자. 이 때 그 주변에 집을 가진 사람들의 편익이 긍정적 외부성이 될 것이다.

b. 무임승차(Free-Riding)

긍정적 외부성의 존재 가능성에서 '무임승차'(free-riding)의 개념을 이끌어 낼 수 있다. 개인이 다른 사람의 활동으로 생긴 편익의 대가를 지불하지 않은 채 그 편익을 이용할 수 있는 경우에 무임승차가 발생한다. 예컨대, 저작권 보호가 없다면 다른 사람들은 작곡가에게 그 곡에 대한 대가를 지불하지 않은 채 그의 음악을 마음대로 연주할 수 있게 될 것이다. 마찬가지로, 특허권 보호가 없다면 다른 제조업자들은 발명가에게 그 대가를 지불하지 않은 채 그가 새롭게 발명한 생산방법을 마음대로 사용할 수 있게 될 것이다. 긍정적 외부성과 무임승차의 개념으로 저작권법, 상표법 및 특허법의 존재를 설명하게 된다.

단지 무임승차 문제가 어디까지 확대되는지는 경험적 문제이다. 무임승차를 할 수 있는 기회만큼, 무임승차가 실제로 일어나지는 않는 것 같다. 사람들이 공공방송이나 자선사업에 기부금을 낼 때 그들은 그 돈이 그 사업의 성공적 운영을 위해 꼭 필요한 것이라고 확신하며 내지는 않는다.[15] 즉, '심리소득'의

---

15) Jeffrey Harrison, "Egoism, Altruism and Market Illusions: The Limits of Law and Economics," 33 *U.C.L.A. L. Rev.* 1309, 1338-1340(1986) 참조.

개념에 근거하지 않는 한, 이러한 행동을 맹목적인(single minded) 이기심과 결부시키기는 어려운 것이다.

c. 공공재(Public Goods)

긍정적 외부성과 무임승차 문제가 발생하게 되면, 이와 관련된 재화는 이런 문제가 일어나지 않았다면 생산했을 수준, 즉 적정 수준으로 생산되지 않을 수 있다. 특히, 이는 이들 재화가 배분적으로 효율적인 수준으로 생산되지 않을 수 있다는 말이다. 예컨대, 잠재적인 매수인이 그 재화를 원하고 있다 해도, 그들은 다른 사람이 생산하거나 구입하는 것에 무임승차할 것을 기대하며 그들 자신들은 생산하거나 구입하려고 하지 않을 수 있다는 점에서 문제가 있는 것이다. 사실상, 사적 시장은 그 재화들의 가치에 관해서 부정확하고 약한 신호밖에는 받지 못하고 있다.

예컨대, 우리 집이 이웃집과 아주 가까이에 있는 경우에, 두 집 중 어느 한 집에서만 도둑을 막기 위해 개를 사게 되어도 그 개는 도둑이 어떤 집에 침입하든 짖게 될 것이다. 따라서 나는 이웃이 개를 살 것으로 기대하여 개를 구입하지 않을 것이고, 그 이웃도 나와 똑같이 행동하게 될 것이다. 만약 그렇게 된다면, 두 집 모두 개를 사지 않게 되는 것이다. 설사 두 집이 도둑방지에 대하여 그 개에 부여하는 가치가 그 개를 구입하는 비용을 보충하고 남는다고 해도 결과는 같을 것이다.

경제학자와 게임이론가들은 무임승차 문제를 '담력시험 게임'(chicken game)[16)]

16) 역자주: 이 명칭은 위신과 지위를 도박에 내건 캘리포니아 소년 갱단들의 노상결투에서 유래한다. 이는 두 소년이 도로의 중앙선 위에서 서로 상대방을 향해서 자동차로 질주하는 것인데, 먼저 진로를 벗어나서 충돌을 피하는 쪽은 치킨(겁쟁이)라고 조롱당하며, 지위의 상실과 굴욕을 맛보게 된다. 여기서 두 사람은 상대방을 향해서 돌진하는 것과 상대방의 차를 피하는 것이라는 2가지 선택을 가지고 있다. 이것은 자백할 것인가 말 것인가에 관한 선택을 가지고 있는 형사피의자의 딜레마의 예와 같다. 한편, 형사피의자의 예에서는 두 사람이 상호 연락을 할 수 없었지만, 담력시험 게임에서는 두 사람이 서로에게 협박이라는 형태로

이라고 불리는 개념으로 묘사하고 있다.[17] 죄수의 딜레마에 등장하는 사람들과 같이, 담력시험 게임의 참가자는 두 가지 행동 중 하나를 선택할 수 있다. 앞의 도둑 지키는 개의 사례를 예로 들면, 그 개를 살 것인가 사지 않을 것인가이다. 여기서 각각의 당사자는 상대방이 개를 사는 비용을 부담하는 것을 선호하고 있을 것이다. 만약 한 당사자가 상대방이 개를 사지 않을 것으로 단정하는 경우에는 그 개의 가치가 그 비용, 즉 개를 구입하지 않음으로써 도둑으로부터 입게 되는 피해보다 크게 되기 때문에 그는 개를 스스로 구입할 것이다.

일반적으로 담력시험 게임과 무임승차에서 나타나는 문제는, 잠재적 매수인이 상품에 부여한 가치가 이와는 다른 잘못된(false) 신호로 시장에 나타난다

〈그림 10〉

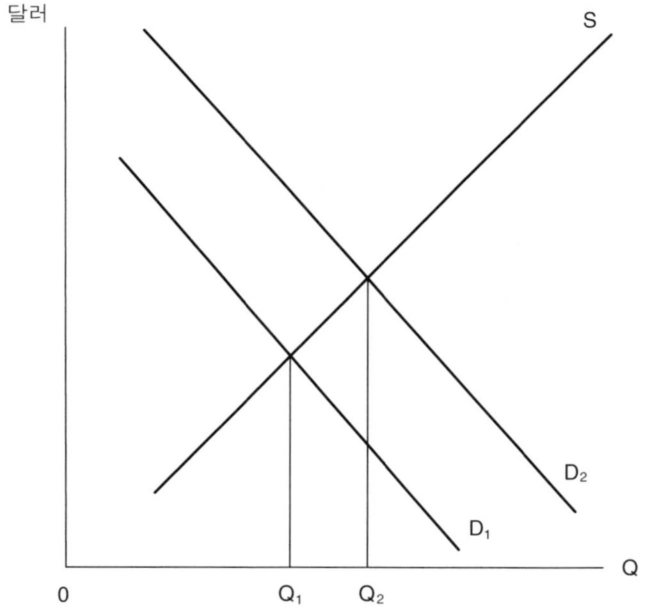

나마 연락을 취할 가능성을 가지고 있다는 점에서 양자는 차이가 있다. 이러한 점에서 담력시험 게임에서는 형사피의자의 딜레마와는 또 다른 흥미있는 결론이 도출된다.

17) Charles Goetz, *Law and Economics: Cases and Materials* 17-19, 29-32(1983).

는 것이다. 이는 <그림 10>으로 나타낼 수 있다. D_1은 긍정적 외부성이 존재하는 경우에 상품에 관한 실제적 수요곡선이며, S는 공급곡선이다. D_2는 무임승차가 없는 경우의 수요곡선이다. 즉, D_2는 상품에 관한 수요자의 참된(true) 가치를 나타내고 있는 것이다. 여기서 실제로 생산되는 수준은 Q_1일 것이지만, 자원배분에 있어서의 효율적인 생산수준은 Q_2이다.

문제가 되는 재화가 이러한 종류의 영향하에 있는 경우에 때로는 정부가 이 재화를 공급하기도 하며 그 비용은 세금수입으로 충당된다. 이러한 종류의 재화를 '공공재'(public goods)라고 하며, 이런 재화는 정부의 활동이 없이는 충분한 수량이 생산되지 않는다는 점에서 정부개입에 대한 근거를 제공한다.

G. 공용수용과 효율성 및 외부효과 (Takings, Efficiency and Externalities)

여기에서 논의된 논점 중 상당수는 공용수용과 함께 생각해 볼 수 있다. 널리 알려진 바와 같이, 미연방헌법은 공용 목적으로 정당한 보상이 이루어진 경우를 제외하고는 정부의 공용수용을 금지하고 있다. 한편, 정부가 가령 토지를 누군가에게서 공용수용하여 또 다시 그 토지를 다른 사람이 사용하게 하는 경우를 생각해 볼 수 있다. 고속도로 건설이 그 예가 될 것이다. 다른 경우에는 정부가 재산권의 행사를 규제하는 것인데, 몇몇 경우에 이 또한 정부의 공용수용으로 볼 수 있기도 하다. 고속도로 건설에 있어서 그 목적은 공공재를 건설하는 것이다. 물론, 어떤 경우에는 무임승차 문제 때문에 목적을 달성하지 못하는 경우가 발생할 수도 있다. 규제의 경우에는, 정부가 통제하려 함으로써 일반적으로 부정적 외부효과가 존재할 수 있다.

공용수용을 할 경우에는 보상을 해야 한다. 보상이 필요하다는 사실이 곧 공용수용이 효율적이라는 것을 의미하지 않는다. 반면에, 보상이 필요하지 않은 경우라 하더라도 공용수용이 효율적일 수도 있다. 우선, 보상이 필요한 경우를 생각해 보자. 정부가 시가 2만 달러짜리 토지 1필을 2만 달러에 매입하려 하지만, 그 토지가 수년 동안 토지 소유자 가족들이 살아오고 있기 때문에 이런 가치를 더 하여 2만 5천 달러 이하에는 매도하지 않으려 하는 경우를 생각해 보자. 이런 경우에 정부가 공용수용을 한다고 하면, 비록 보상을 한다 해도 파레토 관점이나 칼도-힉스 관점 그 어느 기준으로 보더라도 효율적이라 할 수 없다.

이번 경우는, 보상은 필요하지는 않지만 정부는 고속도로 한가운데 있는 토지 1필에 대해 1만 달러로 평가하고, 토지 소유자는 8천 달러로 평가하는 상황이다. 이와 같은 경우에는 토지를 공용수용하고 보상을 하지 않더라도 칼도-힉스 효율적일 수 있다. 이와 같은 공용수용은 다른 비용을 수반하지 않기 때문이다. Frank Michleman은, 토지에 대하여 아무런 보상 없이 공용수용을 할 수 있는 사회에서는 도덕적 해이가 발생할 수 있다고 주장한다.[18] 만약 이렇게 된다면 이 또한 정부가 칼도-힉스 평가를 하는 과정에서 고려해야 할 비용이 될 것이다. 이런 사실은 흥미롭게도, 보상정책 때문에 공공계획의 비용은 낮아질 수 있다는 점을 시사한다.

사전적 보상(ex ante compensation)의 개념도 공용수용의 법에 적용시킬 수 있을 것이다. 법원이 어떤 규제가 공용수용이 되는지의 여부를 판단할 때, '합리적 투자가 바탕이 된 예견'이 그 판단기준의 한 요소가 된다.[19] 즉 규제받을 가능성이 소유에 대해 지불해야 할 가격에 반영되어 있다는 것이다. 가령, 어떤 사람이 외부효과를 발생시키는 한 사업을 인수했다면, 규제당할 가능성이 지불된 가격에 반영되는 것이다. 만일 규제를 당하게 된다면, 보상이 없다는 것은 그 매수인에게는 실제로 수용된 재산권이 없었다는 것과 상응한다.

---

18) Frank I. Michleman, "재산, 효용, 공정: '정당한 보상'법의 윤리학적 기초에 관한 논평," 80 *Harv. L. Rev.* 1165(1967).

19) 다음과 같은 것을 참고해 볼 것. District Intown Properties Limited Partnership v. District of Columbia, 198 F.3d 874 (D.C. Cir. 1999), cert. denied, 531 U.S. 812(2000) (J.Williams, concurring).

제3장

경제학을 법학에 적용함에 있어서 문제되는 몇 가지 쟁점들

03

이 장은 법경제학을 연구하는 데 직면하는 여러 복잡한 논의를 다루고 있다. 첫 부분에서는 경제학들이 인간은 '개인 이기심의 합리적 극대자'(rational maximizers of self-interest)라고 가정함으로써 발생하는 여러 문제들을 다룬다. 이 말이 무엇을 의미하는가를 파악하는 것은 매우 중요하다. 정말로 인간이 합리적이며 이기적인지 여부는 의문이며, 이 의문은 일반적으로 경제학에 있어서 매우 중요한 것인데, 특히 경제학을 법에 적용할 때 더욱 중요하다. 그 다음에는 사람들의 선택과 선호가 일치하는지 여부의 문제가 설명될 것이다. 이는 다소 특이한 주제처럼 보이지만, 일반적으로 경제학은 부분적으로 사람들의 선택에 기초하여 사회복지수준을 극대화하는 것에 중점이 있는 것이다. 만약 이들 선택이 그들의 실제 선호와 일치하지 않는다면, 이는 시장에 잘못된 신호를 보내는 것에 지나지 않게 된다. 이 장의 마지막 부분에서는 정책의 기초로서 경제학을 적용하고자 할 때 발생하는 세 가지 문제를 검토하고 있다.

A. 개인 이기심의 합리적 극대자(Rational Maximizer of Self-interest)

전통적인 법경제학의 핵심은 개개인은 자기 이기심의 합리적 극대자라고 하는 가정이다. 언뜻 보기에 논쟁의 대상이 되지 않을 것 같은 이들 용어는 두 부분으로 나누어 볼 수 있다. 가장 기본적으로, 합리성은 개개인에게 일관성 있어 보이지 않는 행동은 하지 않도록 요구할 것이다. 여기서 종종 나타나는 중요한 문제는 '이행성(移行性)의 법칙'(law of transitivity)이다. 이행성의 법칙을 염두에 둔다면 한 개인이 배보다 사과를 선호한다고 하고 오렌지보다 배를 선호한다고 말했다고 하여 그는 오렌지보다 사과를 선호한다고 판단해서는 안 된다.[1] 합리성 가정의 중요성은 매우 명백하다. 경제학자들은 희소한 자원에서

1) 역자주: 그렇게 해서는 합리성이 구비된 인간이 될 수 없다는 것을 말하는 것이다.

최대의 것을 얻는 것에 무엇보다 관심이 있다. 그러므로 일관성 없고 비합리적인 행위는 시장이 올바르게 작동하는 것을 불가능하게 할 뿐만 아니라 이런 목적 또한 불가능하게 하는 것이다. 이 극대화 행위의 가정은 어떤 목적을 진척시키는 선택을 할 것을 요구한다. 가령, 이 세상에서 가장 돈 많은 사람이 되고 싶다면 투자라고 생각하지 않는 곳에는 돈을 쓰지 말아야 하는 것이다.

개인 이기심 가정(self-interest assumption)은 정의내리기가 이보다 더 어렵다. 어떤 사람들에게 이것은 가장 상식적인 선에서 이기적으로 행동하는 것을 의미한다. 다른 사람들은 모든 합리적인 행위를 개인 이기적이라고 본다. 이런 관점에서 볼 때 어떤 사람이 내린 어떠한 선택이라도 이는 모두 그가 더 만족함을 '느꼈다'는 사실로부터 이끌어내게 되는 것이다. 만일 어떤 선택이 더 낫게 느껴져서 그것을 더 선호한다면 선호하는 그 선택을 하는 것은 개인 이기적으로 행동하는 것이 된다. 가장 보수적인 경제학자들에 따르면, 이타적인 사람은 이기적인 것같이 행동하는 것보다도 이타적으로 행동하는 것에서 보다 큰 효용(만족)을 얻는다고 한다. 즉, 이타적인 행위도 이기심에 의해 설명될 수 있다는 것이다. 이타적으로 행동하는 사람이라 해서 실제로 보상이 없는 것은 아니다. 그들은 '심리적 보상'(psychic income)을 받고 있다는 것이다. 그들은 심리적 보상으로 모든 것을 설명하려 하지만, 그러나 결국 이 심리적 보상 개념은 아무런 의미가 없는 것이다. 한 개인은 결국 여전히 이기심의 서로 다른 형태들 중에서 선택하는 것에 불과하기 때문이다. 이런 다른 형태들은 경제학을 법학에 적용시키는 데 있어서 매우 중요할 것이다.

합리성과 이기적 합리성의 두 개념은 가장 흥미로운데, 이는 지난 30년간 경제학자들과 심리학자들이 행한 수많은 연구 결과가, 사람은 합리적이지 않다는 것을 시사하고 있기 때문이다. 경제학에 관한 비판은 그 가정이 완전무결한지에 관한 것이 아니라, 이 가정에 기반한 이론들을 실제 현실에 적용할 수 있는지에 관한 것이다.

1. 자산효과와 증여효과(Wealth and Endowment Effects)

합리성 가정이 적절하지 않거나 또는 최소한 전통적으로 가정한 것보다는 훨씬 복잡하다는 것을 시사하는 한 일반적인 관찰은, 사람들은 그들의 출발점에 따라서 동일한 이득과 손해에 대해 각기 다르게 반응하는 경향이 있는 점이다. 이는 실제로 노벨경제학상 수상자 Daniel Kahneman이 Amos Tversky와 함께 개척한 연구분야인 '전망이론'(prospect theory)의 한 내용이다.[2)]

선택의 행사 또는 개개인의 선호강도의 표명과 관계있는 주요 문제 중의 하나로 자산효과를 들 수 있다. 자산효과는 다양한 형태로 표현할 수 있지만, 사람들은 타인이 소유하는 경우보다 자기 자신이 소유하는 경우에 그 물건이나 권리 등을 보다 높게 평가하는 것처럼 보인다는 점에서 문제의 복잡성이 있다. 예컨대, 어떤 사람이 바다가 보이는 토지를 가지고 있으며, 인접한 토지의 건물 높이에 대한 권리제한증서(deed restriction)로 인하여 그 사람이 자신의 토지에서 바다를 보는 데는 문제가 없다고 하자. 만약, 그가 이 증서를 팔려고 할 때는 50,000달러에 내놓을 것이다. 반면, 그가 이 증서를 가지고 있지 않아 다른 사람이 이 인접 토지에 그가 바다를 볼 수 없게 하는 건물을 지을 수 있는 경우에, 그는 이 증서를 단지 20,000달러로밖에는 사지 않으려 할 것이다. 개인이 잠재적으로 매수인인가 또는 매도인인가에 따라 평가를 달리한다는 사실은 경험적으로 검증되어 있는 것이다.

사람들이 소유하고 있을 때 그렇지 않을 때보다 소유물을 더 높게 평가한다는 사실은, 소유하지 않은 경우보다 소유하고 있을 때가 더 부유하며 따라서 이 소유물에 보다 많이 지불할 용의가 있다고 하는 소유권의 의미와 연관지을 수 있다. 그러나 자산효과에는 단순히 이런 것 이상의 더 깊은 뜻이 담겨 있다. 예컨대, 문제가 되고 있는 물건이 거의 가치가 없는 것이라 하더라도 가치가

---

2) Daniel Kahneman과 Amos Tversky, "전망이론: 위험하의 의사결정에 관한 분석(Prospect Theory: An Analysis of Decision Under Risk)," 47 *Econometrica* 263(1979).

있는 것처럼 보이는 경우를 들 수 있다. 이것이 법경제학에 제기하는 문제는, 선호와 선호의 강도에 대한 결정은 자신이 재산을 지금 소유하고 있는지 여부에 따라 달라진다는 것이다. 어떤 물건 또는 권리에 대한 사람들의 주관적 평가로 자산가치가 결정되는 곳에서는, 이와 같은 개념이 특히 자산 최대화의 효율성 개념을 고집하는 사람들에게는 어려운 문제가 된다.

2. 종국적 게임(Ultimatum Games)

합리성 가정에 대한 가장 주목할 만한 도전은, 경제학자들과 심리학자들이 행한 실험결과가 사람들이 예측한 대로 행동하지 않은 경우에서 비롯되었다. 이 실험들에서 가장 중요한 것은 종국적 게임이다. 이는 다음과 같다: 피실험자들을 둘로 나눈다. 한 사람에게는 얼마의 돈이 주어지고 그 돈을 다른 사람에게 줄 수 있게 한다. 만일 그 다른 사람이 돈을 받는다면, 그들 모두는 자신들이 가진 것을 보유할 수 있다. 만일 그 다른 한 사람이 돈을 받는 것을 거절한다면, 그들 중 누구도 돈을 가지지 못한다. 여기에는 단 한 번의 기회만 존재하며, 그 두 사람은 서로 대화할 수 없다.

합리성 가정으로 본다면, 첫 번째 사람은 두 번째 사람에게 매우 적은 돈을 제시하거나 한 푼도 제시하지 않을 것이다. 만일 첫 번째 사람이 한 푼도 제시하지 않는다면, 적어도 두 번째 사람은 손해 볼 것은 없으며 거절할 이유가 거의 없을 것이다. 두 번째 사람이 매우 적은 돈을 받는다고 한다면 거절할 이유가 더욱더 약해질 것이다. 그렇게 하는 것은 아무 것도 얻지 못하는 것을 의미하기 때문이다.

즉, 그 게임의 결과는 이렇다: 첫 번째 사람은 전체 액수에서 최소한의 양보다는 많은 돈을 건넬 것이고, 두 번째 사람은 그것을 거절할 것이다. 합리성에 대해서 시사하는 점은 분명하다. 사람이 적은 자산보다는 보다 많은 자산을 선호한다고 하면, 왜 자산이 증가하는 쪽으로 선택을 하지 않는가? 달리 말하면, 어떤 사람이 허리를 구부려 땅에 떨어진 1달러는 기꺼이 줍지만, 왜 전체 10달러에서의 1달러를 거절하는 것일까? 이에 대한 답은, 공정한 처우와 자신들이 공정하다고 타인이 인식하는 것 모두에 사람들은 가치를 두기 때문인 것 같다.

'공정성에 대한 감각'(sense of fairness)은 Richard Thaler가 고안한 한 게임에 특히 잘 나타나 있다. Thaler는 사람들이 무더운 여름날 해변에서 시원한 맥주를 친구에게 부탁하는 상황을 가정하게 했다. 어떤 무리의 사람들에게는 친구가 휴양지의 화려한 술집에서 맥주를 사왔다고 했으며, 다른 무리에게는 허름한 잡화상에서 사왔다고 했다.[3] 그리고는 각각의 무리에게 맥주를 사는 데 지불할 용의가 있는 가장 높은 가격을 물어본다. 휴양지에서 맥주를 사는 것을 본 무리들은 2달러 65센트라고 말했으며, 잡화상에서 사는 것을 본 무리들은 1달러 50센트라고 답했다.

이 실험의 결과를 다음과 같이 해석할 수 있다: 즉, 사람들은 휴양지만큼의 가격을 매기는 잡화상에 대해서는 그 가게의 정당성이나 공정성에 의문을 가진다는 것이다. 즉, 잡화상에서 구입한 사람들은 그 가게가 휴양지 수준의 가격을 매기는 경우 이에 대해 부당한 감정을 느꼈을 것이라는 말이다. 보다 일반적으로 본다면, 개인들은 거래가 정당하게 행해졌다고 느끼는 것 자체에 대해서도 독립적인 가치를 부여하는 것이다.

공정성이 독립적인 가치를 가질 가능성은 꽤 복잡한 문제이지만, 사람들이 공정함을 인식하는 것이 저마다 다를 경우 상황은 더욱 흥미로워진다. 이는 두 사람이 어떤 상품을 소유하고 있다면 그에 동일한 효용과 가치를 부여할 것이지만, 시장에서는 그들의 선호를 아주 다르게 표현할 수도 있다는 것이다. 예를 들면, 한 사람은 어떤 자동차 가격이 적정한 수준이라고 생각할 수 있지만, 같은 가격을 두고 다른 사람은 '바가지 가격'이라고 생각할 수도 있다는 것이다. 앞에서의 논의를 토대로 하여 생각해 볼 때, 매수인마다 각자 다르게 느끼

---

3) Richard Thaler, *The Winne's Curse: Paradoxes and Anomalies of Economic Life*, 21-49(1992).

는 공정성에 대한 감각을 기준으로 하여 매도인이 그들 집단을 차별하는 것은 일리가 있어 보인다.4)

종국적 게임으로 사람들이 비합리적이라는 것을 확실히 증명할 수는 없다. 땅에 떨어진 1달러가 보다 많은 자산 중의 1달러와 정확히 같지는 않다. 그리고 땅에 떨어진 1달러를 줍는 것과 앞서든 예에서 제시된 1달러를 거절하는 것이 서로 모순되지 않는 선호체계를 쉽게 생각할 수 있을 것이다. 앞의 게임이 시사하는 것은, 합리적인 인간은 복잡한 선호체계를 갖는다는 점이다. 그렇다면 경제학을 법학에 적용하는 데 주는 시사점은 매우 크다. 법경제학을 연구하는 사람들은 관련된 화폐가치를 신중하게 생각하여, 계약 위반이나 범죄의 효율성 정도에 관해 규정하려는 경향이 있다. 종국적 게임이 시사하는 점은, 이것이 너무 지나치게 단순한 분석이 될 수 있다는 것이다.

사람들이 무엇을 적정하다고 하며 왜 그렇게 하는지에 관련된 논점들은 경제학 분야보다는 형평이론이나 상대적 박탈감 등이 관계된 사회과학 분야에서 다루어지고 있다. 그렇지만, 이런 것들은 정책을 입안함에 있어서 이 분석을 이용하고자 하는 목적에서 경제학을 법에 적용시키려는 학자들에게도 절대적으로 중요한 것이다. 이런 개념들은 경제학의 범위를 넘어 시장행동의 몇몇 의문점을 일관되게 설명할 수 있게 되어 법을 보다 균형적으로 적용할 수 있게 된다.

B. 선택과 선호(Choices and Preference)

앞서 언급한 것과 같이, 경제학을 법학에 적용하는 데 있어 필요한 중요한

---

4) 일반적으로, Ian Ayres, "Fair Driving: Gender and Race Discrimination in Retail Car Negotiations," 104 *Harv. L. Rev.* 817(1991); Ian Ayres, "Further Evidence of Discrimination in New Car Negotiations and Estimates of Its Causes," 94 *Mich. L. Rev.* 109(1991) 등을 참조할 것.

가정 중 하나는, 사람들은 자신들의 선호를 그들이 내리는 선택에서 표현한다는 것이다. 물론, 이 가정에 있어서 가장 큰 문제는, 매우 강한 선호를 가진 사람들이 시장에서 그들의 선호를 표현할 자금이 없을 수도 있다는 것이다. 법은 시장에서 표현된 욕구 이상의 것에 관계되기 때문에, 이는 중요하게 고려해야 할 사항이다. 이 논점을 넘어서, 사람들의 선택을 그들의 선호와 일관성이 없게 만드는 다른 많은 요소들에 유의하는 것도 중요하다.

1. 공공재와 무임승차(Public Goods and Free-Riding)

앞서 제2장에서의 담력시험 게임(the chicken game)과 공공재의 경우는, 시장에서의 선택이 잘못 이끌려지는 많은 경우 중 하나이다. 이를 여기서 다시 한 번 더 살펴보기로 하자. 당신과 당신 친구가 같은 수업을 듣는데, 당신들 모두는 각기 서로가 필기를 잘 할 것이라고 믿는다고 하자. 당신은 당신 친구가 수업에 출석하여 필기한 것을 당신에게 보여줄 것이라 기대하고 있다. 그렇지만, 이와 반대로 당신이 수업에 출석하여 친구에게 보여줄 수도 있을 것이다. 따라서, 당신의 선호체계는 다음과 같이 순서지을 수 있을 것이다: 당신 친구가 수업에 출석하여 당신에게 필기를 보여준다(선호 1순위). 당신이 수업에 출석하여 당신 혼자만 필기를 본다(선호 2순위). 필기한 노트가 당신에게 없다(선호 3순위). 문제는, 필기가 실제보다 당신에게 훨씬 덜 중요한데도 불구하고 당신이 불가피하게 첫 번째 선택을 해야만 하는 경우이다. 당신은 당신 친구가 필기 노트를 얻는 유일한 방법은 그 혼자 수업에 출석하는 것이라는 점을 그에게 과장되게 확신시켜 주는 것이다.

여기서, 경제학자들은 선호를 측정하려 하지만 마음속을 들여다 볼 수 없다는 점에서 문제가 생기는 것이다. 전략적인 이유로 해서, 당신의 선호는 당신이 실제로 느끼는 것과는 달라야 하며, '선택' 또는 그것에 대한 부족은 선호를 조금도 표현하지 않는 것이다.

2. 죄수의 딜레마(The Prisoner's Dilemma)

앞서의 경우와 비슷한 문제가 이미 제2장에서 살펴본 죄수의 딜레마에서 떠오른다. 여기서 다시 살펴보면, 죄수의 딜레마는 범죄 혐의로 체포되어 서로 격리되어 있는 두 죄수에 관계된 것이다. 그들은 따로 심문을 받는다. 만일, 두 사람 모두 죄를 자백하면 그들은 5년형을 받는다. 만일 아무도 자백하지 않으면, 2년형을 받는다. 그리고 한 명이 자백하고 다른 한 명은 자백하지 않으면, 자백한 사람은 1년형을 받고 하지 않은 사람은 10년형을 받게 된다. 가장 이상적인 전략은 그들 모두가 자백하지 않는 것인데, 이 경우 그들 모두 2년형에 처해지게 된다. 이 전략의 가장 큰 맹점은 한 죄수는 자백하고 다른 한 죄수는 10년형을 받게 되는 경우이다. 따라서 각 죄수는 그들 자신을 위해서 결국 자백하려 할 것이다.

가장 이상적인 결과에 도달하기 위한 방법은, 비록 게임규칙이 허용하지 않지만 죄수들 서로가 합의를 하거나 서로 협조하는 것이다. 실제로, 사람들은 가장 좋은 결과에 도달하기 위해 여러 번 시도를 되풀이한 끝에 협조하는 방법을 습득한다는 많은 증거가 있다. 선호를 표현하기로 하는 선택을 믿는 사람에게는 다음과 같은 문제가 있다: 관찰자가 게임을 이해하지 못한다면 가장 좋은 결과를 얻기 위한 행동이 실제로 원했던 것과 일치하지 않는 것처럼 보일 수 있다는 것이다.

3. 반선호적 선택의 가능성(The Possibility of Counter-Preferential Choice)

선호를 표현하는 선택의 가능성은 사람들에게 반선호적 선택을 할 수 있는 능력이 있을 때 더욱더 낮아진다. 노벨상을 수상한 경제학자 Amartya Sen은 sympathy와 commitment를 구분하면서 이런 가능성을 시사한다. 이 차이를 이해하기 위해서, 당신이 비록 육식을 좋아하지만 채식주의자가 되었다고 해보자. 당신은 동물들의 고통에 공감하거나 또는 모든 동물들은 사람처럼 의식이 있는 존재이며 그들에게는 먹혀서는 안 될 권리가 있다고 믿고 있다 하자. 시장에서의 당신의 선택이 당신의 육식에 대한 기호를 나타낸다고 분석하는 것은, 당신이 정말로 육식을 좋아하며 이와 비슷한 상품을 살지도 모른다는 사실을 간과하고 있는 것이다. 더욱더 중요한 것은, 선택 결정 과정에서의 복잡성도 간과하고 있는데, 이는 경제학을 법학에 언제 적용해야 할지를 이해하는 데 있어 특히 유용한 것이다.

4. 왜곡된 의식(False Consciousness)

자신에게 최선의 이익이 무엇인지를 알 수 없거나 표현할 수 없을 경우에 선택과 선호가 일치하지 않을 수 있다. 이는 '강박'(coercion)의 개념을 보면 보다 잘 이해할 수 있다. 지갑을 빼앗기고 폭행당하는 대신 지갑을 포기하기로 한 사람은 어떤 의미에서 선호를 표현한 것이다. 그래도 일반적으로는 그런 선택을 합법적인 것으로 인정하지 않으려 한다. 관점을 달리하면, 문제는 다음과 같다: 즉, 그 선택을 언제 자유롭다 할 수 있을 것인가, 선택에 영향을 준 여러 요소들이 언제 합법적이며, 이들 요소가 진정한 선호를 표명하지 못하게 하는 것은 언제인가 등이 그것이다. 이는 분명 모든 사람들을 납득시킬 수 있을 만한 답이 없이 끝없이 계속되는 문제이다. 그렇지만 이들 문제는 매우 중요하다. 왜냐하면 진정한 선호를 나타내지 않는 선택은 효율적인 결과와 거의 일치하지 않기 때문이다.

불법적인 상황에서 내린 선택과 자유로운 상황에서 내린 선택을 구분하는 것과는 별개로, 언제부터 자유로운 선택을 할 수 없는 것으로 보아야 하는지가 문제된다. 가령, 알코올 중독자는 알코올 중독상태를 원치 않을지도 모르지만 때때로 아주 많은 알코올을 복용한다. 이와 비슷한 경우가 담배를 끊기 위해

금연 패치를 사는 흡연가이다. 요컨대 경제학에서는 선호와 선호의 표현이 아주 중요하기 때문에 실제 선호와 그 표현 사이에 괴리가 있을 때에는 문제가 발생하게 되는 것이다.

5. 문제설정(Framing Problems)

선호를 결정하는 문제는, 어떻게 답을 구성하느냐에 따라 본래 같은 질문에 대한 답도 각기 일관적이지 않을 수도 있다는 점에서 더욱 복잡해진다. 잘 알려진 예를 하나 들면, 미국에서 갑자기 발생한 급성질병으로 사람 600명이 죽게 될 것이라는 가정하에,[5] 사람들에게 다음 두 대안 중 어떤 것을 선택할지 묻는다. 대안 A로는 200명이 살게 되고, 대안 B로는 600명이 살게 될 확률이 1/3이고 1명도 살 수 없는 확률이 2/3이다. 이런 상황이라면 누구나 대안 A를 강하게 선호할 것이다.

그러면 이제 선택사항이 다음과 같이 제시되었다 하자. 대안 C로는 400명이 죽는다. 대안 D로는 아무도 죽지 않을 확률이 1/3이고 600명이 죽을 확률이 2/3이다. 이 경우에는 D를 선택하는 것이 강한 지지를 받았다. 문제는, 계획 A와 C가 동일하고, B와 D가 동일하다는 것이다. 이러한 차이는 선택사항들이 인식되는 방식에서 비롯된 것이다.

5) Daniel Kahneman and Amos Tversky, "Framing Decisions and the Psychology of Choice," 211 *Science* 453(1981) 참조.

C. 선호, 가치, 그리고 사전편찬법적(辭典編纂法的) 선호순서 (Preferences, Values, and Lexical Ordering)

전통적인 경제학 연구의 전제 중에 다음과 같은 것이 있다: 효용과 만족을 주는 모든 것들은 그 효용의 형태들을 어떤 공통적인 요소(common denominator)로 환원할 수 있다는 점에서 서로 유사하다.[6] 예컨대, 누군가가 당신에게 있던 『메디슨 카운티의 다리』의 자필 초고를 훔쳐가 버린다면 심각한 손해를 입게 될 것이다. 전통적인 사고방식에 따르면, 효용 손실이 얼마인지에 관계없이 예컨대, 로드 매큐언의 시집 한 상자를 대신 얻는 것으로 처음의 효용 또는 행복의 수준까지 보상되어 회복될 수 있다고 한다.

이러한 사고방식에 따른다면, 화폐는 이 세상에서의 모든 재화·용역과 교환될 수 있기 때문에 보상을 하는 데에 사용할 수 있다. 궁극적으로, 어떤 것이든 전부 팔아서 화폐로 교환할 수 있다는 것이다. 요컨대, 어떠한 비자발적 손실이라도 그 손실보다 조금 더 큰 금액으로 보상받을 수 있다면, 어떤 것이 문제가 되든지 쉽게 잊어버릴 수 있다는 것이다. 자신의 신체일부와 자녀들도 일정한 가격에 팔아 치울 수 있는 것이다. 법학에서 흔히 문제되고 있는 것을 예로 들면, 약속을 깨는 것, 계약을 위반하는 것, 많은 사람들이 모여 있는 운동장을 무모하게 자동차로 가로지르는 것, 누군가를 노예로 삼는 것과 같은 행동도 그것에 대한 충분한 보상을 받을 수 있다면 아무런 거리낌 없이 그러한 행동을 할 수 있다는 것이다.

그러나 만약 다음과 같은 원칙이 있다면 어떻게 될 것인가? 즉 어떠한 가격으로 보상을 받는다 해도 누군가가 자신의 다리를 부러뜨리는 것을 허용하지

---

6) Nicolas Georgescu-Roegen, "Choice Expectation and Measurability," 68 *Q. J. Econ.* 503(1954).

않을 것이며, 상당량의 돈을 받는다 해도 많은 사람들이 모여 있는 운동장을 무모하게 자동차로 가로지르거나 상대 피겨스케이팅 선수의 무릎을 다치게 하라는 제안을 거절할 것이라는 식의 원칙이 있는 경우이다. 이런 경우에는 모든 것을 단순히 효용만으로 환원할 수 있다는 가정은 고수할 수 없게 된다. 나아가 관련 재화가 도덕적인, 때때로 법적인 어떤 의무와 연관될 때에는 이런 가정을 고수하기가 매우 힘들게 될 것이다.

앞의 경우에서는, 단지 충분한 보상을 받지 않았다거나 혹은 비합리적으로 행동하고 있다는 식으로 쉽게 말할 수 있을 것이다. 이에 대한 또 다른 설명은, 어떤 효용의 원천은 사전편찬법적(辭典編纂法的)으로(lexically or lexicographically) 선호순서가 매겨져 있다는 것이다.[7)] 사전편찬법적 순서의 예로 사전을 들 수 있다. 사전에서는 알파벳 'a'로 시작하는 어떤 단어는 항상 'b'로 시작하는 단어 앞에 있다. 비록 'b'로 시작하지만 그 뒤에 'a'가 무한정 있는 단어라 해도 'a'로 시작한 단어 뒤에 와야 하는 것이다. 비록 이 'a'로 시작하는 단어는 아무리 'z'가 많이 있다 해도 항상 이 단어 앞에 와야 하는 것이다.

사전상의 단어들처럼, 확실히 어떤 가치는 다른 서열의 가치나 효용 원천과는 전혀 교환이 되지 않는 것과 같은 방법으로 서열이 매겨져 있다. 이는 '보상'이나 '유인'의 개념들이 전통적인 경제학이 고려한 것 이상으로 복잡하다는 것을 의미한다. 법은 바로 이런 성격을 가진 많은 가치들에 관한 것이기 때문에 경제학을 법에 적용하는 데 있어서 이 점은 특히 중요한 것이다.[8)]

---

7) John Rawls, *A Theory of Justice* 42-43(1971).

8) 역자주: 앞서 살펴본 바와 같이, 소비자의 선호체계는 ① 완비성(completeness), ② 이행성(transitivity), ③ 연속성(continuity), ④ 강단조성(strong monotonicity) 등의 기본적인 가정, 즉 공리(axiom)를 만족해야만 합리적인 선호체계라 인정할 수 있으며 효용함수로 나타내어져 구체적인 수학적 분석이 가능하게 된다. 특히, 앞의 세 가지 공리가 만족될 때 소비자의 선호체계는 '연속적인 효용함수'(continuous utility function)로 대표될 수 있는 것이다. 그렇지만 사전편찬법식의 선호순서는 선호관계의 갑작스런 변화를 나타나는 것이므로, 이 공리들 중에서 연속성의 공리에 위배되는 불연속적인 미분불가능 함수로 효용함수가 표현된다. 이렇게 되면, 구체적인 수학적 분석이 불가능해져 분석이 더욱 복잡하게 되는 것이다

서로 다른 종류의 가치들이 존재할 가능성은 현실적인 문제에서 특히 매우 중요하다. 이 이유를 알기 위해서, 일반적으로 경제학자들은 개인의 기호나 선호는 고정되어 있다는 것을 기본 전제로 한다는 것을 이해하는 것이 중요하다. 이것은 가격의 변화가 오렌지 주스 판매량에 미치는 영향을 검토하고자 하는 경우에 중요할 수 있다. 가격이 어떻든 오렌지 주스에 대한 선호가 일정한 경우에만 가격변화의 효과를 따로 분리할 수 있기 때문이다. 즉, 가격변화가 오렌지 주스의 구매량에 영향을 미친다고 하여도 오렌지의 선호에 영향을 미쳐서는 안 된다는 것이다.

경제학을 법에 적용하는 경우에 이러한 필요조건은 하나의 문제를 제기한다. 예컨대, 벌금이 높아지는 것이 속도위반에 주는 영향을 확인하고 싶다고 하자. 물론 이 착안의 출발점은 벌금이 높아질수록 속도위반이 줄어든다는 것이다. 문제는 벌금을 높이는 것이 속도위반에 실제로 영향을 미칠 수도 있다는 것이다. 즉, 보다 높은 벌금은 사회적 비난을 나타내고 있는 것이므로 속도위반에 대한 개인의 '기호'에 실제적으로 영향을 미치는 것이다. 보다 전문적으로 말하면, 법은 단순히 외생변수로서의 역할만을 하는 것이 아니라 내생변수로서의 역할도 한다는 것이다.[9] 이는 법경제학에서 말하는 '시장'이 전통적인 경제학적 분석이 적용되는 시장보다도 아마 더욱 복잡해질 것이라는 사실을 의미한다.

이런 이유들 때문에 법에 대한 경제학적 분석이 다른 통상적인 시장에 대한 경제학적 분석보다 어떻게 훨씬 더 복잡해지는지를 설명하기 위해, 한 법경제학자가 설명하는 행위에 대한 가정을 생각해보자. 그의 분석의 전제는, 개인들은 자기 이기심을 합리적으로 극대화한다는 일반적인 가정이다. 그는 사람들이 의무감에서 법을 지키는 것이 아니라는 것을 의미한다고 설명한다.[10] 이는

(이준구, 『미시경제학』, 법문사, 1999, pp.77~83).

9) Kenneth G. Dau-Schmidt, "An Economics Analysis of the Criminal Law as a Preference Shaping Policy," 1990 *Duke L. J.* 1; Jeffrey L. Harrison, "Class, Personality, Contract and Unconscionability," 35 *William and Mary L. Rev.* 445(1994) 참조.

10) Robert Cooter, "Prices and Sanctions," 84 *Colum. L. Rev.* 1523, 1527(1984).

불규칙한 것이 아니며, 이 가정을 설정하는 데에는 기본적으로 아무런 문제가 없다. 그렇지만, 이를 통해 법에 대한 경제학적 분석이 어떻게 제한될 수 있는지 알 수 있다. 가령, 단지 법 그 자체이기 때문에 법을 지키는 사람들이나, 혹은 어떤 것이 불법으로 바뀌어서 —비용·효용 분석의 결과가 아니라— 자신들의 행동을 수정하는 사람들은 경제학 이론의 분석만이 남게 될 것이다.

제4장

코스 정리와 관련된 재산상의 제문제

04

A. 코스 定理(Coase Theorem)

1. 배분의 함축적 의미(Allocative Implications)

어떠한 것도 코스 定理보다 법경제학의 연구에 있어서 더 중심이 되는 것은 없고 그 발전에 더 기여하고 있는 것도 없다.[1] 코스 定理는 "많은 경우에 있어, 법원 또는 법적 기관에 의한 권리들의 배분은 최종적으로 누가 그러한 권리들을 소유하는가와는 대부분 관련이 없다"고 설명하고 있다. 마크 켈맨(Mark Kelman)의 말을 빌리면, 도도한 강의 흐름과 같은 시장질서는 그 흐름을 변경하려는 시도(외부적 간섭)를 무의미하게 할 것이라고 한다.[2]

비록 코스 定理에 실질적인 법의 광범위하고 다양한 영역에 있어서 명료하지 않은 점이 있는 것이 사실이지만, 자원의 경쟁적 사용에 있어서 이를 가장 쉽게 설명하고 이해시켜 주는 이론임이 분명하다. 코스방식분석에서 유용한 사례 중의 하나로 Fountainbleau Hotel Corp. v. Forty-Five Twenty-Five, Inc.(Fla. App. 1959)사건이 있다. 논쟁은 마이애미해변에 있는 Fountainbleau Hotel이 14층 부분을 추가 증축할 수 있는 권리가 있는지에 관한 것이었다. 증축에 수반되는 문제는 증축으로 인한 그림자가 그 호텔에 이웃하고 있는 Eden Roc Hotel의 탈의실, 수영장 그리고 일광욕 장소를 덮게 될 것이라는 사실이었다. Eden Roc 호텔은 증축금지를 청구했지만 그 청구는 기각되었다. 보다 전문적인 관점에서, 그 그림자는 부정적인 외부성(Fountainbleau 호텔의 증축계획에 의하여 Eden Roc 호텔이 입게 되는 손실)으로서 보여질 수 있다. 이미 밝혔던 것처럼, Eden Roc 호텔의 증축금지의 구제책은 부정되었다. 비록 증축에 의하여

1) Ronald Coase, "The Problem of Social Cost." *3 J. L.& Econ.* 1(1960).

2) Mark Kelman, "Consumption Theory, Procuction Theory, and Ideology in the Coase Theorem," 52 S0. *Cal. L. Rev.* 669, 675(1979).

태양(일조량)이 가려지게 된다고 할지라도, 증축을 할 수 있는 권리는 법원에 의해서 Fountainbleau 호텔에 주어졌던 것이다.

코스방식의 관점으로부터 나오는 문제는, 법원이 그 문제를 해결한 방식이 실제로 중요한 것인가에 있다. 분명하게 증축할 수 있는 권리는 Fountainbleau 호텔이 증축으로부터 얻을 수 있는 기대이익의 현재가치로 볼 때 일정한 가치를 가진다. 이러한 가치가 100만 달러였다고 가정해 보자. 또한 Eden Roc 호텔의 경영진이 그 문제를 연구해서, 햇빛이 없는 리조트・호텔은 여행자들에게 보다 적은 호감을 준다는 사실로부터 상실되는 이익의 현재가치가 110만 달러라고 결정했다고 가정해 보자. 그 점에서, Fountainbleau 호텔과 Eden Roc 호텔의 경영진 모두에게 이득이 되는 상태, 즉 파레토 우위(a Pareto Superior position)를 만드는 교환을 했을 수도 있었는지를 결정하는 것은 양자에게 의미가 있을 것이다. 분명하게 100만 달러를 초과하는 어떠한 가격에서는 Fountainbleau 호텔을 보다 좋게 만들었을 것이고, 110만 달러 이하의 어떠한 가격은 Eden Roc 호텔의 지위가 개선되었을 것이다. 따라서 최소한 이 초기의 분석에서는, 증축할 수 있는 권리가 Eden Roc 호텔에게 매각되었어야만 했고, 그렇게 되었더라면 당초의 권리배분(Fountainbleau에 증축할 권리를 부여한 법원의 판단)은 市場의 흐름에 역행하지 않았을 것이다.

코스 定理의 중요한 요소는, 결국 두 호텔 중 어떤 호텔이 증축할 수 있는 권리 또는 증축을 막기 위한 권리를 소유하는가에 관한 결과는 당해 권리의 본래의 분배에 의해서 영향을 받는 것은 아니라는 것이다. 따라서 플로리다 州法院이 아마도 Eden Roc 호텔에게 그림자를 드리우는 증축을 금지하는 권리를 가지고 있었다고 결정했었다면, 관계당사자들은 그들의 (권리의) 가치평가과정을 다시 한 번 하게 될 것이다. Fountainbleau 호텔은 증축을 금지하기 위한 Eden Roc 호텔의 권리에 대하여 100만 달러 이상을 지불하려고 하지 않을 것이고, Eden Roc 호텔은 그러한 권리에 대하여 110만 달러에 미치지 못하는 어떠한 것도 받아들이지 않을 것이다. 결과적으로 이러한 경우에도 그러한 추가 증축은 이루어지지 않을 것이다.

공장의 생산과정에서 공기 또는 인근의 강에 있는 물을 오염시키는 공장과 관련되는 전형적인 사례에서 코스 定理가 어떻게 적용되는가를 살펴보는 것은 중요한 것이다. 두 사례 모두에서, Fountainbleau 호텔의 증축에 의해서 드리워진 그림자와 같은 오염은 하나의 외부효과(externality)로 볼 수 있을 것이다. 코스 定理의 관심대상은, 공장이 오염을 배출시킬 수 있는 권리를 가지고 있는지의 여부에 의하여 이러한 오염량이 실제로 영향을 받게 될 것인가에 있다. 코스 定理가 우리에게 말하는 것은, 처음에 어느 누구에게 물을 오염시키는 것이 허용되었다 할지라도 종국적인 물의 이용은 시장의 힘에 남겨지게 될 것이고 오염정도 또한 동일할 것이라는 사실이다.

코스 定理의 폭 넓은 함축적 시각(sight of the breadth of the implication)을 잃지 않는 것이 중요하다. Eden Roc과 Fountainbleau 호텔 사이의 분쟁은 코스 定理를 매우 간단한 형태로 例示한 것이다. 코스 명제(Coase proposition)는, 소를 방목하고 있는 소사육자와 방목하고 있는 소에 의하여 곡물이 없어져 위험하게 된 농부, 즉 경합하는 토지이용자들에 의해서 처음으로 例示되었다. 이러한 사례유형은 미시경제학의 중심을 이루는 한계분석(marginal analysis)이 쉽게 구체화됨으로써, 코스 定理의 작용에 대하여 주목하도록 하는 사례로 인정된다. 이 유명한 사례에서 문제된 것은 각각의 추가적 소의 가치와 추가적 소 한 마리당 1년간 곡물의 손실 사이의 상대적 비교였다. 한편 최초의 (권리의)할당과 관계없이, 일반적으로는 토지가 최대의 이익을 창출하는 데 놓여지기를 기대하는 것이 통상적인 태도일 것이다. 이 사례에서 각 사용자의 생산물을 구체적인 단위로 표현할 수 있다면, 토지는 소 사육과 곡물농사를 짓는 것 사이에서 목초지와 농경지로 적절하게 분할되어질 것으로 보인다.

좀더 부연하면, 코스 定理는 표준적인 계약문제에 매우 쉽게 적용될 것으로 보인다. 버드는 1957년型 쉐비(Chevy)를 10,000달러에 베트에게 팔기로 합의하고, 엄격한 손해배상의 예정(iron clad liquidated damages)조항에 의하여 버드가 계약을 위반하면 베트에게 5,000달러를 지불하기로 했다고 가정해 보자. 그리고 베트는 그 차에 대하여 12,000달러의 가치를 부여한다고 가정해 보자.

베트의 거래이익(benefit of the bargain)은 2,000달러이다. 그런데 잭이라는 사람이 버드에게 그 차를 13,000달러에 매수청약을 한다고 가정해 보자. 분명히 잭은 3사람 중에서 그 차를 가장 높게 평가하고 있다. 문제는 베트가 그 차를 취득하거나 또는 5000달러의 손해배상금을 갖고, 그 차를 잭에게 인도케 한다는 사실을 둘러싸고 시장이 어떻게 움직일 것인가에 있다. 버드는 3,000달러를 상한으로 계약위반을 할 권리를 기꺼이 매수할 것이고, 베트는 2,000달러를 초과하는 어떤 가격으로 그것(권리)을 기꺼이 매도할 것이다. 아마도 버드와 잭 간의 거래가 성립되어 그 자동차는 잭에게 다시 매매될 것이다. 손해배상액의 예정에 대하여, 버드는 베트가 손해배상액의 예정조항의 문제를 주장할 때마다 베트에게 2,000달러의 잉여를 가져다주는 본래의 이행을 하겠다고 협박할 수 있다.

2. 권리의 할당(Assignment of Right)과 분배상의 효과(Distributive Effects)

코스 定理가 배분상의 효과에 초점을 맞추고 있다는 사실에 주목할 필요가 있다. 가장 단순하게 얘기해서, 코스 定理는 배분상으로 비효율적인 최초의 (권리의)할당(그 권리에 대해 최대의 가치를 부여하지 않았던 당사자에게 할당되었던)이 市場기능에 의해서 수정될 것이라고 말하는 것처럼 보여질 수 있다. (그렇다고 해서) 이것이 법원, 입법부 또는 행정조직에 의한 (권리)할당과 무관하다는 것을 의미하는 것은 결코 아니다. 그러한 (법원, 입법부 또는 행정조직에 의한)할당은 막대한 분배상의 효과를 가져온다. 예를 들어, 법원이 Fountainbleau 호텔에게 증축을 하기 위한 권리를 할당해 줌으로써 Fountainbleau 호텔이 그 권리를 소유하게 되거나 또는 그 권리를 보다 높게 평가해 주는 어떤 사람에 의해서 (그 권리가 매각됨으로써 경제적으로) 풍부하게 되는 것을 보장하게 된다. 달리 말해서, 할당한다는 것은 다양한 권리의 궁극적 배분(allocation)을 결정할 수 없을 수도 있지만, 그것은 부(富)의 배분에 대해서는 강한 영향을 미치게 된다는 것이다.

당사자들이 최초의 (권리)할당(allocation)과 관련하여 교섭할 여지가 있다고 보여지는 때라 할지라도, 법원은 종종 분배상의 문제를 정책적 관점에서 고려하는 것처럼 보인다. 예를 들어, Mckinnon v. Benedict(Wis. 1968)사안에서 법원은 어떤 토지소유자의 토지개발시도를 인접한 토지소유자의 요구에 따라 금지해야 하는지의 여부를 판단하여야 하는 문제에 직면했다. 양 당사자는 분명히 중요한 개인적인 접촉을 가졌었고, 만약 양 당사자에 의해서 그러한 권리에 부여된 주관적 가치(relative values)가 보장될 수 된다면, 당사자들이 그 (토지)개발권을 재분배(reallocate)할 수 있으리라는 점은 분명한 것 같다. 법원은, 열악한 재정상황(limited financial means)과 사업경험(limited business experience)이 부족한 당사자의 편에 서서 (인접한 토지소유자의)금지명령을 거부했다. 이 판결은 불리한 조건을 가진 당사자(disadvantaged party)의 재산을 증가시키는 결과를 가져왔고, 보다 부유한 당사자는 법원에 의하여 피고에게 그것(소유지 개발권)을 주게 하는 것보다는 오히려, (부유한 당사자가) 소유지(property)를 개발하기 위한 피고의 권리를 구매하도록 요구될 수 있는 상황을 만드는 결과를 가져왔다.

이 특별한 예가 독자에게 당혹감을 줄 수도 있다. 왜냐하면 금지명령(injunction)이 내려졌다면, 資力이 한정된 당사자는 타방인 토지소유자로부터 개발권을 구매할 수 없었을 것이라는 사실이 분명할 것으로 보이기 때문이다. 전통적인 경제분석의 입장에서 보면, 지불무능력은 지불의사의 결여와 실제에 있어서 구별되지 않는다. 결론은 여전히 상대적으로 자력이 없는 토지소유자는 그 권리에 대하여 충분하게 가치평가를 하지 않았을 것이라는 사실이다. 이러한 논의에 당황스러운 면이 있기는 하지만 이에 대하여 전통적인 경제학자들은 다음과 같이 설명한다: 만약 토지의 개발이 충분한 이익을 줄 것이라고 판단되면, 자력이 없는 토지소유자는 금지명령을 청구하여 그 청구가 認容된 토지소유자로부터 (토지)개발권을 구매하는 데에 필요한 금전을 기꺼이 그에게 빌려주고자 하는 투자자를 발견할 수 있을 것이다.

배분상의 효과와 분배상의 효과 양자를 고려함에 있어서 보다 직접적인 관심은 Spur Industries, Inc. v. Del E. Webb Development Co.(Ariz. 1972) 사안에서 볼 수 있다. Spur는 고립된 지역에서 사료작업장을 운영하고 있었다. 몇 년이 지나 사료작업장 근처의 토지가 주거목적으로 개발되었고, 결국 사료작업장은 그것에 의해 발생되는 벌레와 악취 때문에 생활방해(nuisance)가 문제되었다. 개발자인 델 웹(Del Webb)은 Spur에 대해서 사료작업장을 운영하는 것을 영구적으로 금지시키는 명령을 성공적으로 이끌어 냈다. 즉, 법원은 금지명령(injunction)을 認容했던 것이었다. 엄격하게 배분상의 견지(allocative perspective)에서 본다면, 법원은 그 이상으로 개입할 이유가 없는 것처럼 보일 수 있다. 그러나 외관상 불공평하게 보였던 배분상의 결과를 변화시키고 싶었던 법원은 개발자로 하여금 Spur에게 (사료작업장의)이전비용을 지불하도록 명령했다.

3. 거래비용(Transaction Costs)

Fountainbleau와 Eden Roc의 논쟁은 코스 정리가 어떻게 작용하는지에 관한 간단한 실례이다. 코스 교수가 쉽게 인정하고 있는 한 가지 문제는, 실제로 모든 거래에는 비용이 든다는 것이다. 이러한 비용을 거래비용(transaction costs)이라고 한다. 거래비용은 상품이나 권리의 가격이 아니라는 것에 유의할 필요가 있다. 거래비용은 거래 그 자체에 드는 비용이다. 이러한 비용은 주된 거래의 발생에 수반되는 조사비용, 정보수집비용, 회의비용, 교섭비용 및 기타 비용을 포함한다. 만약 이러한 비용들이 거래 그 자체로부터 발생되는 이익을 초과한다면 그 거래는 이루어지지 않을 것이다.

Fountainbleau 사례에서 보면, 거래로부터 발생하는 이익은 10만 달러 정도가 될 것이다. 다시 말해, Eden Roc의 채광권은 Fountainbleau의 증축권보다 10만 달러 이상의 가치를 가지는 것이다. 따라서, 누구도 거래에 의해서 경제적 여건이 나빠지지 않는다고 가정한다면, 증축권이 최종적으로 Eden Roc의 소유로 된다는 것은 경제적으로 합리적인 것이다. 그러나 그 거래가 이해관계인을 모으기 위해서 지출한 실질적인 변호사 비용, 장거리 전화비용 및 항공비용을 포함한다고 가정해 보자. 만약 거래비용이 10만 달러를 초과한다면 거래에 의해 창출되는 잉여 또는 이익은 거래비용에 의하여 상쇄될 것이다. 따라서 거래비용은, 물리실험에서 볼 수 있는 마찰력과 같이, 시장이 완전히 유동적이라면 실제로 발생할 수 있는 것에 대한 관찰을 방해할 수도 있다. 간단히 말해서, 많은 경우에 시장은 아마도 초기의 비효율적인 권리할당을 극복하지 못할 것이다.

거래비용 문제에 대한 2가지 추가적인 면에 주목할 필요가 있다. 첫 번째는, 발생가능한 거래는 협상당사자 쌍방이 모두 단일의 당사자가가 아니라 최소한 일방은 다수의 당사자라는 점이다. 여기서 거래 달성의 어려움은, 다수의 사람들과 접촉하기 위하여 드는 비용 및 적절한 매도·매수에 관하여 그들 사이에서 합의에 이르기 위한 비용으로 인하여 어려움은 더욱 심화된다.[3] 이러한 조정(coordination)문제는 비록 당사자들이 기꺼이 협조하려고 하는 경우에도 존재하게 된다. 또 하나의 가능성 —그들은 그다지 협조적이지 않다는 것— 에 관하여는 후술한다.

두 번째 요인은, 시간상의 제약에 관한 것이다. 예컨대, 잘 알려진 Ploof v. Putnam(Vt. 1908) 사안은 가족과 함께 단독항해를 하는 중에 심한 태풍에 갇힌 어느 사람의 노력에 관한 것이다. 그가 피고의 부두에 정박했을 때, 피고는 그의 정박에 사용된 줄을 풀었고, 그의 배는 떠내려갔다. 결국, 법원은 조난을 당한 원고에게 토지소유자의 부두를 사용할 수 있는 권리를 할당해주었다. 이러한 유형의 상황에서는, (권리에 대한)어떤 잘못된 분배를 회복하기가 어려울 것이다. 여기서 거래비용이라는 것이 일반적으로는 장애요소로 작용하지는 않지만 그러나 매우 단기간에 그것이 지출되어야 하는 경우에는 장애요소가 될 수도 있다.

3) 역자주: 즉 이들 비용 또한 거래비용에 모두 포함되는 것이므로, 거래가 더욱 힘들어지는 것이다.

B. 교섭의 문제(Bargaining Problems)

코스 정리는 양 당사자가 상당한 '시장지배력'(market power)을 가지고 있지 않을 때, 실제적으로 최상의 '작용'(working) 기회를 가지게 된다. 이러한 맥락에서, '시장지배력'이란 타방 당사자가 쉽게 다른 매도인 또는 매수인을 선택할 것이라는 것에 구속받음이 없이 보다 유리한 조건을 위해 참을 수 있는 능력을 의미한다. 교섭의 문제는 두 가지 구별되는 맥락에서 발생할 수 있다.

언제 '시장지배력'이 문제가 될 수 있는가에 대한 첫 번째이면서 가장 극단적인 예는 1인의 매도인과 1인의 매수인만 있는 경우이다. 이를 쌍방독점(bilateral monopoly)이라고 부른다. 우선, 가장 단순화 형태로 기본이 되는 Fountainbleau의 사례를, 즉 Fountainbleau의 소유자 1인이 Eden Roc의 소유자와 교섭하는 것을 고찰해 보자. 앞에서 이미 언급한 예에서, 건축할 수 있는 권리는 Fountainbleau의 소유자에게보다 Eden Roc의 소유자에게 10만 달러 이상의 가치를 가지는 것이다. Fountainbleau가 이 권리를 매수하려는 최저가격은 100만 달러였고, Eden Roc이 제안한 최고가격은 110만 달러였다. 그러나 양 당사자는 현실적 매매가격을 결정해야만 한다. 아마도 그들 모두는 가능한 한 가장 선호하는 가격을 얻기 위하여 다양한 교섭전략을 사용할 것이다. 다시 말해서, 그들 각각은 거래로부터 생기는 이익에서 가능한 한 가장 많은 몫을 차지하려고 노력할 것이다. 그들이 우위를 점하기 위하여 이리저리 노력하면서 회피하는 사이에, 상호 이익을 가져다주는 거래를 위한 시간은 쉽게 지나가 버릴 것이다.

쌍방독점(bilateral monopoly)과 관련된 시간지체는 거래가 발생하지 않을 수 있다는 것을 의미하는데, 이러한 지체를 코스방식의 용어에서 거래비용이라고 부르는 것이 적절한지 여부는 명확하지 않다. 시간지체는 거래비용의 한 유형으로 생각될 수 있고, 혹은 코스 정리는 교섭에 임한 당사자들이 거래를 성사시키기 위하여 협조할 것이라는 가정을 포함하고 있을지도 모른다. 어느 경우에나 교섭의 문제(bargaining problems)는 전통적인 거래비용과 같은 종류의 '마찰'(friction)을 생기게 한다고 일반적으로 이해하는 것 같다.[4)]

만약 위의 가설이 변경되어 Eden Roc은 1인에 의하여 소유되지만 Fountainbleau는 수인에 의하여 소유되고, 거래가 성사되기 위해서는 그 수인이 반드시 (전원)동의를 해야만 하는 경우에도 완전히 동일한 문제가 발생한다. 이 사례가 제시하는 가장 명백한 어려움은 전통적인 거래비용에 관한 변동을 整理하는 것이다. 다수당사자의 존재는 (협상의) 조정, 계약서의 작성 등에 관한 어려움이 증가된다는 것을 의미한다. 게다가 각 매도인 또는 매수인은 거래를 거부할 잠재적 능력을 갖게 되는 것이다. 실제로 각 소유자는 자신의 소유권에 관하여 독점적 지배력(monopoly power)을 가진다. 다시 말해 경쟁시장이 존재하지 않는다는 것은 일부의 사람들이 거래로부터 발생하는 불균형적 수익에 저항한다는 것을 의미할 수도 있다. 물론 이것은 과장된 형태로 상당할 정도의 전략적 행동을 수반할 수도 있다. 일반적인 문제는, 매수인과 매도인 사이에 존재하는 문제와 같이, 버틴다는 것(the holdout)은 모든 당사자에게 보다 나은 경제적 여건을 남길 수 있는 거래를 침해하는 힘을 가지고 있다는 점에서 동일하다.

거래에 있어서의 전략적 행위와 관련되는 문제 이외에, 자유거래(free exchange)라는 또 하나의 장애물이 있을 수 있다. 다시 한 번 Eden Roc의 예를 들면, 전통적인 분석 하에서 100만 달러와 110만 달러 사이에 있는 어떠한 가격은, 당사자들이 출발선상에 있었던 것보다 더 좋은 위치로 양 당사자들을 남겨 놓을 것이다(양 당사자 모두를 충족시키는 가격이 될 것이다). 우리는 양 당사자들이 최상의 거래를 위해서 참기보다는 당사자 모두의 이익을 개선시킬 수 있는 합의에 도달하는 것이 보다 더 중요하다는 것을 깨닫게 될 것이라고 생각할 것이다. 이러한 논리선상에서 일단 모든 흥정과 과장된 언동이 끝나게 되

4) Robert Cooter, "The Costof Coase," 11 *J. Leg. Stud.* 1(1982) 참조.

면, 당사자들은 일정한 합의를 하게 된다. 여기서 제기될 수 있는 부가적인 문제가 있다. 즉 양 당사자는 거래를 통하여 가능한 창출되는 '공정'한 잉여의 분배가 있게 될 것이라는 기대를 가지고 교섭에 접근할 것이라는 사실이다. 이러한 (양 당사자들의)기대는 사회적 지위 또는 체면 유지를 위한 단순한 욕망에서 비롯되는 과장된 권리의식에 기인할 수도 있다.

만일 당사자 일방 또는 쌍방이 부적절한 몫으로 보이는 것을 감수하기 전에 어떠한 잉여도 얻지 못할 것이라는 생각을 한다면, 그들의 최선의 노력에도 불구하고 거래는 여전히 실패에 이를 것이다. 이러한 '형평'(equity)의 장애는 거래가 대인적인 성격을 가지는 경우에 아마 더욱 중요성을 띠게 될 것이다.[5)]

C. 자산효과(Wealth Effect)

일반적으로 코스 정리와 법의 경제적 분석에 대한 비판으로 가장 빈번하게 논의되는 것 중의 하나가 '자산효과'(wealth effect)이다. 자산효과의 중요성을 이해하기 위해서, 우리는 코스 정리가 보증하고 있는 것을 상기해야만 한다. 즉, 거래비용이 들지 않는다는 전제하에 자원과 권리는 그것들을 가장 높게 평가하는 사람들에게 최종적으로 귀속될 것이라는 점이다. 자산효과에 따르면, 다른 모든 사정이 동일하다면 어떤 물건에 대해서 이를 가장 높게 평가하는 사람은 그것이 무엇이든지 간에 이미 그것을 보유하고 있는 사람이라는 결과가 되는데, 이와 같이 자산효과는 코스 정리에 순환의 요소를 도입하게 된다. 또한 자산효과는 자원이 배분되어 있는 한 그것이 어떤 경우이든 현재의 상태를 긍정적인 것으로 평가한다.

---

5) Jeffrey Harrison, "Trends and Traces: A Preliminary Evaluation of Economic Analysis in Contract Law," 1988 *Ann. Survey of Am. L.* 73, 96.

Eden Roc의 사례에서 이러한 자산효과가 의미하는 것은, 만약 권리가 Eden Roc에게 할당되었고 그래서 Fountainbleau의 추가증축이 금지되었다면, 이 사안에 대한 결론은 당해 권리가 양도되지 않을 것이라는 사실이다. 반대로 이 사례의 판결처럼, 만약 권리가 Fountainbleau에게 부여된다면, 자산효과에 따라서 권리는 Fountainbleau에게 귀속될 것이다.[6)]

가장 근본적인 형태에 있어서, 자산에 대한 현실적인 소유는 당사자의 지불능력에 영향을 미친다. 실제로, 자산에 대하여 극히 미미한 영향만을 미치는 요소 또는 자산에 대해서 전혀 영향을 미치지 못하는 요소들도 역시 일반적인 자산효과가 제시하는 것과 동일한 효과를 나타내는 것처럼 보인다. 어떻게 '類似資産效果'(wealth-like effects)가 미미한 자산수준에도 불구하고 일정한 작용을 할 수 있는지에 대한 가장 좋은 예 중의 하나는, 방에 들어간 사람들이 복권 또는 3달러 중의 하나를 받았던 실험에서 나타나고 있다.[7)] 복권의 성질이 설명된 후에, 그들은 복권을 3달러로 교환하거나 또는 3달러를 복권으로 교환하는 기회가 주어졌다. 참가자 대부분은, 처음에 복권이 주어졌든지 또는 3달러가 주어졌든지 간에, 그들은 가지고 있는 것을 그대로 보유하는 쪽을 선택했다. 본질적으로, 다른 물건이 아닌 어떤 물건을 단순히 보유하고 있다는 사실은 교환을 배제하는 일종의 현상유지적 성향을 만들어 내는 것처럼 보인다. 3달러 또는 복권에 대하여 부여하는 가치는 단지 처음에 그들에게 3달러 또는 복권 중 어떤 것이 주어졌는지에 따라서만 결정된 것이었다. 자산효과 유형의 영향을 발생하게 하는 현상유지적 성향에 대한 예로서 자유계약선수(free-agency)가 되기 전과 후의 프로야구 선수의 이동가능성에 대한 변화를 들 수 있다.[8)] 비교

---

6) 역자주: Fountainbleau가 이 권리에 대해서 가치를 더 높게 평가했으므로 자산효과이론에 따라서 이 권리는 Fountainbleau에게 귀속되는 것이다.

7) Jack Knetch & J. A. Sinden, "Willingness to Pay and Compensation Demanded: Experimental Evidence of an Unexpected Distortion in Measures of Value," 99 *Q. J. Econ.* 507(1984).

8) M. Kelman, supra note 2, at 682-685.

적 최근까지 프로 스포츠 팀의 구단주들 사이의 합의에 의하여 선수는 어느 한 팀에 의하여 선발되었고 일반적으로 다른 팀으로 트레이드되지 않는 한 그 팀에 머무르게 되었다. 사실상 선수의 노무제공에 대한 권리는 팀의 구단주에게 속하는 것이다. 그 선수의 노무는 그 팀에게 어떤 가치를 가질 것이고 그 선수는 원래 팀의 구단주보다도 그것에 더 높은 가치를 부여하는 다른 팀의 구단주에게 팔리거나 트레이드될 것이다. 자유계약선수제도 아래에서는 선수들이 그들의 노무를 파는 것이 허용되며, 사람들은 선수들의 이동가능성의 수준이 동일하게 유지될 것으로 기대할 것이다. 다시 말해서, 선수들은 여전히 잠재적으로 창출하는 수익에 기초해서 그들에게 가장 높은 가치를 부여하는 팀을 위해서 운동을 할 것이다. 사실 자유계약 시기에 있어서는, 선수들의 용역에 대한 구단주들의 가격입찰에 따라서 선수들은 더욱 눈에 띄게 이동하였다. 잠재적으로 발생하는 현실적 수익이 증가할 것 같지 않기 때문에, 구단주들이 선수들의 노무에 대한 권리를 소유하고 있는 경우에는 선수들의 노무를 보다 높게 평가하는 것처럼 보인다. (자유계약선수제도)이전의 시스템하에서의 현상유지적 성향에 관한 또 다른 설명은, 팀 구단주들은 한 선수를 얻기 위하여 같은 액수의 금전지출을 현실적으로 행하는 것보다는 소속 선수들의 권리를 위해 만들어진 제안들을 거절하는 쪽이 훨씬 쉽다는 것을 알고 있었다는 것이다.

자산효과 및 이와 동일한 현상을 가지는 효과들이 코스 정리를 실제로 약화시키는지의 여부는 분명하지 않다. 어느 정도까지는 코스 정리가 유지될 것으로 보인다. 기술적인 관점에서 보면, 최종적인 분배는 문제가 되는 권리 또는 물품에 대하여 가장 높은 가치를 부여하는 당사자에게 돌아간다. 반면에, 최종적인 분배가 일어난 당사자와 배분상 효율적인 결과는 초기의 할당의 우연성에 의하여 어느 정도 이미 결정되어 있다. 초기에 자원배분이 다르게 일어난다면 그에 따른 소득배분의 차이도 자원배분에 따라서 효율적으로 될 수 있다는 것을 의미하는 것이다. 어떤 의미에 있어서는, 물건을 누가 어떤 물건에 대해서 정말로 가장 높게 평가하고 있다는 것이 결정적인 것은 아니다.

또 한 가지 홍미있는 문제가 정당한 가치표현의 문제를 더욱더 복잡하게 한다. 이미 본 것과 같이, 가치평가는 소유권의 영향을 받을 수 있다. 게다가 이 소유권에 대해 오해할 수 있는 가능성도 존재한다. 즉, 자산효과가 존재한다 해도 잘못된 기술사항 위에 가치평가가 이루어질 수 있다는 것이다. 가령, 비정규 노동자는 실제로 자신들이 일방적으로 해고될 수 있는 경우에도 그렇지 않다고 믿는다는 최근의 연구 결과가 있다.[9] 노동자들이 그들의 권리에 대한 가치와 관련되어 표현한 것들을 어떻게 해석해야 하는지가 관건이 되는 것이다.

D. 거래비용에 대한 반응

1. 마찰 없는 교환의 再現

코스 정리와 관련하여 제기되는 중요한 논점은 법원이 법적 권리를 판단함에 있어서 거래비용의 유무에 대해 주의를 해야만 하는지의 여부이다. 거기에는 많은 가능성이 있다. 리차드 포즈너(Richard Posner) 판사로부터 전형적으로 유래하고 있는 것으로서 가장 보편적으로 논의되는 가능성은, 법원은 만약 당사자들이 거래비용에 의해 방해받지 않았다면 당사자들이 가졌을 권리를 할당해야만 한다는 것이다.

예컨대, Boomer v. Atlantic Cement Company(N. Y. 1970) 같은 사건을 보면, 이 사건은 생활방해(nuisance)에 관한 주제를 다루기에 적당한 사안이다. 피고의 시멘트 공장의 작동과 관련하여 발생한 먼지, 매연 또는 진동은 그것의

9) Pauline T. Kim, "Bargaining with Imperfect Information: A Study of Worker Perceptions of Legal Protection in an At-Will World," 85 *Cornell L. Rev.* 105(1997).

금지(injunction)를 청구하는 8명의 원고에게 18만 5천 달러의 손해를 발생케 했다. 시멘트 공장의 투자액은 4천 500만 달러였고 현재의 가치는 대략 18만5천 달러 이상이다.

코스 정리의 관점에서 보면, 법원이 어떠한 결정을 내린다 하더라도 장기적인 배분에는 거의 영향을 줄 수 없을 것이다. 금지가 인용되었다고 가정한다면, 공장 소유자는 토지 소유자들로부터 (토지를)계속 오염시킬 수 있는 권리를 매수할 것이다. 거래비용은 매우 낮아서 당해 권리를 18만 5천 달러로 평가하는 토지소유자들과 당해 권리를 수백만 달러로 평가하는 공장과의 거래로부터 얻어지는 이익을 없애지 않을 만큼 충분히 낮다는 것이다. 그러나 8명의 매도인이 있는 경우라면 버티기의 문제가 발생하게 되고, 만약에 금지청구가 인용된다면 공장은 가동할 수 없게 될 것이다. 게다가, 만약에 원고의 숫자가 늘어난다면 거래가 이루어지지 않을 가능성은 더욱 높아질 것이다. 한 가지 해결책은 단순히 당해 권리를 가장 높게 평가하는 당사자 —이 사건에서는 시멘트 공장의 소유자— 에게 그 권리를 할당하는 것이다. 결국, 이론적으로 본다면 이는 당사자들이 할 수 있었다면 했을 것이라는 점이다. 이 사건에서 법원은 (시멘트 공장에게 권리를 할당)하였지만 또한 그와 동시에 토지소유자들에게 손해배상청구권을 부여하였다.

거래비용문제에 대한 해결책으로서 마찰 없는 시장에서 그것을 매수하고자 했던 당사자에게 그 권리를 부여하는 방법은 실제적인 문제와 가치판단의 문제에 의하여 제약된다. 단순히 실무적인 관점에서 본다면, 법원 또는 어느 권리배분기관이 각 당사자에 대한 권리의 가치를 모순 없이 정확하게 측정하는 것은 엄밀하게 명확하지는 않다. 포즈너의 해결책은 일종의 거대한 경매를 상상하는 것처럼 보이지만 그러한 경우는 발생하지 않기 때문에 가치평가를 시도하기 위한 통상적인 수단이 법원에 남겨지게 된다. 이것은 주관적인 평가에 대비되는 객관적인 평가에 의존함을 의미하는 동시에 법원이 단순히 잘못된 판단을 할 수 있는 가능성을 의미한다.

다른 하나의 문제(가치판단의 관점에서)는, 법원이 시장에서 발생하는 배분을 그대로 따라야 되는가 하는 문제로 나타난다. 양 당사자들은 권리에 대한 어떠한 재분배에도 동의할 것이라는 코스 정리에 다분히 안정적으로 내포되어 있는 의미를 상기하여야 한다. 다시 말해서, 양 당사자들은 모두 거래에 동의했기 때문에 그들은 파레토 우월적인 행동을 한 것으로 보인다. 물론, 이것은 선택과 선호 사이의 단절에 관하여 제3장에서 논의한 여러 제한요소들에 의하여 제약된다.

사법상의 (권리)할당에 대한 접근하에서는 동일한 청구를 할 수 없다. 다시 한번 Fountainbleau 사건으로 돌아가서 액수가 전술한 것과 같다고 가정해보자: 즉, Fountainbleau에게 있어서 햇빛을 차단하는 건축을 할 권리는 100만 달러의 가치가 있는 것이고, Eden Roc의 채광권은 110만 달러의 가치가 있다는 것이다. 거래비용으로 인하여, 일단 권리가 할당되면 당사자들은 그 권리에 대한 거래를 할 수 없을 것이라는 사실이 명백하다고 다시 한 번 가정해 보자. 만약 법원이 거래비용이 없는 상황에서 최종적으로 권리를 얻게 되었을 당사자에게 권리를 할당하기로 선택한다면, 그 권리는 Eden Roc에게 할당될 것이다. 이 사건의 맥락에서 보면 법원은 Eden Roc의 금지청구를 인용할 것이다. 이러한 할당은 자산최대화 혹은 칼도-힉스 효율성 기준과 일치하는 것처럼 보인다. 결국, (법원의) 판단으로 인하여 Fountainbleau로부터 Eden Roc으로의 권리재할당이 이루어진다 하더라도 Eden Roc의 이익은 Fountainbleau의 손실을 초과할 것이다.

한편, 이러한 한 번의 할당이 파레토 우월과 일치하지는 않을 것이다. 파레토 우월적 행동은 최소한 일방당사자의 위치는 개선되고 어떤 당사자도 경제적으로 나빠지지 않음을 요구한다는 점을 상기하여야 한다. 이 예에 있어서, Eden Roc은 항상 차단되지 않은 채광권을 주장함으로써 경제적으로 나빠지지는 않을 것이다. 그러나 Fountainbleau는 경제적으로 나빠지게 되는 것으로 보아야 한다. 채광권과 건축권의 실제적 권리에 대한 다툼은 그 이전까지 해결되지 않았고, 어떤 당사자도 그 권리의 형태를 확고한 재산권의 한 부분으로 보기 위한 확실한 근거를 가지고 있지 않다는 것은 사실일 수도 있다. 법원의 판단이 내려질 때까지, Eden Roc이나 Fountainbleau는 그들이 채광권 또는 증축권을 가졌거나 가질 수 있었을 것이라고 생각했다. 실제로 이러한 미확정의 이익은 적절한 가격으로 매각될 것이다. 분명한 것은 어느 당사자도 보상 없이는 그의 주장을 포기하지 않을 것이다. 따라서 법원의 할당은 Fountainbleau의 지위를 악화시킨 것이다. 동의가 없고 일방당사자가 경제적으로 나빠지게 된다면 사법적 할당의 도의적 설득력은 약해지게 된다.

시장을 모방하는 법원의 정책이 할당에서 배제된 자를 경제적으로 악화시키는 상태로 남겨 놓지는 않을 것이라는 주장에는 미묘하고도 의심스러운 면이 있다. 아마도 각 당사자들이 자기 재산을 위해서 지불한 금액에는 재산권이 특히 장래의 사건이나 할당과 관련하여 본질적으로 불확실하다는 사실이 깊이 고려되었을 것이다. 이러한 불확실한 영역 중에 하나는 햇빛에 대해 무제한적으로 접근할 수 있는 권리와 건축할 수 있는 권리이다. Eden Roc 사건에 있어서의 논의는 다음과 같을 것이다. 즉, Eden Roc의 부지가 처음에 매수되었을 때에 토지의 권원에 Fountainbleau가 일정 높이 이상으로 건축을 하지 않을 것이라는 약정이 포함되어 있었다면, 소유자들은 기꺼이 더 많이 지불했을 것이라는 점이다. 이는 Eden Roc이 햇빛에 대한 접근을 잃을 위험을 사전에 '동의'하였다는 것이다. 게다가 소유자들은 그들의 재산에 대하여 보다 낮은 금액이 지불됨으로써 손해에 대한 보상을 받았다. 이것이 사전적 보상이다. 이것이 어떤 의미 있는 동의인가 하는 것은 여전히 의문이다.

이러한 상황은 부의 극대화와 파레토 우월을 모두 달성할 가능성이 있는 또 다른 상황과 구별될 수 있다. 문제가 되는 권리는 마이애미 해변에서 떨어진 해안에서의 석유채굴권이고 어떤 당사자도 그러한 활동이 합법적인 것이 되리라고 기대하지 못했다고 가정하자. 그런데 당사자들이 그 권리에 대한 가격을 부여하고 그 권리는 가장 높은 가격을 부여한 자에게 할당된다면 그 자는 이득을 보게 된다. 게다가, 할당받지 못한 당사자의 사업활동에 근본적으로 불리한 영향이 없는 한 어떻게 해서 그의 사업활동이 불이익을 받는지는 알기 어렵다. 즉, 새로운 권리의 창설은 할당에서 배제된 당사자에게 새로운 권리가 창설되지 않았던 경우보다 더 악화된 입장으로 놓이게 하지는 않는다.

거래비용에 대처하는 방법에 관한 논점은 또 다른 문제점을 포함하고 있다. 법원은 거래비용이 높은 상황에서는 설사 시장을 정확하게 모방할 수 있다 해도 법원은 그렇게 해서는 안 된다는 견해를 취한다고 가정해보자. 일단 법원이 사람들에게 권리를 할당한다면 그들이 자발적으로 권리를 교환하는 것을 허락할 수 있을 것이다. 효율적인 배분의 여부를 판정하는 유일한 요소는 거래비용의 존재여부인 것이다. 이런 비용의 존재가 도덕적으로 중요하지 않다면, 도덕적 문제와는 별개의 것으로 보아야 할 것이다. 거래비용이 낮을 때에는 효율성이 요구되지만, 거래비용이 높을 때에는 효율성이 요구되지 않기 때문이다.

2. 비대칭적 거래비용(Asymmetrical Transaction Costs)

이미 언급했던 것처럼, 어느 쪽의 당사자가 권리에 대하여 보다 큰 가치를 부여하는지를 확정하는 것은 쉬운 일이 아니다. 따라서 어떤 권리가 법원 및 입법부의 합법적인 목적(legitimate goal)인 부의 극대화(wealth-maximization)에 지향되어 있다 하더라도, 그러한 목적을 어떻게 달성하는지를 결정하는 확실한 공식은 없다. 기도 캘러브레시(Guido Calabresi) 그리고 여러 사람들은 부의 극대화의 목적을 간접적으로 달성할 수 있는 일종의 대용적(代用的) 전략(back up strategy)을 제안하고 있다. 이 전략은 문제의 권리를 보다 낮은 가격으로 이전할 수 있는 당사자에게 할당하는 것을 내용으로 한다.[10)]

예컨대, Eden Roc과 Fountainbleau 쌍방은 채광권에 상당한 가치를 부여하고 있었지만, 그들로서는 상대적인 가치평가액을 확정해야 하는 문제가 있었다고 가정해 보자. 만약 Eden Roc으로부터의 권리이전이 Fountainbleau로부터의 권리이전 보다 더 낮은 가격의 거래비용을 포함한다는 사실을 우리가 알고 있

10) Guido Calabresi, *The Costs of Accidents* 150-152(1970).

었다면, 적절한 전략은 Eden Roc에게 권리를 할당하는 것이라고 할 수 있다. 만약 이것(Eden Roc에게 권리를 할당하는 전략)이 부적절한 할당이라고 판명되더라도, Fountainbleau에게 행해진 부적절한 할당보다는 (Eden Roc에게 행해진 할당이) 시장에서 수정되는 확률이 더 높기 때문이다.

E. 권원의 보호(Protecting Entitlements)

문제되고 있는 권리가 완전히 확정되지 않은 경우에도 당사자들이 거래에서 교섭을 하고 거래에 임하는 것이 가능할 수 있지만, 대부분의 사람들은 코스 정리(Coase Theorem)가 다양한 권리들 또는 권원들의 소유(ownership)가 명확한 경우에 보다 잘 적용될 것이라고 주장할 것이다. 해결하여야 할 문제는 어떻게 하여야만 이러한 권원들을 확실히 보호할 수 있는가 하는 점이다. 1972년 중요한 논문인, "Property Rules, Liability Lules, and Inalienability: One View of The Cathedral"에서 기도 켈라브레시(Guido Calabresi)와 더글라스 멜라메드(A. Douglas Melamed) 두 교수는 3가지 가능성 각각에 대한 선택과 근거에 대해 설명하고 있다.[11]

Calabresi와 Melamed 교수에 의하여 제시된 명제는 권원이 책임규칙, 재산규칙 및 비양도성의 규칙에 의해서 보호될 수 있다는 것이다. 책임규칙(Liability Rule)은 어떤 사람이 다른 사람의 권리를 침해한 것으로 인정되고 침해된 권리를 배상하는 경우에 적용된다. 이 규칙의 전형적인 사례는, 과실 있는 가해자가 피해자의 인신상의 또는 재산상의 손해에 대해서 배상을 요구받는 경우이

---

11) Guido Calabresi & A. Douglas Melamed, "Propery Rules, Liability Rules and Inalienability: One View of the Cathedral," 85 *Harv. L. Rev.* 1086(1972).

다.

반면에, 재산규칙(Property Rule)은 어떤 사람이 타방의 권원을 빼앗거나 사용하기 전에 반드시 그로 인하여 영향을 받게 되는 당사자로부터 허락을 받아야만 한다는 규칙이다. 마지막으로, 몇몇 경우에 있어서 이 규칙은 권원이 매각되거나 거래될 수 없다는 것을 뜻하는데, 이는 비양도성의 규칙(Rule of Inalienability)을 구성한다.

법경제학의 목적에 비추어 볼 때, 중요한 문제는 이러한 다양한 권원보호의 수단들을 언제 적용하는 것이 적절할 것인가 하는 것이다. 일반적인 경우로서, 거래비용이 높을 것 같은 때에는 책임 규칙이 적극적으로 고려된다. 예컨대, Boomer v. Atlantic Cement Company 사건으로 돌아가서, 가옥소유자들의 권원은 시멘트 공장에 의하여 야기되는 먼지, 매연 및 진동으로부터 피해를 입지 않을 권리라고 가정해 보자. 더 나아가, 이 사건에서 나타나 있는 바와 같이, 공장폐쇄를 요구함으로써 시멘트 공장이 입게 되는 손해가 공장을 계속 가동함으로써 재산소유자들에게 발생하는 손해를 훨씬 초과한다고 가정해 보자. 거래비용이 들지 않는 환경에서는, 법원이 재산규칙을 잘못(mistakenly) 적용해서 공장의 가동을 금지해도 문제가 되지 않는다. 그러한 상황에서는 공장이 토지소유자들의 권리를 쉽게 매수할 수 있기 때문이다.

그러나 원활한 거래가 아니라 상당한 비용을 수반하는 거래일 가능성도 있다. 즉, 앞서 언급했듯이, 토지소유자들은 그들 중 누구도 거래 전체가 성립하지 않도록 할 수 있기 때문에, 공장의 가동을 금지시킬 수 있는 그들의 권리를 매각하는 것에 바로 동의할 수 없을 것이다. 이 사건에서 공장이 불가피하게 오염시키고 그 손실에 대해서는 피해자에게 보상하는 것을 인정하는 방법은, 특히 전통적인 효율성의 개념을 생각하는 사람들의 주목을 끈다. 이미 기술한 것과 같이, 법원은 공장이 토지소유자들에게 보상하는 것을 해제조건으로 하여 금지명령을 인용함으로써 기본적으로 책임규칙을 적용하였다.

동일한 종류의 논리가 '사고(事故)'의 경우에도 적용된다. 분명히, 과실에 의한 불법행위의 사건에서는 손해를 야기한 당사자가 사전에 피해자와 교섭한다는 것이 불가능하다. 추측건대, 가해자는 피해자를 모르거나 사고를 예견조차 하지 못하였다. 거래비용(의 내용)은 사실상 제한이 없고 따라서 책임규칙은 이러한 사례에 적용되는 것이다. Calabresi와 Melamed 교수는 당사자들에게 사전에 허가를 위한 교섭을 하도록 요구하는 것은 잠재적으로 사고가 일어날 수 있는 대부분의 활동을 사실상 모두 중단하도록 요구하는 것이라고 주장한다.

책임규칙은 권원이 비교적 용이하게 이전될 수도 있기 때문에 매력적이지만, 여기에는 세 가지 결점이 있으며 이 모든 결점은 책임규칙 대신에 재산 규칙을 적용하면 해소된다. 첫째, 책임규칙의 적용은 어떤 사람에게 다른 사람의 재산을 그 사람의 동의 없이 뺏는 것을 허용한다. 비록 사후에 보상이 있고 그 보상이 공평한 것으로 보인다 하더라도, 동의를 독자적인 이익 —아마도 경제적 이익을 대신하는— 으로 평가하는 사람들은 책임규칙에 반대할 것이다.

둘째, 책임규칙은 그것이 개인의 주관적인 평가가 문제되는 경우에 위험하다. 어떤 사람이 자신의 집에 대하여 개인적인 이유에서 상당한 애착심을 가지고 있다고 가정해 보자. 아마도 그 집은 자신의 집안이 대대로 살아 온 집일 것이다. 만약 그 집이 다른 사람의 행위로 인하여 우연히 파괴되었다면, 피해자는 그 집에 대해서 단지 객관적인 시장가격에 의해서만 배상을 받을 수 있다는 사실을 알게 될 것이다. 이러한 배상액은 (집에 대한) 그의 애착심을 고려하지 않은 것이고, 그 애착심은 시장거래에서 받아들일 수 있는 배상이 되지 않는다. 여기서 문제가 되는 것은 단지 피해자가 적절하게 배상을 받지 못했다는 것뿐만이 아니라 거래 그 자체가 어떠한 형태의 효율성도 가져오지 못했다는 데에도 있다. 만약 피해자가 자신이 입은 손해와 동등한 가격으로 거래하는 것에 동의하지 않는다면, 그 교환은 파레토 우월적이지도 않고 부의 극대화(칼도-힉스 효율)된 경우도 아닌 것이다.

주관적인 가치를 적절하게 보호하는 문제는, 왜 다른 사람들에 대한 권리를 침해하는 것이 단순히 민사상 배상의 문제가 아니라 형사처벌의 대상까지 되는가를 설명하는 데 도움을 준다. 만약 모든 사람들이 단순히 발생된 손해 또는 탈취된 물품(이들이 도난당했다고 가정하자)에 대하여 공정한 시장가격만을 지불하면 된다고 한다면, 재산규칙은 책임규칙으로 변할 것이다. Calabresi와 Melamed 교수가 지적한 것처럼, 책임규칙은 여전히 피해자의 탈취된 물품에 관한 가치를 과소평가해서 비효율적인 권리이전을 초래할 수도 있다. 따라서 권리이전을 교섭하는 것이 가능했다면 이는 곧 거래비용이 낮은 경우라고 할 수 있으므로 책임규칙으로 대신하려는 사람들에게 재산규칙을 적용하여 벌금(예컨대, 징벌적 손해배상)을 부과하는 것은 의미가 있다.

책임규칙의 적용에 대한 세 번째 반론은 분배상의 결과에 기초하고 있다. Boomer v. Atlantic Cement Company 사건과 같은 전형적인 오염 공장 사례에 있어서, 토지소유자들이 입은 손해의 객관적 시장가격은 5만 달러이며, 공장이 계속 가동됨으로써 얻어지는 가치는 10만 달러라고 가정해 보자. 게다가, 토지소유자에게는 오염을 배제시킬 수 있는 권원이 있다고 가정해 보자. 만약 책임규칙이 채용된다면, 공장은 오염을 계속할 것이고 토지소유자들에게 단지 보상만을 해 줄 것이다. 토지소유자는 5만 달러를 받을 것이다. 즉, 공장은 자신이 10만 달러의 가치를 부여한 권리 또는 자원(공기)에 대하여 단지 5만 달러만 지불하면 된다. 계약상의 용어를 사용해 보면, 교섭이익은 5만 달러이고 그 이익 전부는 공장이 가지게 된다. 요컨대, 토지소유자는 그가 유보한 가격 —즉 시장거래에서 받아들여질 수 있는 최저가격— 으로 권원을 매도할 것을 요구받고, 공장은 그 권원의 매수를 허락받게 된다. 문제가 되는 것은, '강요된 매매(forced sale)'에 의해서 토지소유자는 거래에 의하여 발생하는 이익 또는 잉여를 전혀 얻지 못한다는 것이다. 비록 이것이 배분적 효율(allocative efficiency)면에서는 문제가 되지 않지만, 분배적(distributive)인 면에서는 분명히 문제가 있다.

몇 가지 경우에 있어서, (일부의) 권원은 소유자들이 그것을 (함부로) 매각할 수 없다는 의미에서 '보호'를 받는다. 이러한 예로서는 투표권, 장기(臟器) 또는 성행위 등을 들 수 있다. 이것은 어떠한 경우에도 (이러한 권원을) 팔려고 하지 않을 사람들에게는 거의 중요하지 않지만, 몇몇 경우에 있어서 이러한 규칙은 잠재적 매도인의 선호를 간섭하게 된다는 것이 명백하다. 이러한 사실로부터 도출되는 문제는, 거래시장에서 개인의 (선호)표현에 대한 간섭이 어떻게 해서 효율적일 수 있고 정당화될 수 있는가 하는 것이다. 일반적으로, 자신의 권원에 관한 거래를 금지하는 규칙은, 일부의 거래에서는 (그러한 권원의 거래가) 도덕적으로 용납되지 않는다는 사실로부터 정당화된다. 경제학적 관점에서 보면, 이러한 거래는 거래의 당사자가 아닌 제3자에게 부정적인(어쩌면 심리적인 것에 지나지 않지만) 영향을 미치게 한다고 말할 수 있다. 나아가, 거래의 당사자들은 정말로 무엇이 그들에게 최선인지를 알지 못하고 있다는 믿음에 기초하는 온정주의(溫情主義)의 면에서 정당화된다. 이것은 또한 경제학적 관점에서 볼 때, 당사자가 그러한 금지가 없었다면 표현했을 수도 있는 그 선호가 조만간 후회할 수 있는 선호가 된다고 주장할 수도 있다. 결론적으로, 이러한 선호는 궁극적으로 효용 극대화(utility maximizing)가 되지 않는다.

제5장

계약법에 대한 적용

05

경제분석이 적용되어 온 법의 영역 중에서도 가장 적용이 잘 되는 분야는 계약법, 불법행위법, 독점금지법 및 정부규제 분야일 것이다. 우선 계약법에 대한 적용을 살펴보자. 코스 정리와 파레토 우월의 개념이 적용될 수 있는 일정한 형태의 교환을 생각해 보면 경제분석의 계약법에 대한 적용을 비교적 쉽게 이해할 수 있다. 이 장은 계약의 성립을 효율성 증가의 측면과 연결시키는 기초적 경제이론에서부터 시작한다. 다음으로 경제학적 관점에서 접근할 수 있는 여러 계약법상의 문제를 다루도록 한다. 계약법상의 구제수단은 마지막 절에서 검토한다. 모든 경우에 있어서 논의의 초점은 계약법이론이 경제학적인 관심과 일치할 수 있는지 여부에 맞추어져 있다. 그러나 이것이 가능하다고 할지라도 계약법이론이 경제학적 논리의 결과물이라는 결론을 도출하고자 하는 것은 아니다.

A. 계약법: 이론과 경제목적

1. 교환, 계약곡선 및 파레토 효율성

계약성립의 경제학을 이해하기 위해서는 무차별곡선(無差別曲線)의 개념을 이해할 필요가 있다. 무차별곡선은 개인이 동일한 정도의 만족을 느끼도록 하는 두 개의 생산물의 조합을 나타내는 곡선이다. 예컨대, <그림 1>에서 스웨터의 개수는 세로축으로 그려져 있으며 오렌지의 개수는 가로축으로 그려져 있다. 'I'로 표시된 곡선은 쥬안(Juan)이 효용의 관점에서 동일한 만족을 느끼는 오렌지와 스웨터의 조합을 나타낸다. 다시 말해서, 쥬안은 곡선 I 이외에 그 어떠한 점도 선호하지 않는다는 것이다.

이 그림에는 다른 무차별곡선도 나타나 있는데, 이 곡선들이 무차별지도를 구성한다. 곡선이 원점으로부터 멀어질수록 각 곡선은 보다 높은 정도의 효용 수준을 나타낸다. 그러므로 비록 쥬안이 어떤 하나의 곡선상의 각 점들에 대해서는 무차별적이라 하더라도, 원점으로부터 가장 멀리 떨어진 곡선 위에 있기를 원할 것이다. 실제로 이 그래프는 지면으로부터 돌출되어 나오는 제3의 차원을 가지고 있으며, 그 제3의 차원은 효용을 나타내고 있다. 원점으로부터 멀어지는 것은 지면으로부터 멀어지는 것과 같다.

〈그림 1〉

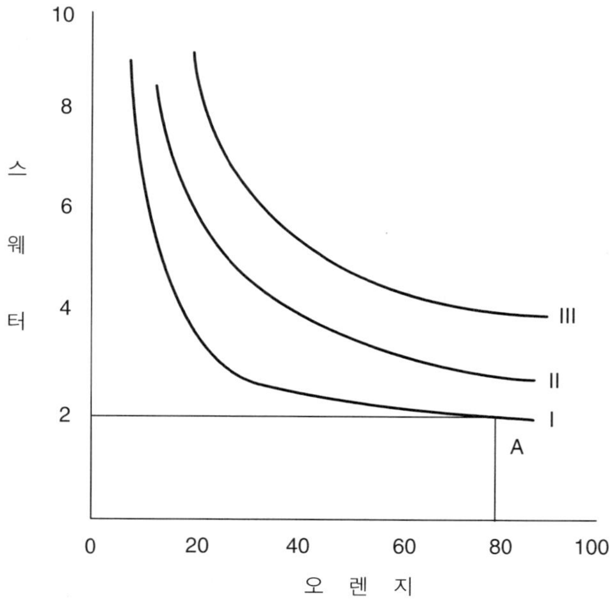

곡선 I상의 A점은 80개의 오렌지와 2벌의 스웨터의 조합이다. 그리고 이것이 쥬안이 현재 가지고 있는 재화라고 가정해 보자. 계약과 교환의 개념은 이러한 예에서 또 다른 당사자가 존재한다는 것을 전제로 한다. <그림 2>를 롤리타(Lolita)의 효용지도를 나타내는 것이라고 하자. 여기서도 마찬가지로, 각각의 곡선은 롤리타에게 동일한 효용수준이 되는 스웨터와 오렌지의 조합을 나타내고 있다. 롤리타가 현재 20개의 오렌지와 8벌의 스웨터를 소유하고 있다고 가정하자. 이는 효용곡선상의 A점으로 표시된다. 오렌지와 스웨터가 불균형적으로 분배되는 경우, 쥬안과 롤리타는 잠재적 거래당사자가 될 수 있다.

〈그림 2〉

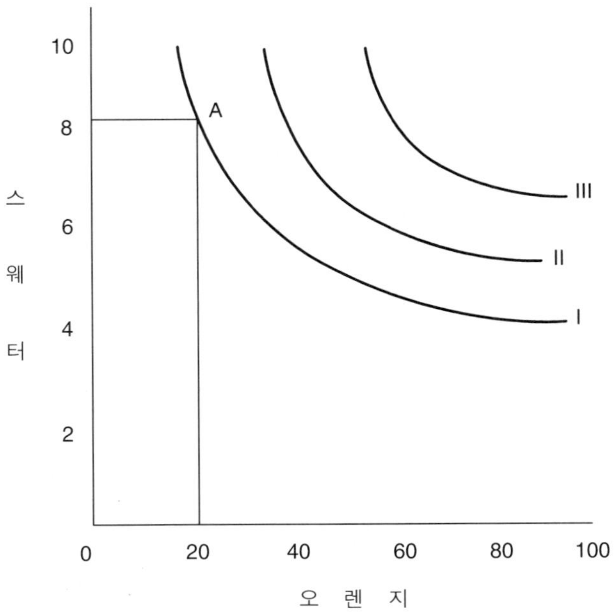

거래가 생기는 이유와 모습에 관한 이론을 설명하기 위해서는 두 그림상의 무차별곡선들을 이른바 '에지워스 박스'(Edgeworth Box)라고 불리는 것으로 전환할 필요가 있다. 쥬안과 롤리타의 경우에 관한 에지워스 박스는 <그림 3>에 나타나 있다. 비록 <그림 3>이 약간은 복잡해 보이지만, 달라진 점은 롤리타의 무차별지도의 원점이 좌측하단에 있지 않고, 우측 상단에 있다는 것뿐이다. 따라서 쥬안의 경우에는 무차별곡선이 우측 위로 이동함에 따라 효용이 증가하는 반면, 롤리타의 경우에는 무차별곡선이 좌측 아래로 이동함에 따라 효용이 증가한다. A점에서 양자의 무차별곡선이 교차한다. 이 상태에서 쥬

〈그림 3〉

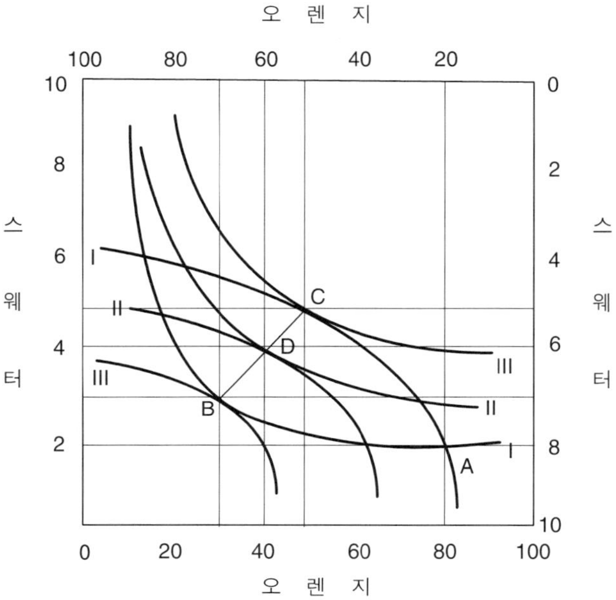

안의 경우에는 여전히 80개의 오렌지와 2벌의 스웨터가 필요하며, 롤리타는 20개의 오렌지와 8벌의 스웨터가 필요하다.

각 당사자는 자신의 원점으로부터 가능한 한 멀리 떨어져 있고자 한다. 이러한 축소판 경제상황에서 당사자들은 스웨터를 오렌지와 교환함으로써 가능한 한 자신에게 가장 효율적인 상태를 달성할 수 있다. 그러나 각 당사자가 상대방이 제공하는 물품에 대해 어떤 가격을 지불하고자 할 것인가에 대해서는 분명히 한계가 있다. 예를 들어 이와 같은 상황에서 B점을 생각해 보자. 이 점은 쥬안에게는 곡선 I 상에, 롤리타에게는 곡선Ⅲ상에 있는 것이다. 이러한 결과가 도출되기 위해서는, 쥬안은 롤리타로부터 스웨터 한 벌을 얻기 위해 오렌지 50개를 포기해야 하며, 그 결과 오렌지 30개와 스웨터 3벌을 갖게 된다. 롤리타는 오렌지 50개를 얻기 위해 스웨터 한 벌을 포기해야 하며, 결과적으로 스웨터 7벌과 오렌지 70개를 갖게 된다. 이 상태는 롤리타를 무차별곡선 Ⅲ상에 있게 하는 것이기 때문에, 롤리타는 이러한 교환에 일단은 만족할 듯하다. 반면에 쥬안은 동일한 효용수준에 머물러 있게 되므로 만족하지 않거나 단지 무차별적일 것이다. B점에서 거래로부터의 수입은 롤리타에게 속할 것이다.

B점과 비교할 만한 것이 C점이다. 이 점은 쥬안에게는 무차별곡선 Ⅲ상에, 롤리타에게는 무차별곡선 Ⅰ상에 있는 것이다. 이 상태에서 쥬안은 오렌지 30개를 스웨터 3벌과 교환하며, 각 당사자는 50개의 오렌지와 5벌의 스웨터를 갖는다. 쥬안은 보다 상위의 무차별곡선에 있게 되며, 롤리타는 최초의 곡선 위에 있게 된다.

B점에서 C점으로 이동하는 것은, 한 당사자가 보다 나은 상태로 되고 어느 누구도 나쁜 상태로 바뀌지 않는다는 점에서 양자 모두에게 파레토 우위상태라 할 수 있다. 그러나 B, C점은 당사자들이 자신의 상태를 향상시킬 수 없는 거래를 하고자 하는 경우를 포함하고 있다는 점에서 모두 극점이라 할 수 있다. 분명히 어떤 당사자도 곡선 Ⅰ보다 아래에 있는 무차별곡선으로 이동하게 되는 조건에 합의하고자 하지는 않을 것이다. 그리고 곡선 Ⅰ의 위에 있는 곡선은 어느 것이든 간에 향상에 해당한다. 그러므로 쥬안의 무차별곡선 Ⅰ과 롤리타의 무차별곡선 Ⅰ 사이에 있는 모든 점들은 A점보다 파레토 우위의 상태에 있다. 양 곡선 사이에 존재하는 이러한 타원형의 영역을 '렌즈'라고 한다.

양 당사자는 각자의 무차별 지도의 시작부분에서 가능한 한 멀리 있는 무차별 수준으로 이동하고자 할 것이다. 그 결과로 특별히 매력적인 지점들이 생기게 된다. 바로 양 곡선이 접하는 부분의 점들이다. <그림 3>을 보면, 쥬안과 롤리타의 무차별곡선 사이의 접점을 연결한 선이 그어져 있다. 이것을 '계약곡선'이라 한다. B점과 C점은 계약곡선의 양 극점이 된다. D점에서 쥬안은 오렌지 40개를 스웨터 2벌과 교환하게 되며, 이 점 역시 계약곡선상에 있다.

이미 살펴본 바와 같이, A점으로부터 렌즈 내에 있는 어떤 점으로 이동하더라도 파레토 우월상태로 이동하는 것이라 할 수 있다. 렌즈 내에 있는 다른 지점들과 대조하여 계약곡선이 다른 점은, 계약곡선상에서는 당사자들이 계약곡선에 따른 교환을 함으로써 파레토 최적의 상태에 도달하게 된다는 점이다.

다시 말해 계약곡선상에 있으면, 스웨터와 오렌지를 배분하는 과정에서 당사자 중 일방은 손해를 보게 된다. 쥬안이 오렌지 40개와 스웨터 4벌을 갖고 있고, 롤리타가 오렌지 60개와 스웨터 6벌을 갖고 있는 상태인 점 D가 이러한 예가 될 수 있다. 이 점으로부터 다른 배분점으로 이동할 때 당사자 중 일방은 하위의 무차별곡선으로 이동할 수밖에 없다.

계약당사자가 합의한 가격은 실제로 계약곡선상의 어떤 점을 선택할 것인가에 관한 결정이라 할 수 있다. 전형적인 거래 상황에서 각 당사자는 상대방의 원점과 가능한 한 가장 가까운 점을 선호할 것이다. '가격'의 문제, 즉 그들이 선택한 곡선상의 점은 직접적으로 계약의 배분 결과를 포함한다. 곡선상의 점에 도달한다는 것만으로도 전체적인 이익과 양 당사자 모두의 효용가치가 증가한다. 곡선상의 현재지점은 교환을 통해 당사자들간에 분배될 이익을 결정한다. 따라서 에지워스 박스를 통해 교환의 할당 및 배분의 측면 양자 모두를 고려할 수 있다. 이하에서 논하는 바와 같이, 계약법의 대부분은 경제적 조건에서 보았을 때 할당 또는 배분의 문제에 답하는 것과 같다. 아래에서 설명하는 내용에서 알 수 있듯이, 청약 및 승낙에서부터 약인 및 능력에 이르기까지 표준적인 계약이론의 대부분은 경제학상의 이론적인 해석으로 설명할 수 있다. 이러한 문제에 대해 논하기 전에 몇 가지 기초적인 설명이 필요하다.

2. 계약법이 왜 존재하는가?

에지워스 박스와 계약곡선의 전개를 통해 교환의 중요성을 설명할 수는 있으나 그러한 구성만으로 계약법의 기능을 직접적으로 설명할 수는 없다. 구체적으로 말해서, 왜 미이행계약의 이행이 강제되어야 하며 그러한 목적을 달성하기 위해 어떠한 메커니즘이 사용되어야 하는가?

보다 구체적으로 말하자면, 앞의 예에서 설명된 롤리타와 쥬안 사이의 교환으로부터 발생하는 이익은, 쥬안이 오렌지를 가지고 지정된 장소에 나타나고 롤리타도 스웨터를 가지고 나타나서 서로 물건을 교환해야만 얻을 수 있다. 계약은 성립하고 동시에 이행될 것이다. 만약 당사자가 교환의 목적물을 충분히 조사하고, 물건의 품질에 관한 어떠한 불확실성에 대해서도 책임을 질 수 있도록 가격을 조정했다면 계약법은 그다지 중요하지 않을 수도 있다.

문제는 오렌지와 스웨터의 교환이 매우 원시적이라는 점이다. 즉, 모든 계약내용이 바로 이행되고 당사자들이 자신이 취득하는 것과 포기하는 것을 평가할 수 있는 대면거래를 전제로 한다. 그러나 현실적으로는 상황이 훨씬 더 복잡하다. 예컨대 일반적인 건축업자들은 많은 하청업자가 장래의 특정기일까지 일을 완성할 것이 확실하지 않는 한, 대규모의 건설계획에 기꺼이 나서서 입찰하지 않을 것이다. 마찬가지로, 만약 일방당사자의 이행이 타방 당사자가 제공하는 급부에 의해 자금이 조달되는 것이라면 동시적인 대면거래는 불가능하다. 그렇기 때문에 건축업자는 이행하기 전에 받는 선급금을 필요로 하는 것이다.

이론적으로는, 보증계약이나 부동산거래대행업자를 이용하는 것을 통해서 앞서 언급한 몇 가지 문제들이 현실적으로 해결될 수 있으며 때로는 해결되고 있다. 물론 보증계약이나 부동산거래대행업자와의 계약 자체도 동시적인 대면거래로는 해결할 수 없는 복잡한 사정들을 발생시킬 수 있다. 요컨대, 계약법이 없다면 많은 일상적인 거래에 필요한 거래비용이 엄청나게 높아질 것이다. 그 결과 배분상 효율적인 거래는 이루어지지 않을 수도 있다. 계약법이 존재함으로써 이러한 비용들이 낮아지고 거래가 이루어진다. 계약법의 운용비용이 거래에서 얻어지는 이익 및 사적인 계약법을 만드는 노력보다 적게 드는 한, 계약에 할당되는 법체계를 가지는 것은 경제학적으로 의미가 있다.

3. 계약의 성립과 사적 위험의 분배

거래를 촉진하는 수단으로서의 계약법의 중요성을 고려해 볼 때, 앞서 언급한 거래의 본질에 대하여 보다 상세히 고찰할 필요가 있다. 크게 보면 계약은 사적으로 위험을 분배하는 수단이다. 예컨대, 로니가 그녀의 집을 칠하기 위하여 버트를 1만 달러에 고용한 경우, 로니는 다른 누구도 보다 적은 액수로 같은 일을 하지 않을 것이며 이보다 더 좋은 조건으로 1만 달러를 지출할 기회는 없을 것이라는 위험을 부담하고 있는 것이다. 마찬가지로, 버트도 로니의 집을 칠하는 계약상의 의무를 해소할 정도로 보다 좋은 조건의 기회를 다른 누구도 제공하지 않을 것이고 이 계획의 비용은 1만 달러를 넘지 않을 것이라는 위험을 부담하고 있다.

물론, 위험분배의 특징들은 이러한 예보다 훨씬 광범위하다. 수년에 걸친 상업적 거래에 있어서 당사자들은 상대방이 부담한 보험비용을 포함한 가격으로 매수하는 것이 보통이다. 예컨대, 생산자로부터 석탄을 구입함에 있어서 공공단체는 석탄의 인도를 담보하기 위하여 소요된 비용을 포함하는 가격으로 매수할 것이다. 이 경우 생산자는, 아마도 실질적으로 자본을 지출할 수 있는 한도 이내에서 석탄의 수요와 가격의 급격한 하락에 대한 대비책을 찾고 있을 것이다. 이러한 유형의 예에서 사적인 위험분배의 형태는 필요전량구입계약[1] (requirement contract)의 형식을 취할 것이다.

4. 계약법의 경제학적 목적

계약법의 경제적 기능이 거래비용을 극복함으로써 거래를 촉진하는 데 있다고 한다면, 실질적으로 계약법의 대부분이 계약이 이행되기 위해서 무엇이 이루어져야 하는가에 관한 원칙에 할애되어 있는 점이 이상하게 보일 수도 있다. 이 원칙들은 당사자의 행위능력으로부터 청약, 승낙 및 약인(consideration)의 형식적 개념에까지 이르는 논점들과 관련이 있다. 종합적으로 볼 때, 계약법의

1) 역자주: '필요전량구입계약'이란 수요자가 필요로 하는 모든 수량을 매도하기로 하는 계약이다.

원칙들은 많은 경제적 기능을 수행한다고 볼 수 있다. 첫째는 효율성의 향상을 가져올 수 있을 듯한 계약만을 강제하는 것이다. 두 번째 기능은 계약법의 운영비용이 가능한 한 적게 들도록 유지하는 것이다.

세 번째 기능은 위험분배이다. 보다 구체적으로 말하자면, 계약법은 당사자들이 별도로 위험분배를 하지 않는 경우에도 위험을 어떻게 분배할 수 있겠는가에 관한 정보원이 된다. 이러한 문제는 계약법 전체를 관철하고 있지만, 채무불이행과 적절한 구제책 및 일방당사자의 불이행이 면책(excuse)될 것인지 여부를 검토할 때 가장 명확하게 다루어진다. 심지어 이익의 상실에 관한 주도적 사례인 Hadley v. Baxendale (Eng. 1854) 사건도 결과적 손해의 위험을 어떻게 배분할 것인가를 결정하는 연구에 관한 것이다. 경제학적 관점에서 본다면, 사건을 주도할 수 있는 당사자 또는 위험을 보다 경제적으로 책임질 수 있는 당사자에게 그 위험을 분배하는 것이 타당하다.

마지막으로, 계약법의 많은 부분이 당사자들이 행한 거래의 분배적 결과에 관한 문제에 할애되어 있다는 사실은 명백하다. 다시 말해서, 계약법을 적용하는 법원은 종종 당사자들이 공평하지 않다고 생각하는 계약으로부터 그들을 벗어나게 하는 길을 열어주곤 한다. 이것은 일면 가장 논쟁의 여지가 많은 계약법의 기능일 수 있다. 이러한 목적을 위해서 계약법이 사용되어야 하는지 여부 및 계약법이 사회적 불공평을 완화하는 효율적인 수단인지 여부에 대해서는 상당한 관점의 차이가 존재하기 때문이다.

법원은 종종 어떠한 목적을 실현하는 것이 다른 목적을 실현하는 것과 모순될 수 있다는 문제에 직면한다. 이러한 목적간의 긴장관계는 법원이 효율성이라는 목적과 분배라는 목적 중의 어느 하나를 선택해야 하는 경우에 가장 빈번히 발생한다.

B. 계약의 성립

계약의 성립과 관련해서 많은 문제들이 제기된다:

1. 당사자가 계약을 체결할 행위능력을 가지고 있는가?
2. 동의가 강박 및 부당한 위압의 결과인가?
3. 청약이 있는가?
4. 승낙이 있는가?
5. 약인(consideration)이 있는가?
6. 계약이 서면으로 작성되어야 하는가?

이러한 문제들은 양 당사자가 거래에 진정으로 동의하였는지 여부를 결정하는 수단으로 볼 수 있다. 당사자들이 거래에 동의했다고 해서 그리고 동의를 해야만 효용 향상이 보장되는 것은 아니지만, 계약에 대한 동의와 파레토 우월이 함께할 가능성이 있는 것이 사실이다. 계약의 성립과 관련한 모든 문제들은 당사자가 합의에 도달했다는 사실에 대한 명확한 증표를 바라는 의도에서 비롯된 것이다.

1. 행위능력

어떤 면에서 보면, 행위능력에 관한 기본적인 원칙들—이 원칙들이 미성년자, 명정자 또는 심신미약자에게 적용될지 여부—은 간단해 보인다. 자신이 무엇을 하고 있는가에 대하여 이해할 수 없거나 자신의 행동을 제어할 수 없는 사람에 의한 결정은 파레토 우월의 결과를 이끌어내지 못한다. 당사자에게 행위능력이 결여되었다고 판단되는 경우는, 비록 그 당사자의 주관적 판단으로는 자신의 효용이 증가되었다고 생각하지만 실제로는 그것이 잘못된 인식의 결과라는 것을 의미한다.

계약에 대한 이러한 제한들이 '객관적인' 경제학적 기초를 가지고 있는 것으로 판단될 수도 있지만, 문제되는 영역에 따라서 행위능력의 기준은 다를 수 있다. 그러므로 누가 구속력 있는 계약을 성립시킬 수 있는가에 관한 판단은 강제가능한 동의의 범위에 관한 정책적인 판단이라 할 수 있다. 나아가, 행위능력에 관한 사례들을 검토해 보면 경제학적 관심은 효율성에 관한 것이라기보다는 오히려 분배의 결과에 관한 것이라는 사실을 알 수 있다.

그러나 행위능력과 취소가능성에 관한 보다 구체적인 원칙들은 여전히 전통적인 경제학적 관심사와 조화될 수 있다. 예컨대, 계약법 리스테이트먼트(제2차) 제15조는, 상대방이 심신미약 또는 명정사실을 안 경우에 한해 당사자는 심신미약 또는 명정을 이유로 계약을 취소할 수 있다는 입장을 취하고 있다. 반면에, 미성년자가 계약을 취소할 수 있는 권능은 그와 같은 제한이 없다. 위험분배의 관점에서 본다면, 계약을 체결하는 미성년자는 명정상태에서 계약을 성립시킨 자에 비해서 계약에 덜 '구속'된다고 할 수 있다.

명정자에 의해 발생되는 보다 큰 위험은 아마도 술을 많이 마시는 사람들에 대하여 사회가 내린 평가에 의해서 가장 잘 설명될 수 있을 것이다. 경제학적 용어로 말하면, '명정상태'로 되는 것을 저지하는 동기가 있다는 것이다. 도덕적인 판단을 배제한 경제학적 관점에서 본다면, 나중에 가서 자신이 원하는 바가 아닌 것으로 밝혀지게 된 계약을 체결했다는 것은 '실수'를 저지른 것이거나 예기치 못한 사건에 연루되는 것과 같다. 명정자의 사례에 있어서, 실수를 피하기에 보다 유리한 지위에 있는 자는 그렇게 하도록 동기가 부여된 것이다. 물론, 상대방이 명정상태에 대하여 인식할 수 있었다면 명정자는 사건을 회피하는 데 유리한 또는 더 유리한 입장에 있으며, 그렇기 때문에 그 계약은 명정상태에 있던 당사자에 의하여 취소될 수 있다.

이와 동일한 논의는 미성년의 계약당사자에게는 적용될 수 없다. 아마도 이 경우에는 미성년자가 판단능력이 부족하다는 것을 이유로 계약이 취소될 수 있기 때문이다. 바로 미성년자가 '실수'를 범하여 다른 사람과의 거래에서 피해를 입기 쉽다는 이유로 이들에 대한 보호가 이루어지는 것이다. 따라서 실수를 피하도록 하는 동기를 만들어내기 위하여 취소가능성을 제한하는 것은 처음에 언급한 미성년자에 대한 특별 취급의 이유와 모순된다.

계약에 있어서 능력의 문제는 온정주의와 자율성 및 자유에 대한 간섭이라는 문제를 야기한다. 이러한 문제제기는 능력에 관한 대부분의 원칙들이 계약을 취소할 수 있는 것으로 하고 있을 뿐, 무효로 하지는 않고 있다는 사실에 의하여 어느 정도 상쇄될 수 있다. 반면에 이러한 구별의 중요성이 왜 과대평가될 수 있는지에 대하여는 경제학적 이유가 존재한다. 능력이 결여된 자가 특권을 가지고 계약에서 벗어날 수 있다는 사실은 위험을 크게 증가시키고 결과적으로 무능력자와 거래하는 비용을 증가시킨다. 이러한 점이 무능력자와의 거래를 꺼리도록 하기 때문에 선택, 자율성 및 계약을 촉진하는 많은 효용의 관점에서 볼 때, 현실적인 결과는 계약이 단순히 무효인 경우와 유사하다.

앞에서 언급하였듯이, 배분의 문제에 관한 관심이 아마도 능력과 관련하여 발전하여 온 많은 법률의 배후에 있을 것이다. 다시 말해서, 비록 무능력자에 의하여 체결된 계약이 파레토 우월적 결과를 가져오는 것으로 나타난다 하더라도, 능력에 관한 계약법은 거래에 의하여 생긴 수익이 정당하게 분배되지 않은 사람들을 보호하기 위하여 여전히 적용될 것이다. 예컨대, 기망과 이익착취에 대한 염려가 분명히 미성년자나 심신미약자에게 계약을 취소할 수 있도록 해주는 원칙의 핵심이라 할 수 있다.

이러한 점은 어느 퇴직한 교원이 퇴직연금을 선택한 Ortelere v. Teacher's Retirement Board(N.Y. 1969) 사건에서 가장 잘 설명된다. 그녀는 자신 또는 남편이 생존하는 기간에 지급되는 저액의 연금을 받을 것인지 아니면 자신이 생존하는 기간에만 지급되는 고액의 연금을 받을 것인지를 놓고 선택해야 했다. 그녀는 고액의 연금지급을 선택했고 2개월 후에 사망했으며, 그녀의 선택은 남편의 이의제기에 의하여 취소가능한 것으로 결정되었다. 이러한 결정은 효율성의 측면을 고려하여 이루어진 것이라고 보기 어렵다. 오히려 이 판결은 남편이

연장된 수급기간의 이익을 잃었을 경우, 오텔리어(Ortelere)가 결정한 바에 따라 연금기금이 그 이익을 받아야 하는지 여부에 관한 것이었다.

2. 강 박

강박 및 부당한 위압 또한 계약을 취소할 수 있도록 하는 법원리이다. 여기에서도 논점은 계약성립 시점에 있어서의 합의의 본질 또는 성질에 있다. 경제분석적 견지에서 강박과 이에 관한 법원리는 배분효율과 분배상의 결과 양자에 관한 문제를 야기한다. 이러한 개념들은 계약당사자의 연령의 문제에서와는 달리 확실한 적용기준이 없기 때문에 파악하기가 어렵다.

강박의 문제를 복잡하게 하는 요인 중의 하나는 일단 당사자가 강박상태하에서 의사결정을 할 경우, 그 의사결정이 파레토 우월을 매우 잘 달성할 수도 있다는 것이다. 가장 단순한 예를 들자면, 협박을 당하여 계약을 체결한 당사자조차도 주어진 상황에 따라서는 파레토 우월적 위치로 이동할 수 있다는 것이다. 그러므로 강박을 정의하는 과정은 파레토 우월의 결과를 달성하는 의사결정 중 어느 결정이 합법적이며 어느 결정이 불법적 억압의 결과인가를 확정하는 과정이라 할 수 있다.

계약법 리스테이트먼트(제2차) 제175조는, 강박을 피해자에게 '합리적인 선택'의 여지를 남기지 않는 부당한 위협의 행사로 정의함으로써 그 범위를 압축하고 있다. 리스테이트먼트는 나아가 부당한 것이 무엇을 말하는 것인지에 대하여 정의를 내리고 있으나, 당해 위협이 어떤 경우에 범죄나 불법행위에 해당하는가에 관한 예를 제외한 나머지의 문언은 매우 불명확하다. 로버트 노직크는, 강박은 당사자가 듣는 것조차도 원하지 않는 선택을 하도록 강요받는 상황으로 볼 수 있다고 주장한다. 이는 매우 타당하다고 생각한다. 즉 새로운 선택에 관하여 듣기조차 원하지 않았던 당사자는 그의 새로운 선택권이 이전의 상태보다는 파레토 열위에 있다고 생각할 것이다. 본질적으로 그는 반대급부 없이 손해를 입은 것이다. 따라서 이러한 상태를 파레토 우월이라는 합법적인 형태에 도달하는 거래유형에 포함시키기는 어렵다.

리스테이트먼트(제2차) 제175조는 강박자가 계약의 상대방인 경우와 그렇지 않은 경우를 구별하고 있다. 누구든 예상할 수 있듯이, 계약은 강박자측이 계약당사자인 경우에 보다 쉽게 취소될 수 있다. 이것은 부당한 협박을 하려는 동기를 감소시키며, 협박이 부당하다고 판단될 수 있는 위험을 강박행위를 제어하기에 가장 좋은 지위에 있는 당사자에게 배분한다. 피해자와 계약을 체결하는 당사자가 강박에 대하여 알 수 없었고, 당해 거래에 가치를 부여했거나 의존한 경우에 위험은 반대로 배분된다. 이러한 방법으로 위험을 분배하는 것은 경제학적으로 의미가 있다. 왜냐하면 강박을 당한 당사자는 그가 강박상태하에 있다는 사실을 알고 있고, 타방 당사자에게 이를 고지함으로써 계약 취소권을 확보할 수 있기 때문이다.

강박의 법원리를 활용하는 것은 배분효율 및 위험배분과 관련한 목적뿐만 아니라 분배상의 목적에 의해서도 설명할 수 있다. 실제로 리스테이트먼트(제2차) 제176조(2)에서는 불공평한 매매계약을 강박의 표지로 보고 있으며, 피해자에게 계약을 취소할 수 있는 권리를 부여하고 있다. 분배상의 목적을 촉진하는 계약법원리에 대해서는 제3절에서 자세히 논하도록 한다.

3. 청약과 승낙 및 기타 요건들

청약과 승낙은 합의의 상징이다. 그러므로 청약과 승낙이 현존할 것을 요구하는 것은 효율성을 창출하는 합의를 강제하고자 하는 의도와 일치한다. 나아가 법이 청약으로서 인정되기 위한 요건으로 의사전달이 높은 수준의 구체성을 갖추고 애매함이 없을 것을 요구하는 한, 청약의 효과는 계약법제도의 운용비용을 낮추는 것이라 할 수 있다. 이러한 논의는, 승낙의 경우에 있어서는 전통적인 거울(mirror image)원칙과 관련해서도 동일하다.

고도로 복잡한 상업적 거래에 있어서, 거울원칙에 엄격하게 집착하는 것은 계약형성을 방해할 수도 있다. 실제로, 당사자들이 모든 계약조항에 관하여 완전한 합의에 이르는 교섭점을 찾기 위해 드는 거래비용은 극히 높아질 수 있다. UCC 제2-207조는 청약과 승낙 사이에 완전한 합치가 없다 하더라도 계약성립을 인정함으로써 이러한 거래비용을 어느 정도 회피할 수 있게 해준다. 결과적으로, 효율성을 창출하는 거래가 형식적인 요건들에 의하여 방해받지는 않는다. 다른 한편, 약간 농담으로 말하자면, 제2-207조로부터 어떠한 이익을 얻든지 간에 이 이익은 비록 학생들이나 다른 사람들이 비효용을 막으려고 시도하여도 그들이 겪는 비효용에 의해서 상쇄될 수도 있다는 것이다.

계약법의 원칙 중의 하나는, 승낙은 반드시 청약에 의해 지정된 방식을 그대로 따라야 한다는 것이다. 여기에서 승낙의 방법과 관련하여 불명확한 청약에 대한 적절한 형태의 대응문제가 제기된다. 효율성의 목적에서 본다면 혼란에 대한 위험은 그러한 불명확성을 야기한 자가 부담하여야 한다. 이것은 리스테이트먼트(제2차) 제32조에 반영되어 있는 것과 같이 코먼로의 관점과 기본적으로 합치하며, 동조에서는 피청약자에게 약속 또는 이행에 의한 승낙을 인정하고 있다.

형식적 요건들을 완화하는 것이 경제적 효율성과 매우 잘 합치된다는 것을 보여주는 또 다른 영역은 바로 침묵이 승낙으로서 해석될 수 있는 한정된 여러 예들의 경우이다. 이러한 맥락에서 기억해야 하는 것은, 경제학적 관점에서 볼 때 청약과 승낙의 목적은 당사자가 동의하지 않은 계약의 강제를 방지하는 것에 있다는 점이다. 청약자가 볼 때 피청약자의 침묵이 동의를 나타내는 것이라고 믿을 만한 충분한 이유가 있음이 명백한 경우에는 명시적인 승낙을 요구할 이유가 없다. 이 점은 대체적으로 리스테이트먼트 제69조의 태도와 일치한다. 동조에서는 침묵이 승낙으로 간주되는 상황 또는 침묵이 착오에 의해 승낙으로 받아들여지는 경우에 위험이 피청약자에게 배분되는 상황을 열거하고 있다.

경제학적 정당성이 인정되는 계약법상의 또 다른 규준이 바로 사기방지법

(statute of frauds)이다. 이 법은 일정한 계약이 서면에 의하여 명시될 것을 요구하고 있다. 서면은 동의를 증명하는 가치가 인정된다. 나아가 계약내용이 서면에 포함되어 있는 만큼 계약법 제도를 운용하는 비용은 감소한다.

4. 약인 요건

계약법의 중요한 원칙 중의 하나는, 약속이 구속력을 가지기 위해서는 약인(consideration)에 의해 뒷받침되어야 한다는 것이다. 약인 요건은 근본적으로, 일방당사자의 약속 또는 이행은 타방당사자의 약속 또는 이행과 대가관계에 있어야 한다는 것이다. 계약법에 있어서 경제학적 시각이 가지는 의미는 매우 명확하다. '교환'이라는 개념은, 합의를 표시한다는 점에서 중요한 상징적 가치가 있다. 그러나 약인에 관한 원칙들이 그 중요성에 비해서는 어느 정도 불명확성을 반영하고 있다는 것도 역시 분명하다. 약인 요건에 관한 일관성 없는 태도는 계약법상의 경합하는 경제적 목적들간의 긴장상태가 그 원인이라고 할 수 있다. 이하에서는 네 영역으로 나누어 이를 보다 상세히 살펴보도록 한다.

a. 약인의 등가성

기본적인 원칙은, 약인이 존재하는 한, 약인의 '등가성' 문제는 제기되지 않는다는 것이다. 이를 이른바 약인의 '후추열매의 이론'(peppercorn theory)[2]이라 한다. 이에 관하여 경제학적으로 설명하자면, 약인의 상대적 가치에 대한 평가는 '효용의 상호 비교'를 포함한다는 것을 의미한다. 즉 약인이 불균형적인 것처럼 보이는 경우에 이에 개입하는 것은 일방이 느끼는 효용의 증가와 타방당사자가 느끼는 효용의 증가를 비교하는 것과 같다. 그러나 이와 같은 비교는

---

2) 역자 주: 후추열매의 이론에 대해서는 명순구, 『미국계약법입문』, 법문사, 2004, 67면 참조.

이루어질 수 없다. 따라서 청약, 승낙 또는 어떠한 거래에 의해 동의의 의사표시가 나타난다면, 그 이상의 질문은 경제학적으로 의미가 없다. 이러한 특별한 견해는 계약법의 주된 기능이 파레토 우월을 지탱하는 것이라고 보는 것과 일치한다.

문제는, 약인에 대한 이러한 엄격한 입장은 법원이 분배상의 목적을 달성하는 경우에 빈번히 포기된다는 점이다. 그러므로 불공평한 거래는 강박의 증거 또는 비양심성(unconscionability)의 요소로 보여질 수도 있다. 일정한 경우에 분배상의 문제는, 약인이 실제로 존재하는 경우에도 그것이 없다고 단순히 선언하는 것만으로도 해결된다. 이에 대한 좋은 예로 들 수 있는 것은 Newman and Snell's State Bank v. Hunter(Mich. 1928) 사건이다. 이 사건에서 원고 은행은 어느 미망인에게 그녀의 죽은 남편의 약속어음을 양도했다. 당해 어음에 대한 담보는 한 파산법인의 주식의 형태로 이루어져 있었다. 미망인은 현물어음을 수령했다 — 이는 후추열매에 상응하는 것이 확실하며, 만족의 원인이 될 수 있을 듯하다. 그러나 법원은 문제의 어음이 화폐가치를 가지고 있지 않는다는 사실을 이유로 약인이 결여되었다고 판시했다.

b. 명목적 약인

이와 같은 불명확성이 드러나는 또 다른 영역은 명목적 약인(nominal consideration)과 관계되는 부분이다. 여기서의 문제는 약인의 요건을 인식하고 있는 당사자들이 약인의 형식성을 준수한다면 어떻게 되는가 하는 점이다. 계약법 리스테이트먼트(제1차)에 반영되어 있는 초기의 견해에 따르면 명목적인 약인으로도 충분하다. 이러한 입장은 무상의 약속의 강제력이 가져오는 효율성에 대한 직관적인 관념에 의한 것이라기보다는 오히려 후추열매의 이론에 엄격하게 집착함으로써 도출된 것으로 보인다. 이 견해는 당사자들이 구속력이 있는 채무를 발생시킬 것이라고 생각한 과정에 합의했기 때문에 경제적 효율성의 관점에서 의미가 있다. 나아가, 후술하는 바와 같이, 무상의 약속의 이행을 강제할 만한 다른 경제적 이유들도 존재한다. 계약법 리스테이트먼트(제2차) 제71조의 주석은 법원이 계약의 형식성에 얽매이지 않고 명목적 약인은 전혀 약인이 될 수 없다고 판시하는 것을 허용하고 있다. 그런데 동의의 다른 모든 표지가 존재하는 경우에 있어서 이러한 해결책을 경제적 효율성과 일치시키기 어렵다고 본다.

c. 무상의 약속

약인 요건에 있어서의 불명확함 이상으로 무상약속의 강제력 문제에 있어서도 불명확성이 존재한다. 이러한 경향에 대한 충분한 기초가 될 만한 활발한 경제학적 논의가 있다. 그러나 무상약속의 강제성을 지지하는 것이 경제학 이론에 의해 뒷받침된다 하더라도, 이를 따르는 법원이 경제학적 관점에 의해 좌우된다는 것을 의미하는 것은 아니다.

무상약속의 강제력을 요구하는 법경제학의 연구자들이 전개하는 비교적 최근의 논의는 효율성의 증대가 가능하다는 점에 기초하고 있다. 그러나 무상약속의 강제력을 지지하는 일련의 원칙들을 포함하는 계약법 체계를 운영함에 있어 많은 비용이 들 수도 있다는 점에서 약간의 문제가 존재한다. 리스테이트먼트(제1차) 및 리스테이트먼트(제2차) 제90조에서 요구하는 피약속자의 신뢰는 이들 비용을 어느 정도 감소시켜 준다. 이는 신뢰가 비용지출과 같은 행위의 형식을 취하고 있고, 그러한 행위가 약속에 의해 유도된 것이 아니면 불합리하다고 여겨지는 때에 특히 그러하다.

무상약속의 강제력을 찬성하는 최근의 경제학적 논의를 서술하기 전에, 무상약속의 이행이 강제력을 갖는다면 실제로 어떤 일이 발생하는지에 대해 주목할 필요가 있다. 금반언 원칙과 (리스테이트먼트) 제90조가 발전하기 전에 있어서, 약속자는 그 약속의 '소유자'의 지위에 있었다. 약속은 피약속자에게 특별한 권원을 창설하지는 않았으며, 그리고 법원이 약인 개념과 형평법상의 금반언 원칙을 적극적으로 적용하는 경우를 제외하고 약속은 어떠한 제재 없이 철

회할 수 있었다. 이 영역에서의 사법적 발전의 결과, 이러한 권리를 피약속자 쪽으로 유리하게 재분배하고 약속자에게 채무를 부과하게 되었다.

이러한 변화는 약속을 하고도 그것을 어긴 자에게는 과실이 있다는 추론에 의해 설명될 수 있다. 불법행위의 견지에서 볼 때, 약속을 한 자는 피약속자가 신뢰하는 약속을 만들어 내고 나서 그것을 어김으로써 피약속자를 위험한 상태에 처하게 했다고 말할 수 있다. 불법행위의 관점에서 보다 더 유추해 보건대, 무상약속은 강제력을 갖지 않는다는 것이 일반적으로 알려져 있다면 그 약속을 신뢰한 자에게 기여과실이 있다고 판단하여야 할 것이다. 따라서 효율적인 위험배분의 관점에서 본다면 무상약속이 강제력을 가져야 하는지 여부는 명확하지 않다. 그러므로 약속에 의한 권리의 재분배가 단순히 약속자가 피약속자를 해할지도 모른다는 관념에 기초할 수는 없다. 그 이상의 논의가 필요하다.

약속의 강제력에 대한 경향이 경제적 효율성과 조화될 수 있는지 여부의 문제는, 약속에 의한 '권리'에 대한 재분배가 약속에 대하여 최고의 가치를 부여한 당사자에게 그 권리를 부여함으로써 종결되는 것인지 여부를 물어보는 것만큼이나 쉽지 않다는 점에 비추어 볼 때 더욱 흥미롭다. 왜냐하면 약속자와 피약속자 모두 그 권리가 다르게 분배될 것을 선호할 가능성이 있기 때문이다. 만약에 그렇다면, 이는 일방당사자로부터 권리를 빼앗아 타방 당사자에게 주는 것이 파레토 우월의 결과를 낳는 예들 중의 하나가 될 것이다.

그 이유에 대하여 검토하기 전에, 논점을 좁혀 볼 수 있다. 전형적인 의미에서 당사자가 합리적이며 이기적이라고 가정한다면, 약속자의 효용은 약속이 이행될 때에 증가한다. 약속이 지켜질 가능성이 0보다 크다고 가정한다면, 피약속자의 효용도 역시 증가한다. 적어도 일방당사자의 효용이 증가하고 어느 누구도 효용이 감소되지 않았다면 파레토의 기준은 충족된다. 그러나 법이 피약속자가 약속자의 신용에만 의존하지 않도록 약속의 이행가능성을 증대시키는 것이 어떠한 경제학적 의미를 가지는가라는 문제가 여전히 남는다. 달리 말하자면, 약속을 피약속자의 '재산적 권리'로 볼 수 있는 근거가 존재하는가 하는 점이다.

리차드 포즈너는 약속의 강제력에 대한 경제학적 정당화사유를 제공한다.[3)] 한 가지 예는 다음과 같다. 내가 진심으로 내 친구에게 앞으로 52주 동안 매주 100달러를 선물로 주기를 원한다고 가정해 보자. 내가 그냥 약속을 한 것이고, 내 친구 역시 무상약속의 이행은 강제력을 갖지 않으며 나아가 내가 생각을 바꿀 수도 있다는 점을 이유로 약속의 가치를 낮게 평가한다면, 그에게 돌아가는 현실적 예상이익은 주당 100달러보다는 적을 것이다. 그러므로 약속의 강제력을 인정함으로써 내 친구가 갖게 되는 가치는 나의 비용증가 없이도 증가하게 된다.

또 다른 예로서, 내 친구가 가치를 낮게 평가할 것이라는 점을 알고 있으면서도 여전히 매주 100달러에 상당하는 선물을 주고 싶다고 가정해 보자. 실제로 매주 100달러의 예상이익을 주기 위해서는 매주 125달러를 약속하여야 할 것이다. 즉 그러한 약속은 나에게 더 많은 비용을 들게 하는 것이다. 반면에, 내 친구와 내가 모두 약속이 강제력을 가질 것이라는 점을 알고 있다면 매주 100달러의 약속은 그 표시대로의 가치 또는 그것에 가까운 가치를 갖게 될 것이다. 즉 그러한 선물은 나에게는 비용이 덜 드는 것이며, 내 친구에게는 매주 100달러의 가치를 유지하는 것이라 할 수 있다. 결과적으로 약속을 한 자들은 그들이 약속을 지키는 원칙을 선호할 것이다.

이상의 두 가지 예에서 주목해야 할 중요한 점은 약속자는 어떤 가치가 있는 그 무엇인가를 포기해야 한다는 것이다. 즉 의사를 변경하는 권리이다. 그러므로, 파레토 우월의 결과를 가져오는 원칙에 변화가 있기 위해서는 약속을 파기하는 권리에 부여되는 가치보다 약속을 가치 있는 것으로 만드는 것과 관련된 약속자의 이익이 더 커야 한다. 물론, 비록 원칙의 변화가 파레토 우월과 조화되지 않는다 하더라도 여전히 그것에 의하여 자산은 최대화가 될 것이다.

무상약속의 강제력에 의한 효율성 증대의 효과는 피약속자가 약속에 대하

---

3) Richrd Posner, "Gratuitous Promises in Economics and Law," 6 *J. Leg. Stud.* 411(1977).

여 반응하는 방법에까지도 영향을 미친다. 고에츠 교수와 스캇 교수는 약속의 신뢰성 증대가 효율성을 증대시키는 방법을 고찰하는 유용한 방법을 제시하고 있다.[4)]

이해에 도움이 될 만한 간단한 예를 살펴보자. 내가 내 친구에게 6개월 후에 5,000달러의 선물을 주고 싶다고 가정하자. 나에게는 두 가지 선택의 기회가 있다. 나는 내 친구에게 6개월 후에 5,000달러의 선물을 주겠다고 약속을 할 수도 있고, 6개월을 기다렸다가 그에게 5,000달러를 깜짝 선물로 줄 수도 있다. 확실한 것은 어느 경우이든 간에 당해 선물은 그 선물이 없었을 때보다 내 친구를 보다 높은 위치의 무차별곡선으로 이동시켜 준다는 점이다. 그러나 두 가지 점은 명확해 보인다. 장래의 선물이 주어질 것이라는 것을 미리 아는 사람은 미래의 소비패턴뿐만이 아니라 선물을 예상하고 현재의 지출패턴도 변화시킨다는 것이다. 그러므로 만약에 내 친구가 미리 선물이 주어질 것이라는 사실을 알고 있다면, 그는 보다 높은 위치의 무차별곡선으로 이동할 수 있다. 고에츠와 스캇은 이처럼 보다 높은 위치에 있는 무차별곡선을 예상하고 이동할 수 있는 능력을 '이익의 신뢰도'(beneficial reliance)라고 부르며, 이를 '약속이 갖는 주요한 사회적 이유'라고 보고 있다.

명백하게 보이는 두 번째 사실은, 선물이 주어질 가능성이 높아질수록 선물에 대한 신뢰도와 이익의 신뢰도(beneficial reliance)가 높아진다는 것이다. 다시 말해서, 금전이 지급될 가능성이 높아질수록 피약속자는 그 약속에 기초하여 현재의 지출패턴을 보다 용이하게 변화시킨다는 점이다.

d. 계약의 수정

상술한 바와 같이, 약인은 동의의 표지라는 중요한 기능을 수행한다. 이러

---

4) Charles Goetz and Robert Scott, "Enforcing Promises: An Examination of the Basis of Contract," 89 *Yale L. J.* 1261(1980).

한 점에 비추어, 약인이 없는 경우에는 계약내용에 대한 수정이 구속력이 없다고 하는 오랫동안 유지되어 온 원칙을 이해할 수 있다. 그 근거는, 타인의 이행에 관하여 일정수준의 권원이 부여된 합리적인 당사자가 동일수준의 이행을 받기 위해 보다 많은 비용을 지불한다는 것은 말이 되지 않는다는 사실이다. 약인을 수반하지 않는 계약의 수정은 그러한 변경이 강박하에서 행해진 것이며 양 당사자의 효용을 증가시키지 않는다는 사실에 대한 확실한 표지라고 추론할 수 있다. UCC와 계약법 리스테이트먼트(제2차)는 모두 강요된 계약의 수정에 대하여 보호규정을 두고 있다. 그러나 일정한 경우에는 리스테이트먼트(제2차)와 UCC 모두 약인이 없는 계약내용의 수정을 인정하고 있다. 즉 계약관계의 맥락에 비추어, 특히 계속적 거래의 경우에 있어서는 계약의 엄격한 조항에 대한 변화를 수용하는 것이 양 당사자들의 합리적인 이기심의 결과일 수도 있다는 사실을 묵시적으로 인정하고 있다. 모든 우발적인 사건을 예상하고 계약의 문제로서 처리하고자 하는 노력은 거래비용을 높게 할 수 있다.

C. 계약법과 분배상의 목적

이 장의 앞에서 언급했듯이, 계약법에서는 효율성의 목적과 분배상의 목적 사이에 상당한 긴장관계가 있다. 쉬운 용어로 풀어 보면, 효율성의 목적은 실제로 누가 개선되었는가와 상관없이, 효용 또는 부를 증가시키는 데 초점이 있다. 반면 분배상의 목적은 어느 개개인 또는 개개의 집단이 개선되는지에 초점이 있다. 계약법이 분배상의 목적과 관계되어야 하는지에 대해 논쟁이 계속되어 왔다. 이러한 계약법의 분배상의 목적에 반대하는 사람들은 재분배의 목적을 원할 때는 그러한 목적달성을 위해 세금 또는 이전지출(transfer payments)[5)]

5) 정부의 지출은 크게, 정부가 재화와 서비스를 구입하는 데 지출하는 부분과 민간부문에 대

의 방법을 보다 선호할 것이다. 이와 같은 기본적인 입장의 차이가 있기는 하지만 계약법은 분명히 상당부분 분배상의 목적에 기여하고 있다.

<그림 3>의 계약곡선에서 본다면, 분배에 대한 관심을 불러일으키는 두 가지 상황이 나타난다. 첫 번째 상황은 사기에 대한 것인데, 이 경우 일방당사자는 자신을 렌즈 내에 위치시키는 교환에 이르지 못하게 된다. 이러한 상황은 일방당사자가 계약체결능력이 결여되는 경우에 흔히 나타난다. 이 경우 계약에 의해서 일방당사자의 지위는 악화되고 그 결과 파레토 열위가 된다.

계약당사자가 계약곡선상의 어느 점에서 거래를 하는 경우에는 다른 유형의 문제가 발생한다. 만약 성립된 계약이 계약곡선의 맨 끝 부분에 있다면 이는 일방당사자가 교환에 의하여 발생된 잉여이익의 대부분을 취득했다는 것을 나타낸다. 이러한 경우에 있어서 계약에 대한 강제를 거부하는 것은 파레토 우월적 지위로의 이동을 '행하지 않는' 결과를 가져온다. 이러한 결정은 장래의 거래가 다른 조건에서 발생한다는 것을 의미하며 또한 장래에 효율성을 창출하는 거래가 발생하지 않을 것이라는 위험도 의미한다. 이는 분배의 효율과 분배의 정의 사이의 전형적인 충돌을 보여준다.

또 다른 사례유형은 다음과 같은 경우인데, 당사자가 모두 렌즈 내의 위치나 계약곡선상으로 이동된 것처럼 보이지만 결국에 가서는 일방당사자는 어떠한 개선도 되지 않았다는 것이 확정된 경우이다. 그 당사자는 계약을 체결한 것을 후회하거나 또는 계약으로부터 얻는 이익의 가치를 감소시키거나 이행을 어렵게 하는 사태가 발생한다. 후자의 경우에 대해서는 불이행의 책임을 면제해주기 위한 다양한 이론들이 등장한다.

법원은 이러한 분배상의 문제를 다루기 위해 다양한 이론들을 사용한다. 때로는 계약의 분배상의 효과는 법원이 계약성립의 문제를 대하는 방식에까지

한 이전지출의 성격으로 사용되는 부분의 두 종류로 구분될 수 있다. 이전지출은 정부가 개인이나 기업 등에게 일방적으로 소득을 이전해 주는 성격의 지출을 뜻한다. 가난한 사람들에 대한 소득보조라든지 국민연금의 지급 같은 것들이 그 대표적인 예이다(이준구, 앞의 책 『재정학』, pp.265, 267).

영향을 미친다. 가장 명백한 예가 바로, 행위능력, 강박 및 부실표시(misrepresentation)를 이유로 계약을 취소하는 것이다. 그러나 앞에서 설명한 바와 같이, 분배상의 관심은 약속이 약인에 의하여 뒷받침되는지 여부의 문제를 다루는 법원의 입장에도 영향을 미칠 수 있다. 이들 정당화사유들 이외에도, 불평등한 거래능력, 비양심성 및 부합계약과 같은 명확하지 않은 개념들이 있다. 이론적 치밀성은 분배상의 목적을 갖는 계약법의 판례결정의 효과보다 아마도 덜 중요한 것 같다. 중요한 점은, 당사자들에게 이익을 주는 계약이 강제력이 없을 수 있다는 것과 계약당사자가 아닌 자에게 장기적인(즉, 동태적인) 영향을 미칠 수 있다는 점에 있다. 이와 관련된 논의는 아래 두 개의 일반적인 문제의 맥락에서 보다 명확하게 인식될 수 있다.

1. 면책조항

면책조항의 문제와 관련된 전형적인 판례는, O'Callaghan v. Waller & Beckwith Realty 사건이며, 이는 아파트의 임대차계약에 있어서 면책조항을 강제할 수 있는지와 관련되어 있다. 이러한 조항이 강제불가능하다는 사법상이나 입법상의 결정의 의미는 그림으로써 나타낼 수 있다. <그림 4>에 있어서, D는 주거에 대한 수요를 나타낸다. S_1은 주택의 공급을 나타낸다. 여기 그려져 있는 시장에서의 균형가격은 P_1이며, 임대가능한 주택의 수는 Q_1이다. P_1에 해당하는 가격과 주택을 교환하는 것은 임대인과 임차인 쌍방의 후생(효용)을 증진시킬 것이다. 임대인은 주택을 소유하고 있는 것보다도 P_1에 상당하는 금전을 선호하고, 임차인은 금전을 보유하고 있거나 그것을 다른 곳에 소비하는 것보다는 주택을 위하여 지출하는 것을 선호한다.

공급이 생산의 한계비용이라는 사실은 제2장으로부터 떠올릴 수 있다. 면책조항에 강제력을 인정하지 않는 정책적 결정은 원래는 임차인이 임대료와 관련하여 보다 많은 이익을 얻을 수 있도록 하기 위한 결정이었다. 이는 부

〈그림 4〉

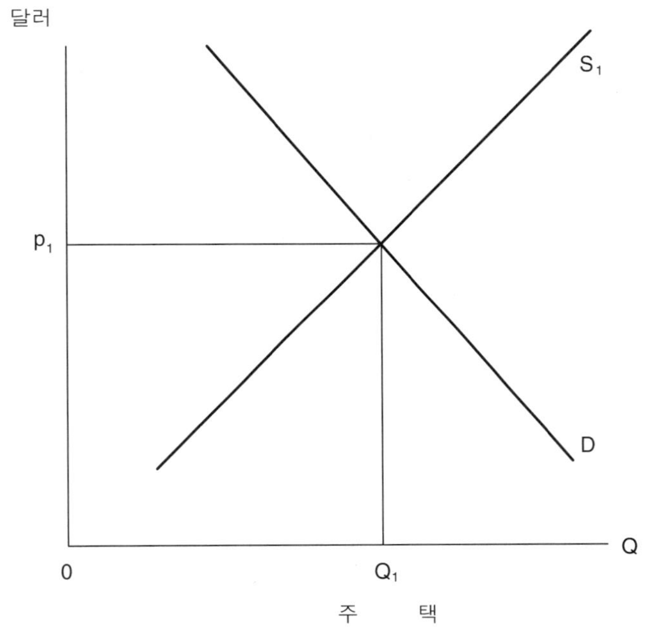

(富)를 임대인으로부터 임차인에게로 이전시키려는 하나의 노력이라고 볼 수 있다. 만약 면책조항에 강제력이 인정되지 않는다고 결정한다면, 주택을 공급하는 가격은 아마도 임대인이 주택을 개선하거나 보험의 보상범위를 넓힘으로써 증가될 것이다. 이론적으로 보면 이는 주택의 공급이 감소한다는 것을 의미한다. 즉, 주택의 공급곡선은 좌측 위쪽으로 이동하는 것이다. 이는 <그림 5>에 나타나 있으며, 이 그림에서 S_2는 임대인이 보험에 가입한 후의 주택공급이다. 적어도 이론적으로 법에서의 이러한 변화로 인한 결과는 주택가격의 상승과 임대주택 수의 감소이다.

지금까지 나타난 상황을 한 가지 관점에서 정리해 보면 다음과 같다. 임차인을 개선시키려는 노력이 일부의 임차인들(아마도 저소득층의 사람들)을 시장에서 퇴출시킬 정도의 높은 가격을 주택에 부여하고, 이로 인해 이들의 지위는 본래 의도와 달리 면책조항이 강제될 때보다 악화된다. 또한 시장에 남아 있는

〈그림 5〉

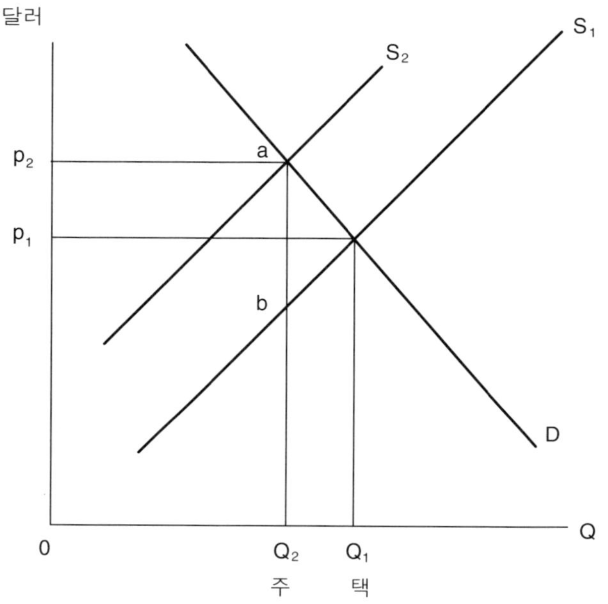

임차인들은 유리한 조건으로 임차하고 있기는 하나, 그들은 보다 높은 임대료를 지불하여야 한다. 그들은 새로이 설정된 높은 임대료의 임대차보다도 종래의 낮은 임대료의 임대차를 선호할 가능성도 있기 때문에 그들의 상황 또한 악화된 것이다. 실제로 새로 제공된 보호를 그 전에 원했더라면, 그들은 보험에 가입할 수도 있었을 것이다.

그러나 이에 대한 또 다른 관점이 있다. 첫째, 그림에 나타나 있듯이, 임대료의 상승(P_1에서 P_2)은 a와 b 사이의 거리로써 나타나는 주택의 공급비용의 상승과 일치하지 않는다. 그러므로 일정한 상승분은 사실상 임대인에 의하여 흡수될 가능성도 있다. 제2장에서 논의한 바와 같이, 임대인이 보다 낮은 이윤의 형태로써 비용의 상승분을 흡수할지 여부는 시장상황에 맡겨져 있다. 만약 시장이 상대적으로 경쟁적이라면 임대인은 상승된 비용을 임차인에게 전가하기 어려울 것이다. 반면에 시장이 경쟁적이지 않다면 상승된 대부분의 비용은 임차인에게 전가될 것이다. 이것은 다음과 같은 가정을 통하여 쉽게 이해될 수 있다. 즉, 시장에는 오직 1인의 임대인만이 있고 임차인들은 그 임대인으로부터 임대하거나 아니면 주택이 없이 살아야 한다. 이 예에서 임차인들로서는 거의 대부분의 증가된 비용을 지불하는 것 외에는 다른 선택은 거의 없을 것이다. 이러한 시장상황이 존재하는 경우에 체결되는 계약을 설명하기 위하여 종종 사용되는 용어는 '부합계약'(contract of adhesion)인데, 당사자 일방은 계약을 '받아들이든지 아니면 거부하든지' 둘 중 하나만을 선택해야 하는 상황에 처하게 된다. 임차인이 보다 유리한 조건으로 계약을 체결할 수 있는 다른 상대방은 존재하지 않는 것이다.

임대아파트 면책조항의 예는 한 발 더 나아간 분석을 요구한다. 지금까지의 논의는 면책조항에 강제력이 인정되지 않는다는 결정이 시장의 공급면에만 영향을 미친다는 전제에 기초했다. 이러한 결정은, 임대되는 아파트 전부가 보다 더 좋은 품질로 제공될 것을 요구하는 것이라고 볼 수도 있다. 그리고 만약 모든 아파트가 다른 점에 있어서는 이전과 완전히 동일하면서도 품질이 좋아졌다면 이에 대한 수요는 증가할 것이다.

<그림 6>은 이것이 어떻게 작용하는가를 나타낸다. X축은 아파트의 수를 의미한다. 제2장을 통해 수요가 각각의 가격에서 사람들이 기꺼이 구입할 수 있는 수량을 나타낸다는 사실을 알 수 있다. 반대로, 그것(수요)은 가격도 나타내는데, 그 가격에서 각각의 수량이 시장에서 팔려나갈 것이다. 그러므로 만약 기본적 판매단위가 품질에 있어서 향상된다면, 사람들이 기꺼이 지불할 수 있는 액수도 마찬가지로 증대될 것이 예상된다. 이는 수요가 증가되어 수요곡선이 우측 위쪽으로 이동한다는 것을 의미한다. 이 그림에서 이러한 사정은 D_1에서 D_2로의 이동으로 표시되어 있다. 최종적인 가격, 수량 그리고 분배적 효과의 면에서 이것이 정확하게 무엇을 의미하는지는 수요곡선과 공급곡선이 어느 정도 이동하였는가 하는 것과 이들 곡선들이 얼마나 탄력적인 것인가에 달려 있다. <그림 6>에 있어서, 최종적인 거래량의 감소분은 (Q_1에서)Q_3이며, 품질의 변화에 대한 수요측의 반응이 없는 경우(Q_1에서 Q_2까지의 감소량)에 비

〈그림 6〉

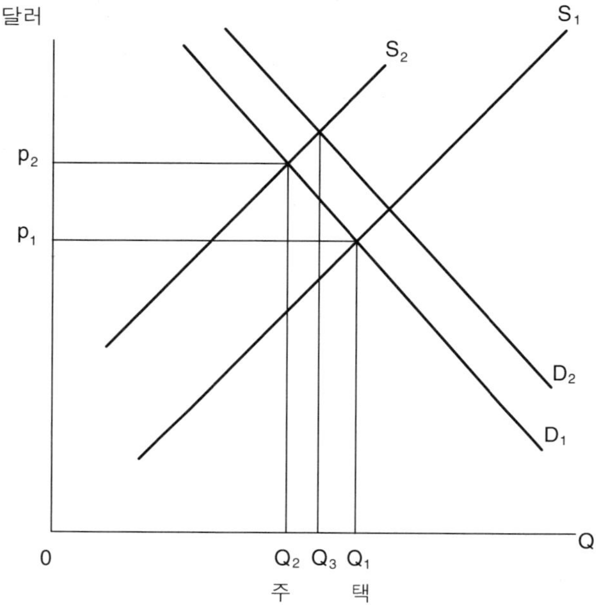

해서 (Q_2에서 Q_3까지의 감소량은) 적다.

이와 관련된 경제분석의 적용이 하나 더 있다. 이미 지적하였듯이, 공급곡선은 주택의 공급비용의 증가에 의해 그만큼 위쪽으로 이동한다. 수요곡선은 임차인이 수선된 주택에 대하여 부여한 추가적 가치만큼 위쪽으로 이동한다. 만약 수요곡선의 상향이동이 공급곡선의 상향이동을 초과한다면, 매수인에게 있어서 주택의 증가된 가치가 수선을 위한 비용을 초과한다는 점에서, 면책조항에 관한 규칙의 변화는 배분상 효율적이라고 볼 수 있다. 원활하게 작용하고 있는 시장에서라면, 임대인은 주택수선의 가치가 그 비용을 초과한다는 것을 알게 될 것이고, 면책조항 또한 사법적 또는 입법적 도움 없이도 사라질 것이다. 그러나 그렇지 않은 많은 이유가 있다. 그 중 주된 것이 거래비용의 존재이다.

2. 비양심성

비양심성에는 일반적으로 절차적 요소와 실체적 요소가 있다고 한다.[6] 절차적 요소의 개념은 계약의 성립과정에서 무엇인가 잘못된 것이 있다는 것을 의미한다. 그것은 사기와 같은 것일 수도 있고, 단순히 강매와 같은 것이거나 또는 당사자 일방을 특히 불이익하게 하는 계약조건에 대해 작은 활자를 사용하거나 언어를 혼동되게 사용하는 것일 수도 있다. 실체적인 요소는 급부 간의 실질적 균형과 관련이 있다.

절차적 요소에 관하여 법원은 양 당사자가 합의에 도달하는 과정이 정책상의 문제로서 합법적인 것으로 볼 수 있는지 여부를 검토한다. 실체적인 요소는 과연 어떤 절차적인 문제가 현실적으로 어떤 손해를 초래했는지 여부를 평가하는 하나의 방법이다. 법원이 어느 매매계약을 비양심적이라고 분류하는데 극히 소극적이라 하더라도, 이 이론은 파레토 우월의 결과를 가져오지 않는 교환에 대해서뿐만 아니라, 매매계약이 공정의 규범을 어길 정도로 심하게 불공평한 거래에 대해서도 적용된다.

아마도, 비양심성이 가장 잘 분석된 사건은 William v. Walker-Thomas Furniture(D.C. Cir 1965)일 것이다. 윌리엄은 워커-토마스로부터 일련의 물품구매를 했다. 그 계약은 이른바 상호담보(cross-collaterization) 또는 누적담보화 조항(add-on clause)을 포함하고 있었다. 즉, 윌리엄이 이전에 신용으로 구입한 물품과 아직 완전히 결제를 하지 못한 물품 전부는 윌리엄이 그 후에 구매하게 될 때 담보물의 부분이 되었다. 윌리엄이 채무불이행을 하자 워커-토마스는 이전에 매도한 목적물의 회수를 시도했다. 문제는 이 조항을 비양심적인 것으로 보아야 하는지 여부에 있었다.

William v. Walker-Thomas Furniture 사건에서의 그와 같은 누적담보화조

---

6) Arthur A Leff, "Unconscionability and the Code—The Emperor's New Clause," 115 *U. Pa. L. Rev.* 485(1967).

항이 비양심적이라는 판결은 몇 가지 효과를 나타낸다. 첫 번째이면서 가장 명확한 효과는 매도인은 매수인측에서 포기하는 것이 무엇인지에 관하여 더 적극적으로 알려주어야 한다는 점이다. 이렇게 되면, 윌리엄은 실질적인 판매가격을 평가하고 자신이 여전히 그 물품을 기꺼이 살 것인지 여부를 결정하는 데 있어서 보다 유리한 위치에 서게 된다. 전문적인 용어로 말하면, 윌리엄의 정보수집비용은 낮아진다는 것이다. 결국, 윌리엄은 자신에게 요구되는 것이 무엇인가를 확실히 인식할 수 있는 유리한 입장에 있으며, 계약에 서명함으로써 발생하게 될 예상치 못한 일들이 제거된다.

다른 효과들은 윌리엄에게 그다지 유리하지 않다. 누적담보화조항에 따라서 지불된 대금은 윌리엄에 의하여 제공된 약인 전체의 부분을 이루고 있다. 그녀는 그만큼의 현금이라는 형식보다 누적담보화조항의 형식하에서 보다 쉽게 지불할 수 있다. 만일 누적담보화 조항하에서의 현금지불이 허용되지 않는다면 윌리엄은 매수물품의 대가를 전혀 지불하지 못할 수도 있다.

보다 기초적인 차원에서 볼 때 비양심성에 관한 판결은, 상인이 일정한 구입자의 집단에 대해서 부과하는 가격에 대하여 단지 제한을 가하는 것이라고 볼 수도 있다. 면책조항과 함께, 장기적으로 이익이 되는 배분적 효과가 있는지 여부에 대해서 많은 논의가 있다. 가격의 상한설정에 반대하는 사람들은 2가지의 논의를 하고 있는 것 같다. 첫째로, 높은 가격이 실제로 상인에게 많은 이윤을 가져다준다고 가정하자. 시장 시스템이 제대로 작동한다면 높은 이윤은 새로운 매도인들을 시장으로 끌어들일 것이다. 공급은 증가할 것이고 가격은 하락할 것이다. '문제'는 저절로 해결된다.

둘째로, 높은 가격은 단순히 사업활동의 비용을 반영하는 것일 수도 있다. Walker-Thomas 사건에 있어서 다음과 같은 논의도 가능하다. 즉 사건의 상점이 범죄율이 높은 지역에 있으며 불균형하게 많은 수의 손님들이 열악한 신용상태에 있다. 결과적으로 위험성이 높고 따라서 사업비용도 높다. 그래서 누적담보조항(add-on clause)은 필요하다. 이것은 다음 사실의 결과로서 일어나는 것이다. 소액의 지불만이 가능하고, 매각된 물품은 즉시 그 가치가 하락하게 되면 그 결과 매각된 물품은 지불액 이하의 가치밖에 가질 수 없다는 사실이 그것이다. 만일 누적담보조항이 사업비용을 반영하고 있고 기업이 막대한 이윤을 내지 못한다면, 당해 조항을 비양심적인 것으로 보는 것에 대한 결과는 기업이 문을 닫는 것일 수도 있다. 따라서 이 논의는, 다른 분배상의 결과를 달성하려는 노력은 매수인과 매도인 모두를 악화된 상태에 놓이게 한다는 쪽으로 진행된다.

이러한 최악의 시나리오는 다른 관점의 고찰에 의해 반박될 수 있다. 첫째로, 기업이 높은 이윤 또는 '경제적' 이윤을 내고 있는 사안을 들어보자. 이러한 이윤이 새로운 매도인을 시장으로 유인한다는 보장도 없다. 투자자원에 대한 정보수집비용과 빠른 반응이 결여되어 있는 점이 이러한 움직임을 지연시키거나 방해한다. 그러므로 현재의 높은 가격이 소비자를 최종적으로 개선하기 위하여 필요한지 여부는 적어도 경험상의 문제라고 할 수 있다. 게다가 장래의 소비자가 낮은 가격을 누릴 수 있도록 현재의 소비자에게 높은 가격을 설정하는 것이 어느 정도 공평하다고 하는 견해는 논의의 여지가 있다. 마지막으로, 가격의 상한설정이 실제로 신규참가를 어느 정도 방해하는 것인가라는 문제가 있다. 높은 이윤이 신규참가자를 끌어들이는 경향이 있다는 것은 사실이다. 그러나 이윤이 낮더라도 낮은 가격을 지불하려는 소비자가 길게 줄을 서고 있는 경우에는 어떠한가? 아마도 가격상한이 설정되었을 때 수요량이 증가할 것이다. 기존의 기업은 낮은 가격에서 구입하려는 소비자 모두에게 물품을 공급하거나 그렇지 않으면 매일 소비자들이 줄을 서는 것을 보게 될 것이다. 잠재적인 참가자들은, 낮은 가격에서 구매하려는 소비자들의 수를 보고 시장에 참가하는 것이 매우 매력적이라는 것을 알게 될 것이다.

가격의 상한설정이 신규참가를 방해할 수도 있다는 논의 외에, 가격의 상한설정은 기존의 매도인의 판매를 감소시킨다는 주장이 있다. 보다 기본적으로 말하면, 만일 가격상한이 설정된다면 매도인은 공급곡선상에서 보다 낮은 공급량으로 이동할 것이다. <그림 7>은 이러한 전형적인 경우를 보여주고 있다. 이 그림에서 D는 수요이고, S는 공급이다. 균형가격은 P_1이고 균형거래량은

Q_1이다. 만일 가격상한이 P_2에 설정된다면, 수요량은 Q_2일 것이고 공급량은 Q_3일 것이다. 그러므로 시장에서의 판매량은 Q_1에서 Q_3으로 떨어질 것이다. 물품을 구매할 수 있는 사람들은 규제된 가격으로 그 물품을 구입할 것이고, 그들은 원래의 가격(Q_1)에서 구입할 수 있을 때보다 개선된 것이다. 그러나 경제학적 입장에서 보면 상품을 구매할 수 없게 되는 사람들은 전혀 개선되지 않는다.

한편, <그림 7>에서의 분석은 특별한 상황하에서만 유지될 수 있다. 대신에 매도인에게 시장 지배력이 있어서 사실상 비용에 상응하는 가격으로 물품을 팔고 있지 않다고 가정하자. 만약 기업이 각 판매에서 실제로 막대한 이윤을 벌어들이고 있다면 어떠한가? 상한설정된 가격이 각 판매단위의 한계비용을 충당할 수 있을 정도로 높다면, 적어도 이전에 판매된 만큼 그리고 어쩌면 그 이상으로 판매하지 않을 이유는 없다.

〈그림 7〉

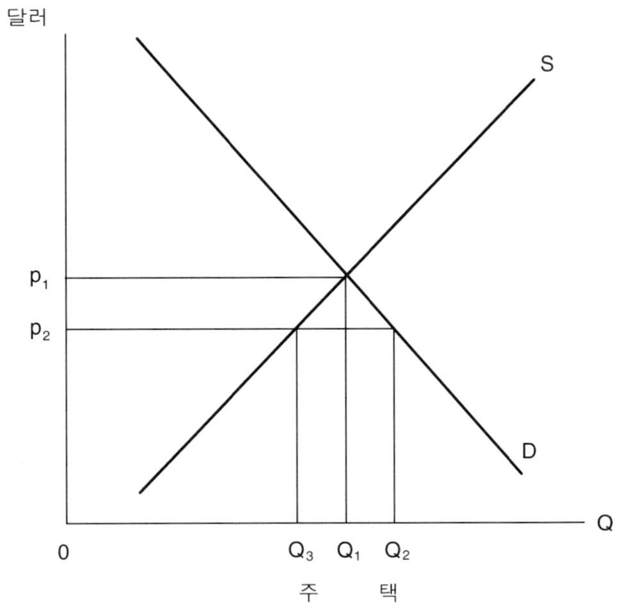

이유를 이해하기 위해, <그림 8>을 살펴보자. <그림 8>은 제2장에서의 불완전 경쟁의 논의를 약간의 내용추가와 함께 재구성한 것이다. 살펴보았던 것처럼, 기업은 한계수입곡선(marginal revenue curve)과 한계비용곡선(marginal cost curve)이 교차하는 지점에서 판매량을 결정할 것이다. 일반적인 경우에 있어서, 이는 판매량이 Q_1, 가격이 P_1이 된다는 것을 의미한다. P_2에 가격의 상한이 설정되었다고 가정하자. P_2를 초과하는 가격을 기꺼이 지불하고자 하는 모든 사람은 물품을 구입하려고 할 것이다. 기업측에서 보면, 수요곡선과 한계수입곡선은 현재 떨어져 있다. 즉, P_2를 초과하는 가격을 기꺼이 지불하려는 사람들에 대해서 기업은 P_2가격을 설정할 것이다. 기업은 이러한 매수인 집단에 대하여 추가적 단위를 판매하기 위하여 가격을 인하할 필요가 없으므로, P_2에 있는 수평선은 실제로 기업의 새로운 한계수입곡선이다. 이것은 P_2에서의 수평선과 수요곡선이 교차하는 곳(C점)까지 뻗어 있다. 그 지점(C점)에서 기업은 보다 많이 판매하기 위하여 가격을 낮춰야 할 것이며, 원래의 한계수입곡선이 나타나게 된다.

〈그림 8〉

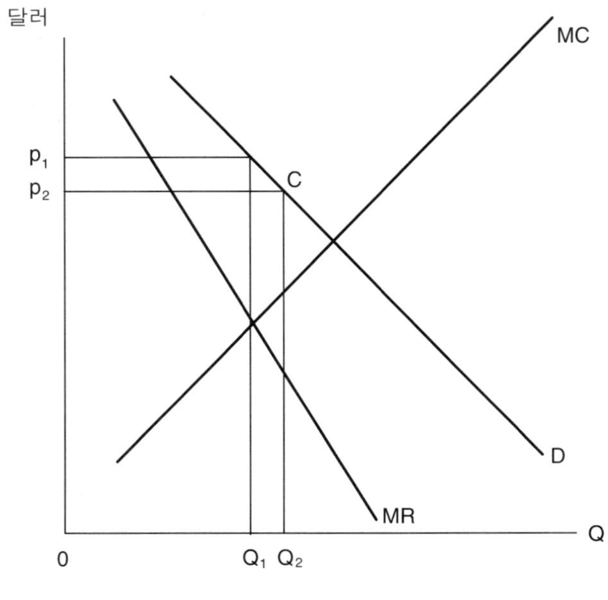

이것은 C점에서 한계수입곡선이 아래쪽으로 향하거나 불연속적으로 된다는 것을 의미한다.

한편, 기업은 한계수입이 한계비용을 초과하는 한 생산기준에 따라서 Q_2까지 생산할 것이다. 실제로, 가격의 상한설정은 더 많은 물품이 더욱 저렴한 가격으로 판매되는 것을 의미한다. 여기서의 분배적 효과는 바로, 한때 매도인에게 이전되었던 금전이 매수인에 의하여 보유된다는 것이다. 그렇다고 해서 효율성의 향상이 있다고 말할 수는 없다. 왜냐하면 파레토의 입장(Paretian standpoint)에서 본다면, 설사 매수인이 개선된다 하더라도 매도인은 악화되며, 상황이 어떻게 균형을 맞출 것인지를 측정하는 방법은 없기 때문이다. 그러나 시장조건에 따라서는 매수인에게 유리하게 재분배하기 위한 노력이 있다고 하여 반드시 그러한 노력 후에 매수인들의 상황이 악화되는 것은 아니라고 하는 점을 이 그림은 보여주고 있다.[7)]

마지막으로 주의해야 할 점은 계약법을 분배상의 목적을 위해 이용하려는 다양한 시도에 관한 것이다. 대부분의 경우, 전통적인 경제분석은 상당히 협소한 관점을 취했으며 시장에 있어서 사람들이 개선되었는지 아니면 악화되었는지에 대해서만 조사를 해왔다. 이러한 분석은 설득력이 있으며, 아마도 채택하기에 가장 적절한 관점일 것이다. 그러나 이 분석은 시장에 직접 참가하지 않은 자에 대해서 감지되는 시장의 불공평이 가지는 영향을 간과하고 있다. 현실적으로 만약 경제학자들의 분석이 진실이라고 한다면, 타인의 사기에 대해 제3자가 느끼는 불쾌감이나 인식했던 부정의감이 제거되는 경우에 그들이 경험하는 일정한 복리의 향상도 계산에 포함되어야 한다.

---

7) 계약법에 있어서 '부정의'(inequities)에 대한 논의는 주로 매도인이 매수인의 이익을 취하는 경우에 초점이 맞추어져 있다. 그러나 매도인 또한 당할 수 있다는 것을 알아두어야 한다. 한 가지 좋은 예가 바로 일정한 노동시장에서 노동을 파는 사람들이다.

D. 계약법상의 구제책

경제분석을 계약법에 적용하는 사람들이 선호하는 논의 분야 중의 하나가 바로 구제책이다. 계약구제책에 의하여 제기되는 모든 경제학적 문제들이 여기서 철저하게 다루어질 수는 없다. 대신에, 경제분석에 특히 영향받기 쉬운 몇몇 논점들을 다룰 것이다.

1. 효율적인 계약위반[8)]

경제학이 계약법상의 구제책과 관련해서 검토될 경우, 그 출발점은 이른바 효율적인 계약위반(efficient breach)에 있다. 이는, 당사자 일방이 계약을 위반하는 것이 효율적일 경우 그렇게 하도록 계약구제책이 정해져 있어야 한다는 생각에 기초한다. 이와 같은 경우에 파레토 우월을 달성하는 것이 더 어려워지기는 하지만, 이러한 의미에서의 효율성은 파레토 우월과 부의 극대화 모두와 관련될 수 있다.

계약위반의 효율성을 확보하기 위한 관건은 계약위반을 하지 않은 당사자의 기대를 보호하는 것이다. 즉, 계약위반에 대한 손해배상은 효용 측면에서 볼 때, 계약을 위반하지 않은 자를 계약위반이 없었더라면 있었을 지위에 놓이게 해야 한다. 중요한 것은, 손해배상은 계약을 위반하지 않은 자의 지위를 개

---

8) 효율적인 계약위반은 "efficient breach"를 번역한 것이다. 이 개념의 구체적인 예는 다음과 같다: A가 B와 계약을 체결하였다; A는 B와의 계약을 이행하는 것보다 오히려 B에게 손해배상을 해주고 계약관계를 파기하면서 제3자인 C와 계약을 체결하는 것이 경제적으로 이익일 때도 있다; 이와 같이 보다 큰 이익을 추구하기 위하여 계약을 위반하는 경우를 '효율적인 계약위반'(efficient breach)이라고 한다.

선하지는 않는다는 점이다.

전형적인 예는 다음과 같다. 빌에게 '제리 가르시아'의 사인이 있는 '그래이트풀 데드'라는 뮤지션의 희귀한 라이브 콘서트 테이프가 있다고 가정하자. 그는 그 테이프의 가치를 3,000달러로 평가하고 있다. 데드의 광적인 팬인 제니퍼는 그 테이프의 가치를 5,000달러로 평가하고 있다. 빌은 그 테이프를 제니퍼에게 4,000달러에 파는 데 동의한다. 이는 제니퍼가 1,000달러의 소비자 잉여 또는 거래상의 이익을 얻었다는 것을 의미한다. 경제학적으로 본다면, 누구도 악화되지 않으면서 양 당사자는 모두 개선되었고, 이러한 재분배는 파레토 우월적이다.

빌이 테이프를 제니퍼에게 인도하기 전에, 힐러리가 와서 빌에게 그 테이프에 대하여 6,000달러를 제시했다고 하자. 즉, 힐러리는 제니퍼나 빌보다 그 테이프에 대하여 더 많은 가치를 부여하고 있다. 사실 만일 힐러리가 제니퍼보다도 먼저 빌에게 왔다면 거래는 그 단계에서 종료했을 것이고, 이는 힐러리가 4,000달러부터 6,000달러 사이의 일정한 가격으로 그 테이프를 매수할 수 있었음을 의미한다.

효율적인 계약위반에 대한 관건은 제니퍼에게 그녀의 기대치(expectancy)를 주기 위하여 구제책을 마련하는 것이다. 이 예에서는 제니퍼가 1,000달러라는 교환이익을 얻는 것을 의미한다(즉, 빌이 제니퍼와의 계약을 해약하는 경우 빌은 제니퍼에게 1,000달러를 지급하기로 했던 것이다). 만일 빌이 힐러리를 만날 때 이러한 사실을 알게 되면 그는 힐러리가 5,000달러 이상의 가격을 지불하려고 하지 않는 한, 제니퍼와의 당해 계약을 위반하지 않아야 한다는 것을 알 것이다. 예컨대, 힐러리와 빌이 5,500달러의 가격으로 합의하였다고 가정하자. 이는 힐러리가 자신이 6,000달러로 평가하는 테이프를 5,500달러에 구매했고 따라서 그녀의 이익상태가 개선되었다는 것을 의미한다. 제니퍼는 1,000달러를 지불받을 것이며, 자신이 기대했던 것과 동등한 지위에 놓이게 된다. 제니퍼에게 1,000달러를 지불한 후에 빌은 4,500달러를 받게 되고, 이는 그의 지위를 개선시킨다.

이론적으로, 제니퍼의 기대치를 보호하는 구제책(이 구제책은 그 이상의 것은 하지 않는다)은 파레토 우월적인 결과로 향하는 움직임을 촉진시킨다. 이것을 징벌적 손해배상을 허용하는 정책과 대조해 보자. 예컨대, 구제책이 기대치의 3배라고 가정하자. 제니퍼는 3,000달러의 손해배상청구권을 가지게 될 것이다. 그 목적은 계약위반을 억제하는 것이다. 결과적으로, 비록 힐러리가 그 테이프를 6,000달러로 평가하고 제니퍼가 그 테이프를 5,000달러로 평가한다 하더라도 힐러리는 그 테이프를 손에 넣지 못할 것이다. 사실 이렇게 가정할 때, 빌이 제니퍼와의 계약을 위반하는 것에 가치가 있으려면 그 테이프에 대해 힐러리는 빌에게 7,000달러 이상을 지불하여야 할 것이다. 이러한 입장에서 보면 효율적인 계약위반은 징벌적 손해배상에 의해 억제되는 것 같다.

그러나 효율적 계약위반의 개념에 너무 집착할 필요는 없다. 무엇보다, 위 모델은 극히 단순한 일련의 사실들을 가정하고 있다. 만일 정보수집비용이 과다하지 않다면, 계약위반이 없어도 효율적인 재분배는 발생할 수 있다. 예컨대, 빌이 제니퍼에게 팔고, 그런 다음에 제니퍼가 다시 힐러리에게 파는 것이다. 둘째로, 이 모델은 일방이 계약을 위반하지 않은 상대방의 기대치나 금전적 이행의 등가물을 결정할 수 있다는 가정을 포함하고 있다. 이는 매우 중요하다. 왜냐하면, 만일 기대치가 너무 낮게 설정된다면, 계약위반이 빈발할 것이며, 계약을 위반하지 않은 상대방은 악화될 것이기 때문이다. 만약 기대치가 너무 높게 설정된다면, 비록 계약위반이 모두를 개선시킬 수 있을지라도 계약위반은 위축될 것이다.

효율적인 계약위반이라는 모델은 계약을 위반하지 않은 자의 기대치를 결정함에 있어서 객관적인 기준이 요구된다는 것을 관련문제로서 지적할 수 있다. 계약을 위반하지 않은 자가 장래의 이행에 대하여 시장가격과는 다른 가치를 부여하지 않는다는 전제라면 이 모델은 적절할 것이다. 그러므로 이 예에 있어서 아마도 제니퍼는 그 테이프를 7,000달러로 평가할 것이며, 이보다 낮은 가격의 가치를 부여하는 것은 다른 다양한 수집가들의 평가에 지나지 않는다. 즉, 이익추구 계약위반모델은 실제 관계자들의 자율성과 선호에 종속된다. 효율성의 관점에서 본다면 부의 극대화를 달성할 수는 있을지 몰라도, 제니퍼는 악화되며 결과는 파레토 우월이 아니다.

마지막으로, 효율적 계약위반의 모델은 원래의 계약당사자들이 서로 의사전달을 할 수 없다는 것을 전제로 하는 것 같다. 예컨대, 계약상의 손해가 기대치의 3배라고 하는 규칙이 있다고 가정하자. '그래이트플 데드'의 가설례에 있어서, 제니퍼는 그 테이프를 5,000달러로 평가하고 있고, 만일 빌이 계약위반을 한다면 그는 3000(3× $ 1,000) 달러를 받을 권리가 있게 된다. 제니퍼는 1,000달러만큼만 개선되기를 원하고, 힐러리는 그 테이프에 대하여 6,000달러의 가치를 부여할 것이다.

'코스'적 분석을 사용할 경우, 제니퍼는 테이프 또는 손해배상으로서 3,000달러를 받을 권리가 있다. 문제는 빌이 사실상 제니퍼로부터 그 테이프에 대한 권리를 되사올 수 있는지 여부에 있다. 만일 제니퍼가 이행을 고집한다면, 그가 할 수 있는 것은 단지 그 테이프를 인도하고 제니퍼에게 1,000달러의 거래이익만을 주는 것이다. 제니퍼는 빌의 1,000달러의 제안을 거절할 수도 있으나, 빌이 지불하려는 액수가 1,000달러 이상이라면 제니퍼는 빌의 이행이 있을 때보다도 더욱 개선된 지위에 있게 될 것이다. 빌이 제니퍼에게 할 수 있는 최선의 제안은 빌이 힐러리로부터 받을 수 있는 것이 무엇이라고 생각하는지에 따라서 결정된다. 요점은, 이미 코스 학파가 의심 없이 주목하는 바와 같이 설사 손해배상에 관한 법적 규율이 비효율적이라 하더라도 양 당사자는 효율적인 분배에 대한 규율들하에서 거래하는 기회를 가질 것이라는 점이다. 물론 고액의 거래비용이 이러한 거래를 방해할 수도 있다.

다양한 법적 규칙의 분배상의 의미에 관심이 있는 사람들은 3배 배상의 원칙(triple expectancy rule)을 통해서 제니퍼의 기대치를 과도하게 보호하는 것도 어떤 이유에서는 설득력이 있다는 것을 발견할 것이다. 기대치 이상의 것은 보호하지 않는다는 전통적인 규칙하에 있어서, 제니퍼는 악화되는 지위에 놓이는 것으로부터 보호되지만, 그 테이프가 힐러리에게 판매된 것으로부터는 아무런 이득도 향유하지 못한다. 그러나 만일 힐러리가 등장하고, 빌의 제니퍼에 대한 이행이 없을 경우에는 제니퍼에게 이익이 발생하게 되는 기회가 생긴다. 즉, 기대치의 초과분에 대한 보호수단은, 제니퍼가 이 이득의 일정부분을 나눠 가질 수 있도록 한다. 만일 테이프가 제니퍼에게 이미 인도되어 있다면, (그 테이프를 인도받는 대신에) 제니퍼가 계약위반으로부터 발생하는 이익분을 받을 만도 하다고 생각할 수 있을 것이다. 반면에, 만일 힐러리에 의하여 마련된 기회가 빌의 노력에 의하여 이루어진 것이라면, 빌로 하여금 이익을 보유케 하는 것도 경제학적으로 효율적이다.

2. 강제이행[9)]

계약법상의 구제책의 기준선으로서의 기대이익에 관한 문제들은 자연적으로 강제이행(specific performance)의 고찰로 이어진다. 결국, 계약을 위반하지 않은 당사자는 손해배상이라는 형태로 불충분한 지급을 받는 위험을 부담하지 않는다는 점에서, 강제이행은 문자 그대로의 기대이익(이행이익)이라고 할 수 있다.

강제이행의 주된 결점은, 일반적으로 이것이 금전배상과 관련된 구제책보다 더 많은 사법자원을 요구한다는 것이다. 예컨대, 무엇이 충분한 이행인가를 결정하는 것은 복잡하기 때문에, 법원으로서는 언제 계약위반 당사자가 충분한 이행을 했는지를 결정하기가 어렵다. 그러므로 경제학적인 입장에서 보면, 강제이행은 사법적인 운영이 비교적 수월하며, 무엇이 '이행'을 구성하는지가 정의될 수 있을 때 가장 매력적이다.

여기서 발생하는 한 가지 문제점은, 강제이행이 효율적 계약위반을 저해하지 않을까 하는 것이다. 예컨대, 만일 빌이 그래이트풀 데드 콜랙션(Grateful

9) 역자주: 강제이행은 영미법상의 'specific performance'를 번역한 것으로서, 우리 민법 제389에서 규정하고 있는 '강제이행'과 같은 것이다. 이는 계약위반이 있을 경우, 채무를 약속된 형태대로 이행하는 것을 강제하는 형평법상의 구제이다.

Dead Collection)을 제니퍼에게 인도하라는 법원의 명령을 받고 제니퍼와 힐러리가 서로를 찾는 데 드는 탐색비용이 높다고 한다면, 효율적 계약위반은 방해를 받을 것이다.

Groves v. John Wunder(Minn. 1939)와 Peevyhouse v. Garland Coal Co. (Okl. 1962)의 두 가지 사건은 다음의 내용을 잘 설명해 준다: 계약을 위반하지 않은 당사자가 기대이익을 취득하는 것을 확실히 해주는 강제이행의 이익과, 강제이행이 효율적 재분배를 저해하지 않을 것이라는 사실. 이 사건들은 거의 모든 계약법 사례집에 서술되어 있다. 왜냐하면 이들 사건에서는 계약이행 비용이 그 이행의 객관적 가치를 크게 초과하기 때문이다. 문제는 적용가능한 구제책 중에서 어느 것으로 결정할 것인가에 있다.

Garland Coal 사건에서, Garland는 Peevyhouse의 재산(토지)에서 석탄을 채굴하기로 하는 합의의 한 부분으로서 그 토지를 원래의 상태대로 회복해 주기로 약속하였으나, Garland는 그 약속을 지키지 못했다. 이행비용은 29,000달러였다. 그 이행을 통해서 당해 재산(토지)의 시장가치는 최대 300달러까지 향상될 수 있었다. 시장에 기초한 입장에서 객관적으로 보면, Peevyhouse에게는 300달러 미만의 기대이익이 주어질 수 있다. 다른 한편, 그들은 주관적으로 당해 재산(토지)을 회복하는 데 드는 비용을 그 이상으로 —아마도 29,000달러 또는 그 이상— 평가했을 것이다.

문제는, 만약 Peevyhouse의 현실적인 선호를 계산해야 할 경우 효율적 계약위반을 확실하게 하는 손해배상액을 정확히 산정할 방법이 없다는 것이다. 한 가지 접근방법은 강제이행을 허용함으로써 그들의 주관적인 평가를 현실적으로 검증해 보는 것이다. 코스의 관점에서는, Peevyhouse에게는 토지가 원상회복되는 권원이 주어질 것이다. 물론, 이러한 권원은 Garland Coal에게 이전될 수도 있다.

재산(토지)의 원상회복이 Peevyhouse에 대하여 사실상 5,000달러의 가치가 있다고 가정하자. 분명한 것은, Garland Coal은 이행비용이 29,000달러를 넘지 않는 한 원상회복을 할 것이다. 양 당사자는 5,000달러와 29,000달러 사이의 일정한 액수로 합의할 것이며, 재산(토지)은 원상회복이 되지 않을 것이다. 실제로 원상회복의 비용이 재산(토지)이 원상회복됨으로써 Peevyhouse에게 돌아가는 가치를 초과하는 한, 양 당사자는 사건을 해결하고 토지는 원상회복이 되지 않을 것이다. 즉, 강제이행은 적어도 이론적으로는 기대이익을 보호하고 효과적인 자원분배의 발생을 확실하게 하는 효과적인 방법인 것 같다.

효율적 계약위반을 쉽게 해주는 수단으로서 강제이행의 주된 결점은, 이것이 당사자 사이의 합의에 의존한다는 사실에 있다. 한 가지 복잡한 것은, 합의가 이른바 쌍방독점이라는 맥락에서 발생해야 한다는 것이다. 쌍방독점이라 함은, 특정한 상품 ―또는 이 사안에 있어서는 권리― 에 대해 하나의 매도인과 매수인만 존재하는 구조를 말한다. 어느 쪽의 당사자도 경쟁상대방으로부터 구입하거나 경쟁상대방에게 판매하도록 강요할 수는 없으므로, 양 당사자는 거래를 저해하거나 궁극적으로 배제할 수도 있는 전략적 행동양식을 취하려는 강한 동기를 가지게 된다.

사법적으로 결정되는 손해배상액의 매력은 이것이 쌍방독점의 문제를 피할 수 있다는 데 있다. 실제로, Peevyhouse는 자신의 기대이익이 충분히 보호되거나 보호될 수 없는 가격으로 원상회복에 대한 자신의 권리를 매도하도록 강요받는다. 경제학자들은 쌍방독점의 문제가 얼마나 중요한가, 즉 강제이행을 항상 허용하는 장점에 관한 문제에 대해서 견해가 일치하지 않는다.

3. 손해배상액의 예정(Liquidated Damages)

상당수의 법경제학과 계약법의 문헌이 손해배상액의 예정조항(liquidated damages clauses)을 인정하는 문제에 대해 다루고 있다. 이들 조항을 인정하는 데에 대하여 전통적인 코먼로가 소극적 태도를 취하는 것은 지지를 받지 못하는 것으로 보인다. 손해배상액의 예정조항은, 비록 그 액수가 손해액으로서 예상되는 금액을 초과하는 것일지라도, 일방당사자가 타방 당사자에 대하여 이행에 대한 신뢰를 확인시켜 주는 유용한 방법이 될 수 있다. 게다가, 손해배상액의 예정조항은 교섭된 약정사항들 중의 하나에 지나지 않는다. 손해배상액의 예정에 있어서 아마도 일방당사자는, 타방 당사자가 실손해보다 많다고 생각되는 금액을 손해배상액의 예정으로 동의하고 있기 때문에, 그러한 금액을 지급하는 것에 동의를 하는 것이다. 문제는, 당해 손해배상액의 예정조항을 인정하지 않는 것은 양 당사자가 설정한 균형을 깨뜨린다는 데 있다.

얼핏 보면, 위약벌(penalty)의 효과를 가지기 때문에 코먼로가 손해배상의 예정조항을 지지하지 않는다는 입장은 효율적 계약위반의 이론과 들어맞는 것처럼 보인다. 특히, 계약을 위반하지 않은 당사자의 기대치에 상당하는 손해를 초과하는 수준으로 정해진 손해배상액의 약정은 타방 당사자의 잠재적인 계약위반 성향을 저지시킨다고 생각할 수도 있다.

그러나 앞에서 소개된 그래이트풀 데드(The Grateful Dead)의 예는 이러한 저지효과가 그다지 크지는 않다는 것을 보여준다. 그 예에서 빌이 테이프를 제니퍼에게 인도하지 않을 경우, 양 당사자가 그 손해액으로서 4,000달러를 약정했다고 가정하자. 이 예에서 빌은 예정손해배상액을 회피할 수 없는 한, 계약을 위반하지 않고 제니퍼에게 테이프를 매도하게 될 것이다. 사실상 제니퍼는 강제이행이 부여된 사람과 동일한 지위에 있는 것이다. 제니퍼는 빌에 의한 이행보다는 1,000달러를 넘는 일정한 금액의 지급을 선호할 것이다. 빌은 힐러리가 6,000달러에 그 테이프를 구매할 의사가 있다는 것을 알고 있기 때문에, 빌은 손해배상액의 예정조항을 벗어나기 위해 제니퍼에게 3,000달러까지 제시할 것이다.

제니퍼는 단순히 이행 또는 손해배상액의 예정을 고집할 수도 있다. 그러나 이렇게 될 것 같지는 않다. 만일 제니퍼가 그렇게 고집하기로 하였다면, 빌의 선택은 이행 쪽으로 압박을 받게 된다. 이러한 이행은 제니퍼에게 1,000달러의 개선만을 가져다주며, 그 반면에 빌의 불이행을 허용하는 것은 제니퍼에게 더욱 유리할 것이다. 요컨대, 제니퍼는 손해배상액의 예정에 대한 자신의 '권리'를 1,000달러에서 3,000달러 사이의 가격으로 매도할 것이며, 테이프는 힐러리에게 돌아갈 것으로 보인다. 중요한 것은, 이른바 위약벌(penalty)은 제니퍼의 기대치에 대한 적절한 확정이 있을 때와 마찬가지로 거의 유사한 효과를 가져온다는 점이다.

예정손해배상액에 관한 예는 쌍방독점의 문제를 다시 제기한다. 즉, 제니퍼는 손해배상액의 예정에 대한 권리를 매도할 수 있는 유일한 사람이며, 시장에서 빌은 이들 권리를 매수할 수 있는 유일한 사람이다. 반면에, 손해배상액의 예정과 '위약벌'을 둘러싼 거래의 교섭과정을 통해, 빌이 테이프를 힐러리에게 매도함으로써 받는 이익을 제니퍼와 나눠 가질 기회가 발생할 가능성이 있다.

4. 거래량의 감소를 경험한 매도인(Lost Volume Seller)

연구문헌과 사법적 견해에서 경제적 분석의 대상이 되어 온 계약상의 손해배상 책임에 관한 한 가지 논쟁은 '거래량이 감소한' 매도인의 문제이다. 매수인이 계약위반을 하고 매도인이 원래 매수인에게 매도하려고 했던 물품을 아주 적은 손해만 입거나 손해 없이 전매할 수 있는 물품매매에서 이 문제가 전형적으로 발생하게 된다. 이 문제에 대한 좋은 예이며 정교한 경제학적 기초를 가진 대답은 R.E. Davis Chemical Corp. v. Diasonics, Inc.(제7순회법원, 1987) 사건에서 볼 수 있는데, 이 사건에서 매도인은 의료진단기계의 매매계약을 체결했다. 매수인이 계약을 위반하였을 때 매도인은 같은 기계를 다른 고객에게 판매할 수 있었다. 어떤 관점에서는, 매도인은 처음의 판매가격과 동일한 판매가격으로 전매를 하였기 때문에 그 계약위반에 의하여 손해를 입지 않은 것이 된다. 이는, 만일 표준거래법전(UCC) 제2-706조를 적용한다면 있을 수 있는 경우일 것이다. 또한 만일 전매가 없었다 하더라도 계약가격과 시장가격이 같은 한, UCC 제2-708(1)조에 따라 매도인은 손해를 입지 않았다고 논쟁할 수도 있을 것이다.

다른 한편으로는, 만일 매도인이 제2의 매매만큼 처음의 매매를 성사시킬 수 있었다면, 그 계약위반은 거래량의 감소를 가져왔을 것이다. 언뜻 보기에는, 매도인을 계약위반이 없었더라면 있었을 위치에 놓기 위해서는 처음의 매매로부터의 이익손실을 손해로서 계산할 필요가 있다는 것이 논리적인 것처럼 보일 수 있다. 이러한 해결책은 UCC 제2-708(2)조에 의하여 허용되는 것으로 보인다.

매도인이 실질적으로 거래량이 감소된 매도인인지 여부를 결정함에 있어서 많은 문제들이 제기된다. 이 문제들은 제2장에서 소개된 기초적 가격이론에서 끌어낸 것이다. 특히 경제학적 이론에 따르면, 대부분의 회사들은 특정 수준의 생산량을 선택한다. 이를 이윤극대화의 수준이라고 부른다. <그림 9>는 이것을 설명한 것이다. 기업은 당해 생산물을 판매함으로써 얻게 되는 한계이익이 한계비용을 초과하는 한, 생산물을 생산하고 판매할 것이다. 그러므로 그림에서 매도인은 7개의 단위를 생산하고 이것들을 10달러에 판매할 것이다.

이와 같은 거래량 감소분석하에서, 7번째 단위까지 판매되는데, 원래 매수

〈그림 9〉

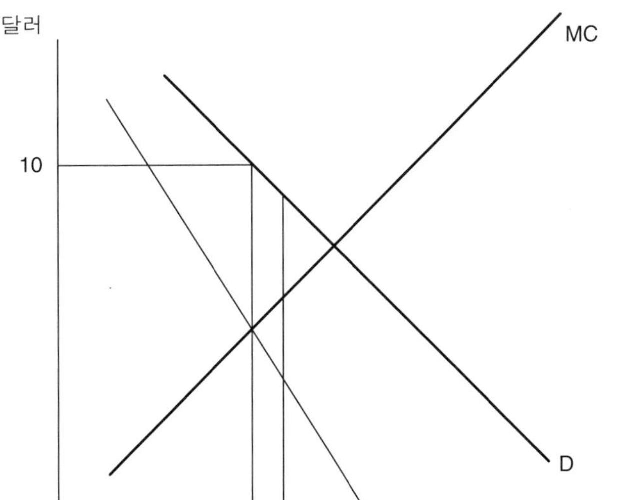

인이 계약을 위반하면, 새로운 매수인이 7번째 단위를 매수하는 데 동의한다. 당해 계약위반이 '거래량감소'의 결과를 가져왔다고 주장하기 위하여, 매도인은 계약위반이 없었더라면 8번째 단위를 판매할 수 있었다는 점을 주장하여야 한다. 문제는 그림에 나타나 있듯이 8번째 단위는 생산되지도 판매되지도 않았을 것이며, 그 이유는 8번째 생산에 드는 한계비용이 그로부터 생기는 한계수입을 초과하기 때문이다.

Diasonics 사건에서 거래량의 감소를 주장하는 매도인은 자신이 추가적 단위를 생산할 능력이 있었다는 것과 그 단위를 일정한 이윤을 획득하면서 매도할 수 있었다는 것을 증명할 것이 요구된다고 판단함으로써 법원은 이 문제에 대응했다. 설사 '거래량감소' 판매(그림에서의 8번째 단위)가 가능하거나 이윤이 생긴다 하더라도, 어떻게 해서 이윤이 생기는가의 문제는 검토되어야 한다. 한계수입(곡선)이 우하향으로 되어 있고 한계비용(곡선)이 우상향으로 되어 있기 때문에, 거래량의 감소를 가져온 단위로 인한 이익의 감소는 그 밖의 단위의 판매로부터 생기는 이윤보다 적을 것이다.

E. 계약위반과 채무불이행에 대한 면제

계약법상의 위험분배의 문제는, 당사자들이 그들 중 한 사람이 계약조항에 따랐는지 여부에 관하여 의견이 일치하지 않은 경우에 가장 명백하게 나타난다. 다시 말해서, 계약위반이 있었는가 하는 것이다. 다음과 같은 경우들이 밀접하게 관련되어 있는데, 당사자 일방이 계약을 이행하지 않았음을 인정하면서도 자신의 불이행은 쌍방착오(mutual mistake), 이행불능(impossibility), 계약목적 좌절(frustration of purpose) 또는 거래적격 상실(commercial impracticability)의 결과이기 때문에 면책되어야 한다고 요구하는 경우이다.

1. 계약위반(Breach)

계약위반의 쟁점이 발생하는 경우에 대부분은 그 분석이 명료하다. 요컨대, 계약위반을 한 당사자는 그 계약에서 합의한 모든 위험을 부담하지 않는다. 그러나 많은 경우에 당사자들이 부담하는 위험과 증명책임(burden)이 어떻게 분배되는가의 문제는 명확하지 않다. 여기서 계약의 해석과 이러한 위험의 분배를 규율하기 위해서 계약법이 존재하는 것이다.

이러한 쟁점에 대하여 접근할 수 있는 방법의 범위는 넓지만, 경제학에 있어서 기본적인 접근은 다음과 같은 경향일 것이다. 즉, 명확성결여의 위험을 계약이 체결된 때에 계약내용을 명확하게 하는 데 있어 유리한 지위에 있었다고 볼 수 있는 당사자에게 부담지우는 것이다. 판례집에서 나타나는 전형적인 예로서 Frigaliment Importing Co. v. B.N.S. International Sales Corp. (S.Dist. N.Y. 1960) 사건을 들어보자. 이 사건에서 판사 프랜들리(Friendly)는 사건의 쟁점을 "무엇이 닭이냐?"로서 명시했다. 피고는 선적증서와 저품질의 닭에 의한 계약이행을 허용하는 내용의 포괄적인 정의(定義)에 대하여 다툰 반면 원고는 보다 어린 닭들을 의미했던 것이라고 주장했다. 이 쟁점에 대한 경제학적 접근방법은, 닭의 정의를 보다 좁고 비싸게 의도한 당사자가 계약이 체결되었을 때 이러한 점을 명확하게 할 책임을 부담해야 한다는 것이다. 그리고 프랜들리 판사의 견해는 이러한 접근방법과 일치한다.

위의 내용은 계약조항 또는 계약불이행의 규정에 관한 UCC 및 코먼로의 적용과 밀접하게 관련되어 있다. 예컨대, 이행과정, 거래과정 또는 거래관행에서 '규범'(norms)의 성립에 이르기까지 당사자가 그 규범(기준)으로부터의 일탈을 원하는 경우에는 전형적으로 당사자들이 그러한 일탈에 동의했다는 점을 증명해야 하는 위험을 부담한다. 필요량 전량구입계약(requirement contracts)과 배타조건부 거래(exclusive dealing arrangements)에 관한 해석에서도 사실상 마찬가지다. 예컨대, 필요전량구입계약에 있어서 문제는 거래량에 대한 조건이 백지상태로 있다는 것이다. 따라서 매수인은 예상하지 못한 많은 수량으로 수요량을 변경하려는 시도를 하거나 또는 어떤 이유에서 매도인이 반대하는 수량으로 변경할 수도 있을 것이다. 여기서 UCC는 실질적 거래량은 신의성실에 따라 이루어져야 한다고 규정하고 있으며, 그 기준을 종전의 거래량에 상당하는 것으로 설정하고 있다. 본질적으로, 이 규범(기준)들로부터 일탈하기를 원하는 당사자는 계약에 있어서 이러한 사실들을 명확하게 할 위험을 부담한다. 이러한 접근방법은 경제학적으로 설득력이 있다. 왜냐하면 이러한 규범(기준)으로부터 일탈하기를 원하는 당사자는 일탈의 필요에 관한 정보를 가지고 있을 가능성이 가장 큰 당사자이면서 동시에 불합의에 대한 가능성을 완전히 회피할 수 있는 가장 유리한 위치에 있는 당사자이기도 하기 때문이다.

의무・책임으로부터의 회피(shirking)가 문제되는 경우에는 더욱 흥미로운 해석의 문제가 발생한다. 회피는 당사자들의 이익이 완전히 똑같지는 않지만 동일선상에 있을 경우에 문제가 된다. 부동산 중개업자와 함께 부동산을 고르는 예를 들어 보자. 그 중개업자는 매매가격에 대하여 고정된 비율에 해당하는 중개료를 받을 것이다. 부동산 중개인의 순이익은 고정비율로부터 그의 매도노력을 뺀 것이다. 분명히, 매도가격에 관한 부동산 소유주의 이익과 부동산 중개인의 이익은 일치한다. 문제는, 소유자는 부동산 중개인이 그 부동산을 매도하는 데 있어서 최대의 노력을 기울일 것을 선호하는 반면에, 부동산 중개인은 매도가격과 매매로부터 생기는 수입을 조절하려고 한다는 사실이다. 부동산 소유자가 선호할 만큼의 노력을 하지 않으려는 부동산 중개인의 소극적인 태도는 '회피'(shirking)라고 해석할 수 있으며 계약위반에까지 이른다. 문제는 다음의 사실에 의하여 복잡해진다. 즉, 처음부터 양 당사자가 그들의 이익이 완전히 일치하지 않는다는 것을 안 경우이다. 많은 경우에 있어서 그들은 부동산 중개인에 대하여 기대되는 것이 무엇인지를 정확히 확정할 것이다. 만일 이것이 행해지지 않았다면, 법원은 다시 이러한 공백을 채무불이행 또는 그와 유사한 규범으로 보충해야 한다. 이에 따라 당사자들이 합리적으로 예견했었을 상태에 이르게 된다. (계약으로부터의) 일탈을 원하는 당사자는 양 당사자 모두 당해 규범(기준)이 적용되지 않을 것이라는 사실을 알았거나 알 수 있었다는 점을 증명할 책임이 있다.

2. 계약불이행에 대한 면제

면제의 문제는, 계약위반 당사자의 특별손해 또는 간접손해(special or consequential damages)의 배상범위를 확정하는 문제와 매우 유사하다. 즉, 면제에 관한 모든 법리는 '일실이익'(lost profits)에 대한 손해배상의 문제와 기본적으로 동일한 검토를 거친다.

계약을 체결함에 있어서 계약 당사자는 당연히 계약의 이행이 예견했던 것보다 어렵게 되거나 기대 이하의 결과를 가져오지 않기를 기대한다. 계약의 이행을 어렵게 하는 사건이 발생한다 하더라도, 일반적으로 계약이행 당사자는 계약을 이행하도록 요구된다. 만일 법원이 이와 다른 입장을 취한다면, 이는 위험배분과 보험기능이라고 하는 계약의 일반적 기능을 저해하는 것이다.

어떤 경우에는 불이행 당사자가 면제될 것 또한 분명하다.[10] 다시 말해서, 계약불이행 당사자가 모든 위험을 부담하는 것으로 되지 않을 것이다. 물론 이런 위험은 다른 당사자가 부담해도 되는 위험이다. 이런 상황에서의 계약법의 실질적인 경제적 기능은, 계약의 양 당사자 중 어느 편에게 장차 발생할 위험을 부담하게 할 것인지를 나타내는 식으로 위험을 분배하는 것이다. 분쟁 중에 있는 두 당사자와 관련하여 그 결정은 효율성과는 별 관련성이 없다(그들에게 있어서 그 결정의 효과는 분배적인 것이다). 대신, 법원은 당사자들이 장차 발생할 위험을 분배하는 방향으로 이 상황을 해결할 수 있을 것이다. 이 상황에서 위험을 부담하는 자는 가장 낮은 비용으로 손해를 피할 수 있거나 위험을 예비할 수 있는 자가 되어야만 한다.

---

10) 손해의 맥락에서, 이는 계약불이행으로 발생한 모든 결과를 배상하는 것에서 면제되는 것으로 볼 수 있다는 것이다.

1977년에 발표된 한 중요한 논문에서, 리차드 포즈너(Richard Posner)와 앤드루 로젠필드(Andrew Rosenfield)는[11] 이 위험분배를 적절하게 결정하는 방법론을 제안했다. 이 이론에 따르면, 만일 계약체결 전에 위험부담에 관한 것이 문제되었더라면 보다 손쉽게 위험을 피하거나 이를 예비할 수 있는 당사자가 그 위험을 부담해야 한다는 것이다. 예를 들어, 마이클과 리사 마리가 마이클의 아메리카 낙타를 리사 마리의 배를 이용하여 코스타리카에서 마이애미까지 운송하는 계약을 체결하려 한다고 하자. 계약조건에 따르면, 리사 마리는 6월 15일에 코스타리카를 떠나 7월 15일에 마이애미에 도착해야 한다. 그러나 양 당사자 모두는 계약을 체결하기 바로 전에, 그 때가 카리브해에 허리케인이 오는 시기이고 허리케인으로 계약이행이 지연될 확률은 10%라는 것을 알게 된다. 리사 마리는 허리케인으로 인한 계약이행의 지연에 대해 자신을 면책하는 조항을 넣을 것을 요청한다. 물론 마이클은 이를 받아들이지 않는다.

중요한 문제는, 면책조항이 받아들여지지 않는 경우에 마이클이 리사 마리에게 얼마만큼 지불할 것인가 하는 점과 리사 마리가 최소한 얼마를 받을 것인가 하는 점이다. 면책조항이 받아들여지지 않는다면 리사 마리로서는 소니의 비행기를 전세 내어 1,000달러의 추가비용으로 아메리카 낙타를 운송하는 것이 유일한 대안이라고 생각할 것이다. 마이클은 그 지연이 그에게 2,000달러의 비용을 들게 하고, 최선의 거래는 그가 1,500달러에 비행기를 전세 내는 것이라고 계산할 것이다. 여기서, 리사 마리는 100달러를 받는 것으로 이 면책조항을 빼는 것에 동의할 것이다. 이것은 그녀가 예견한 비용이고, 이는 허리케인이 발생할 확률에 허리케인이 실제로 발생했을 때의 손해를 곱하여 구할 수 있다. 마이클은 기꺼이 150달러까지 지불할 것이다. 아마 이 면책조항이 없다면 마이클은 리사 마리에게 100달러에서 150달러 사이를 지불할 것이다.

포즈너와 로젠필드의 모델하에서, 이는 다음과 같은 사실을 의미한다. 즉,

11) Richard Posner & Andrew Rosenfield, "Impossibility and Related Doctrines in Contract Law: An Economic Analysis," *6 J. Leg. Stud.* 83(1977).

만일 당사자들이 허리케인에 대해서 예상하지 못하고 그 허리케인이 리사 마리의 이행을 지체시켰다면, 리사 마리는 마이클의 손실에 대해서 책임을 부담해야 한다는 것이다. 리사 마리의 불이행은 면제되지 않을 것이다. 포즈너와 로젠필드는 극히 드문 경우에만 이행을 면제해야 한다는 규칙을 지지한다. 이는 이행을 약속한 당사자는 일반적으로 이행을 방해하는 사건의 종류를 가장 잘 예상하거나 계약불이행의 경우에도 계약이행을 가치 없게 할 수 있는 가장 좋은 위치에 있다는 개념에 근거한 것이다.

다시 한 번 주의하여야 하는 것은, 이러한 모델이 마이클과 리사 마리 사이에서 어떠한 종류의 효율성도 달성시키지 못한다는 것이다. 합의와 파레토 우월이라는 가장 미묘한 개념만이 당사자들이 어쨌든 이러한 분배에 동의한다는 견해를 지지할 것이다. 이러한 '수정구슬'[12)]의 접근방법은 당사자들에게 미래의 일정한 방향을 제공하기에 가장 좋은 것이며, 장차 이러한 방법으로 자원을 분배할 경우에 불측의 사정으로부터 발생하는 피해가 최소화된다. 매우 현실적인 의미로 이는, 위험을 회피할 수 있는 당사자 또는 보다 적은 비용으로 그 위험을 책임질 수 있는 자에게 사고의 위험을 분배하는 것이 적절하다는 것이다.

이러한 접근방법의 한 가지 중요한 추론은, 일단 손실이 발생할 경우에 당사자들 사이에서 이를 나누려는 노력이 존재하지 않는다는 것이다. 이에 대한 반론은 다음과 같다: 추가비용을 분할함으로써 위험을 부담하기에 가장 좋은 위치에 있는 당사자가 현실적으로 위험회피조치를 취하려고 하는 동기는 약화된다. 그러나 여기에서도 분배에 대한 관심은 여전히 작용하며 법원은 손실을 분배하는 방법을 모색하고 있다.

12) 역자주: '수정구슬'은 'crystal ball'을 번역한 것으로서, 점을 본다는 것과 예상을 한다는 것을 의미한다.

제6장

불법행위법의 경제학

06

이 장은 비고의적 불법행위(unintentional torts)에 초점을 맞추고 있다.[1] 일반적으로 말해서 불법행위에 대한 경제학적 접근은 사고 비용의 최소화를 추구하는 것이다. 이는 사람 또는 재산에 대한 침해로 인하여 야기된 사고비용을 손실을 피하거나 최소화하는 데 있어서 가장 유리한 지위에 있는 당사자 일방 또는 쌍방에게 분배하는 것에 의해서 이루어진다. 이론적으로, 당사자는 행위의 이익이 그로부터 발생하는 (사고)비용을 초과하는지 여부에 기초하여 의사결정을 한다.

이 장의 초점을 '사고'(accidents)로 제한하였기 때문에, 명예훼손 또는 '사업관계에 관한 부당한 간섭'(tortious interference with business)과 같은 고의의 불법행위에 관하여는 다루지 않고자 한다. 나아가 이 장은 경제학적 분석에 중점을 둠으로써, 불법행위법 제도가 궁극적으로 정당한가의 여부 및 불법행위 구제책이 '위법행위'의 '교정'을 그 주된 목적으로 해야 하는가의 여부에 관한 중요한 논제들에 대해서도 직접적으로 다루지 않는다.[2]

접근방법에 있어서, 계약법에 적용된 것과는 다른 관점에서 불법행위법의 경제학을 검토해야 하는 정당한 이유가 있다. 계약법은 각각의 원리가 다른 원리와는 분리되어 개별적으로 검토될 수 있고, 그 다음 그 원리들이 결합하여 한 개의 전체적인 그림으로 이루어질 수 있도록 구성되어 있다. 그러나 불법행위법에 대한 경제학적 분석은 보다 통합된 접근방법을 요구하고 있다. 이하에서는 단순한 핵심 원리들을 논의한 후, 복잡한 수준의 논의가 이어질 것이다.

이 분석은 경제적 효율성의 관점에서 불법행위법의 이상적인 모습에 관한 논의로부터 시작한다. 그 다음 과실의 기준이 핸드 공식(Hand Formula)과 함께 검토된다. 이어서 비교과실(comparative negligence), 엄격 책임(strict liability) 및 손해배상(damages)에 관한 논의가 이어진다. 모든 경우에 있어서 문제는 경제적 목적이 달성되는 범위에 있다.

---

1) 이 장의 구성은, David Barnes and Lynn Stout, *Law and Economics: Cases and Materials*, Chapter 3(1993)을 기초로 하고 있다.

2) Jules Coleman, *Risks and Wrongs*(1992).

A. 사고비용과 불법행위법의 경제학
(The Costs of Accidents and The Economics of Tort Law)

불법행위법을 고찰하는 데 있어서, 학문적으로 시금석이 되는 저서는 기도 캘러브레시(Guido Calabresi)의 '사고비용'(Cost of Accidents)[3)]이다. 캘러브레시 교수는 사고로 인해 발생하는 비용을 세 가지로 유형화했다. 첫째 비용은 피해를 입은 당사자에 대하여 가해진 손해와 관련되는 비용이다. 이는 의료비용과 가동능력(稼動能力)의 상실을 포함할 것이다. 두 번째 비용은, 캘러브레시에 의하면, '사고로부터 야기된 사회적 비용'이다. 제3의 비용은 불법행위법 제도의 운영과 관련된 비용이다.

이들 세 가지 유형 중에서, 두 번째 비용이 가장 난해하다. 이 유형(두 번째 비용)은 사고와 관련되는 절대적인 금전적 손실을 다루는 것이 아니며, 줄스 콜멘(Jules Colemen)[4)]이 말하는 것과 같이, '사고 비용을 감당하는 데 소요되는 비용'과 관련되어 있다. 예컨대, 1,000명에게 나누어진 1,000달러의 손실은 한 명의 개인에 의해서 부담되는 경우보다도 덜 '힘겨운' 결과를 가져올 것이다. 마찬가지로, 1,000달러의 손실에 대해서 가난한 사람보다는 부자가 효용의 감소를 덜 느낄 것이다.

한 가지 비용을 최소화하는 것이 다른 범주의 비용을 최소화하는 것과 양립하지 않을 수도 있다. 예를 들면, 첫 번째 사고비용을 사고를 야기한 자에게 항상 정확하게 할당하는 제도는 아마도 운영하는 데 비용이 많이 들 것이다. 마찬가지로, 두 번째 사고비용(사고로부터 야기된 사회적 비용)을 줄이려는 노력은 사고를 야기한 당사자가 발생된 손해에 대하여 전적인 영향을 받지 않는 것

3) Guido Calabresi, *The Costs of Accidents*(1970).

4) Jules Colemen, supra note 2, at 204.

을 의미하며, 따라서 장차 동일한 사고를 회피하기 위한 정당한 사고방지조치 비용의 부담절차를 취하지 않게 된다는 것을 의미한다.

비록 이러한 비용들의 목록은 사고로부터 발생되는 피해를 생각하는 데 유용한 방법이지만, 불법행위법에 대한 경제학의 접근방법은 이들 비용을 최소화하는 것을 요구하지 않는다. 예컨대, 어떤 시점에서는 사고회피비용이 사고로 인해 생긴 손해보다 클 수도 있다. 그러므로 경제적 목적은 사고비용과 사고를 방지하기 위한 노력의 비용의 합계액을 최소화하는 것이다. 이는 제2장에서 논의되었던 배분적 효율성의 개념과 일치한다. 사고회피의 이익이 사고방지비용을 초과하는 한, 사고방지조치에 투자하는 것이 합리적이다. 그러나 경우에 따라서는 사고회피노력을 위한 비용이 사고비용 자체보다도 높을 수 있다. 이러한 경우에 있어서 사고를 회피하기 위하여 자원을 계속 이용하는 것은 배분상 비효율적이다. 재산적 손해뿐만 아니라 신체침해와 사망의 결과를 가져오는 사고도 효율적일 수 있다는 것이 외관상 가혹해 보이기는 하나 경제학상의 전통적인 진리이다.

또한 생산적 효율성과 유사한 요소가 불법행위법의 경제학적 목적과 관계가 있다.[5] 경제학자는 사고를 회피하는 데 드는 비용보다 더 많은 손해를 가져오는 사고를 회피하는 것뿐만이 아니라, 그것이 가능한 것이라면, 사고회피방법을 가장 낮은 비용으로 해야 한다는 점에 대해서도 관심을 가지고 있다. 그러므로 사고에 대한 경제학적인 접근방법은, 가능한 가장 낮은 비용으로 회피의 적절한 양이 '생산되는 것'을 확실히 하고자 하는 것을 추구한다.

---

5) 제3장 참조.

B. 책임, 권리의 할당 및 외부성
(Liability, The Assignment of Right and Externalities)

가능한 한 가장 낮은 가격으로 적절한 사고회피의 양을 생산하는 것은 코스 정리(Coase Theorem)의 기본적인 구조와 들어맞는다. 한 가지 예로서, 식료품점의 고객이 우유판매 코너에 쏟아져 있던 우유 때문에 미끄러져 넘어졌다는 일반적인 위험을 가정하자. 불법행위법의 견지에서 얘기할 경우, 문제는 그 식료품점의 운영자가 바닥에 쏟아져 있는 우유를 치울 '의무'가 있는지 여부이다. 이 (의무에 대한) 권리는 권원 또는 재산권으로서 볼 수 있으며, 이는 경제학적 관점에서 당해 권원에 대해 가장 높은 가치를 부여한 당사자에게 귀속되어야 한다.

만약 위의 예에서 이러한 권리가 고객의 '소유'라면, 그 식료품점은 고객에 대해 의무를 부담하여야 하고, 우유가 쏟아져 있어서 소비자가 미끄러져 넘어졌을 경우에 이러한 의무 '위반'에 대해 책임을 져야 할 것이다. 만약 이러한 권리가 식료품점의 운영자의 '소유'라면 그는 고객에 대하여 의무를 부담하지 않으며, '미끄러져 넘어지는' 전형적인 사건에 대하여 책임을 부담하지 않을 것이다.

이러한 권리와 의무에 대한 효율적인 할당을 결정하기 위해 제기되는 문제는 다음과 같다: 누가 그것(권리)에 대하여 보다 많이 지불할 것인가? 아마도 완전한 정보를 가진 이성적인 소비자는, 그들이 넘어질 확률과 미끄러졌을 경우에 발생하는 '손해' 또는 미끄러지는 것을 방지하는 데 드는 비용을 곱한 것 중에서 낮은 것에 가치를 부여할 것이다. 예컨대, 미끄러 넘어져서 손해가 발생할 확률이 식료품점을 방문하는 각 고객마다 1,000분의 1이며, 평균적으로 발생하는 손해는 1,000달러라고 가정하자. 또한, 각 고객은 식료품점 입구에서 미끄럼 방지용 슬리퍼를 50센트에 대여함으로써 피해를 방지할 수 있다고 가정하자. 이러한 선택사항들이 주어진 경우 소비자는 미끄러지기 쉬운 바닥으로부터 벗어날 권리를 소유하기 위하여 50센트를 지불할 것이며, 식료품점의 운영자에게 의무를 할당할 것이다. 만일 하루에 1,000명의 고객이 있을 경우, 무임승차(free-riding)가 없다고 가정한다면, 고객집단은 500달러를 지불할 용의가 있을 것이다.

반면에, 식류품점은 유제품 판매 코너의 양쪽에 걸레를 든 사람을 배치함으로써 우유가 쏟아질 위험을 완전하게 회피할 수 있을 것이라고 가정해 보자. 그 비용이 매일 100달러라고 해 보자. 이와 같은 경우에 고객 1인당 소용되는 평균비용은 매일 10센트가 될 것이다.

만일 경매가 이루어진다면 고객이 그 권리에 대하여 식료품점의 운영자보다 더 많은 가치를 부여할 것이 명백하다. 소비자는 식료품점의 운영자에게 의무를 할당하기 위하여 매일 500달러를 지불할 용의가 있을 것이다. 식료품점 운영자는 우유가 쏟아지는 것을 방치하거나 책임을 회피하도록 해주는 권리를 위하여 매일 100달러를 지불할 용의가 있을 것이다. 다시 말해서, 만일 그 권리가 시장을 통해서 분배될 수 있다면 그 권리는 결국 소비자의 '소유로' 돌아갈 것이다. 그리고 당해 의무는 가장 낮은 비용으로 사고를 회피할 수 있는 자인 식료품점 운영자에게 '귀속(소유)될' 것이다.

물론, 이러한 사례에서 의무의 귀속주체(소유자)는 법원에 의하여 결정될 것이다. 책임은 고객 또는 식료품점의 운영자에게 분배될 것이다. 코스 정리하에서 거래비용이 없는 경우에, 이러한 처음의 할당은 최종적인 권리의 소유에 대하여 영향을 미치지 않을 것이다. 위의 예에서 법원이 식료품점으로 하여금 고객이 미끄러져 넘어지는 것에 대해 책임을 부담하지 않도록 권리를 배분한다고 가정하자. 식료품점은 우유가 엎질러진 바닥에 대한 권리에 100달러를 지불할 용의가 있을 것이고, 고객은 우유가 없는 바닥에 대한 권리에 500달러를 지불할 용의가 있으므로, 고객은 우유가 엎질러져 있지 않은 바닥에 대한 권리를 100달러와 500달러 사이의 일정한 금액으로 구입할 것이다. 이렇게 되면 식료품점은 우유가 바닥에 쏟아지지 않을 것을 보증할 것이다. 이리하여 사고는 회피될 것이며, 그것도 가장 낮은 가격으로 회피가 이루어질 것이다.

그러나 이 사례에 있어서 거래비용은 분명히 이러한 거래를 불가능하게 만들 것이다. 서로 알지 못하는 1,000명의 고객이 모여서 식료품점 주인과 일종의 구속력 있는 계약을 체결해야만 한다. 여기에는 무임승차의 문제뿐만이 아니라 막대한 조정비용도 발생할 것이다. 다른 많은 예에 있어서, 당사자들은 충분한 시간이 없기 때문에 이들 '권리'에 관하여 교섭을 할 수 없다. '주의의무'(duty of care)를 개인적으로 설정하는 당사자들의 능력에 대한 이러한 제한들은 경제학적 관점에서 본다면, 법원이 우선 '올바른' 할당('correct' assignment)을 하는 것이 중요하다는 것을 의미한다. 이는, 캘러브레시(Calabresi)와 멜라미드(Melamed)가 말하는 '책임규칙'(liability rule)의 전형적인 예가 될 것이다.[6)]

'올바른' 할당(correct assignment)을 결정하는 것은 제4장에서 논의되었던 많은 요소들에 의해서 복잡해진다. 게다가 나중에 상세하게 논의되듯이, 불법행위의 맥락에서 타인의 권리 침해로 인한 손해는 가해자가 지불해야 할 '가격'이다. 결과적으로, 비자발적인 거래(involuntary exchange)가 발생하는 것이다. 계약법 또는 자발적인 거래의 맥락에서, 우리는 파레토 우위의 결과가 달성된다는 확신을 가질 수 있다. 그러나 책임규칙하에서, 불법행위법의 비자발적 거래는 그러한 확신을 제공하지 않는다. 비록 가해자가 보다 위험한 행동의 과정을 선택함으로써 거래에 동의하였다는 이유로 그가 개선되었다고 다툴 수는 있지만, 이것은 파레토 우월과 양립하는 동의(同意)의 유형에 대한 범위를 넓히는 것이 된다. 나아가, 피해자에 대한 보상은 효용의 관점에서 볼 때 피해자를 사고 이전의 상태와 동등한 위치에 놓지는 않을 것이다. 이러한 보상은 객관적인 기준에 의하여 결정될 것이지 피해자가 발생한 손해에 대해 부여한 실제적 가치에 의하여 결정되지 않을 것이다. 파레토 우월이론으로부터 도출되는 위험은 피해자가 충분한 보상을 받지 못할 수도 있다는 것이다.[7)] 비록 징벌적 손해배상과

6) 제4장 E 참조.

7) 과잉배상이 일어날 수도 있는데, 이에 대해서는 이 장 H. 3 참조.

정신적 손해배상이 이 점을 보충하고 적절한 보상을 제공하겠지만, 특히 징벌적 손해배상의 목적은 손해의 전보에 있지 않다. 그러므로 손해배상액과 주관적 상실액이 일치하는 것은 여전히 우연한 사정의 결과일 뿐이다.

C. 과실기준(The Negligence Standard)

1. 핸드 공식(The Hand Formula)

사고비용과 사고방지비용의 합을 최소화하려는 목적을 달성하기 위해서는 사고방지에 투자할지 여부를 결정해야 하는 자에게 적절한 신호가 보내지는 것이 중요하다. 이러한 '신호를 보내는 것'은 유명한 United States v. Carroll Towing Co.(2d Cir.1947) 사건에서 설명된 핸드 공식(The Hand formula)에 의하여 가장 기본적인 차원에서 파악되고 있다. 핸드 판사는 책임의 문제를 3가지 변수의 작용으로서 보았다: 즉, 피해의 확률(가능성)(P), 피해가 발생한 경우 그 총액(L), 그리고 사고방지비용(B)이 그것이다. P에 L을 곱한 것이 '기대손해'이다. 그러므로 핸드 공식하에서 PL이 B를 초과하면 당사자는 과실이 있는 것으로 된다. 반대로, 만약 기대손해가 방지비용보다 적을 경우에는 과실이 없는 것이 된다.

일정한 동기를 창출하는 '가격형성(pricing)'의 효과는 핸드 공식에 고유한 것이다. 이론적으로 볼 때 어떤 행위자도 사고를 회피하는 절차를 밟을 것인지 여부를 선택할 수 있다. 핸드 공식은 행위자에게 그러한 각각의 선택에 대한 가격을 알려준다. 가격이 비교되었다면 이성적인 행위자는 보다 저렴한 가격에 대한 선택을 할 것이다. 예컨대, 만일 회피비용이 기대손해보다 적다면 선택은 사고를 회피하는 쪽으로 될 것이다. '잘못된 선택'의 결과는 가해자가 발생된 손해에 대하여 배상을 하여야 한다는 것이다. 물론 PL이 B보다 작을 때에도 잘못된 선택을 할 가능성이 있다. 이러한 예에 있어서 법적으로 잘못된 것은 없으나, 주의의 정도가 비효율적으로 높다. 그러나 지나치게 주의 깊은 사람은 높은 주의의 비용을 내부화할 것이다.

이러한 기본적인 차원에 있어서 핸드 공식은 피고의 행동에만 초점을 맞추고 있다. 피고가 비용이 정당화되는 방지조치를 간과하였다고 인정되어도, 이는 피고가 가장 낮은 가격으로 사고를 회피할 수 있는 자라는 것을 의미하지는 않는다. 그러므로 과실기준하에서의 책임인정은, 상대방이 보다 낮은 비용으로 사고를 회피할 수 있을 경우에 있어서는 적절한 신호를 보내기에 부족하다.

2. 배분적인 결과

권리, 의무 또는 권원의 분배에 관한 사실상 모든 예에 있어서, 그 효과는 분배적일 뿐만이 아니라 배분적이기도 하다. 보다 구체적으로 말하자면, 권리 할당의 영향은 권리에 대하여 가장 높은 가치를 부여한 당사자에 대해서도 결코 '중립적'(neutral)이지 않다는 것이다. 그러므로 잠재적으로 미끄러운 유제품 판매코너의 간단한 예에 있어서, 고객에게 엎질러진 우유로부터의 위험에서 벗어나게 하는 권리를 할당해 주는 것은 그들에게 어떠한 가치 있는 것을 부여함으로써 배분적인 결과를 가져오게 된다. 그들은 보다 '부유'하게 되나, 반면에 식료품점이 사고에 대하여 배상하거나 사고를 방지해야 된다고 요구하는 것은 식료품점 주인의 부를 감소시키는 결과를 가져온다. 그러나 이러한 비용 중에 어떤 것도 고객에게 전가되지 않는다는 것을 의미하는 것은 아니다. 실제로 최종적 배분의 결과는 최초의 할당과 그 밖의 다양한 요소들에 의해서 영향을 받을 수 있다.[8)]

---

8) 이에 대하여 자세한 것은 제3장 참조.

D. 과실모델에 대한 구체화: 기여과실(寄與過失)
(Refining The Negligence Model: Contributory Negligence)

1. 전통적인 법리

과실기준은 피해자 역시 과실이 있는 행위를 하였다는 가능성을 포함한 다양한 항변의 맥락에서 고려된다. 이러한 예에 대한 전통적인 접근방법은 피해자를 위하여 핸드 공식에 의한 계산을 하는 것이다. 문제는, 피해자의 사고회피비용이 사고로 예상되는 손해액보다 작은가의 여부가 될 것이다.

미끄러운 유제품 판매코너의 예에서, 모든 고객이 매번 식료품점을 방문할 때마다 미끄럼방지용 슬리퍼를 50센트에 임차할 수도 있다. 각 고객의 예상손해액인 1달러는 사고회피비용(50센트)을 초과하는 것이며, 핸드 공식의 관점에서 보면 고객은 과실이 있는 것으로 인정될 것이다. 그러므로 전통적인 코먼로(common law) 법리에서는, 피해자측에게 PL이 B를 초과하는 것이 나타나 있는 한, 가해자가 핸드 공식에 의하여 과실이 있다고 하더라도 피고(가해자)의 항변을 허용할 것이다.

2. 기여과실과 효율성의 조화

미끄러운 유제품 코너의 예와 미끄럼방지용 슬리퍼를 임차하는 가능성은 표준적 기여과실의 공식에 관한 경제학적 문제를 나타내고 있다. 각 고객은 예상되는 손해인 1달러를 50센트로 회피할 수 있다. 식료품점 주인은 각 고객당 10센트로 손해를 회피할 수 있다. 양 당사자는 모두 예상손해액보다 낮은 비용으로 기대손해를 회피할 수 있다. 따라서 기여과실의 규칙을 고집하는 것은,

효율적으로 손해를 회피할 수는 있으나 '가장 낮은 비용으로 사고를 회피할 수 있는 자'가 아닌 당사자(고객)에 의해서 손해가 회피되는 결과를 가져온다. 어떤 면에서, 이는 생산적으로 가장 효율적이라고 할 수는 없다. 이러한 할당은 사고비용과 사고방지비용의 총액을 최소화하려는 전체적인 목적과 일치하지 않는다.

리차드 포즈너(Richard Posner)는 적절한 기준이 적용된다면, 이러한 비효율성이 발생하지 않을 것이라고 지적한다. 위의 예에서, 상점 주인이 고객당 10센트의 비용으로 주의의무를 회피할 수 있다고 가정할 경우에, 법에서 주의의무(due care)를 '타방당사자가 적절한 주의를 취하는 것이 최적 수준의 주의'라고 정의하는 한, 고객들은 주의의무를 다하도록 동기부여 되지 않을 것이라고 포즈너는 말한다.[9] 포즈너 판사가 주장하는 학설의 기술적인 문제점은 일방의 주의의무를 설명하기 위해서 타방의 주의의무와 비교함으로써 주의의무의 의미가 구체적이지 않다는 데에 있다. 그가 의미하는 것은, 각 당사자는 타방당사자가 사고의 주요한 비용을 최소화하는 관점에서 가장 효율적으로 행동하고 있는 것처럼 행동할 권리가 있다는 것으로 보인다. 그러므로 비록 고객의 B가 PL보다 작다 하더라도, 상점의 B 또한 PL보다 더 큰 차이로 작아서 상점이 그에 맞춰 행동할 것이라는 가정하에서, 고객들은 행동할 수 있다. 포즈너 판사에 의하면, 이것이 법원이 적절한 주의를 정의하는 방식이라고 한다.[10]

이는 타방 당사자의 과실행위로부터 손해를 입을 것 같은 당사자가 그 손해를 회피하는 절차를 반드시 밟아야 하는가의 문제를 야기한다. 첫째로, 비록 피해자가 효율적으로 사고방지조치를 취할 수 있었다고 하더라도, 가해자의 행위가 회복될 수 있는가에 대하여 인식할 수 있는 기초를 가지고 있지 않다는 것에 주목하는 것이 유익하다. 이러한 경우에 비록 회피비용은 상대적으로 높

---

9) Richard Posner, *The Economics Analysis of Law* 6th ed., 2003, 173.

10) 포즈너 판사는 이에 대해 반박을 받아 왔다. 이와 관련하여 David W. Barnes & McCool의 "Reasonable Care in Tort Law: The Duty to Take Corrective Precaution," 36 *Ariz. L. Rev.* 357(1994)을 참조.

지 않다 하더라도, 핸드 공식에서의 B는 상당히 높게 보일 것이다. 왜냐하면 당해 부담은 손해를 회피하는 노력뿐만이 아니라 타방 당사자가 부주의하게 행동하는 것을 발견하는 비용도 포함하고 있기 때문이다.

다른 한편, 만약 피해자가 타방 당사자의 과실행위를 알거나 알 수 있는 경우에, 피해자는 가해자에게 책임이 있다는 것을 확신하고 사고의 회피를 무시할 수 있는지가 문제된다. 고객과 상점의 입장에서 보았을 때, 고객이 분명히 우유가 엎질러진 곳을 걸어갈 수 있으며, 고객이 미끄러진다면 상점에게 책임이 있다고 말할 수 있을까? 포즈너 판사는 상점주인이 효율적으로 행동한 것처럼 고객이 행동하는 것이 허용되어 있으므로 이것이 가능하다고 한다.

일반적인 상식의 관점에서 본다면, 피해자에게 손해를 회피하는 조치를 취할 것이 요구된다는 것은 명백해 보인다. 이는 핸드 공식과 일치한다. 왜냐하면 일단 위험이 알려진 이상 아마도 거액의 조사비용은 더 이상 부담에 속하는 부분이 아니기 때문이다. 이러한 결과는 불법행위법 리스테이트먼트(제2차) [Restatement (Second) of Torts] 제466조와도 일치하며, 이 조문은 "원고가 위험을 알거나 알 수 있을 때에는, 피고의 과실에 의하여 발생된 위험에 원고가 자신을 노출시킨 경우 기여과실이 있다"고 규정하고 있다. 피해자가 가해자의 과실행위에 대하여 반응하여야 한다는 요건이 피해자가 가장 낮은 비용으로 사고를 회피할 수 있다는 것을 의미하는 것은 아니다. 그러므로 과실/기여과실기준과 비용최소화의 목적 사이의 불일치 문제는 아직도 남아 있다.

기여과실 이론을 지나치게 엄격하게 주장함으로써 발생하는 비효율적인 결과를 회피하기 위하여 고안된 다른 과실기준에 관한 구체화 도구는 'last clear chance' 법리이다. 이 법리는 과실이 있는 피해자는 '사고 당시' 가해자가 예상되는 손해보다 낮은 비용으로 사고를 회피할 수 있었다는 것을 증명함으로써 가해자에게 책임을 이전시키도록 해준다는 점에서, 앞에서 논의되었던 가능성과는 다르다. 여기서도 또한 핸드 공식과 관련된 중요한 변수는 B, 즉 회피비용의 부담이다. 사고 당시 피해자의 부담은 상당히 높을 수도 있다. P와 L이 양 당사자에게 동일한 이상, 적절한 위험분배는 효율적으로 손해를 회피할 수 있는 가해자에게 위험을 배분하는 것이다.

E. 과실기준에 대한 구체화: 비교과실
(Refining The Negligence Standard: Comparative Negligence)

대부분의 주(州)가 어떤 형태로든 비교과실을 채용하는 것은, 과실기준과 기여과실 기준의 엄격한 적용에 의하여 발생되는 'all or nothing'의 결과로 인하여 발생하는 불평등을 시정하려는 노력을 나타내는 것이다. 비교과실에 형평이 고유하게 내재되어 있다 하더라도, 이는 가장 낮은 비용으로 사고를 회피할 수 있는 자에게 손해를 회피하는 가장 큰 동기를 제공한다는 견지에서 보면 기여과실보다 개선된 것일 수도 있고 그렇지 않은 것일 수도 있다.

비교과실이론을 취한다 하더라도 그 체계가 단일한 것은 아니다. 가장 일반적인 것으로서, 당사자 사이에서 과실(fault)이 어떻게 분배되었는지에 따라 손해를 분배하는 것이다. 이러한 체제하에서는 피해 당사자가 받는 손해배상액은 감소되나, 손해배상액이 없어지지는 않는다. 요컨대, 과실이 분배되는 것이다. 보다 일반적이지는 않은 접근방법에 의하면, 과실이 있는 피해자는 가해자의 과실이 자신의 과실보다 중한 경우에 손해를 전보받을 수 있다. 이러한 접근방법에 따르면, 손해는 분배되지 않고, 따라서 이는 'all or nothing'이라는 전통적인 기여과실의 특징을 가지고 있다. 비교과실에 관한 이 두 가지 형태를 차례로 논의한다.

1. 분배된 비교과실(Apportioned Comparative Negligence)

비교과실에서 발생할 수 있는 경제적 결과를 설명하기 위하여 간단한 예로서 시작하는 것이 유용할 것 같다. 미끄러운 유제품 코너 사례에서, 바닥이 사실상 최근에 쏟아진 우유에 의해서 젖었으며 한 고객이 당해 코너에서 달리다가 넘어져서 20만 달러 정도의 손해를 입었다고 가정해 보자. 비교과실의 상태에서 발생할 수 있는 가능한 결과는, 식료품점에 60%의 잘못이 있다고 인정되고 피해자에게는 40%의 잘못이 있다고 인정되는 것이다. Scott v. Alpha Beta Company (Cal.1980) 사건을 참고해 보자. 원고는 12만 달러를 전보받을 수 있을 것이다. 다시 말해서, 배상액은 손해에 대하여 원고가 기여한 비율에 의해서 감소되는 것이다.

기여과실과 비교과실의 명백한 차이는, 전자에 있어서는 일방 또는 타방 당사자에게 손해를 회피하도록 동기가 부여된다는 점이다. 비교과실하에서는 양 당사자가 손해를 회피하려는 동기를 가지게 될 것이다. 경제학적 관점에서의 문제는, 한쪽 당사자만의 노력으로도 충분할 경우에도 양 당사자 모두가 손해를 회피하려고 시도할 수 있다는 것이다. 이는 손해를 회피하는 것에 대하여 과잉투자가 있게 됨을 의미한다. 또 다른 가능성은 손해를 회피하는 동기가 비록 사고의 방지가 비용면에서 정당화된다 하더라도, 양 당사자 모두 방지조치를 취하지 않는 점으로까지 감소된다는 것이다.

예컨대, 1,000달러의 손해를 가져오는 사고가 피고의 50달러의 지출 또는 원고의 100달러의 지출에 의해서 방지될 수 있다고 가정하자.[11] 비교과실에 대한 분배적 접근방법에 따르면 피고는 사고에 대하여 2/3의 책임을 부담하는 것으로 간주될 것이며, 원고의 책임은 1/3이 될 것이다. 각 당사자의 몫은 회피비용의 총액에 대한 타방 당사자의 개인적인 회피비용의 비율과 동일하다. 이

11) 이 설명은 본장 각주 1)의 Barnes and Stout의 저서에 인용되어 있는 Golden v. McCurry(Ala. 1980) 사건에서 발견된다.

들 수치에 기초할 경우, 피고는 손해 중 666.66달러에 대하여 책임을 부담하고, 원고는 333.33달러를 부담하게 된다. 그러므로 사고가 단지 50달러의 비용으로 회피될 수 있음에도 불구하고 그들 모두에게 150달러의 총비용을 들여 방지조치를 취하도록 만들게 될 것이다. 다른 한편, 각 당사자는 자신에 의한 사고의 회피가 타방 당사자에게 경제적 이익이 된다고 예상할 수도 있다. 만약 이렇게 된다면 당사자 누구도 사고를 회피하려고 하지 않을 것이며, 그 결과 1,000달러의 손해가 발생할 것이다.

사실이 그렇다 하더라도, 비교과실이 사고방지조치에 있어서 항상 과잉투자 또는 과소투자를 가져오는 것은 아니다. 예컨대, 한 사고의 비용이 15,000달러이고, 발생될 확률이 1%라고 가정하자.[12] 나아가 가해자의 회피비용이 1달러이며, 피해자의 회피비용이 100달러라고 가정하자. 이 사례에서 가해자의 사고에 대한 기대비용은, 사고의 발생확률(1%)×사고의 비용(15,000달러)×사고회피비용의 총액(101달러)에 대한 피해자의 사고회피비용의 비율(99.009%)이다. 이렇게 계산하여 산출된 사고비용은 148.51달러이며, 가해자에게 1달러의 비용으로 사고예방조치를 취하도록 만들 것이다. 동일한 계산방법을 사용할 경우, 피해자에 대한 기대비용은 1.49달러이며, 피해자에게는 사고예방조치를 취하도록 하는 동기가 부여되지 않을 것이다.

그러나 위와 동일한 수치를 사용하면서 엄격한 기여과실 기준을 적용할 경우, 피해자에게 있어서 사고회피의 부담(100달러)은 PL(즉, 150달러)보다 낮을 것이고, 따라서 피해자에게는 가해자가 단지 1달러로 회피할 수 있었던 사고를 회피하기 위하여 100달러를 지불하도록 만들 것이다.

비교과실이 비효율적인지 여부는 과실비율에 따라 차이가 있다. 결정적인 요인은 위험에 관한 양 당사자의 회피비용인 것 같다. 데이비드 반스와 린 스토트(David Barnes and Lynn Stout)는 이 가능성을 3가지 그룹으로 나눈다[13]: ①

12) 이 예는 본장 각주 1)의 David Barnes and Lynn Stout의 저서 122면에서 인용한 것이다.
13) 이 장 각주 1)의 David Barnes and Lynn Stout의 저서 123면을 참조.

위험에 관한 양 당사자의 회피비용이 높아서 아무도 사고를 회피할 것 같지 않을 경우; ② 양 당사자의 회피비용이 손해에 비하여 상대적으로 낮아 양 당사자 모두 조치를 취할 것 같은 경우. 이 예들은 비교과실이 비효율적인 결과를 이끌어낼 수도 있는 경우들이다; ③ 다른 한편 과실비율에 의한 예시가 보여주는 바와 같이 손해에 관한 일방당사자의 회피비용은 높고 타방 당사자의 회피비용이 비교적 낮아, 가해자이든 피해자이든 간에 사고를 가장 낮은 비용으로 회피할 수 있는 당사자에게 사고예방조치를 취하도록 동기가 부여되는 경우이다.

2. 분배되지 않은 비교과실(Unapportioned Comparative Negligence)

기여과실과 비교과실 모두가 비효율적인 결과를 가져올 수는 있지만, 가장 낮은 비용으로 사고를 회피할 수 있는 자가 방지조치를 취할 가능성을 높여주는 다양한 모습이 있다. 이는 비록 현재는 어느 주(州)에서도 적용되고 있지는 않지만, 비교과실에 대한 균형적 고려와 가장 낮은 가격으로 사고를 회피할 수 있는 자에게 사고를 회피하는 데 필요한 방지조치를 취하도록 하는 동기를 부여하는 목적을 끊임없이 결합하는 규칙으로서 Galena 규칙이라고 불린다.[14)]

Galena 규칙하에서 가해자는 비록 피해자에게도 과실이 있다 하더라도, 그의 과실이 피해자의 과실에 비하여 상대적으로 무거울 때에는 피해자에 대하여 완전한 책임을 부담한다. 사고회피비용의 비교가 양 당사자의 상대적인 과실을 결정하는 데 사용되는 한, 적절한 경제적인 신호는 가장 낮은 비용으로 사고를 회피할 수 있는 당사자에게 예방조치를 취하도록 동기를 부여하도록 보내질 것이다. 비교과실과 비교했을 때, 이 규칙의 핵심적인 특징은 책임이 분산되지 않는다는 것과 누구든지 가장 낮은 가격으로 사고를 회피할 수 있는 당사자가

---

14) 이 장 각주 1)의 David Barnes and Lynn Stout의 저서 123-124면 참조.

사고를 회피하려는 가장 큰 유인을 가지게 된다는 점이다.

기여과실과 비교과실 사이에서 방법을 모색하려는 또 다른 노력은 사우스 다코타 주의 비교과실법(South Dakota Comparative Statute)이다. 동법에서는 원고의 과실이 '피고의 과실과 비교했을 때 가벼운 한,' 과실을 기여한 원고가 손해배상을 받는 것을 방해하지 않는다고 한다. 비록 손해배상을 받는 것이 방해되지는 않지만, 원고의 과실의 정도만큼 그 배상액이 감액된다. 이 규칙의 경제적인 효과는, 원고에게 역시 과실이 있을 때에도 가장 낮은 가격으로 사고를 회피할 수 있는 당사자인 피고가 책임으로부터 벗어나지 못한다는 것이다. 반대로, 피고의 과실에 비해서 원고의 과실이 '가벼운' 정도를 넘는 경우에는 원고가 손해배상을 받는 것을 방해함으로써 효율적인 경제적 메시지가 원고에게 보내지는 것이다.

F. 위험의 인수(Assumption of the Risk)

위험의 인수는 기여과실과 동일한 방법으로 원고가 손해배상을 받는 것을 방해한다. 한 가지 형태로 '주된 위험인수'(Primary Assumption of the Risk)는 가해자가 위험한 활동에 참여하고 있기는 하지만 그 위험을 제거하는 비용이 상당히 높은 경우이다. 예컨대, 골프 시합에서의 관중들은 날아오는 골프공에 의해서 머리를 다칠 위험이 있다. 완벽하게 위험을 회피하기 위해서는, B가 아마도 PL보다 높을 것이다. 이 경우에 가해자에게는 과실이 없다. 피해자는 위험을 인수하였다고 말할 수 있다.

또 다른 형태인 '부차적 위험인수'(Secondary Assumption of the Risk)는 가해자에 의하여 창출된 상황에 의해서 원고의 행위가 위험하게 된 경우이다. 미끄러운 식료품점의 사례에 원고가 엎질러진 우유로 인하여 바닥이 미끄럽다는 사실을 알면서 걸어갔다는 것이 그 예이다. 부차적 위험인수는, 비록 피고가 가장 낮은 비용으로 사고를 회피할 수 있는 자라고 하더라도 원고가 손해배상을 받는 것을 완전하게 방해하는 방향으로 작용할 수 있다는 면에서, 기여과실과 동일한 방법이라고 평가할 수 있다. 이것은 비록 원고가 피고의 과실을 알았다 하더라도, 원고가 손해를 피할 수 있는 쉽고 저렴한 기회를 무시할 수 없다는 것이다.

G. 엄격책임(Strict Liability)

엄격책임은 행위자에게 비록 과실이 없다 하더라도 자신의 행위로 인한 손해에 대하여 책임을 부담한다는 것이다. 어떻게 보면 이러한 관념은 경제적 효율성을 달성하려는 노력을 해치는 것처럼 보일 수도 있지만 행위에 대해 더 큰 지배를 할 것 같은 당사자에게 책임을 부담시킨다. 나아가 과실을 밝혀내는 과정을 생략함으로써 당해 사고에 대한 제3의 비용을 줄일 수 있다.

일방당사자가 일정한 행위로부터 발생된 손해에 대하여 엄격책임을 부담한다는 것은 당해 행위의 결과로부터 자유로울 권리 또는 보상받을 권리를 타방 당사자에게 할당해 주는 것이다. 요컨대, 타방 당사자에 대한 침해는 책임을 부담하는 당사자가 '내부화'(internalize)하도록 강제되는 외부성(externality)으로 다루어진다.[15] 당해 행위로 인한 피해자의 손해 또는 손해를 회피하기 위한 가해자의 투자는, 가해자가 과실로 행위하였는가 여부와 상관없이 일종의 생산비용이 된다.

일방당사자가 엄격책임을 부담한다고 하는 사실이 그가 손해를 회피하는

15) 이에 관하여 자세한 설명은 제3장 참조.

절차를 밟을 것이라는 것을 의미하지는 않는다는 점을 주의하여야 한다. 당사자에게는 선택권이 있고, 아마도 사고회피비용과 사고비용 그 자체 중의 낮은 쪽을 선택할 것이다. 이러한 결정을 하는 데 있어서 책임을 부담하는 당사자는, PL이 B를 초과하는 경우에 방지조치를 취할 것 같다는 점에서, 핸드 공식을 개별화된 기초 위에서 적용하는 것으로 볼 수 있다.

1. 효율성과 엄격책임(Efficiency and Strict Liability)

효율성의 견지에서 보았을 때 엄격책임의 위험성 중의 하나는, 엄격책임을 부담하는 당사자가 가장 낮은 비용으로 사고를 회피할 수 있는 자가 아닐 수도 있다는 것이다. 이러한 가능성에는 2가지 경우가 있을 수 있다. 첫째의 경우는, 핸드 공식의 입장에서 방지되어야 할 사고가 방지되지 않을 경우에 발생한다. 이들 예에 있어서 책임을 부담하는 당사자는 PL이 B를 초과하지 않기 때문에 방지조치를 취하지 않을 것이다. 피해자에 대해서는 PL이 B를 초과하는 반대의 경우가 타당할 수도 있지만, 피해자가 가해자로부터 보상을 받는 이상 비용면에서 정당화되는 방지조치를 취할 동기는 불충분할 것이다. 만일 기여과실이 엄격책임에 대한 항변인 경우라면 물론 그렇지는 않을 것이다. 이러한 항변이 엄격책임의 장점 중의 하나인 제3의 비용 또는 운용비용의 감소를 저해한다는 점을 제외하면 의미가 있는 것이다.

두 번째 가능성은, 사고가 회피되기는 하지만 가장 낮은 비용으로 사고를 회피할 수 있는 자에 의하여 회피되지 않는다는 것이다. 이는 가해자와 피해자 모두에게 있어서 B가 PL을 초과하지만, 피해자의 B가 가해자의 B보다 적을 때 발생한다. 이러한 사례에 있어서 비록 피해자가 사고를 회피하는 것이 비용이 적게 든다 하더라도, 가해자가 사고를 회피하기 위한 행동을 취할 것이다. 이러한 비효율성은, 앞 단락에서 서술한 바와 같이 엄격책임에 대한 항변의 적절한 적용에 의하여 극복될 수 있으며 이에 관해서는 아래에서 논의한다. 어떠한 경우이든, 만일 이러한 비효율성이 비교적 드물거나 낮은 비용이라면 엄격책임의 제3의 비용에서 절약된 부분은 전체적인 사고비용을 여전히 낮출 수 있을 것이다.

효율성과 관련하여 엄격책임을 적용함으로써 발생하는 중대한 결과는, 이것이 책임을 부담하는 당사자에게 주의의 기준뿐만이 아니라 행위의 수준(level of activity)도 고려하도록 강요한다는 것이다.[16] 예컨대, 과실책임 체계하에서는 폭발작업과 같은 일정한 활동에 종사하고 있는 사람은 과실에 의한 폭발에 의한 손해에만 주의를 기울이면 된다. 그러므로 폭발이 발생하는 횟수는 폭발횟수의 증가가 과실이 발생하는 확률의 증가를 의미하는 가능성에 의해서만 영향을 받는다. 반면에 엄격책임하에서 발생된 모든 손해는 폭발을 발생케 한 당사자가 책임을 부담하는 것이므로, 그 손해액은 다른 모든 폭발비용과 동일하게 다루어져야 할 것이다. 그 비용은 폭발의 횟수와 함께 증가될 것이며, 이는 행위자가 주의 깊게 행위하였는가 또는 과실이 있는가를 불문한다. 그러므로 당사자는 주의의 수준뿐만이 아니라 행위의 수준에도 신경을 쓰게 되는 것이다.

이러한 구별은 분배적 효율성의 관점에서 특히 중요한 의미를 가진다. 제2장을 통하여 알 수 있듯이, 사람들이 기꺼이 지불하려는 금액이 생산의 한계비용과 같을 때 생산은 분배상 효율적인 수준에 있다. 잠재적인 피고가 폭발작업에 임할 때마다 인근 거주자들에게 일정한 손해가 발생하는 상황을 상상해 보자. 과실책임주의의 체계에 있어서는, 사고방지 비용이 예상되는 사고비용보다 적다는 사실이 나타나지 않는 한, 폭발작업자는 폭발작업이 몇 회 이루어졌건 또 그 손해액이 얼마나 누적되었건 간에 사고에 대하여 책임을 부담하지 않을 것이다. 이는 분배상 비효율성을 낳는다. 왜냐하면 폭발비용은 생산비용으로 인식되지 않을 것이기 때문이다. 이는 <그림 1>에 나타나 있으며, 이 그림은 어느 재화에 대한 수요와 공급을 보여주고 있다. S_1은 과실기준하에서의 공급곡선이다. 생산량은 Q_1이며 가격은 P_1이다.

---

16) Stive Shavell, "Strict Liability Verses Negligence," 9 *J. Legal. Stud.* 1(1980).

〈그림 1〉

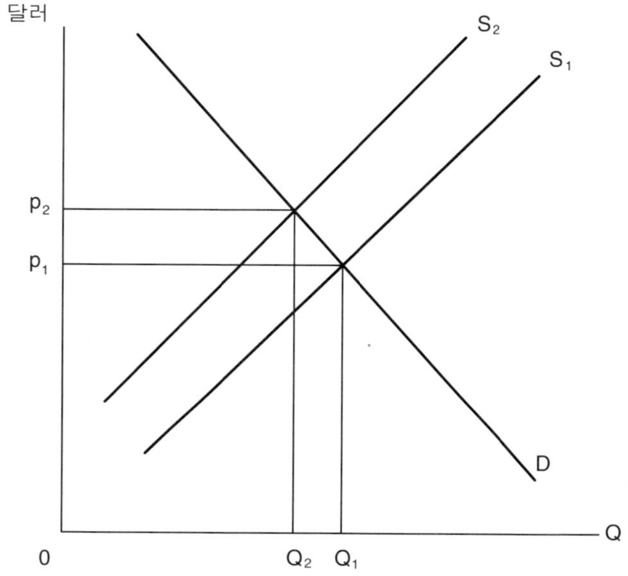

반면에 만약 폭발작업자가 과실로 인한 결과인지 여부를 묻지 않고 모든 손해에 대하여 배상을 한다면 폭발의 횟수는 중요한 것이 되며, 행위 그 자체로부터 발생된 손해는—당해 행위가 과실로 행해진 경우에 한하지 않고— 다른 생산비용과 마찬가지로 다루어진다. <그림 1>에서 S_2는 엄격책임하에서의 생산품의 공급을 나타낸다. 이는(S_2: 엄격책임하에서의 생산품의 공급) 폭발에 의하여 야기된 손해액으로 인하여 S_1(과실기준하에서의 공급)보다 적다. 이제 생산량은 Q_2로 감소되며 새로운 가격은 P_2이다. 이는 폭발의 외부비용을 포함한 생산비용을 반영한 가격이며, 따라서 분배적 효율성과도 일치한다.

같은 분석이 제조물책임법의 사례에도 적용될 수 있다. 물품의 사용으로 인한 손해는 제조업자가 내부화하여야 하는 외부적 생산비용과 같은 것이다. <그림 1>에 나타나 있듯이, 이러한 내부화의 효과는 생산비용을 증가시키게 될 것이며, 반면에 이렇게 형성된 상품의 가격은 생산량을 낮출 것이다.

엄격책임에 관한 그 밖의 다른 예에서와 마찬가지로, 제조물이 과실책임하에서보다 더 안전하다는 보장은 없다. 아마도 제조업자는 핸드 공식에 포함된 것과 동일한 비용-편익 분석(cost-benefit analysis)을 행할 것이며, 제조물에 의하여 피해를 입은 사람들에게 지불해야 하는 예상비용보다 낮은 가격의 수단들을 동원할 것이다. 또한, 제조업자가 가장 낮은 비용으로 사고를 회피할 수 있다는 보장도 없다. 그러나 위험이 설계상 또는 제조상의 결함으로 발생한 때는, 제조업자는 대부분의 문제점을 발견하는 데 있어서 보다 우월한 위치에 있으며 그러한 문제들을 바로잡는 데 있어서 상대적으로 규모의 경제(economies of scale)[17]를 누릴 수 있을 것이다. 다시 말해서, 비록 궁극적으로는 경험적인 문제이기는 하나, 대부분의 사례에서 제조업자가 주요한 사고비용을 줄이는 데 있어서 가장 좋은 위치에 있다는 가정하에서 출발하는 것이 합리적일 것이다.

2. 위험회피와 손해의 분산(Risk-Aversion and Loss Spreading)

엄격책임 또한 2차적 사고비용을 줄이기 위하여 자주 사용되는 도구이다. 2차적 사고비용은 사고의 결과로서 사회가 느끼는 실제적 부담이라고 할 수 있다. 2차적 사고비용의 개념은, 사람들이 실제로 예상되는 손해의 총액을 감수하기보다는 그 손해를 회피하기 위하여 더 많이 지불할 것이라는 점에서, 사람들이 일반적으로 위험을 회피하고자 하는 입장과 관련될 수 있다. 예컨대, 위험을 회피하고자 하는 사람은 1,000분의 1의 확률로 발생하는 1,000달러의 손해를 회피하기 위하여 1.01달러를 지불할 것이다. 위험에 대하여 중립적 태도를 보이는 사람은 1달러만을 지불하려고 할 것이다.

이 논의는 소비자가 위험성이 있는 제조물의 사용으로 인한 손해를 회피하기 위하여 1달러를 지불하는 것을 선호할 것인지, 아니면 1달러보다 적게 지

17) 역자주: 규모의 경제(economies of scale)라 함은 생산규모가 확대됨에 따라서 단위생산비용이 낮아지는 것을 의미한다.

불하고 제조물로 인하여 1,000달러의 상해가 예상되는 1,000분의 1의 사고확률을 감수하는 것을 선호하는지의 문제를 제기함으로써, 이를 제조물책임의 문제로 전환시킬 수 있다. 만일 소비자가 전자를 선호한다면 2차적 사고비용은 엄격책임인 제조물책임을 통해 감소될 수 있다. 이는 1차적 사고비용이 감소되지 않았다 하더라도 마찬가지다. 다시 말해서 비록 제조업자가 가장 낮은 비용으로 사고를 회피할 수 없는 경우에도, 2차적 및 3차적 사고비용은 제조업자에게 엄격책임을 부과함으로써 감소될 수도 있다.

사람들이 일반적으로 위험을 회피하고자 하는 입장, 그리고 엄격책임의 적용에 의하여 손해를 분산시킴으로써 2차적인 사고비용이 감소될 수 있다고 하는 입장을 받쳐 주는 논리는, 화폐의 한계효용이 점점 감소한다는 전제에 기초하고 있다. 이를 어떤 사람이 달러를 추가적으로 얻게 되는 비유를 들어 설명하자면, 각각의 추가적인 달러로부터 얻어지는 효용은 점차로 감소하게 된다. 그 결과, 사람은 1,000번째의 달러를 5,000번째 달러보다도 가치 있게 여기게 된다. 물론, 이러한 맥락에서 중요한 쟁점은 손실에 대한 반응이다. 만일 화폐의 한계효용이 감소하는 것이라면, 사람들은 비교적 금전적으로 여유가 있을 때보다 여유가 없을 때의 수입 또는 재산의 마지막 몇 달러를 포기하려고 하지는 않을 것이다. 따라서 한 사람이 5,000달러의 손해를 입는 것보다 5,000명의 사람이 1달러의 손해를 입는 것이 비용면에서 보다 더 적을 수 있다.

한계효용감소의 가능성은 보다 더 부유하거나 '보다 더 자력이 있는' 당사자들이 다른 개개의 고객보다도 사고비용으로 인한 충격(자극)을 보다 적게 느낀다는 것을 의미한다. 그러므로 2차적 사고비용은 제조물의 결함으로 인한 책임을 보다 더 자력이 있는 자(아마도 기업)로 하여금 부담케 함으로써 감소시킬 수 있다는 논의가 발생할 수 있다. 이 이론은 화폐에 대한 전체적인 선호가 동일하다는 가정하에서 세워진 것이라는 점을 주의하여야 한다. 이와 반대로 부유하지 않은 사람보다 부유한 사람이 잔돈에 가치를 더 부여한다고 가정해 보자. 예컨대, 매년 50,000달러를 버는 사람이 매년 300,000달러를 버는 사람보다 5달러를 보다 쉽게 포기하는 경우도 있을 수 있다. 양 당사자에게 있어서 화폐의 한계효용 감소는 주관적일 수 있다. 다른 한편, 보다 부유한 당사자의 화폐에 대한 보편적인 선호는 중간계층의 사람의 그것보다 높을 수도 있다. 만일 그렇다면 2차적 사고비용이 손해의 분산에 의해서 낮아질 수 있다는 전제에 대한 기초는 약해진다.

손해를 분산하거나 손해를 더 부유한 자에게 부과하는 수단으로서 제조자에게 책임을 부과하는 결과와 관련하여 다른 문제가 있다. 그 문제는 누가 궁극적으로 사고비용을 지불하게 되는 것인지가 불명확하다는 것이다. 게다가, 기업에게 사고비용을 부담케 하는 것이 바람직하지 못한 효과를 가져올 수도 있다. <그림 2>는 이러한 문제를 설명하는 데 도움이 된다. 제조물에 대한 수요곡선은 D이다. 엄격책임인 제조물책임을 부담하기 전의 공급곡선은 S_1이다. 가격은 P_1이며, 생산량은 Q_1과 같다.

엄격책임인 제조물책임을 부담한 후에 기업으로서는, 사고비용 또는 사고

〈그림 2〉

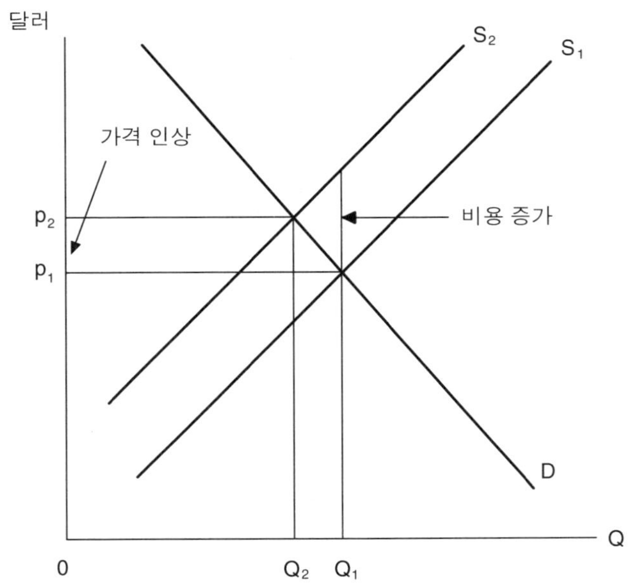

방지조치비용을 내부화하게 되어 새로운 공급곡선이 S_2가 된다. 단위별 실제 비용은 S_1과 S_2 사이의 수직 거리만큼 증가하였다. 그러나 가격은 P_1에서 P_2로 인상되었다. 다시 말해서, 가격인상은 생산비용의 증가보다 적다는 것이다. 이는 비용의 증가가 소비자와 기업 사이에서 분담된다는 것을 의미한다.

추가적인 비용이 소비자와 기업 사이에서 어떻게 나누어지는가 하는 것은 수요와 공급의 탄력성에 의해서 결정된다. 탄력성의 개념은 제2장에서 자세히 논의되었지만, 여기에서는 탄력성이 가격의 변화에 대한 매도인 또는 매수인의 반응 정도를 측정한다는 사실만 알면 충분하다. 단순한 예로서 <그림 3>과 <그림 4>를 생각해보자. <그림 3>에서 수요는 매우 비탄력적이며, 이는 매수인이 가격변화에 대하여 그다지 큰 반응을 보이지 않는다는 것을 의미한다. 한편, <그림 4>에서 소비자는 가격에 대하여 상대적으로 탄력적인 반응을 보이고 있다.

〈그림 3〉

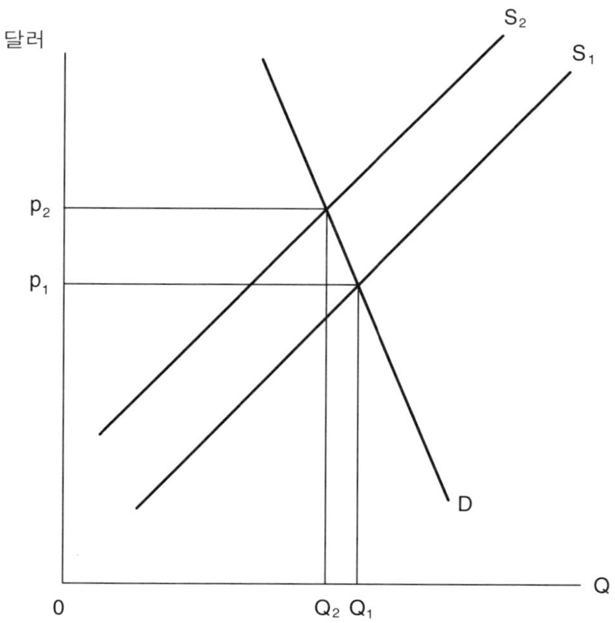

〈그림 4〉

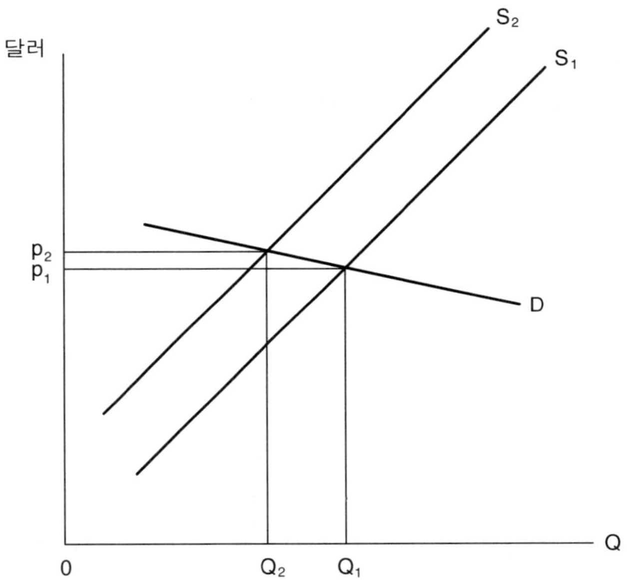

두 그림에서, 최초의 공급곡선(S_1)은 동일한 특성을 보이며 제품에 대한 가격은 P_1이다. 엄격책임인 제조물책임을 부담하게 된 후의 공급곡선(S_2) 역시 동일한 특성을 보인다. 즉, 공급곡선들은 수직적으로 똑같은 거리만큼 위로 이동했다. 두 예에서는 모두 새로운 가격(P_2)이 존재한다. 그러나 <그림 3>에서의 새로운 가격은 <그림 4>에서의 새로운 가격보다 높다. 이는 <그림 3>에서 나타나 있는 시장에서의 소비자는 가격에 민감하게 반응하지 않고, 이에 따라 상승된 비용을 기꺼이 부담하려고 하기 때문에 당연히 도출되는 결론이다. 반면에 <그림 4>에서의 소비자는 가격에 대하여 민감하게 반응하고 있으며, 기업은 더 높은 가격설정의 형식으로 비용의 상승분을 전가할 수 없다는 것을 보여주고 있다.

이것이 제시하는 것은 엄격책임인 제조물책임은 비용, 그리고 궁극적으로는 기업의 이윤에 영향을 미친다는 것이다. 물론 이윤은 기업의 주주들에게 중요하다. 게다가 다른 기업보다 이윤이 적은 기업은, 더 많은 이윤을 창출하는 회사만큼 투자자를 유치할 수가 없다. 극단적인 경우 기업의 지불능력이 위협받을 수도 있다. 그에 따라 그 기업에서 근무하는 사람에 대한 고용에도 영향을 미칠 것이다. 정리하자면, 엄격책임인 제조물책임의 문제는 단순히 손해를 분산하거나 손해를 자력 있는 자에게 분배하는 것보다도 복잡한 문제라는 것이다.

3. 구조의무(Duty to Rescue)

여기서 '구조의무'가 논의되는 이유는, 사람들이 상대적으로 쉬운 구제조차 떠맡기를 꺼리는 것에 대해서는 책임이 없다는 일반규칙이 위험에 빠진 사람들에게 엄격책임을 적용하는 것처럼 보일 수 있기 때문이다. 이러한 측면에서 볼 때에도 구조의무의 부존재와 경제적 효율성은 조화되기 어렵다. 이 문제는 핸드 공식의 관점에서 다시 생각함으로써 해결될 수 있다. 간단한 구조 사례에서 B는 PL에 비해서 상당히 적을 것이다. 따라서 최소한 1차 사고비용의 관점에서는 부담이 적을 때 도움을 주지 않은 사람들에게 책임을 부과하는 것이 효율적인 것처럼 보인다.

여기에 구조의무의 부존재와 경제적 효율성을 조화시키려는 논의가 등장할 수 있다. 이런 논의에는 유용한 논점들이 있지만, 특히 중요성을 가지는 몇몇 논점이 있다. 예를 들어 리차드 포즈너(Richard Posner)는, 구조의무는 구제가 필요할 것 같은 선에서 비용을 부과할 것이고, 이에 따라 예상 구제 수혜자의 수가 감축될 수 있음을 지적했다.[18] 이와 유사하게 그는 구조의무가 구제에 동참하고자 하는 이타주의자가 받게 되는 심리적 수입(즉, 만족감)을 감소시킬 가능성도 주장했다. 이 역시 더 적은 구제라는 결과를 초래할 것이다.

비록 이 모든 논의들이 타당하다고는 할 수 있어도, 어떻게 해서 간단한 구조를 행하는 의무가 현실적으로 구조의 횟수를 감소시키고, 그 결과 1차 사

18) Richard Posner, *Economic Analysis of Law* 190-191 (6th ed. 2003).

고비용을 증가시키는 것인지에 대해서는 명쾌한 설명을 하지 못한다. 구조의무가 있을 경우에 혹시 증가할 수도 있는 비용은 제3의 사고비용이다. 언제 그러한 의무가 발생하며, 언제 그러한 의무가 준수되어야 하는지를 결정하는 것은 어렵고 애매하다.

비록 구조의무의 결여가 순수한 경제적 이론 이외의 다른 것으로 가장 잘 설명될 수 있다 하더라도, 구조의무를 인정하는 법정책은 어느 정도 경제적으로 합리적인 설명이 가능하다. 구조의무를 부정한다는 것은 자기 자신의 위험은 자신이 책임져야 한다는 입장과 맥락을 같이하는 것이다. 깊은 물속에서 수영하고 있는 상황을 예를 들어 설명하자면, 수영하고 있는 사람은 어떤 의미에서는 다른 사람에 의한 것이 아닌 모든 불행에 대해서 책임이 있다고 할 수 있다. 이는 모든 결정비용을 내부화하여 일을 더 효율적으로 만든다. 이와 반대로 위의 예에서 해안에 서 있는 사람들이 수영하고 있는 사람을 구조하러 가지 않았으면, 이들 모두 책임을 지게 되는 가능성도 존재한다. 이 경우에 결정비용 중 일부분을 다른 이에게 전가할 수 있다. 결과적으로 수영을 하는 행위는 외부성의 상황을 초래할 수도 있다.

4. 엄격책임에 대한 항변(Defenses to Strict Liability)

과실책임과 마찬가지로 엄격책임을 부담하는 피고가 원용할 수 있는 항변이 존재한다. 경제학적인 관점에서 본다면 이러한 항변의 사용은 문제가 될 수 있다. 이러한 항변을 도입하는 것은 1차사고비용을 낮춰줄 수는 있으나, 제3의 비용을 증가시킬 수 있으며 이익을 상쇄할 수도 있다. 이러한 상쇄효과의 가능성은 항변이 명백히 적용 가능한 경우에 낮아질 수 있다. 모든 항변 사례에 있어서 중요한 경제적 문제는, 항변의 원용가능성이 최소의 비용으로 사고를 회피할 수 있는 자로 하여금 방지조치를 취하도록 하는 가능성을 높여줄 수 있을 것인지의 여부에 있다.

a. 예견할 수 없는 오용(Unforeseeable Misuse)

결함 있는 제품을 판매한 제조업자에게 엄격책임을 부과하는 것이 경제학적으로 의미 있는 논의라 하더라도, 제품이 제조업자가 합리적으로 예상하지 못한 방법으로 사용되는 경우에는 문제가 발생할 수 있다. 핸드 공식에 의하면, 사고의 가능성이 극히 낮다거나 또는 제품이 오용될 수 있는 모든 가능한 유형을 예견하고 대응하려는 조치로 인한 제조업자의 부담은 상당히 크다고 말할 수 있다. 제품을 오용한 당사자는 보다 덜 부담스러울 것이며, 따라서 가장 낮은 비용으로 사고를 회피할 수 있는 당사자가 될 가능성이 높아질 것이다.

'예견할 수 없는' 오용 사례에서의 초점은 오용보다는 제조업자가 오용을 합리적으로 예상하여 손해를 초래하는 결과가 회피될 수 있는 방식으로 제품을 고안할 수 있는지에 있다. 예컨대, 자동차를 다른 자동차와 충돌시키는 것은 자동차에 대한 오용이라고 볼 수 있으나 이는 동시에 제조업자가 쉽게 예상할 수 있으며 충돌에 잘 견디는 자동차를 고안하고 제조함으로써 대응할 수 있다. 다른 한편, 자동차의 난방기를 식품조리의 용도로서 사용하는 것은 제조업자의 예상을 기대할 수 있는 오용이 아니다. 제조업자가 '예상할 수 있는' 오용에 대하여 책임이 있다고 하더라도 이것이 방지조치가 취해질 것이라는 것을 의미하지는 않는다는 것을 항상 주의하여야 한다. 엄격책임에 관한 모든 예에서처럼 기업은 개선을 함으로써 발생하는 부담이 예상되는 책임에 의하여 정당화될 수 있는지 여부에 대하여 결정을 하여야 할 것이다.

b. 불합리한 위험인수(Unreasonable Assumption of Risk)

'위험을 인수'했다는 항변은, 원고가 제품 사용에 수반되는 특정한 위험을 알면서도 이를 사용하기로 선택한 경우에 문제된다. 이 경우 시기가 중요한 요소가 되는데, 제품에 실제로 결함이 있을 가능성이 있어도 제조업자는 제품을 사용할 당시에 가장 비용을 낮출 수 있는 입장에 있었던 것이 원고였다는 이유를 들어 책임에서 벗어날 수 있다. 이러한 접근은, 제품이 일반적으로는 결함이 없고 특정한 용도에서만 위험성을 보이며, 원고가 그 결점을 알면서 그 한계를 시험하듯 제품을 사용할 것을 선택한 경우에 경제학적인 의미를 가진다.

모든 항변사유들은 제조업자가 제품을 개선하려는 동기를 감소시키는 요인이 될 수 있다. 이는 다음의 두 가지 이유로 좋은 결과가 아니라고 할 수 있다. 첫째, 제조업자가 책임을 부담한다고 하더라도, 이는 상당한 개선비용을 초래하는 경우에서 알 수 있듯이, 사고가 회피되는 것을 의미하는 것은 아니다. 둘째, 개선비용은 예상 사고비용으로 계산이 되었더라도 사고를 예방할 수 있는 가장 저렴한 방법이 아닐 수도 있다. 달리 말하자면, 제조업자는 비용을 최소화할 수 있는 입장에 있지 않을 수도 있다.

c. 기여과실과 비교과실(Contributory and Comparative Negligence)

엄격책임에 대한 하나의 항변으로 피고에게 원고의 과실을 원용할 것을 허용하는 것을 들 수가 있다. 만일 이것이 원고의 구제를 위하여 완전히 금지된다 하더라도, 피고가 발생시킨 1차사고비용이 최소화될 것이라는 보장은 없다. 문제는 원고에게 과실이 있는 경우에도 피고가 비용을 최소화할 수 있는 적격자일 수 있다는 점에 있다. 이러한 항변을 허용함으로써 피고는 적절한 경제적 신호를 받지 못함으로써, 사고를 회피하는 데 대한 誘因을 가지지 못하게 될 것이다.

다른 가능성은 사고에 대한 원고의 기여과실로 감축된 손해액과 관련된 당사자간의 책임관계를 정하는 것이다. 그러한 책임관계는 원고의 행위가 손해를 자초한 경우에 손해 전부를 제조업자의 행위로 간주하는 것은 부당할 수 있기 때문에 설득력이 있다. 한편에서는, 비교과실의 특성에서 알 수 있듯이 당사자간의 손실을 분담하는 것은 예방에 대한 지나치거나 혹은 부족한 투자라는 결과를 초래할 수 있다. 그러므로 목표가 1차사고비용을 최소화하는 것이라면, 다른 당사자들도 손해를 예방하거나 감소시킬 수 있었더라도, 비용을 최소화할 수 있는 당사자에게 손해 전부를 책임지도록 하는 방안이 합리적이다.

H. 손해배상(Damages)

이 장을 통하여 시사된 바와 같이, 불법행위 제도는 적절한 시장 동기를 부여함으로써 사고비용을 최소화하고 사고를 방지하려는 노력으로 이해될 수 있다. 모든 시장에서와 같이 효과적인 결과를 달성하는 핵심적 고리는 부과된 가격—이 경우에서는 과실행위에 대한 가격—이 정확해야 한다는 것이다. 이 경우의 정확성은, 피고가 배상한 손해액이 원고에 대한 행위의 비용을 사실상 반영하고 있다는 것을 의미한다. 가격결정을 복잡하게 하는 4개의 구체적인 논의는 다음과 같은데, 병행배상의 원칙, 장래손해, 쾌락손실 그리고 징벌적 손해배상이 그것이다.

1. 병행배상의 원칙(Collateral Source Rule)

병행배상의 원칙에 의하면 예컨대, 피해자가 피해사실을 원인으로 보험금을 지급받았다는 이유로 가해자의 책임이 감축되지 않는다. 이 원칙은 원고가 과잉배상을 받을 가능성을 만들어낸다. 한편, 과잉배상에 대한 하나의 해결책은 원고가 다른 방법으로 손해를 배상받은 경우에는 피고에게 배상을 청구하지 못하도록 하는 것이다. 경제학적인 관점에서 제기된 문제는 원고에 대한 과잉배상과, 피고에게 비효율적인 배려를 강요할 수 있는 피고의 사고비용 내부화의 결핍 중에서 어느 것이 덜 바람직하냐는 것이다.

보험의 경우, 보험회사가 배상자대위(subrogation clause)의 이익을 누리는 한 앞에서 언급한 상황은 발생하지 않을 것이다. 이는, 원고는 한 번만 배상을 받고 보험회사가 그의 지출액에 대하여 상환(reimburse)을 받는 것을 의미한다. 피고에게 보내는 시장의 신호는 1차 사고비용을 최소화한다는 점에서 정확해야 한다.

2. 장래의 손해(Future Losses)

적정한 가격형성에 이르는 과정에서 발생하는 가장 일반적인 문제 중의 하나는 바로 장래 손해의 산정이다. 예컨대, 손해가 피해자의 가동능력(稼動能力)을 감소시킨 경우에 이러한 장래의 손해를 어떻게 현재의 금액으로 환산할 것인가? 물론, 상실된 장래의 이익 전체를 단순 가산하는 방법도 있다. 이에 의하면 피해자의 가동능력이 감소되어 앞으로 10년 동안 매년 100달러의 손실이 발생하는 경우, 피해자는 1,000달러의 손해를 배상받을 수 있다. 그러나 여기에는 많은 복잡한 요소들이 있다.

첫째, 비록 원고의 가동능력이 매년 100달러라는 수준보다 감소하는 경우도 있겠지만, 더 많은 경우에 있어서 대체로 피해자가 경험을 쌓을수록 생산성이 보다 높아질 것을 기대한다. 그러므로 장래소득에 대한 계산은 생산성 향상이 가져오는 소득의 증가에 의하여 조정되어야 할 필요가 있다.

둘째, 만일 손해가 앞으로 10년 동안 매년 100달러로 일정하다 하더라도, 원고에게 1,000달러를 배상하는 것은 과잉배상이 될 수 있다. 원고는 장래에 100달러의 수입을 얻을 수 있을 것이며, 따라서 손해배상액의 산정에 있어서 이 점을 고려하여야 한다. 그렇지 않을 경우 원고는 배상받은 1,000달러를 투자함으로써 결국 매년 100달러 이상의 보상을 받는 것이 된다. 적당한 '가격결정'의 관점에서 볼 때, 과실이 있다고 인정된 활동에 대한 대가가 너무 높다.

셋째, 인플레이션으로 인하여 장차 소득이 높아질 수 있다. 피해자가 현실적으로 사고 이후에도 사고 이전과 마찬가지로 생활할 수 있기 위해서는 오늘

손해배상으로서 받은 금전이 시간이 흘러도 그 구매력을 잃지 않아야 한다. 사고가 없었더라면 원고는 적어도 그의 실질 구매력을 일정수준으로 유지하기 위해서 '생활비' 임금의 인상 등을 받을 수도 있다. 이는 손해배상에 있어서도 인플레이션이 적용되어야 한다는 것을 말해 주고 있다.

이러한 복잡한 요소들 중에서 아마도 첫째 요소가 가장 논란의 여지가 적을 것이다. 만약 원고가 생산성 향상으로 더 높은 소득을 얻게 된다면, 이러한 잠재적 가동능력의 손실이 손해배상에서 합법적인 부분이 된다는 것은 매우 명백하다. 그러나 이것이 실무에서 이들 손해를 증명하는 것이 쉽다는 것을 의미하지는 않는다.

둘째와 셋째 문제는 서로 관련이 있으며, 이에 관하여는 논의의 여지가 있다. 이론적으로 원고는 그의 소득에서의 손실을 배상받기에 충분한 정도의 손해배상을 받아야 한다. 따라서 단순히 손해를 가산하는 것보다는 투자될 경우 만족스러운 장래수입을 만들 충분한 액수를 원고에게 한 번에 지급하는 것이 목표이다. 이는 장래의 실제적 손실이 소득의 적정한 수준의 액수까지 할인되거나 감액된다는 것을 의미한다. 전문적으로 말하면 장래소득은 현재 가치로 할인된다. 예컨대, 만일 현행 이율이 10%인 경우, 첫 해의 연말에 지급하기로 되어 있는 100달러의 현재가치는 약 90달러일 것이다. 왜냐하면 90달러는 연말에 100달러가 될 것이기 때문이다.

할인과정과 현재의 가치를 산정하는 공식은 다음과 같다:

$$n\text{연도의 장래수입} \;/\; (1+r)^{n}$$

여기서 r은 이자율이며, n은 소득을 얻게 될 연도를 나타낸다. 이 분수의 분모가 n의 증가와 더불어 커지기 때문에, 나중에 받게 될수록 소득은 더 크게 할인되는 것이 논리적이며 명백하다.

현재의 가치로 할인하는 과정에서 많은 문제들이 발생한다. 첫째로는 할인이 행해져야만 하는가의 문제이다. 할인을 반대하는 논의 중의 하나는 그러한 과정이 이자율과 관련하여 예측에 의존한다는 것이다. 게다가, 만일 누군가가 우선 인플레이션을 고려하여 장래수입을 조정하고 나서 현재의 가치로 환산하면, 이 두 단계는 서로를 상쇄할 것이다. 이 문제는 2개의 효과가 서로를 무효화한다는 가정에 의하여 단순화된다. 만약 할인율과 인플레이션율이 서로를 상쇄한다는 가정이 잘못되었다면, 이것은 분명히 할인율이 인플레이션율을 초과하기 때문일 것이다. 이는 원고가 과잉배상을 받는다는 것을 의미한다. 비록 그 후의 '가격'은 주된 사고비용과 관련하여 부정확한 것이라 하더라도, 이러한 접근방법은 사고의 제3의 비용을 낮출 가능성이 있다는 사실로 인하여 설득력을 가진다.

만일 상쇄에 의한 접근방법에 동의하지 않는다면, 어떠한 할인율을 사용해야 하고 어떻게 인플레이션을 산정해야 하는지가 문제될 것이다. 이 논의들이 왜 관련이 있는가를 이해하기 위해서는 이자율의 구성요소를 검토하는 것이 도움이 될 것이다. 이자율을 부과하는 원인 중의 하나는 장차 지급될 금전이 인플레이션으로 인하여 현재의 금전에 비해서 가치가 떨어질 수도 있기 때문이다. 나머지 이자율, 즉 이자율에서 인플레이션율을 빼고 계산된 이자율을 '실질이자율'(real interest rate)이라고 부른다.

이론적으로 인플레이션을 고려하여 예상되는 장래수입을 상향 조정하고 이를 전체 이율에 의하여 할인하는 것은 부분적인 상쇄과정에 지나지 않는다는 것을 의미한다. 할인 문제에 대한 한 가지 접근방법은 모든 인플레이션 조정을 무시한 다음 실질이자율에 의해서 할인하는 것이다. 그렇다고 하여 이것이 모두가 동의할 수 있는 실질이자율이 존재한다는 것을 의미하지는 않는다. 실질이자율을 정확하게 정할 수는 없어도, 대략 1.5에서 3%의 범위 내가 될 것이다.

또 다른 문제는 할인율로서 무엇을 사용해야 하는가이다. 할인율은 장기국채(long-term government securities)와 같이 안전한 투자에서 얻을 수 있는 수익과 같아야 한다는 것이 보편적인 생각이다. 이러한 이론은, 피해자는 손해를 배상받고 그것을 위험이 적은 곳에 투자하여 사고가 없었더라면 받았을 수입을 받는 위치에 있어야 한다는 것이다. 여기서의 문제는 원고의 장래수입이 아마도 국채의 지급만큼 안전하지는 않을 것이라는 점이다. 예컨대, 경마의 기수 또는 의료제도를 개혁하는 시기의 내과의사의 수입을 예측하기는 힘들다. 그러므로 할인율은 예상되는 장래수입과 관련된 위험을 고려하여 상향 조정되어야 한다는 논의가 계속되고 있다.

3. 쾌락손실(Hedonic Losses)

쾌락손실은 삶의 즐거움을 상실한 데서 오는 손실이다. 이러한 손실은 실제적인 비용이나 소득 감소로 이어지지는 않는다. 낚시가 취미인 경우를 예로 들자면, 사고로 더 이상 낚시를 할 수 없게 되었다면 그 손실이 쾌락손실인 것이다. 쾌락손실이라는 개념은 피해자가 사망한 경우까지 확대 적용될 수 있다. 이론적으로 사고의 발생에 의한 모든 손해는 가해자에 의하여 내부화되어야 하고, 삶의 즐거움에 대한 손실도 이 계산에 포함되어야 한다. 이 문제는 피해자가 그의 인생에서 어떠한 것을 가치있게 여겼는가를 결정하여야 할 때 복잡해지고 논란이 일어난다.

경제학자들은 이 문제에 대하여 다음과 같은 논증을 통해 해결한다. 승용차에 사이드 에어백을 다는 옵션이 있고 여기에는 200달러의 비용이 든다. 당신은 에어백을 구매했다. 에어백이 있는 경우 사고로 죽을 확률은 0.00003이다. 에어백이 없다면 그 확률은 0.00004가 된다. 이에 대하여 당신의 삶에 있어서의 0.00001의 가능성이 적어도 200달러보다는 값지다고 해석할 수 있다. 만일 0.00001이 최소한 200달러의 값어치를 지닌다면 당신의 삶의 전체는 최소한 (200달러의 100,000배인) 2,000만 달러의 가치라고 할 수 있다. 그러나 이 방법은 충분하지 않은 정보에 따른 결정에 기초해 있고, 인생 전체의 가치를 나눌 수 있는 것처럼 다룬다는 점에서 의문스럽다.

4. 징벌적 손해배상(Punitive Damages)

몇몇 불법행위의 사례에 있어서, 원고는 징벌적 손해배상을 받거나 피해를 입은 것보다 더 많은 배상을 받는다. 사고비용의 최소화와 핸드 공식의 관점에서 볼 때, 징벌적 손해배상은 잠재적 가해자가 비효율적일 정도로 많은 주의를 기울이게 하는 것처럼 보인다. 예컨대, 사고회피비용이 100달러, 기대손해(PL)가 90달러라고 가정해 보자. 이 사례에서 효율적인 행동방향은 사고를 회피하기 위하여 계획된 선행절차를 따르는 것이다.

다른 한편, 징벌적 손해배상을 부담할 가능성이 있다면 가해자는 사고회피비용을 징벌적 손해배상금을 포함한 손해배상액 전체와 비교할 것이다. 이것을 150달러라고 가정하자. 이제 가해자가 사고를 예방하기 위한 비용을 150달러까지로 잡는 것이 합리적이다. 물론 문제는 100달러로 회피되어야 할 손해가 여전히 90달러밖에 안 되며, 사고비용도 최소화되지 않았다는 것이다.

만일 가해자가 회피조치를 취하는 것이 이미 경제적으로 의미가 있다면, 과잉투자의 위험성은 나타나지 않을 것이라는 점에 주의하여야 한다. 따라서 만일 사고를 회피하는 부담이 예상되는 손해보다 적다 하더라도, 가해자는 그 손해를 회피하기 위하여 조치를 취할 것이다. 예상되는 손해배상액에 대하여 보다 많은 액수가 가산되어도 이러한 결과를 변화시킬 수는 없을 것이다. 결론적으로, 징벌적 손해배상의 효과는 회피되어야 하는 손해에 의해서는 정당화되지 않는 사고회피노력에 대하여 투자하는 것을 장려하는 것뿐이다.

후자의 사례에서 과잉투자는 여전히 발생하지 않을 수도 있다. 여기서 사용된 기본적 모델은 모든 피해자가 가해자에 대하여 소송을 제기할 것이라는 가정을 포함하고 있다. 만일 피해자에 대한 피해가 소송비용에 비해서 상대적으로 적다면, 피해자는 소송을 제기하지 않음으로써 피해의 비용을 내부화할 수도 있을 것이다. 이는 여러 사람이 유사하게 피해를 입은 경우라 하더라도 마찬가지일 수 있고, 경제학적 관점에서 본다면 가해자가 예방조치를 취하는 것이 효율적일 것이다.

이들 예에서 징벌적 손해배상의 효과는 원고에게 소송 제기를 장려하는 것일 수도 있다. 징벌적 손해배상을 포함하는 예상 손해배상액이 피고의 행위에 의한 모든 피해자의 손해에 접근하는 한, 징벌적 손해배상은 보다 효율적인 행동을 장려하고 주된 사고비용을 낮춰줄 수도 있다. 그러나 이것은 신뢰할 만한 결과가 아니다. 오히려 우연의 결과일 가능성이 더 많다.

제7장

형사법에 대한 경제적 분석

07

경제적 분석을 형법에 적용할 경우 —형사소송법에 대한 분석에까지 확장할 경우에는 더욱더 그러하지만— 다양한 논점이 제기될 수 있다.[1] 사실 형사법의 자료들에 대한 경제적 분석의 포괄적인 적용에 있어서 정신건강에 관련된 법규범 및 도덕철학과 함께 실질적인 형법과 형사소송법을 고려할 필요가 있다. 이 장의 목적은 보다 소박하다. 여기서는 두 개의 기본적인 질문을 제시할 것이다. 첫째, 무엇이 형사법의 경제적 토대인가? 둘째, 처벌의 '적절한' 수준을 결정하는 데 있어서 어떤 요소가 고려되어야 하는가?

전통적인 경제학을 형사법에 적용하는 일은 이 책에서 설명되는 다른 어떤 법의 영역보다도 어색할 수 있다. 첫째, 실용적인 수준에서 볼 때, 형사법이 왜 존재하고 왜 형사법이 그렇게 시행되는지의 관점에서 경제적 분석이 보여주는 몇몇의 결론들은 형사법에 대한 일반적인 이해와 쉽게 일치하지 않을 것이다. 예를 들어 현재의 징역형이 자동차 절도에 대하여 지나친 억제효과를 갖고 자동차 절도의 수준을 비효율적으로 낮추기 때문에 보다 단기의 징역형이 정당화된다는 논의에 대해서 이를 심각하게 다루거나 고민하고 싶어하지 않는다. 그러나 이것은 형사법에 경제학이 적용될 때 자연스럽게 분석되는 것이다.

둘째로 형사법은 도덕적 관심에 의하여 영향을 받고, 삶의 모든 가치가 법의 경제적 분석에 있어서 전통적으로 선호되는 비용-편익 분석의 형태로 환원되는 것만은 아니라는 가능성에 의해서도 영향받는 듯하다. 그럼에도 불구하고, 상당한 정도의 형사법의 경제적 분석은 범죄행위와 관련된 것들은 법에 대한 준수의무에 의해 동기지어지지 않는다는 가정과 관련되어 있다. 그들은 '합리적인 이윤극대화 추구자'이며 기본적으로 비도덕적이다. 사실상 효율성의 분석에 있어서 일반적인 사회복지는 시대에 따라 변화하지만 누군가에게는 비합리적일 수 있는 중요하고도 다양한 가치로서 기능할 수 있다.

셋째로, 그러한 행위가 처벌할 만한 것인가 하는 것은 입법자가 답해야 할

---

1) 이에 대한 다양한 논점을 알고 싶다면, Richard Posner, *Economic Analysis of law,* 7장(5판, 1998)을 보라. Posner 판사는 일반적인 형사법의 문제뿐만 아니라, 고의, 마약과의 전쟁, 조직적인 범죄, 여러 예방에 대하여 설명하고 있다.

정치적 문제이며, 시장은 입법을 위해 존재한다고 암시하는 이론들이 존재하기 때문에 형사법은 '공공선택'의 관점에서 주목할 필요가 있는데, 이 토픽은 제11장에서 다루게 될 것이다.

A. 왜 형사법인가?

제6장에서는 과실(negligence)의 맥락에서 징벌적 손해배상을 부여하는 것이 경제적 합리성이 있는지를 간략하게 다루었다. 거기에서의 대답은 징벌적 손해배상의 사용은 타인에 대한 잠재적 가해자가 사고를 피하기 위해서는 비효율적으로 높은 수준의 주의를 부담해야 한다는 것이었다. 그러므로 사고비용을 최소화하려는 목표를 위해서라면 징벌적 손해의 적용은 회의적이다. 한편 제6장에서 언급한 바와 같이, 상대방에 대한 전체손해가 그 손해를 회피하는 비용을 초과한다 하더라도 누구도 법적 조치를 취하지 않을 만큼 각자에 대한 손해가 경미한 경우에는 징벌적 손해배상은 타당성을 갖는다.

형벌(penalties)에 있어서는 다른 어떠한 근거가 있는가? 기본적인 수준에서 세 가지로 나누어 볼 수 있을 것이다. 먼저, 사람들은 시장에서 교환이 일어나는 것을 선호하는 경향을 볼 수 있는데, 형사법도 그들을 그와 같은 방향으로 이끄는 데 있어서 일정한 역할을 할 수 있을 것이다. 두 번째로 당사자의 의사에 반하는 행동이라 하더라도 그것이 외부비용(external cost)을 만들 것이라고 생각하기 때문에 피하고자 하는 행동이 있을 것이다. 이것은 그 행동이 우리의 도덕적 감수성을 해치는 외부적 해악(external harm)으로 이끌 수 있다는 가능성과 깊은 관련이 있다. 마지막으로 형사법은 어떤 특정 행동을 낙인찍음으로써 선호를 형성하는 능력(선호형성력: preference shaping capacity)을 가질 수 있다.

1. 시장교환에 대한 동기유발

형법의 경제적 기능 중 하나는 재산이나 권리를 시장의 영역으로 이전하도록 행동을 이끄는 것이다. 이런 관계를 이해하기 위해 책임규칙(liability rules)과 재산규칙(property rules)의 관계에 관한 캘러브레시(Calabresi)와 멜라메드(Melamed)의 글을 참고하는 것이 유용하다.[2] 캘러브레시와 멜라메드는 권리를 보존하는 한 방법으로서 책임규칙과 재산규칙을 구별한다. 책임규칙하에서 개인은 다른 사람으로부터 비자발적으로 이전을 해오는 것이 가능하지만 시장가치에 의한 보상이 요구된다. 이런 형태의 '보호'(protection)는 거래비용이 높고 이론상 당사자가 존재하여도 자발적인 교환을 하려는 시도가 어렵거나 불가능할 때 적합하다. 책임규칙에 의존할 때의 위험성은 비자발적인 교환이 실제로 비효율적일 수 있다는 것이다. 다시 말해서 이익당사자가 얻은 것(item)만큼 피해당사자에게 보상하는 가치가 피해당사자가 그에 대해 평가하는 가치와 같지 않을 수 있다는 것이다.

이들이 주장하는 재산규칙은 거래비용이 낮은 경우에 적합하다. 이런 경우에는 이전이 반드시 합의에 의해서 이루어져야 한다. 그것은 바로 합의에 의한 교환이 실행될 때 당사자들에게 상호작용을 요구함으로써 비효율적인 교환이 일어날 위험성을 줄일 수 있다는 것이다. 예를 하나 들어 보자. 만약 당신이 가격이 5천 달러 나가는 갓 뽑은 1966년식 오스틴 미니(Austin Mini) 자동차를 갖고 있다고 하자. 그리고 그 외 옵션들을 달았기 때문에 오퍼에게 5천 달러 이상에 내놓았다고 하자. 사실 당신은 7천 달러 이하로는 안 팔려고 한다. 책임규칙에 충실히 따른다면 그것을 마음에 들어 하는 어떤 사람이 당신의 동의 없이 그 차를 무단으로 가져가서 시장가격으로 보상해 주면 된다. 어쩌면 그 사람은 당신에게 5천5백 달러만 보상해 줄 수도 있다. 그런데 책임규칙은 그 차

---

2) Guido Calabresi & Douglas Melamed, "Property Rules, Liability Rules and Inalienability: One view of the Cathedral," 85 *Harv. L. Rev.* 1086(1972).

의 가치를 낮게 평가하는 사람이 그것을 소유할 수 있는 결과로 교환이 일어날 수 있다는 것을 의미한다. 그 새로운 배분은 물론 비효율적이다.

한편, 재산규칙에 의해 차의 소유권이 보호된다면 그것은 당신의 동의 없이 이전될 수 없다. 기본적으로, 사려는 사람은 자신들이 매긴 매매가를 통해서 그들이 당신이 그 차를 평가하는 것보다 정말 더 높게 평가한다는 것을 알려주어야 한다. 실제로 형사법은 가끔 교환이 효율적으로 이루어지도록 하는 수단으로 보여진다. 그래서 그 차를 당신의 허락 없이 가져가는 사람은 처벌에 대한 위험을 무릅써야 한다. 이 같은 상황에서는 도둑은 훔쳐간 물건의 시장가격보다 더 많은 값을 치러야 한다는 것을 의미한다. 형사법과 경제학의 교재에서 이것을 'kicker'라고 표현한다. Kicker의 크기—형량—는 또 다른 문제이고 이 장의 두 번째 부분에서 논의할 것이다. 이러한 점에서 가벼운 처벌이 시장교환을 활성화하기에 충분치 않다는 것은 두말할 나위가 없을 것이다. 예를 들어 차를 훔치는 행위에 대하여 10달러의 벌금을 물리는 데 그친다면, 도둑은 시장거래가 항상 가능하다는 것을 알면서도 시장거래가 더 낫다고 생각하지 않을 것이다.[3] 분명히, 시장거래가 더 낫다고 생각할 정도로 처벌은 무거워져야 한다. 달리 말하면 부적절한 kicker는 재산규칙을 책임규칙의 성격으로 바꾼다는 것이다.[4]

이전을 시장으로 유도한다는 의미로서 범죄의 제재라는 개념은 개인이 각자의 재산을 보호한다고 생각할 때 상대적으로 쉽다. 다소 인위적인 상황인지 모르지만, 어떤 사람은 그 논리(analysis)를 신체에 대한 침해(상해: bodily harm)로 확대 해석할 수도 있다. 예를 들어 다른 사람을 해치거나 강간을 한 사람을 위의 도둑으로 볼 수 있다. 문제는 과연 그가 상해나 강간에 대한 시장가격을 내기만 하면 그는 다른 사람을 해쳐도 되는가이다. 다시 말해, 책임규칙이 적용되어야 하느냐는 것이다. 하지만 여기서는 객관적으로 그것들의 시장가치를

3) 뒤에 설명되겠지만, 범죄추적의 가능성은 적절한 처벌수준을 결정하는 데 중요한 요소이다.

4) 이에 대해서는 각주 2)의 Calabresi & Melamed의 글 1125면을 보라.

측정하기가 힘들고, 효율적인 이전을 증진하는 데 있어서 재산의 경우에서 보다 더 신빙성이 없어 보인다. 그러한 개념들의 허점(silliness)은 강간의 경우에 무엇이 그에 대한 보상이 될 수 있는가 하는 질문에서 드러난다. 그것은 도난 차량에 대한 정부연감에 나오는 그것들의 가격을 보는 것처럼 단순히 매춘이 불법인 곳에서의 성교(sex)의 가격으로 측정할 수는 없다. 첫째, 리차드 포즈너(Richard Posner)가 지적하듯이, 강간범은 단순히 성교를 훔쳐가는 것에 그치는 것이 아니라 그것이 강제적이라는 것으로부터 효용을 얻는다는 것이다.[5] 같은 문제가 타인에 대한 상해를 통해서 쾌락을 느끼는 사람들에게도 적용될 수 있다.[6] 이 경우에 있어서는 책임규칙이 적합하지 않다는 것이 명백하다.

거래비용이 충분히 낮다는 사실은 재산규칙이 강간과 다른 상해의 예에서 더 적합하다는 것을(attractive) 의미할 수도 있다. 이것은 강간을 줄이는 데에도 성공할 수 있는 것처럼 보인다. 우선 가격이 상당히 높다. 둘째, 강간범이 강제적인 성교를 원한다 하더라도 이것은 시장에서 어떤 가격으로도 구입할 수 없게 될 것이다. 이유는 시장가격이 성립하자마자, 그 행동의 강제적인 본성에서 나온 효용은 사라질 것이기 때문이다. 반면에, 재산규칙이 상해와 관련된 사례에서는 원하는 결과를 달성했음에도 불구하고, 법이 강간과 상해에 대한 '효율적인' 수준을 성취하기 위한 욕구에 의해 동기지어진 것은 아닌 것 같다.

재산규칙과 책임규칙을 구별하는 것이 논리적 매력이 있고 법이 왜 '그러한가'라는 문제에 대하여 실제적인 설명을 할 수는 없지만, 그것은 많은 형사법들을 조화시킬 수 있다. 하지만 재산규칙과 책임규칙의 체계와 함께 형사법의 조화가 깨어지는 예는 많다. 먼저 거래비용이 낮아서 재산규칙이 적용되어야 할 것 같은데도 법은 자유롭게 발생하는 거래를 허용하지 않는 경우가 있다. 이것은 특히 이른바 '피해자 없는 범죄'(victimless criminal)에서 나타난다. 예를 들어, 법에서는 장기매매나 매매춘을 허용하지 않는다. 둘째, 거래비용이 높아서 책

---

5) 이 장 각주 1)의 Richard Posner, *Economic Analysis of law*, 238면 참조.

6) 개념상 합의 없이 행해지는 강간의 경우와는 다르지만, 타인에게 피해를 당하면서 쾌락을 얻는 경우도 있다.

임규칙이 적용될 것처럼 보이는데, 법에서는 피해에 대한 보상보다 더 많은 것을 요구한다. 예컨대, 음주운전자들에게 그들이 입힌 피해만큼만 보상하도록 하지는 않는다. 셋째, 위에서 묘사했듯이, 경제적 이익에 대한 해석을 억지로 끼워 맞춰야만 법이 강간이나 그와 같은 범죄를 설명할 수 있다. 이 모든 예에서, 옳고 그름의 광의의 도덕개념이 적용된다. 사실 동의는 독립적이고 높은 가치가 있어서 강간은 성교에 대한 공정한 시장가격에 앞서 보호되는 개인의 자율성에 대한 침해이다. 결론적으로, 우리가 범죄라고 부르는 일정한 행위들은 전혀 재산규칙에 의해서 다루어질 것이 아니라, 오히려 양도할 수 없는 인간의 가치의 문제에 의해서 규율되는 것이다. 다시 말해 법은 일정한 유형의 거래에 대해서는 이를 허용하지 않는다는 것이다. 이런 예에서는 법 그 자체가 거래비용으로 보일 수 있고, 단순히 교환이 효율적으로 일어나게 하기 위해서가 아니라 다른 방법으로 일어날 수 있는 교환들을 제거하기 위한 목적이 크다. 이러한 범주는 형법이 책임규칙을 재산규칙화되지 못하게 하기 위해 설계된 사례도 포함한다. 줄 콜먼(Jules Coleman)이 언급했듯이, 우리는 오염자에 대해서는 불법행위에 대한 보상을 하게 하지만, 오염자가 앞으로 오염시킬 권리를 사는 것은 허용하지 않는 것과 마찬가지인 것이다.[7)]

2. 형사법과 외부성

앞서 언급했듯이, 어떤 사람은 거래비용이 낮을 경우 교환이 합의적으로 되도록 강제한다는 단순한 설명으로 모든 형법규범을 조화시키기를 열심히 강요하려고 한다. 예를 들어, 거래비용이 높지만 그 행위는 범죄인 많은 예들이 있다. 일반적으로 법은 외부성을 낳으려는 경향의 행동을 금지하도록 설계된

7) Jules L. Coleman, "Crime, Kickers, and Transactional Structure," *Nomos* XVII; *Criminal Justice* 313 (J. Danache & J. Chipman, eds., 1985).

것 같다. 과속, 주차위반, 국기모독(flag burning) 등이 이 범주에 해당할 것이다. 이러한 것들 중 특별한 경우는 원당사자들의 합의에 의해 이루어진 행동으로부터 실제적 또는 가상적 외부성이 퍼져나갈 때이다. 합의된 수간(獸姦), 매매춘, 마약거래, 장기(臟器)나 영아 매매 등이 이 범주에 해당한다.

a. 일반적인 외부성

제6장에서 논의한 바와 같이, 불법행위법(tort law)의 주요한 경제적 초점은 외부성에 관한 것이다. 행위 당사자는 그의 행위가 타인에게 해를 끼친다는 것을 고려하지 않을 때에 비효율적인 행동에 더욱 몰두하려고 할 수 있다. 불법행위체계(tort system)는 이러한 외부적 효과를 내부화시키기 위해 설계되었다. 그러나 어떤 경우에는 상해행위를 재산규칙을 사용해서 시장거래로 유도하거나 가격 메커니즘으로써 사후(ex post) 보상에 배타적으로 의존하는 것에 대해서는 형사적 제재(criminal sanction)가 부과된다. 그러므로 과속 운전자는 과속으로 인해 위험을 느낀 사람에게 과속할 권리를 살 수 없고, 과속으로 인하여 실제 부상을 당한 사람의 피해에 대해 단순히 배상하는 것만으로는 충분치 않다. 비슷한 의미로, 주차위반자는 그로 인해 불편해질 사람들과 미리 협상할 수 없고, 주차위반으로 인한 혼잡으로 여행이 엉망이 된 사람들에게 단순히 배상만을 할 수도 없다.

경제적 관점에서의 질문은 왜 제3자에게 영향을 주는 이러한 유형의 행위는 다른 일반적인 불법행위들과 달리 취급되어야 하는가이다. 특히, 과속이 과실행위인가를 식별함에 있어서 왜 핸드 공식(Hand formula)만큼 쉬운 것에 의존하지 않는가? 과속으로 인해 일어나는 사고가능성을 손실에 의해 증가하고 금지하는 데 드는 비용과 비교한다면 과속운전자는 거의 항상 과실있는 당사자가 될 것이다. 하지만 다른 한편으로는, 과속이 사고로 이어질 수도 있지만 과실행위로 볼 수 없는 경우도 있을 수 있다. 예를 들어, 다친 아들을 병원에 데려가기 위해 과속하는 것은 과실행위로 보이지 않는다. 기본적인 불법행위법은 이러한 양쪽의 가능성에 대해 대처하도록 탄력성을 갖는다고 할 수 있다.

이런 법들을 이해하는 하나의 방법은 그것들을 코스정리의 맥락에 놓는 것이다. 제3장에서 보았듯이, 코스정리의 기본형식은, '거래 비용이 없는 환경'(transaction cost-free-environment)에서 소유권은 그에 대해 가장 높은 가치를 매기는 사람에게 주어진다는 것이다. 제3장에서 언급했고 포즈너(Posner)에 의해 대체로 계승된 이 이론에 따르면, 거래비용이 높은 경우에 사법부나 입법부로서는 가장 높은 가격을 매기는 사람에게 권리를 부여하는 것이 경제적으로 유익하다는 것이다. 권한을 배분하는 것을 경제적으로 이해하게 해 준다. 과속의 경우, 두 개의 법을 상정할 수 있다. 하나는 과속을 허용하고 운전자가 다른 사람을 치고 성공적으로 법정에 선다면 그에 대한 보상만 하는 것이다. 그와 대립하는 법은 사고가 나든 안 나든 과속을 금지하는 것이다. 가끔씩 과속을 하는 운전자들은 다른 운전자나 자전거 또는 보행자가 속도를 안 냄으로써 확보하는 안전보다 과속을 더 높게 평가한다고 볼 수 있다. 그러나 선택을 구성하는 또 다른 방법이 있는데 그것이 더 중요할 수 있다. 그것은 과연 과속하는 사람들은 동의 없이 다른 사람들을 해칠 수 있는가 하는 것이다. 여기에서 문제되는 것은, 사람들이 법에서 동의하지 않은 피해를 허용하는 것보다 동의하지 않은 피해에 대한 위협에서 벗어나게 해주는 것에 대하여 더 높은 평가를 할 것인가 하는 점이다. 만약 사람들이 일반적으로 개인적 자율성과 선택권을 중시한다면, 타인의 동의 없이 피해를 주는 사람들을 벌하는 원칙은 효율성과 일치될 수 있다.

형사법에 대한 이러한 설명은 또한 형사법의 다른 측면과 일치하는 것이다. 사람들은 비자발적 이전으로부터 자신을 보호하는 규칙을 선호할 수 있는 반면에 그들이 그러한 모든 이전에 반대하는 것은 아니다. 그러므로 그들은 운전자가 그런 위험을 만들어낼 수밖에 없는 어쩔 수 없는 이유가 있다면, 비자발적 이전에 대한 위험성을 받아들이려고 할 것이다. 따라서 과속에 대한 벌칙은 감옥생활이 아니라 단순히 편의상 과속을 하려는 사람들을 줄이기 위한 장치이다. 그 결과 아버지가 다친 아들을 위해 병원에 가기 위한 과속은 막을 수 없을 것이다. 결과적으로 벌칙은 합의되지 않은 위험이전에 대한 비용이라고 볼 수 있지만, 그것이 너무 무거워서 모든 이전을 막을 정도에 이르지는 못한다.

사실, 많은 예에서 '가격'에 있어서의 차별이 경제적인 측면으로 이해된다. 과속한 아버지는 그에 대해서 기본적인 벌금만 물면 될 것이다. 하지만 음주운전자에 대해서는 음주운전을 해야만 하는 절박한 이유가 거의 없으므로 그에 대한 벌칙은 훨씬 무겁다. 이와 마찬가지로, 주차위반은 기껏해야 다른 운전자들을 불편하게 하는 것뿐이고 다른 사람들을 불편하게 할 수밖에 없을 때의 이유도 과속만큼은 아니다. 그 때의 벌금은 그저 습관적인 주차위반을 막기 위할 정도로 가볍다. 이것이 의미하는 바를 더욱 일반적으로 말하자면, '법을 위반'하는 데에 있어서도 효율적인 수준이 있다는 것이다. 경미한 위반의 경우에는 이것을 이해한다는 것이 매우 간단한다. 그러나 그 규칙은 대부분의 중한 범죄를 제외하고는 거의 모든 경우에 적용된다. 분명히, 차를 훔치거나 심지어는 건물을 손괴하는 것이 효율적인 경우가 있다. 그러나 피해 당사자가 동의하거나 거절할 수 있는 기회가 주어졌다는 것을 가치로 평가할 수 있다는 점에서 피해는 크다고 할 수 있고, 따라서 이러한 범죄의 가격은 높다고 할 수 있다.

b. 외부성과 '피해자 없는 범죄'

성(性)과 마약을 돈으로 거래할 때 낮은 거래비용이 발생한다는 견해에 따르면, 형사법은 누가 자발적인 교환을 정말로 하는지에 대해서만 결론을 내릴 수 있는 것처럼 보인다. 이러한 거래를 금지하는 세 가지의 경제학적 근거가 있다. 첫째로는 계약법의 기본적인 이론으로 거슬러 올라간다. 효율적 교환이라는 것은 경쟁상태에 있는 당사자들 사이에서 발생하는 것이다. 일부 피해자 없는 범죄의 경우에, 양 당사자는 모두 온전한 경쟁상태에 있는 것처럼 보이지 않는다. 예컨대 매춘에 탐닉하는 마약 중독자가 실제로 자발적인 거래에 관련되어 있다고 말하는 것이 의미가 있는가? 분명히 매우 많은 경우에 있어서 경쟁상태와 관련된 결정은 정책적인 것으로 경쟁상태의 문제는 프라이버시와 간섭주의(paternalism)에 대한 사회의 관점으로 전환된다. 강박상태 또는 당사자 일방의 무지상태에서도 일어날 수 있는 자발적인 교환은 당사자들이 배분적으로(allocatively) 효율적인 결과를 가져오지 못한다는 근거로 인하여 금지될 수 있다.

아마도 이러한 교환에 있어서 효율성의 의미보다 더 중요한 것은 분배적(distributive) 결과일 것이다. 학문적 테두리 안에서 행동하는 경제학자들이 보기에 불편할 수도 있겠지만, 다양한 분배적 결과의 상대적인 장점을 결정할 때에는 경제학에 의해 제공받는 정보는 분배 문제를 고려하려는 사람에게 의미가 있다. 이른바 피해자 없는 범죄에 있어서는, 아마도 이러한 일방당사자에 의한 부당한 이익 취득이라는 관념의 기초에 대해서 반대할 것이다. 이것은 물론 경쟁상태(competency)라는 개념에 일정한 관련을 맺고 있으나, 기본적 생각은 착취적으로 보여지는 교환을 금지하는 것 중의 하나이다.[8)]

배타적으로 분배적 관심을 반영함에도 불구하고 당사자 중 한 명에게는 체계적으로 불리한 것처럼 보여지는 거래의 금지에 관한 관심을 평준화하는 것은 논의될 수 있다. 불필요한 단순화이다. 사실, 이러한 거래가 일어나는 방식으로 개인이나 집단이 느끼는 관심사는 효용의 관점에서도 논의될 수 있다. 예를 들어, 나는 영아판매를 반대할 것인데 그 이유는, 잘 살지만 아이가 없는 부부에 의해 저소득층의 어머니들이 이용당할 것이라고 생각하기 때문이다.[9)] 그러한 거래의 존재는 내 효용을 낮출 것은 물론이거니와 아마도 다른 사람의 효용도 낮출 것이다. 파레토최적의 관점에서 이러한 교환은 비록 교환 당사자가 스스로는 더 좋아진다고 느끼더라도 일부당사자는 더 나빠지기 때문에 이러한 거래는 효율적이지 않다. 보다 자유주의적인 칼도-힉스의 관점에서조차 거래당

---

8) 경제학자들은 착취(exploitation)에 대한 기술적 정의를 내리고 있다. 여기에는 목표를 추구하기 위하여 누군가를 이용한다는 보다 포괄적인 의미로 사용하기로 한다.

9) Matter of Baby M (N.J. 1988)을 보라.

사자들이 교환의 결과로 인해 피해를 입은 당사자에게 보상해 줄 수 있는 한에서만 효율적이라고 한다. 이러한 분석을 통해 두 가지 논점이 드러난다. 첫째, 불법적이지 않은 교환에 있어서 높은 세율의 부과는 그 교환이 어느 정도는 부적절하다는 것과 이러한 거래에 참여한 그 나머지의 사람들에게 보상을 해야만 한다는 것을 보여준다. 둘째로, 또한 이러한 교환의 완전한 금지는 정부의 자산이라는 것이 —교환으로부터 당사자가 얻는 것이 무엇이든— 교환에 의해서 불편해진 사람들을 보상하기에는 충분치 않은 것 같다.

분배적 효과에 대한 효율성에 근거한 분석은 피해자 없는 범죄가 언제나 희생이 없는 것은 아니라는 사실을 말해 주기도 한다. 보다 직접적이고 전통적인 분석을 통해 어떤 거래가 그 거래의 당사자가 아닌 사람에게 해를 끼칠 가능성이 있음을 알 수 있다. 에를 들어 매춘이 에이즈(AIDS) 확산에 기여한다고 할 때 이는, 제3자는 에이즈를 피하기 위해 돈과 에너지를 써야 함을 의미하는 것이다. 마찬가지로 마약거래에는 거금이 달려 있기 때문에 그 거래 당사자들은 무기를 지녀야만 할 것이다. 무기의 집결은 일반인들에게조차 위험을 야기할 수 있다. 이러한 것들이 상대적으로 구체적인 외부성들이다. 다른 경우는 설명하기가 더욱 어렵다. 예컨대, 'Baby M' 사건에서는 그 판결에서 언급된 분배적 쟁점뿐만 아니라, 대리모 계약의 시행에 따른 여성에 대한 지위의 격하를 언급하기도 했다.[10)]

불법행위법에 대한 경제적 분석에 있어서 쟁점은 어떻게 이러한 외부성에 대처할 것인가 하는 것이다. 형사법의 방향설정기능처럼, 객관성이라는 것은 효율적인 행동을 촉구하는 것처럼 보여진다. 그러나 전형적인 책임규칙(liability rule) 혹은 재산규칙(property rule)은 다소 복잡하다.

마약 · 영아 · 장기 · 성(性)의 매매에서, 주요 당사자 사이의 합의는 해를 야기한다. 그 경우 재산규칙 혹은 책임규칙은 동의한 당사자들이 직면하게 될 거래비용이 높을지 아니면 낮을지를 묻게 될 것이다. 만약 거래비용이 낮다면,

---

10) *Id.* at 537 A. 2 at 1250.

제3의 피해자의 동의를 얻는 행위를 유발하기 위해 형사적 제재가 적용될 것이다. 그러나 거래비용이 높다면, 후에 제기될 보상과 함께 행위가 허용될 것이다. 분명히 마약이나 영아 등의 매매에 있어서 책임규칙이 적용될 것 같다. 사실 법은 실제로 거래금지의 방향이 아니라, 재산규칙의 방향에서 규율하게 된다.

재산규칙의 영역에서 높은 거래비용의 교환을 유발하는 경제적 근거가 있는가? 하나의 가능성은 만약 책임규칙이 적용된다면 동의한 당사자에 의해 피해를 받은 자가 보상받을 수 있는 의미있는 무언가가 없다는 것이다. 예컨대, 도덕적으로 타당치 않은 인간장기 거래시장을 찾아낸 사람에게 어떻게 보상할 것인가? 어떻게 위반으로 인한 피해를 찾아내고 평가하겠는가? 법은 여기서 여러 가능성 중의 하나에 중심을 두는 것 같다. 그 하나는, 보상체계를 작동시키는 비용이 '거래'로부터 모여지는 수익(gains)을 정당화하기에는 지나치게 높다는 것이다. 두 번째로, 기꺼이 권리를 침해할 때 지불하려는 양은 가장 경미한 피해자가 지불하려는 것을 결코 넘지 않는다는 견해와 법이 절충하는 것은 가능해 보인다. 그러므로 이러한 거래를 시도하는 것조차도 제재하려는 당연제재원칙(per se rule)[11]과 같은 것은 경제학적으로 타당한 것이다. 마지막으로, —어느 정도까지는— 여기서의 외부성은 어떤 것들은 결코 사고파는 것이 아니라는 관점에 기초하고 있다. 이러한 사례들에 적용된 규칙은 만일 어떤 시장거래가 위법하다면, 최초의 거래에 의해 침해받은 자가 허락할 때의 시장거래도 마찬가지라는 생각을 반영할 뿐이다.

---

11) 역자주: 일정한 행위가 있으면, 손해가 발생하였는지 여부 또는 증명되었는지 여부와 상관없이, 그 행위는 제재의 대상이 된다는 것을 의미한다.

3. 형사법과 행동

위에서 언급되었듯이, 형사법을 불법행위법과의 관련 속에서 이해하는 것은 가능하다. 대부분의 분석들은 외부성의 문제와 이러한 외부성을 내부화하는 행동을 강제하는 데에 초점이 맞추어져 왔다. 또한 이러한 분석의 핵심은 범죄의 효율적 수준(efficient level of crime)이라는 관점에서 이루어지는데, 이는 어떤 범죄행위는 사회에 이로울 수도 있다는 전제를 포함하고 있다. 경제적 관점에서 논의를 하는 연구자 중에서 적어도 한 명은 형사법의 존재에 대한 이러한 설명을 거부한다. Kenneth Dau-Schmidt는 사회가 범죄행위에 가치를 부여한다는 견해를 거부한다. 그는 이러한 견해가 상식에 어긋나는 것이며 또한 형사법의 체계와도 일치하지 않는다고 주장한다.[12] 예컨대, 우리가 재범(再犯)에 대해 처벌의 강도를 높이더라도 각각의 범죄에 의하여 야기된 피해는 여전히 같다.

만약 형사법이 사회적 이익을 인정하는 전통적 관점에서 설명될 수 없다면, 선호를 바꾸려는 노력의 관점에서는 설명될 수 있을 것 같다. 즉, 목표는 사회적 후생을 극대화하기 위한 균형의 달성에 있지는 않다. 대신에 형사법은 사람들이 효용을 추구하는 것을 바꾸려는 노력으로 보여질 수 있다. 이렇게 나타난 행동적 변화의 유형을 주목하는 것이 중요하다. 가장 단순한 형태로서, 형사법과 관련 제재는 일어날 법한 결과를 선택하는 데 따른 가격을 올리게 된다.[13] 그 결과라는 것은 그러한 선택들 때문에 덜 일어나지만 예를 들어, 과속을 처벌하는 경우에, 운전자들은 목적지를 향해 좀더 일찍 출발하려는 선택을 하게 될 것이다. 그리고 공소(criminal prosecution)가 타당하다면, 타인의 재산을

---

12) Kenneth G. Dau-Schmidt, "And Economic Analysis of the criminal law as a Preference-Shaping Policy." 1990 *Duke L. J.* 1.

13) 이것이 적절한 사례라고는 할 수 없다. 처벌이나 금기의 외관을 창출하는 정부의 행위가 누군가에게는 더 매력적일 수도 있다. 예컨대, 국기모독에 관한 처벌은, 처벌을 통해 그러한 국기모독행위가 전달하려는 의도를 더욱 강력하게 확산시킬 수 있다는 점에서 그러하다. 여전히 정밀한 효과를 계량화하기는 어렵지만, 그 효과의 방향은 예측할 수 있다.

좋아하면서 그것을 훔치는 데 아무런 양심의 긴장(moral qualms)을 겪지 않는 자는 여전히 재산을 더욱 구입하려 할 것이다. 경제학적 이론을 통해 예측할 수 있듯이, 행위에 따른 가격이 증가하게 되면 개인들은 대체(행위)를 하려는 경향을 보이게 된다.

선호형성(preference-shaping)의 관점은 매우 다르며, 이는 수요곡선을 나타내는 것이 무엇인지를 상기함으로써 이해할 수 있다. 그 곡선은 다양한 가격에 따라 구매될 양을 보여준다. 모든 수요곡선에 깔려 있는 전제는 취향(taste)과 선호(preference)가 불변하다는 것이다. 예컨대, 가격이 상승할 때 사람들의 수요는 줄어드는데 이는 그들이 사려는 품목이 덜 만족스럽다는 것을 알아채기 때문은 아니다. 그들의 선호는 변하지 않는다. 변하는 것은 상대적인 가격이며, 한 품목의 가격 상승은 대체재가 지금은 더 매력적이라는 것을 의미할 수 있다.

수요곡선의 맥락 안에서 취향이나 선호의 변화는 전체 수요곡선의 이동을 의미한다. 취향 안에서의 변화에 따른 응답으로서 수요의 증가는 개인이 기꺼이 각각의 가격에 따라서 더 많은 품목을 구입할 수 있게 됨을 의미한다. 품목

〈그림 1〉

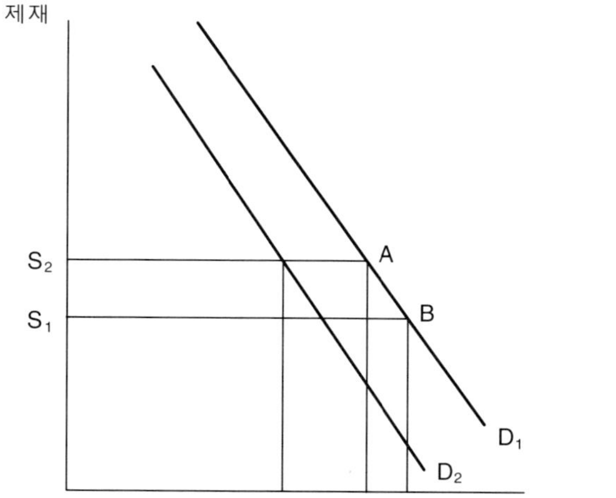

가격의 변화가 취향이나 선호의 변화를 의미하지는 않는다는 것은 경제학적으로부터 도출되는 근본적인 교훈인 것이다. 형사법의 맥락 내에서 그 교훈이 진실한지 여부는 분명하지는 않다. 어떤 행위가 범죄화될 경우, 행위의 양에 있어서 두 가지 방식으로 영향을 끼친다. 첫째, 행위의 비용은 커지고 '구입된' 양은 감소할 것이다. <그림 1>에서, 만약 제재가 S_1에서 S_2로 증가할 경우 수요곡선(D_1)상에서는 A에서 B로의 움직임이 나타날 것이다. 범죄화가 또한 행위의 매력을 감소시킴을 생각해 보라. 이것은 수요곡선이 D_1에서 D_2로 이동함을 의미한다. 더 중요한 것은, 행위의 양에 미치는 파급을 고려해 보는 것이다. <그림 1>에서 나타나듯이 범죄화 이전의 행위수준은 Q_1이다. 선호의 변화가 없는 한 제재가 부여되면 그 양은 Q_2가 된다. 만약 제재가 선호도에 영향을 미친다면, 그 양은 Q_3이다. 중요한 점은, 범죄행위와 관련된 난점은 ―투표권을 박탈하고, 범법자를 복권하고 교화(개량)하는 노력을 포함하여― 현존하는 수요곡선에서 사람들을 다른 점으로 움직이려는 노력보다는, 수요(곡선 자체)를 이동시키는 것이 보다 타당성을 가질 수 있다는 것이다.

B. 형사제재의 집행

만일 형법의 선호형성적 역할(preference-shaping role)을 받아들인다면, 그 선호를 형성하는 노력에 투자되는 비용은, 선호를 형성하는 다양한 방법에 드는 비용과 이른바 성격의 변화로부터 나오는 편익을 비교함으로써 결정될 것이다. 이러한 접근방법은 대답하기 어려운 상당히 많은 철학적 문제를 야기한다. 형법에 대한 보다 전통적인 접근방법(일정한 범죄행위는 사회전체복지의 한 부분이라는 것을 인정하는 방법)은 일반적으로 최적의 제재를 결정하는 노력을 포함한다. 다시 말해서, 금지된 행위로 인한 비용을 초과하는 편익을 확보하기 위하여, 그러한 금지된 행위를 범한 자들에게 이 사회가 얼마만큼의 비용을 '부과'해야 하는가라는 것이다. 이러한 분석은 배분적 효율성의 요소와 생산적 효율성의 요소를 포함하고 있다. 그러므로 범죄행위를 배분적인 관점에서 효율적인 수준으로 촉진하기 위한 적당한 비용을 발견하는 것이 목적 중의 하나이다. 이와 연관된 목적으로서는 그 비용을 가장 낮게 부과하는 시스템을 만드는 것이다.

1. 범죄행위의 최적 수준

범죄행위의 최적 수준을 촉진하는 첫 번째 문제는 그래프로 묘사될 수 있다. 이 그래프의 기초가 되는 가정은, 행위자가 위법이라는 꼬리표가 붙어 있는 사실에 의하여 영향을 받지 않는다는 것이다. 다시 말해서, 범죄자는 단지 법이라고 하는 이유만으로는 그것을 준수해야 할 도덕적인 의무를 느끼지 않는다는 것이다. <그림 2>에서 Y축은 편익을, X축은 행위의 수준을 나타내고 있다. 아래쪽으로 경사진 직선 MB는 문제되는 행위의 추가적인 단위로부터 얻어지는 추가적인 이익을 나타내고 있다. 이 곡선을 속도위반에 관한 것이라고 가정하자. 이 곡선은, 제한속도를 초과함으로써 얻는 편익이 매우 큰 경우가 있다는 것을 보여주고 있다. 이는, 속도가 상대적으로 큰 이익과 작은 이익을 구분해줄 수 있는 위급상황이 실제로 존재한다는 개념과 합치한다. 이는 또한, 더 많은 속도위반이 발생할수록 편익은 감소한다는 것을 보여주고 있다. 요컨대, 사람들은 단순히 영화나 수업에 늦는 것을 피하기 위해서 속도위반을 범할 수도 있다는 것이다.

아래 그림에서 다른 직선(SC)은 한계사회비용(marginal social cost)을 나타내고 있다. 이는 속도위반의 사회적 비용이다. 속도위반의 빈도가 낮으면 비용도 낮아진다. 속도위반이 일반적인 것으로 되어 감에 따라 손해도 늘어난다. 손해가 발생할 확률에 손해의 정도를 곱함으로써 손해의 내용을 가시화할 수 있다. 속도위반이 낮은 수준에 있을 때 손해가 발생할 확률도 낮다. 더 많은 사람들

〈그림 2〉

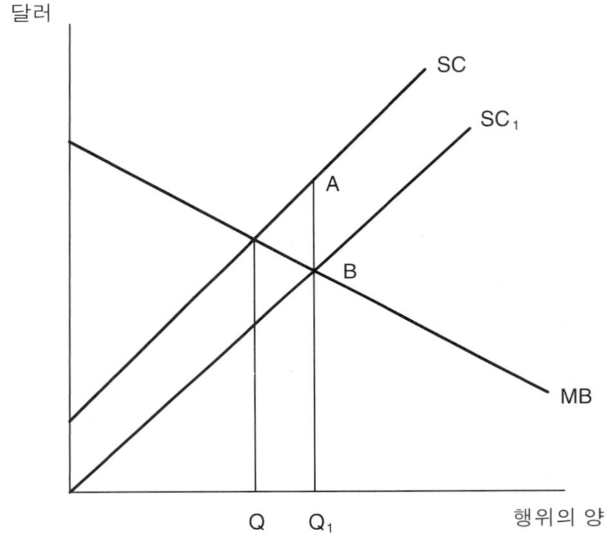

이 보다 더 위험한 방법으로 운전할수록 손해발생의 확률은 높아진다. 여기서 익숙한 논의로 돌아가 보면, (경제학적)목적은, 또 다른 속도위반의 편익이 그 추가적 사고로 인한 비용을 초과하는 한, 속도위반을 허용한다는 것이다. 이것은 비자발적 이전의 문제로 이해될 수 있다. MB는 속도위반자들이 얻은 이익을 나타낸다. SC는 속도위반자들에 의해서 박탈된 이익의 가치를 나타낸다. 앞에서 제시된 분석에 기초할 경우, 사회적 비용은, (손해 곱하기 손해발생의 확률인)손해의 내용뿐만이 아니라 비자발적 이익에 대해 느끼는 혐오감도 포함하고 있다. 한계이익이 한계사회비용을 초과하는 한, 순사회후생(net social welfare)은 속도위반에 의해서 향상될 것이다.

이러한 분석에서 일반적으로 나타나듯이, 매우 중요한 문제는 속도위반자가 적절한 신호에 반응할지 여부이다. 예컨대, 그림에서 속도위반의 최적 수준은 Q이다. 다른 한편, 만일 속도위반자들이 이러한 현실적인 사회비용에 반응하지 않는다면 그들은 사회적 비용이 SC_1인 것처럼 행동할 것이다. 속도위반의 양은

Q_1이 될 것이고, 이는 비효율적으로 높은 것이다. <그림 2>가 보여주듯이, Q_1에서 속도위반의 한계편익은 사회적 비용보다 낮다. 속도위반자가 부정확한 사회적 비용에 반응할지도 모를 많은 이유들이 있다. 첫째, 비록 모든 속도위반자들이 손해발생의 위험에 기여를 하지만, 그 중 일부만이 인지된다. 따라서 속도위반자는 속도위반의 비용에 반응하지 않고, 그들이 실제로 지불해야 하는 일정한 확률로 곱해진 비용에 반응한다. 둘째, 속도위반자들은 비자발적 이전에 대하여 다른 사람들이 가지는 혐오감을 고려하지 않을 수도 있다는 것이다.

이러한 맥락에서, 형사법의 역할은 인지된 속도위반의 비용을 속도위반자에게 충분히 부과하는 것이다. 범칙금의 부과 및 운전면허의 정지·취소의 가능성은 여기서 전형적으로 채택되는 방법이다. 그래프상으로는, 곡선들 사이 또는 AB 사이의 수직거리와 동일한 양으로 SC_1에서 SC로의 사회비용곡선의 상향이동이라는 결과가 된다. 이론적으로, 속도위반의 수준은 사회적으로 적절한 수준인 Q로 감소될 것이다.

분명한 것은, 이 모델에는 상당정도의 인위적인 요소가 있다는 것이다. 다른 한편, 만일 우리가 기본적인 이론을 받아들인다면, 이 모델은 보다 유연하게 될 수 있다. 예컨대, 속도위반보다는 이른바 피해자 없는 범죄로 대체할 수도 있다는 것이다. 그 범죄가 마리화나의 매매라고 가정하자. 만일 마리화나에 치료기능이 있다면, 마리화나 시장으로부터의 편익은 어느 정도 상당히 높을 것이다. 마리화나의 거래를 많이 하면 할수록, 그로부터의 한계편익은 마리화나의 사용이 완전히 쾌락을 위한 것으로 되는 점까지 하락할 가능성이 높다. 이는 긍정적인 편익이 없다는 것이 아니라, 편익의 수준이 낮아진다는 것이다. 사회적 비용면에서, 의료목적을 위한 약간의 마리화나의 판매가 막대한 사회적 비용을 발생케 할 것 같지는 않다. 다른 한편, 마리화나의 폭넓은 이용이, 난폭운전, 약물중독, 그리고 공적으로 지원되는 고액의 재활프로그램의 노력에 관련되는 경우, 한계사회비용곡선은 일반적으로 <그림 2>에서와 같이 상향으로 경사질 것이다. 나아가, 경제분석은 모든 형태의 비효용을 유효한 것으로 보기 때문에, 사회비용곡선은 약물이용에 대한 도덕적인 반감도 고려한다. 여기서 후자가 중요한데, 왜냐하면 피해자 없는 범죄에서는 일정한 행동이 단지 '잘못' 되었다고 보이기 때문에 그것에 반대하는 사람들의 도덕적 반감만이 유일한 사회비용일 수도 있기 때문이다.

이 모델은 우리가 관찰할 수 있는 현상의 상당정도에 도움을 줄 수 있지만, 형사법의 모든 현상을 설명해줄 수는 없다. 많은 범죄에 있어서 효율적인 수준은 찾아보기 어렵다. 예컨대, 영아매매, 강간 또는 방화에서는 효율적인 수준을 생각하기 어렵다. 영아매매와 장기매매의 사례에 있어서, 이 두 매매를 차별하기는 어렵다. 이 두 매매는 모두 반대할 만한 것이거나 또는 모두 반대할 만한 것이 아닐 수도 있다. 모든 영아매매와 장기매매가 동일하게 비용이 든다고 말하는 사람도 있을 수 있다. <그림 2>에서의 한계사회비용은 가로축과 평행선을 이룰 것이다. 그리고 영아 또는 장기의 매입에 의한 한계편익이 실제로 <그림 2>의 한계편익곡선과 같이 하강한다고 논쟁할 수도 있다. 어떤 사람들은 몹시 부모가 되기를 원하고 반면에, 어떤 사람들은 단순히 그것을 훌륭한 생각이라고만 여기기도 한다. 이 모델에서 끌어낼 수 있는 결론은, 형사법은 특별히 강한 선호를 가진 사람들에게 편익을 제공해야 한다는 것이다.

이는 영아 또는 장기의 매매의 경우에서는 맞는 예가 될 수도 있지만, 강간과 방화의 경우에서는 상당히 받아들여지기 힘들 것 같다. 강간과 방화의 사례에 있어서 0을 제외한 나머지 그 어떤 수준에서도 효율적이라는 상황은 상상하기 어렵지만, 경제학적 모델은 그 가능성을 인정한다. 이 모델은, 강간행위로부터 상당한 효용을 얻는 사람은 아마도 효율적인 강간을 범할 수도 있다는 가능성을, 그리고 방화벽이 있는 사람은 효율적인 방화를 범할 수도 있다는 가능성을 제시하는 것처럼 보인다. 한 가지 대답은, 강간과 방화를 원인으로 하는 처벌이 0 이외에는 효율적인 수준이 없을 것 같기 때문에 높다는 것이다. 이 논의의 문제는 다음과 같다. 즉, 효율적인 강간과 방화의 가능성을 남겨둘 때, 이러한 가능성에 '열려' 있는 자들은 사회적으로 가장 받아들여지기 힘든 선호를 가진 자들과 마찬가지라는 것이다. 다시 말해서, 이 모델은 공공정책의 일환으로서, 만일 진정으로 타락한 자들이 책임을 진다면 어느 정도 강간과 방화를 허용하는 것을 사람들이 원한다는 사실을 나타내고 있다.

비정상적인 선호가 작용할 때에만 효율적인 범죄행동이 발생할 것 같은 사례에서는, 이 모델의 가치가 떨어진다. 이것은 또한, 이 모델의 정확성에 관하여 더 많은 의심을 불러온다. 만일 이 모델이, 가치가 없는 범죄의 맥락에서 기초적이며 직관적인 공평관념에 부합하지 못한다면, 형사법의 다른 관점의 배후에 존재하는 정책과 관련하여 이 모델이 —심지어 직관적인 관점에서—보다 더 정확한 것인지의 여부가 문제된다. 보다 더 구체적으로 말하자면, 영아, 장기 그리고 마리화나의 매매가 사회를 위해서 순수한 편익을 창출한다고 하여 그것을 일정수준 허용하는 법이 제정될 가능성이 있느냐 하는 것이다.

2. 억제요인들

앞에서 서술한 바와 같이 범죄행위에 대한 의욕억제요소를 만들어야 한다는 사고에는 처벌수준을 결정하는 것뿐만이 아니라, 요구되는 의욕억제요소를 어떻게 가장 효율적으로 만들어낼 것인가라는 것도 포함된다. 이 문제를 이해하기 위하여 <그림 2>로 돌아가 보자. 이 그림에서 최적의 처벌은 AB의 거리와 동일하였다. 그런데 이러한 처벌은 무엇인가? 이는 아마도 그림에서도 나타나 있듯이 벌금일 것이다. 아니면, 감금, 태형 또는 형구를 채우는 것일 수도 있다. 가장 중요한 것은 이것들이 범죄행위를 범한 비용으로 보인다는 것이다. 나아가, 일반적인 분석은 이러한 비용이 기대비용이라는 사실을 강조한다. 범죄자가 위험중립적이라고 가정한다면, 이는 100달러의 벌금이 부과될 1%의 확률이 5달러의 벌금이 부과될 20%의 확률과 동일한 효과를 가진다는 것을 의미한다. 따라서 예상되는 처벌은 높은 수준의 처벌을 상대적으로 낮은 확률로 부과하는 것이거나, 아니면 낮은 수준의 처벌을 상대적으로 높은 확률로 부과하는 형태를 취할 것이다. 요컨대, 처벌패키지(Package of Punishment: POP)는 확률과 다양한 종류의 제재를 조합한 것이다. 경제학적 분석의 열쇠는 가장 낮은 비용으로 POP를 부과하는 방법을 찾는 것이다.

우리가 가지기 쉬운 첫 번째 생각은, 가장 낮은 비용으로 적절한 의욕을 만들어내는 방법은 낮은 확률로 중한 처벌을 적용하는 것이다. 그 이유는, 확률이 낮으면 수사비용이 낮아지고 법집행기관의 예산도 낮아지기 때문이다. 나아가 POP는 벌금 또는 신체적 처벌이어야 한다. 왜냐하면 이러한 처벌들은 징역형의 기간을 늘리는 것보다 비용이 덜 들기 때문이다.

이것이 비록 시작에 있어서는 타당할지는 모르나, 많은 복잡한 문제들이 발생한다. 예컨대, 범죄를 범한 자들이 위험을 회피하는 성향이 있다면, 절대적인 의미에서 예상되는 처벌이 동일한 수준이라 하더라도, 행위반응과 관련해서는 동일한 POPs로 이어지지 않을 수도 있다. 예컨대, 마리화나를 판매할 경우에 1년의 절대징역형에 처해지는 것은 5%의 확률로 20년형이 부과되는 것과 동일하다.[14] 다른 한편, 만일 위험 그 자체가 비효용의 원인이라면 5%의 확률로 20년형이 부과되는 것을 포함하는 POP는 1년형보다는 더 많은 대가를 치러야 하는 것처럼 (잠재적 범죄자들은)반응하거나 이해할 것이다. 최적의 처벌수준의 관점에서 이것이 의미하는 것은, 만일 위험으로 인한 비효용이 계산되지 않는다면, 사람들은 법위반을 지나칠 정도로 억제할 수도 있다는 것이다. 나아가, 미첼 폴린스키(Mitchell Polinsky)가 지적하듯이, 법위반이 효율적인 사람이 감수하는 위험에 관한 비효용은 비용이다. 그가 시사하는 것은, 법위반자가 감수하는 비용은, 법집행에 있어서의 투자비용을 낮춤으로써 절감된 액수와 비교되어야 한다는 것이다.[15]

검토될 필요가 있는 또 다른 복잡한 요소는, 거의 모든 POP가 가격차별을 포함하는 경향이 있다는 것이다. 요컨대, 동일한 가격이라도 사람마다 다르게 받아들인다는 것이다. 만일 POP가 제재의 기대치(유죄의 확률로 정액의 벌금과 정기징역형을 곱한 것)로 구성되었을 때 가격차별은 더욱 악화된다. 이들 예에

---

14) 역자주: 5% 확률의 20년형은 1년형과 동일하다(0.05×20=1).

15) A. Mitchell Polinsky, *An Introduction to Law and Economics,* 82(2d ed. 1989).

서, 비효용의 일정부분은 위험의 기능에서 비롯된 것인데, 그러나 이러한 비용은 위험을 회피하는 수준에 따라 사람마다 다를 것이다. 나아가, 만일 금전에 대한 한계효용이 점점 감소하는 것이라면, 가난한 사람들보다 상대적으로 부유한 사람들은 POP를 비용이 덜 들어가는 것으로 느낄 것이다. 마지막으로, 어떤 사람들은 다른 사람들보다 형사제재에 따르는 불명예에 더욱 민감할 것이고, 그 불명예의 정도는 POP가 벌금으로 구성되어 있느냐 아니면 징역형으로 구성되어 있느냐에 따라서 변할 수 있다. 보다 일반적인 문제점은, 이 모든 요소(제재)로 인하여 각 사람에게 동일한 가격을 책정할 수 없다는 것이다. 위험을 회피하거나 강한 명예욕을 가진 사람들은 범죄를 범하려고 하지 않을 것이다. 다른 한편, 이러한 인식하에서 보면, POP를 낮추는 방향으로 변경하게 되면 위험을 덜 회피하는 사람과 명성유지에 관심이 없는 사람들은 범죄행위가 그들에게 효율적이지 않을 때에도 범죄행위를 저지를 수 있다.

적절한 억제수준과 이를 가져다주는 POP를 발견하는 복잡성도 역시 구조적으로 경시되고 있을지 모른다. 일반적으로, 형사범죄에 대한 제재는 벌금, 징역형 또는 양자의 병과의 형태로 이루어지고 있다. 형사제재에 따른 불명예 역시 자주 언급된다. POP공식에서 보다 덜 언급되는 것은, 중죄를 범한 범죄자들은 투표권과 일정한 전문직에 종사할 권리를 상실할 수도 있다는 사실이다. 이들과 기타 부정적인 결과를 검토하는 것은, 이미 불안정상태에 있는 이러한 모델을 상세하게 조율하는 것처럼 보여질 수도 있다. 이것들은 이성적이고 비용-편익에 민감한 범죄자들이 고려할 요소가 될 것 같지는 않아 보인다. 그러나 이는 아마도 정보의 불완전으로 인한 것일 수 있으며, 포괄적인 POP는 범법행위를 신중하게 생각하는 사람에게는 보다 많은 정보를 (포함하고)주고 있는 것처럼 보인다.

만일 처벌의 목적과 관련하여 보다 폭넓은 관점을 가질 경우, 추가적인 문제가 발생한다. 형법교과서에서의 분석은 일반적으로 범죄억제를 처벌의 다양한 목적 중의 하나로서 들고 있다. 부가적인 목적은 재사회화와 응보에 있다. 비록 최근 몇 년 동안 형사처벌과 재사회화의 관련성이 약해지기는 했지만, 처벌의 효율적 수준의 문제는 법집행기관에 의한 처벌 또는 다른 응보가 치료적인 효과를 가질 수도 있다는 점을 놓친 것 같다. 이러한 '치료적인 효과'(therapeutic effect)는 선호를 다시 형성하는 형식 또는 행동을 변경하는 보다 일반적인 형식을 띨 것이다. 예컨대, 법위반자에게 사회봉사에 종사하도록 요구하는 현대의 흐름은, 그들의 정서를 더욱 안정시키고 다시 법을 위반하지 않도록 만들 수도 있다. 처벌에 대한 사람의 반응과 관련될 수도 있는 편익효과가 무엇이든지 간에, 제재가 벌금뿐인 경우에는 그러한 편익효과는 거의 발생할 것 같지 않아 보인다.

마지막으로, 형사법의 경제적 검토 밖에 놓여 있는 요소가 바로 응보의 가치이다. 경제학적 관점에 있어서, 응보는 법을 준수한 사람에게는 효용의 원천이라고 할 수 있다. 즉, 단순히 잘못을 저질렀을 때 사람들은 처벌받아 마땅하기 때문에 처벌받는 것이라는 생각은, 어느 정도 형사제재 시스템의 고유한 가치라는 것이다. 이는 분명히, 잠재적 범죄자로 하여금 그들의 의사결정이 야기한 사회비용을 완전히 책임지도록 하는 것을 억제 또는 확보하기 위하여 처벌하는 것과는 매우 다른 문제이다. 일반적인 경제모델에서는, 제재는 법을 위반한 자들에 대한 비효용을 만들어낼 뿐이다. 형사법에 대한 포괄적인 경제학적 모델은 처벌이 효용을 만들어낸다는 기능 또한 인정한다. 이와 같은 고려는 POP에 영향을 미칠 것이며, 반드시 최소의 운영비용이 드는 처벌만을 고집하진 않을 것이다.

C. 형사소송절차

형사 피고인을 보호하기 위하여 경제학의 비용이익 분석을 적용한다면 이상하게 보일지도 모른다. 일반적으로 형사피고인의 권리는 다른 이익과 비교형량(weighing)할 수 없는 '절대적'(absolute)인 것으로 간주되기 때문이다. 이 제안은, 경제학적인 분석의 적용 여부를 결정하는 것이 그 자체로 철학적임을 의미한다. 게다가 이러한 비교형량은 우리의 형사소송 시스템에 비추어볼 때 어려움을 야기할 수 있다. 그 이유를 이해하기 위해서는, 형사 정의 시스템에서 발생할 수 있는 두 가지 오류를 알 필요가 있다. 그 오류의 하나는 무고한 당사자가 유죄를 선고받을 수 있다는 것이고, 다른 하나는 진범이 무죄를 선고받을 수 있다는 것이다. 이 두 가지 경우에 관하여, 형사소송 시스템이 전자의 오류보다는 후자의 오류를 감수하고 있다는 것은 명백하다. 그러므로 절차의 평가는, 모든 실수를 동등하게 최소화하려는 가정에서 시작하는 것이 아니다.

사실 경제학적 고려는 다양한 관점에서 이러한 문제에 접근한다. 예컨대, 윌리엄 스턴츠(William Stuntz) 교수는 미국 연방헌법 수정 제4조(the Forth Amendment)하에서 감시로부터의 프라이버시(privacy) 권리와 보호는 상대적인 경제적 상태에 따라 계층별로 다양하게 나타난다는 것을 입증했다.[16] 예를 들어 상대적으로 빈곤한 계층은 부유한 계층에 비하여 대중교통을 이용하고 공공지역에 가까운 작은 집에서 살며 공개적으로 사업 거래를 하는 경향을 보였다. 다시 말하면, 프라이버시와 그 침해의 예방(avoidance of snooping)은 공개시장(open market)에서 논의될 수 있다.

이러한 광범위한 관점 뒤에는, 보다 세부적인 형사소송절차의 논점에 관한 경제학적인 시각이 있다. 마치 잔인하고 비정상적인 처벌의 경우에서처럼 이러한 가능성들 중에 어떤 것은 현실적으로 명백해지기도 한다. 형법을 범죄의 효율 수준을 위한 인센티브를 부여하는 것이라고 본다면, 잔인하고 비정상적인 처벌에 대한 관념을 쉽게 이해할 수 있다. 예를 들어, 모든 주차위반을 못하게 하는 수준의 처벌은 잔인하고 비정상적이며 비효율적이라고 할 수 있다. 흥미있는 논점 중의 하나가 위법수집증거 배제법칙(exclusionary rule)이다. 알다시피

16) William J. Stuntz, "The Distribution of Forth Amendment Privacy," 67 *George Wash. L. Rev.* 1265 (1999).

위법수집증거 배제법칙은 형사법정에서 불법한 압수와 수색으로 취득한 증거의 이용을 금지한다. 이 원칙의 목적은, 모든 사람에게 정부의 부당한 간섭, 임의적 집행, 그리고 권력의 자의적 행사로부터 자유를 보장하는 것이다. 한편, 만일 결정적인 증거가 현출되지 않거나 증거가 부적절하게 수집된 경우 진범인 피고인이 유죄판결을 받지 않을 것이라는 것이 이 원칙이 포함하고 있는 비용 중 하나이다.

부적절한 수사를 재산권에 대한 침해로 볼 수도 있다. 전형적으로 재산권의 침해는, 잘못을 한 당사자에게 손해배상이나 또는 경우에 따라서 형벌이 강제된다는 것을 의미한다. 즉, 적절하지 않게 행동한 당사자는 그 행동의 비용을 내부화하여야 한다(즉 자기 자신의 부담으로 하여야 한다). 위법수집증거 배제법칙은 불법한 압수수색을 금지하는 것일 뿐, 적어도 직접적으로는 다른 어떤 사람의 권리를 침해한 사람의 행위에 대한 내부화를 다루는 문제는 아니다. 사실, 불법한 수사가 궁극적으로는 사회 일반이 책임을 져야 할 진범에게 무죄를 선고하게 하는 방법으로 외부성을 창출하는가 하는 문제에 대해서는 논란의 여지가 있다. 어떤 의미에서, 시민들이 미국 연방헌법 수정 제4조를 보다 신중히 여길 사람의 고용을 요구하는 데 드는 비용을 부담하려고 할지는 모르겠지만, 그렇다고 해서 미약한 수사를 요구함으로써 범죄가 증가하는 것도 선호할 것이라고 기대하는 것은 비논리적으로 보인다.

포즈너(Richard Posner)는 더 전형적인 불법행위 구제책으로 위법수집증거 배제법칙을 대체하기 위한 케이스를 만들었다.[17] 이에 의하면 미국 연방헌법 수정 제4조는 형사소추로부터 범인을 보호하는 근거를 제공하지 않는다. 그 대신 모든 이를 위하여 불법한 수사로부터 보호하는 권리를 보장한다. 불법한 수사로 인한 손해는 상당히 경미할 수도 있다. 문이나 잠금장치는 손괴되고 피해자는 정신적으로 피해를 입었을지도 모른다. 피해자가 그 손해에 대하여 침해

17) Richard A. Posner, "Rethinking the Forth Amendment," 1981 *Supreme Court Review* 49 (1981).

자로부터 적절한 보상을 받는다면—만일 침해자가 감옥에 갇힌다면 침해자가 받은 손해는 자유의 상실이 아니다— 경제적으로 적정한 수준의 내부화가 일어난다. 이것은 어떠한 보상을 하여야 하는지에 대한 문제로 이어진다. 만일 그것이 적정한 시장가격이라면 불법행위 이론에 의한 해결책은 미국 연방헌법 수정 제4조를 책임규칙(liability rule)으로 만드는 것이다. 이는 일견 합리적으로 보이지만, 과연 일반 시민들이 경찰관들이 무엇이건 손괴에 대하여 보상하기만 한다면 아무 때나 와서 압수하거나 수색하는 데 동의할 것인지에 대해서는 생각해 보아야 한다. 불법한 수사에 대한 가격 책정과 관련된 논점도 제기된다. 한편, 재산규칙(property rule)은 재산규칙을 책임규칙으로 바꾸기를 시도한 사람들에 대한 허가나 처벌을 규정하고 있다.

비록 미국 연방헌법 수정 제4조와 위법수집증거 배제법칙이 난해한 경제 분석에도 불구하고 경제적 분석을 따르지만, 다른 소송법적 논점들은 경제학적인 개념으로 분석되기에 더 난해하다. 이러한 복잡한 상황에서 두 가지 차원에서 전개되는 논쟁을 볼 수 있다. 첫 번째 차원은 비용편익이나 경제분석이 모든 경우에 적용되어야 하는가의 문제이다. 두 번째 차원은 그러한 경제적 분석이 이루어진다면 관련된 요소들에는 어떠한 것이 있는가의 문제이다. 예를 들어 1990년 사안인 Maryland v. Craig를 보자. 이 사안에서 최고법원은 증인이 어린이인 경우에도 미국 연방헌법 수정 제6조에 의하여 보장된 형사피고인의 증인대면권을 인정할 것인가의 문제를 판시하고 있다. 다수의견은, 반대의견이 절대적(absolute)이라고 본 증인대면권을 분석하여 그 비용과 이익을 도출해내었다.

소송법적 문제에 대한 경제학적 분석이 무엇이든 간에, 이들이 일관되게 적용된다고 보기는 힘들다. 소수의견의 분석에 따르면, 비교형량절차(weighing process)는 피고인의 권리를 침해할 여지가 있으며, 오판율을 증가시킬 수도 있다. 법원은 이 소수의견의 중요성을 충분히 인정하였다. 한편, 유죄로 인정할 수 있는 확고한 증거라 하더라도, 그것이 불법한 방법으로 수집된 것이라면 증거능력이 완전하게 배제된다. 만일 Craig 사건에서 사용된 경제학적 분석을 적용한다면, 그 결과는 현재의 증거법과 상당히 달라질 것이다.

제8장

독점금지의 경제학

08

경제분석(economic analysis)은 독점금지법의 중요요소로 오랫동안 자리해 왔다. 심지어 독점금지 이론의 태동기 단계에 있어서도, 시장점유율과 경쟁자간 담합이 경쟁에 미치는 영향을 판단하기 위해서 경제분석이 사용되었다. 그리고 손해의 산정은 흔히 경제상황에 대한 예측(economic projections)을 기초로 한다.

독점금지법에 관한 연방대법원(the Supreme Court)의 기본 태도가 전환된 1970년대에는, 경제분석은 독점금지 분야에 있어서 더욱더 중심을 차지하게 되었다. 이전까지의 순수한 경제적 관심은 주로 다른 사회적 목표(social goals)와 균형을 유지하는 것이었다. 그러나 1970년대 들어서 연방대법원은 독점금지법이 더욱 심도 있는 경제적 목표(further economic objectives)를 규율하기 위한 것이라는 입장을 채택하였다. 이러한 경제적 목표는 효율성과 경쟁(efficiency and competition)의 관념을 말하는 것이다; 여기에는 분배의 문제(distributive issues)가 직접적으로 포함되지 않는다.

이 부분의 전반적인 내용은 산업조직과 독점금지법에 구체적으로 적용된 경제분석에 관한 서술이다. 이하에서는 논의의 효율성을 위해서 좀더 초점을 좁혀서 서술하기로 한다. 경쟁상태가 경쟁이 없는 경우보다 우월하다는 내용을 가진 가격이론이 제일 먼저 서술될 것이다. 다음으로 '시장지배력'(market power)의 결정요소들이 설명된다. 시장지배력의 유무는 현대독점금지분석의 초석이 되었다.

A. 완전경쟁과 독점이라는 경쟁적 양 극단

독점금지에 관한 표준적 경제분석은, 한 산업에서 완전경쟁 또는 고도의 경쟁인 경우의 가격 및 생산(price and output)과 독점상황에서의 가격과 생산의 비교를 포함하고 있는 것이다. 이러한 비교를 하기 위해서는, 제2장에서 소개한 경제학의 기초이론들을 다시 한 번 살펴보는 것이 필요하다.

1. 수요와 공급

완전경쟁이란 한 산업이 동종의 상품(homogeneous product)을 판매하는 소기업들이 많고, 당해 산업으로의 진입과 퇴거(entry and exit)가 용이하며, 매수인과 매도인이 완전한 정보를 부담없는 비용으로 얻을 수 있는 것으로 특징지어진다. 이는 기본적으로 모든 기업들이 '가격수용자'(price taker)임을 의미한다. 환언하면, 어떤 기업도 가격을 원가 이상으로 인상하게 되면, 단기간 내에 경쟁업체에게 모든 판로(all sales)를 빼앗길 수밖에 없는 상황을 의미한다. 여기서 '비용'은 '정상이윤'(normal profit)을 포함하는 것임을 기억하여야 한다. 정상이윤

〈그림 1〉

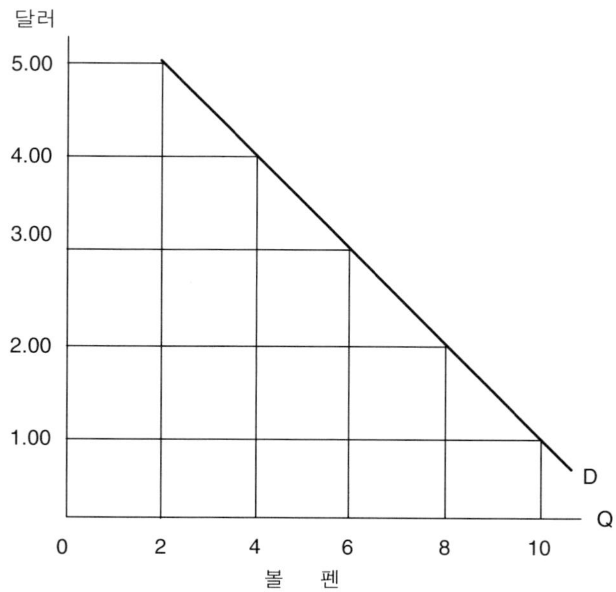

이란 투자자가 자본을 그 산업에서 철수하지 않는 유인이 되는 최소한의 이윤이다.

완전경쟁에서는, 시장가격은 수요와 공급의 상호작용에 의하여 결정된다. 개별매수인의 수요는, 매수인이 기꺼이 사려고 하고, 그 시장에서 각각의 가격에 실제로 살 수 있는 가격과 수량의 조합(a schedule)이다. 수요는 대개, 가능한 가격과 수량의 점들로 이루어진 수요곡선의 도표로 설명된다. 예컨대, 한 법학과 학생의 볼펜의 수요는 <그림 1>과 같이 보일 것이다. 가격이 1달러일 때, 그 학생은 10자루를 사고자 하는 의사가 있고 지불할 능력이 있을 것이다. 가격이 2달러일 때에는 수량은 8자루가 될 것이다.

총수요(total demand)는, 시장 내의 매수후보자들(the possible buyers) 모두의 수요곡선을 '수평적으로 합계'한 것에 의하여 결정될 것이다. 한 시장이 Lawtown 주민 1,000명으로 구성되어 있다고 가정하자. 수평적 합계를 도출하

〈그림 2〉

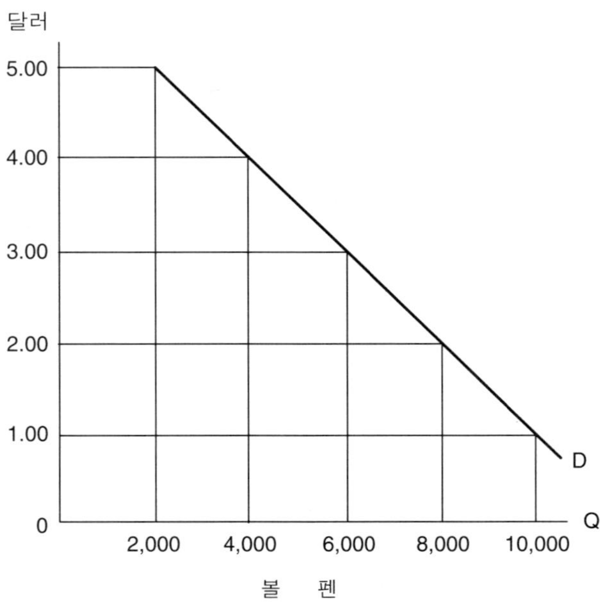

기 위하여는, 우선 한 개의 가격을 정하고, 전체매수인이 그 가격에서 구매하게 될 총수량(total quantity)을 더하여야 한다. 동일한 절차가 각각의 가격에서 반복될 것이다. 결과는 <그림 2>와 같이 보일 것이다. 이제, 그 시장의 경우에 1달러에서의 수요는 10,000이 될 것이다. 2달러에서의 수요는 8,000이 된다.

물론, 시장가격을 구하기 위해서는 공급곡선(supply curve)이 필요하다. 제2장에서 보여진 것과 같이, 개별기업의 공급은 각각의 가격에 매도청약될 가격과 수량의 조합(series)이다. <그림 3>에서는 각각의 가격에 독점공급자가 매도청약할 볼펜의 수량과 시장가격을 보여준다.

〈그림 3〉

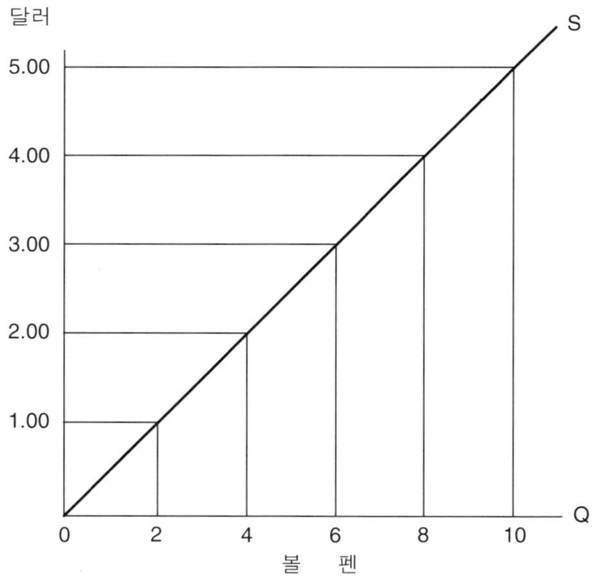

이하의 분석에 있어서는 개별기업의 공급곡선은 한계비용곡선과 같다는 점을 주목하여야 한다. 한계비용이란 생산물을 1단위를 더 생산하는 데 드는 추가적인 비용이다. 그리하여, 공급곡선을 도출하기 위해서 공급자에게 특정한 가격에 팔고자 하는 물량이 얼마나 되는지를 물어볼 수도 있을 것이다. 추측건대, 공급자는 각 단위의 추가적인 생산비용이 (매수)청약된 가격과 같거나 작은 한 매도청약을 할 것이다. 바꾸어 말하자면, 생산물의 한계비용이 (매수)청약가격을 초과하지 않는 한, 그 단위는 매도청약될 것이라는 점이다.

수요의 경우와 마찬가지로, 총시장공급(the supply for the entire matket)은 전체 개별생산자들의 공급곡선을 수평적으로 합계한 것에 의해서 결정될 수 있다. <그림 4>는 볼펜 산업에 있어서의 공급상황을 보여주고 있다. 그래프는 단순화된 것이어서, 공급곡선이 아래쪽으로 연장되어 가격이 0이 되는 곳까지는 가지 않을 것이다. 다시 말해, 가격이 0에 가까울 정도로 하찮은 경우에 공급량은 아마도 영으로 접근한다는 것이다.

〈그림 4〉

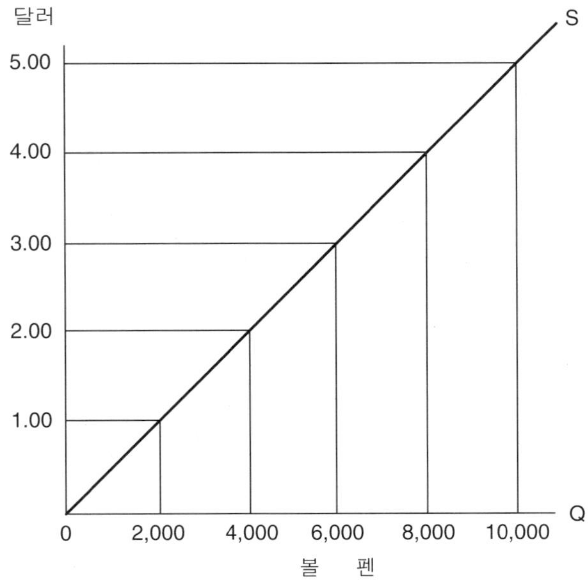

2. 시장균형, 생산자잉여와 소비자잉여

<그림 5>는 <그림 2>의 볼펜산업수요곡선과 <그림 4>의 볼펜산업공급곡선을 결합시킨 것이다. 이 그래프에서 두 곡선은 3달러의 가격과 6,000의 수량에서 교차한다. 이것이 균형가격이고 균형수량이다. 가격이 3달러를 초과하는 경우에는 균형수량이 감소하는 경향을 보일 것이고, 3달러 이하에서는 증가하는 경향을 보일 것이다. 이유는 명백하다. 예컨대, 가격이 4달러인 경우를 보자. 그 가격에서 수요량은 4,000이고 공급량은 8,000이다. 볼펜 시장은 공급초과이고, 판매자들은 가격을 인하하는 경향을 보일 것이다.

반대로 가격이 2달러인 경우에는, 수요량은 8,000이고 공급량은 4,000에 불과할 것이다. 여기서 매수자들은 서로 볼펜에 대한 매수 호가를 올리기 시작

〈그림 5〉

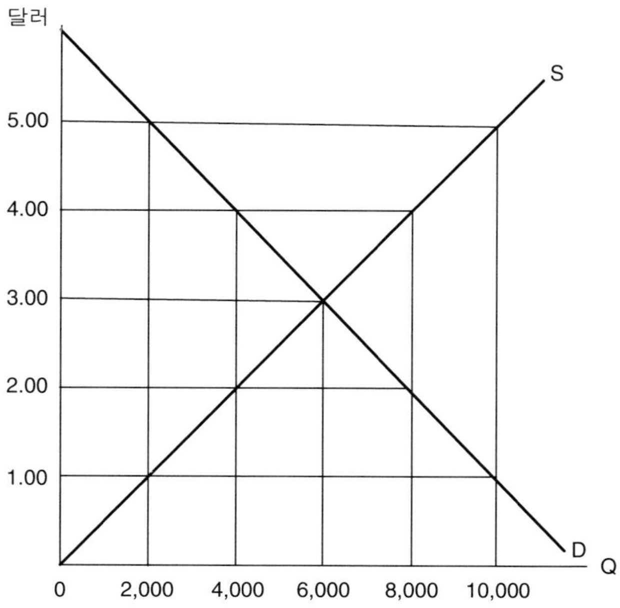

할 것이고, 그 결과 가격이 상승할 것이다. 수요량과 공급량이 모두 6,000이고 가격 3달러인 때에만 가격의 상승 또는 하락 경향이 없을 것이다.

<그림 5>는 또한 '소비자잉여'와 '생산자잉여'라는 중요한 개념을 설명하는 데에도 유용하다. 볼펜시장에서 가격은 3달러이었으나, 실제로 일부의 사람들은 볼펜의 값으로 3달러 이상을 기꺼이 지급하려 할 것이다. 예컨대, 수요곡선이 우리에게 보여주고 있는 것은, 심지어 가격이 5달러인 때에도, 2,000개의 볼펜수요가 있었을 것이라는 점이다. 결과적으로는, 몇몇 사람들은 그들이 5달러를 지급했어야 할 재화에 대하여 3달러만 지급해 왔다는 것이다. 한 사람이 어느 재화를 그들 대부분이 지불하는 것보다 적게 지불하고 획득하였다면, 이는 소비자 잉여를 얻는 것이 된다. 만일 10인이 2달러 가치의 소비자잉여를 얻었다면, 소비자잉여의 총액은 20달러는 될 것이다.

유사하게, 그림에서 가격이 3달러라 할지라도, 몇몇 단위는 3달러보다 낮은 가격에 매도청약될 수도 있다. 예컨대, 그래프에서 보여지듯이, 가격이 1달

〈그림 6〉

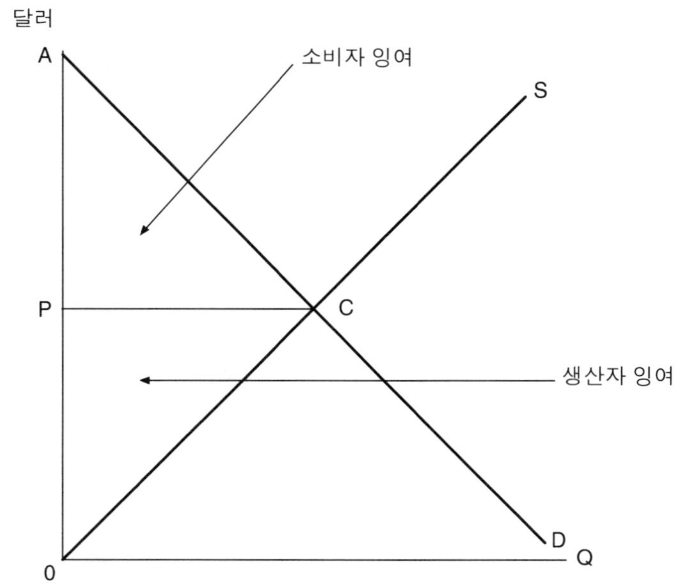

러라 할지라도 2,000단위의 매도가 청약될 것이다. 생산자가 생산물(output) 한 단위에 대하여 최소한의 것보다 더 많이 받은 때에는, 이는 생산자잉여를 얻은 것이다.

<그림 6>은 총소비자잉여와 총생산자잉여를 보여주고 있다. 균형가격은 P이다. 총소비자잉여는 삼각형 PAC 부분이다. 그림에서 생산자잉여의 총량은 삼각형 P0C 부분과 같다.

시장거래에서 생성된 총잉여(total surplus)는 소비자잉여와 생산자잉여의 합이다. 이는 0AC 부분이 될 것이다. 그림에서 보여주듯이, 가격결정의 과정은 총잉여가 소비자와 생산자에게 어떻게 분배되는가를 결정하는 데에도 적용된다.

3. 완전경쟁에서의 개별기업: '한계비용=한계수입' 규칙

지금까지의 논의는, 개별소비자의 수요와 개별공급자의 공급을 결합함으로써, 전반적으로 경쟁적 상태에 있는 산업에 대하여 초점을 맞추어 왔다. 경쟁시장과 독점시장의 중요한 차이를 완전히 이해하기 위해서는, 개별기업의 의사결정(decision-making)을 고찰해 보는 것이 중요하다.

완전경쟁의 여건하에서는, 개별기업이 가격을 조정할 수 없다. 개별기업은 시장에서 정해진 가격에 수동적으로 반응하고 그 시장(가격)에서 판매하고 싶은 만큼 판매한다. 그리하여, 볼펜시장에서 경쟁적으로 결정된 가격이 3달러라고 가정하면, 개별기업이 직면하는 수요곡선은 <그림 7>의 곡선 d와 같을 것이다. 그 곡선은 실제로는 경쟁적으로 결정된 가격에서의 수평선이다. 이러한 (현상의) 이유는 그 기업이 가격을 경쟁가격보다 높은 수준으로 인상할 경우, 생산물(output)을 한 단위도 판매할 수 없기 때문이다. 이는 3달러보다 낮은 가격의 경우와는 다른데, 왜냐하면 그 기업은 그 가격에 원하는 만큼 판매할 수 있으므로, 적게 판매하는 일이 없을 것이기 때문이다.

〈그림 7〉

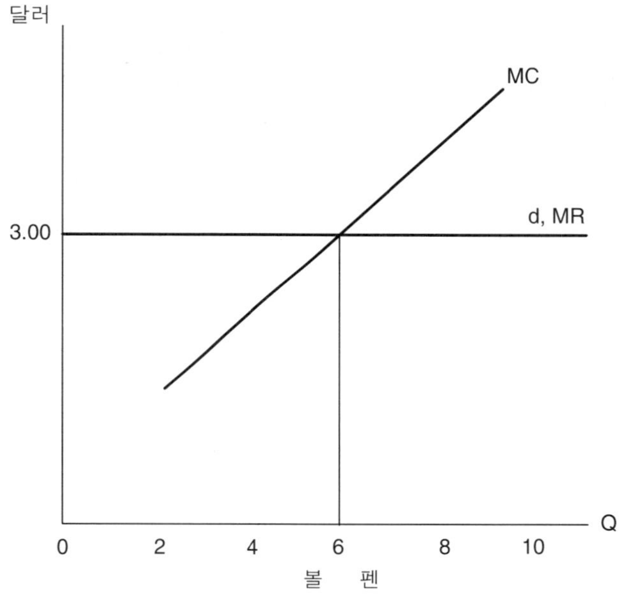

수요곡선은 또한 한계수입(MR)을 그림에 나타내고 있다. 한계수입이란 생산물 1단위를 더 판매할 때에 얻어지는 추가적 수입을 말한다. 완전경쟁 여건하에서 운영되는 기업의 경우에는 한계수입곡선과 수요곡선은 동일하다. 이러한 사실의 중요성은 곧이어 독점의 조건들이 검토될 때에 명확하게 될 것이다.

<그림 7>은 또한 기업의 공급곡선도 나타내고 있다. 위에서 설명된 바와 같이, 공급곡선은 그 기업의 한계비용곡선과 동일하다. 전체산업에서와 마찬가지로, 한 기업의 생산량(output)은 기업이 직면하는 수요와 공급곡선의 교차점에 의해 결정된다. 그래프에서 이러한 교차점은 6단위(볼펜 6자루)에서 발생한다.

분석의 목적으로는 한계수입과 한계비용곡선이 좀더 중요하다. 그 기업에 의해 판매되는 수량은 이 두 곡선의 교차점에 의해 결정되는 것이다. 이는, 누군가가 한계수입과 한계비용곡선에 의해 제공된 정보를 통하여 생각할 때, 상식적으로 맞는 말이다: 한계수입은 산물은 1단위 더 판매할 때 생기는 추가적

인 수입이고, 한계비용은 그 단위를 생산하는 데 드는 추가비용이다. 합리적인 생산자는 추가적인 판매가 발생하여 추가적인 수입이 생기거나 또는 추가적인 생산비용과 같아지는[1] 그 단위까지 생산하여 판매할 것이다. 그래프에서, 누군가가 원점을 출발하여 밖으로(우상향으로) 나간다고 하면, 단위가 6이 될 때까지는 한계수입이 한계비용을 초과하고 있음이 명백하다. 단위 6에서는 그것들은 동일하며, 그 기업은 추가적인 생산을 안 하려고 할 것이다. 기업이 한계수입과 한계비용이 동일해지는 점까지만 생산하겠다고 생각하는 것은 가격이론에 기초한 것이다.

4. 비용곡선

경쟁상태가 독점상태에 비하여 경제적으로 선호되는 점을 좀더 이해하기 위해서는 한계비용에 추가하여 생산비용의 구분과 익숙해지는 것이 필요하다. 일반적으로, 생산비용은 고정비(fixed costs)와 변동비(variable costs)로 분류된다. 고정비는 생산이 증가하여도 변동되지 않는다. 공장건물을 위하여 지불되는 임대료가 그 예이다. 변동비는 생산이 증가함에 따라 증가한다. 예로서 재화의 생산에 사용되는 원료를 들 수 있겠다. 총비용(total cost)은 고정비와 변동비의 합이다.

대부분의 경제학 서적에서는, 이러한 비용들이 생산물의 단위당 평균(average per unit of output)으로 표현되어 있다. 예컨대, 고정비가 200달러이고 4단위가 생산되었다면, 평균고정비는 단위당 50달러이다. 평균고정비는 생산이 증가하면 계속 낮아진다. 이는 동일한 고정비가 점점 더 많아지는 생산의 수준(level)으로 나뉘어지기 때문이다. <그림 8>에서 AFC곡선은 평균고정비를

---

1) 사실, 그 기업은 한계수입과 한계비용이 같아지는 단위를 생산하는 것에 대하여 상관하지 않을 수도 있다.

〈그림 8〉

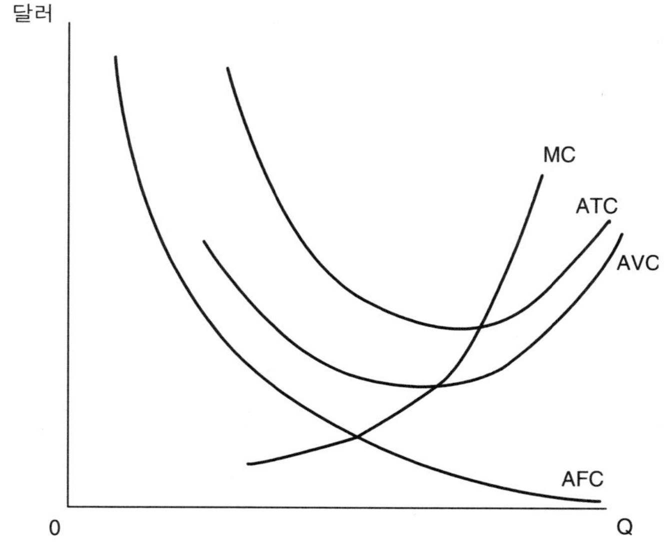

나타내고 있다.

변동비 또한 일반적으로 생산량으로 나뉘어 평균변동비가 구해진다. 그러나 여기에서는 생산량이 아무리 증가하여도, 이에 상응하여 높아지는 변동비로 나누어지게 된다. 그러므로 평균변동비는 결국 <그림 8>에 나타난 것과 같이 U자형이 되기 쉽다. 생산이 증가함에 따라 기업은 점점 더 효율적으로 될 것이다. 이는 말하자면, 생산량의 증가가 투입량(input)의 증가보다 더욱 빠르다는 것을 의미한다. 이는 평균변동비를 낮추는 원인이 될 것이다. 그러나 일정한 점 이후에는 효율성이 더 이상 증가하지 않고, 평균적으로, 단위들은 생산비용이 점차 증가하게 될 것이다.

그림의 ATC는 평균총비용(average total cost)을 보여준다. 이는 총비용을 생산량으로 나누어서 계산되는 것이다. 또한 이는 평균고정비용(average fixed cost)과 평균변동비용(average variable cost)의 합계로도 구해질 수 있다. 이는 평균고정비용과 평균변동비용의 총계이기 때문에, 평균변동비용 위에 위치한다. 평균변동비의 영향은 U자형을 보인다. 평균총비용곡선은 생산이 증가할수록 평균변동비용곡선에 더욱 인접하게 그려진다. 이는 두 곡선의 차이가 평균고정비용인데, 이 평균고정비용이 생산의 증가에 따라 지속적으로 감소하기 때문이다.

<그림 8>은 또한 기업의 한계비용(MC)곡선도 보여주고 있다. 이는 평균총비용과 평균변동이용의 최저점들을 교차하여 그려진다. 두 종류의 곡선에 포함된 정보에 유의하면 그 이유를 쉽게 알 수 있다. 한계비용은 한 단위를 생산하는 데 드는 추가적인 비용이다. 이 비용이 생산될 단위의 평균비용보다 적은 한, 이는 평균비용을 낮추는 역할을 할 것이다. 예컨대, 10단위의 평균변동비가 10달러라 하고, 11번째 단위의 한계비용이 8달러라면, 평균변동비용은 약 9.82달러로 감소할 것이다. 반면에, 한계비용이 평균비용곡선 위에 있는 경우에는, 이는 평균비용을 끌어올리는 경향을 띠게 될 것이다.

각 곡선들의 관계를 좀더 기술적인 관점에서 살펴보는 것도 유용할 것이다. 평균변동비용 또는 평균총비용이 '바닥을 쳤을'(bottom out) 때 또는 최소값에 도달한 때에는, 그것들은 상승하지도 감소하지도 않는다. 아주 짧은 순간 동안 그것들은 변동하지 않는다(flat). 이 점에서, 오로지 이 점에서만, 한계비용은 이러한 곡선들이 상향 또는 하향 어디로 움직이는 것에도 영향을 주지 않는다. 한계비용이 움직임에 아무 영향을 주지 않게 하는 유일한 방법은 한계비용이 그 지점에서 평균과 같도록 하는 것뿐이다. 그리고, 그래프가 보여주듯이, 한계비용은, 그 곡선들이 상승하거나 하락하지 않는, 바로 그 지점에서 교차한다.

5. 균형점과 완전경쟁

<그림 9>는 <그림 8>의 곡선 중 유용성이 제한적인 평균고정비를 제외한 모든 비용곡선들이 포함되어 있다. 그러한 곡선들에다가 경쟁상태에 있는 기업의 수요곡선이 더해졌다. 그래프에서 시장에 의해 결정된 가격을 보여주는 수평적인 수요곡선(d)은 평균총비용곡선과 최저점에서 교차하도록 그려졌다. 당

해 기업은 Qc 단위를 생산할 것이다. 그것이 이러한 방식으로 그려지는 이유는, 경쟁상태하에서 가격과 평균총비용 사이의 장기적인 관계가 이러한 경향을 띠고 있기 때문이다. 좀더 직접적으로는, 완전경쟁시장에서의 기업은 가격을 최소평균총비용과 동일한 수준으로 책정하는 경향이 있다.

〈그림 9〉

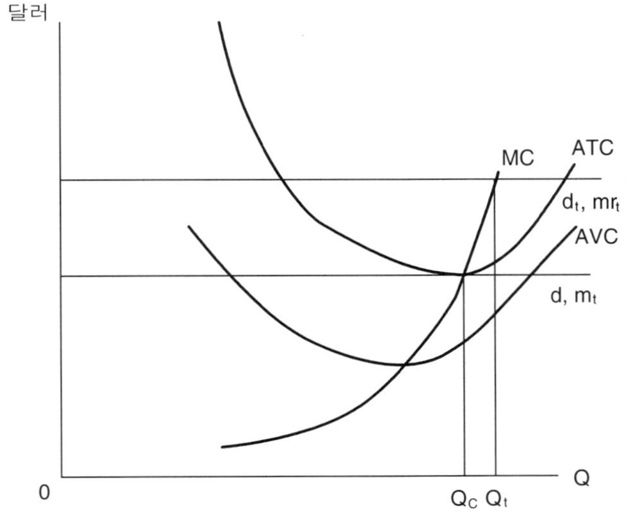

그 이유를 이해하기 위하여, <그림 9>에 다시 초점을 맞추어 보자. 수요곡선 d에 추가하여, 다른 상향 수요곡선 d_t가 그려졌다. 이 기업은, 가격을 상승시킬 만한 수요의 증가가 그 산업에 있는 때에는, 이러한 상향의 수요에 직면하게 됨을 발견할 것이다. 이 가격에는, 기업은 생산 Q_t를 증대시킬 수 있고, 가격이 평균총비용을 초과하기 때문에 경제적 이윤을 얻게 될 것이다.

완전경쟁시장에서는 이러한 현상은 일시적일 뿐이다. 관념을 정리하자면, 완전경쟁시장은 그 산업으로의 진입이 용이하고, 정보가 용이하게 획득된다. 그러므로 경제적 이윤의 존재는 신속히 새로운 기업들을 그 시장으로 불러들이게 된다. 그 효과는 공급이 증가되어, 결국 다시 평균총비용과 같은 수준으로의 가격 인하를 야기하는 것이다. 그리하여 완전경쟁상태에서 소비자는 평균총비용과 같은 가격을 지불하게 되고, 평균총비용은 최저수준에 머무는 경향이 있게 되는 것이다.

완전경쟁의 추가적이고 중요한 특징은 해당 산업의 가격과 생산이 '배분적 효율'(allocative efficiency)[2]과 일치한다는 것이다. 효율적으로 배분된 생산이란, 자원이 재화나 용역의 구매자들에 의하여 가치가 정당화되는 수량의 재화와 용역으로 분배됨을 말한다. 분배의 효율이 어떻게 달성되는가를 이해하기 위하여는, 경쟁시장에서는 시장의 수요와 공급의 교차점에서 가격과 수량이 결정된다는 점을 기억하여야 한다. 수요란 잠재적 매수자들이 가치가 있다고 생각하는 생산의 단위를 의미한다. 공급곡선은, 자원의 사용이라는 측면에서는, 가용한 재화를 제조하는 비용을 의미한다. 그러므로 수요곡선에 보여지는 특정 단위의 생산물의 가치가 공급곡선에서 보여지는 그 단위의 생산비용의 추가분을 초과하는 한 그 단위의 생산은 배분상 효율적이다. <그림 5>에서 보여진 바와 같이 경쟁시장은 한계생산비용보다 부가가치가 높은 모든 단위의 생산을 유발시킨다. 당해 단위를 초과하는 생산은, 적어도 이론상으로는 발생하지 않는다.

6. 독 점

독점의 문제점을 이해하기 위한 가장 쉬운 방법은 독점 상태하에서의 가격과 생산을 완전경쟁 상태하에서의 가격과 생산에 비교하는 것이다. 그렇게 하기 위하여, 볼펜공장이 (현실적으로는) 믿기 어려운 합병을 통하여 단일기업으로서 운영되기 시작하였다고 가정하자. 이는 두 가지 중요한 것을 의미한다. 첫째, 이제 그 산업의 수요곡선은 독점사업자(monopolist)의 수요곡선이다. 둘째,

2) 상세한 설명은 제2장 참조.

독점사업자는 실제로 시장에서 결정된 가격에 수동적으로 반응하기보다는 가격을 (스스로)결정할 것이다. 가격과 각 가격수준에서 판매를 위하여 제시되는 수량을 보여주는 산업공급곡선에 대해서 말한다는 것은 더 이상 의미가 없다. 그 대신에, 이제는 오직 하나의 가격만이 존재하게 된다 — 이 가격은 독점사업자의 이윤을 극대화하는 가격이다.

이 가격을 결정함에 있어서, 독점사업자는 한계수입이 한계비용과 같아지는 생산량을 발견하려는 기본규칙을 따를 것이다. 그러나, 독점사업자에게는 여러 환경들이 다른데, (예컨대) 독점사업자가 직면하는 수요곡선은 하향으로 기울어진 모습을 띤다. 이는 추가단위를 판매하기 위해서는 독점사업자가 가격을 더 낮추어야만 한다는 것을 의미한다. 더 나아가, 독점사업자는 모든 단위에 대한 가격을 낮추어야 할 것이다. 그리하여 생산의 추가적 단위를 판매함으로써 발생하는 한계수입을 결정하기 위하여 독점사업자는 '추가 단위를 판매한 데서 얻어진 가격'에서 '다른 단위의 가격 인하분'(the decrease in price for the other units)을 공제해야 한다.

예컨대, 그 기업이 5단위를 단위당 10달러에 판매하고 있다고 하자. 그 기업이 6단위를 판매하고자 하는 때에는, 단위당 가격을 9달러로 인하하여야 할지도 모른다. 그 기업이 6번째 단위를 판매하는 데서 얻어지는 한계수입은 4달러일 것이다. 6번째 단위에서 얻어지는 9달러라는 가격은 10달러에 판매된 (나머지) 5단위에 비해서 1달러만큼 인하된 것이다. 결과적으로, 독점사업자의 한계수익은 수요곡선과 동일한 것이 아니라 수요곡선 밑에 위치하게 된다. 이 관계는 <그림 10>에 표현되어 있다.

<그림 10>은 또한 독점사업자의 한계비용곡선도 포함한다. 완전경쟁과의 비교를 단순화하기 위하여, 한계비용곡선이 '그 산업에 이전부터 존재하던 기업들의 전체 한계비용곡선의 합계'라고 가정하자.

이익을 극대화하는 수준으로 생산을 결정하기 위해서, 독점사업자는 경쟁시장에서의 기업과 마찬가지의 기초적 분석을 하게 된다. 독점사업자 또한 추가단위의 매출로 인한 추가수입(MR)이 추가단위 생산에 드는 추가비용(MC)을

〈그림 10〉

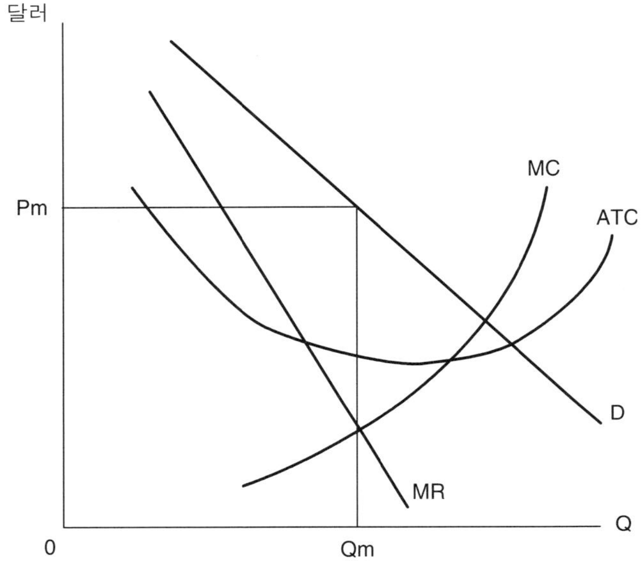

초과하는 한, 생산하여 판매하고자 할 것이다. <그림 10>에서, 그 기업이 생산한 모든 단위가 Qm 단위에 도달하므로, 한계수입은 한계비용을 초과한다. 그러므로 독점사업자는 Qm 단위의 제품을 생산할 것이다.

독점사업자 역시 이윤을 극대화할 수 있는 가격을 결정해야 하는 것은 마찬가지이다. 분명한 것은, 독점사업자는 Qm 단위의 생산물의 판매와 일치하는 가장 높은 가격을 책정할 것이라는 점이다. 이는 단순히 수요곡선에서도 발견될 수 있다. <그림 10>에서, Qm 단위를 판매하는 최고가는 Pm이다.

7. 완전경쟁과 독점의 비교

이러한 배경을 살펴봄으로써, 우리는 경쟁시장이 불완전 내지는 독점시장에 비하여 일반적으로 선호(preference)되는 이유를 이해할 수 있을 것이다. <그

림 11>은 이러한 비교에 유용하다. 그래프에서는, 수요(D)와 공급(S)의 교차점이 경쟁 여건하에서의 가격(Pc)과 생산량(Qc)을 결정한다. 한계수입곡선(MR)과 한계비용곡선(MC)의 교차점은 독점수준의 생산량(Qm)을 결정한다. 독점가격은 Pm이다. 그리하여 경쟁모델과 독점모델간의 명확한 차이점 중의 하나는, 독점 상태하에서는 경쟁상태하에 비하여 가격은 상승하고 생산은 감소되는 경향이 있다는 점이다.

〈그림 11〉

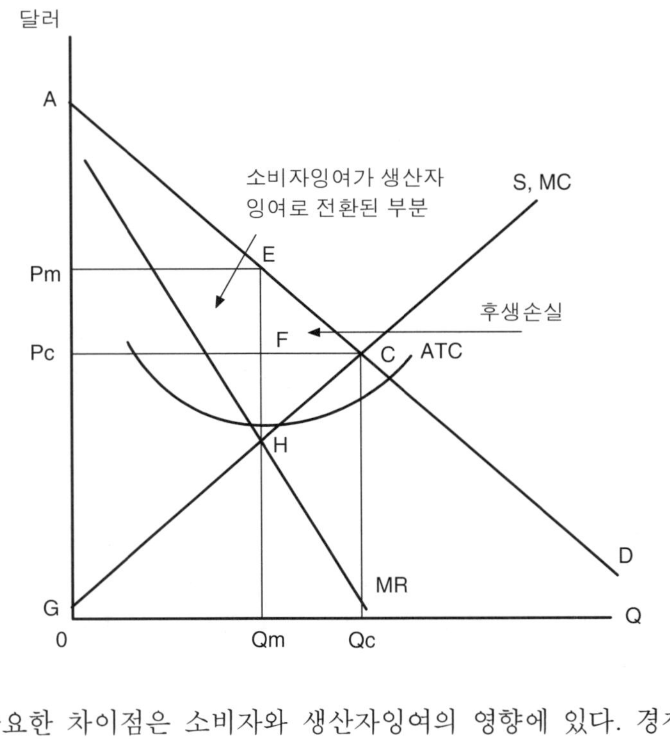

다른 중요한 차이점은 소비자와 생산자잉여의 영향에 있다. 경쟁 상태하에서는, 소비자잉여는 삼각형 PcAC부분과 같다. 독점 상태하에서는, 소비자잉여는 PmAE 부분과 같다. 그러므로 소비자잉여는 독점 상태하에서 더 작아진다.

여기에서 다음과 같은 중요한 의문이 제기된다: 소비자들이 더 이상 향유할 수 없는 소비자잉여는 어떻게 보아야 할 것인가? 첫째, 그 중 일부분은 독점사업자에 의하여 생산자잉여의 형태로 포섭되었다. 환언하면, 경쟁 상태하에서의 생산자잉여는 PcCG부분과 같았다. 그런데 독점하에서 이는 PmGHE로 확장된다. 이것의 일부분이 새로 늘어난 생산자잉여로서 PmPcFE 부분인데, 이는 원래는 소비자잉여의 일부분이었는데 이제는 생산자 몫으로 전환된 것이다. 소비자잉여의 다른 부분이었던 EFC는 독점사업자에게 귀속하지 않는다. 이를 '후생손실'(welfare loss) 또는 '순후생손실'(deadweight loss)이라 한다.

환언하면, 경쟁 상태하에서 소비자잉여 중 일부는 독점 상태하에서도 여전히 소비자잉여로 남게 된다는 것이다. 일부는 독점사업자에게 귀속된다. 이는 소비자로부터 생산자에게로 재분배되는 것을 의미한다. 그것이 '옳은가' 또는 '그른가' 또는 당위성이 있는가 하는 문제는, 학문의 한 분야로서의 경제학이 답변할 성질은 아닌 것이다. 소비자잉여의 마지막 부분은 소실되는 것이며 독점사업자에게도 귀속하지 않는다. 이것이 후생의 진정한 손실이라는 점은 논란의 여지가 거의 없다. 이는 연기처럼 사라진 복리(well-being)나 효용(utility)의 척도이다.

이 후생손실과 밀접하게 연계된 것이 독점의 배분적 효율성에 대한 영향이다. 배분적 효율성은, 수요와 공급의 교차점만큼 생산이 될 때 달성된다는 점을 기억하여야 할 것이다. 독점 상태하에서는, 생산은 이 수준에 못 미치고 중단된다. 이것의 경제적 중요성은 Qm과 Qc 사이의 단위에 초점을 맞춤으로써 알 수 있다. 이 단위들은 경쟁 상태하에서는 생산되지만 독점 여건하에서는 생산되지 않는다. 이와 같은 모든 단위들, 즉 소비자들이 그들의 것이라고 생각하는 가치는, 생산에 사용되었던 자원의 가치를 초과한다. 독점 상태하에서는 생산물의 배분적 효율성이 달성되지 않는다.

확인된 또 다른 독점의 비용은 독점적 지위를 획득하고 당해 지위를 유지하려는 자들로 상징되는 독점의 매력에 있다. 이론적으로, 소비자잉여의 일부를 취득할 가능성과 관련된 재산적 이득의 증가(the increased financial gain)는 경쟁우위(competitive edge)를 점하기 위한 투자에 대한 보상으로 간주될 수 있다.

그러나 사용된 방법들의 일부는 낭비적이고 실제로 새롭거나 또는 더 좋은 생산물의 생산으로 귀결되지 않았을 수도 있다. 그 방법들은 소비자들에게 아무런 개선의 효과도 없이, 단순히 다른 경쟁자들을 해하려 고안된 것일지도 모른다. 그것이 사실이라면, 이러한 지출은 소비자의 이익증진과는 거리가 먼 낭비이다.

8. 비교상의 한계

여기서 제시된 몇몇 유형들과 경쟁이 독점보다 가격, 수량 및 배분적 효율성의 관점에서 유리하다는 논의는 초보적인 분석이다. 이러한 분석을 한 단계 더 진행시키면, 독점 대(對) 경쟁의 전체적인 그림(overall picture)은 모호해질 것이다. 이러한 복잡한 문제가 발생하는 이유는 완전경쟁이 성립되기 위하여는 많은 수의 기업이 필요하기 때문이다. 다른 한편, 각각의 기업은 효율적으로 운영되기에 너무 규모가 작다. <그림 12>는 이러한 문제를 설명하고 있다. 평균총비용곡선은, 가장 효율적인 생산량이 10,000단위가 되도록 그려져 있다. 그렇게 된다면 평균생산비용은 1달러가 될 것이다. 이러한 생산량은, 한 대규모 기업이 가격은 높지만 매우 효율적인 기계를 구입할 때에만 가능할 수 있을 것이다.

그래프는 또한, 만일 10개의 기업이 존재하고 그 기업들이 1,000단위를 생산하였다면, 평균총비용은 3달러가 될 것이라는 사실을 나타내고 있다. 그러므로 경쟁압력(competitive pressure)의 관점에서 보면 10개의 생산자가 존재하는 시장은 매우 매력이 있기는 하지만, 쉽게 알 수 있는 사실은 경쟁이 아무리 치열해도 가격은 3달러 정도로 유지된다는 점이다. 문제는, 대규모기업은 소규모기업이 누릴 수 없는 생산에서의 효율성(생산적 효율성)의 이점을 누릴 수 있다는 것이다. 규제를 받지 않을 경우, 대규모기업은 10개의 경쟁기업보다도 높은 가격을 설정할 수도 있겠지만, 그 대규모기업은 사실상 자원을 보다 더 효

〈그림 12〉

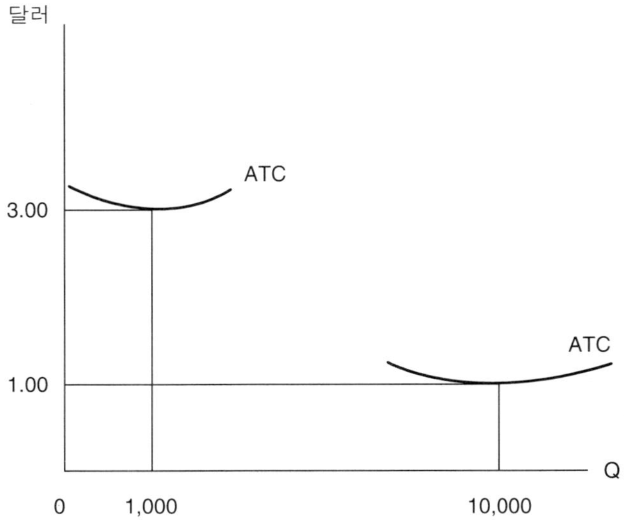

율적인 방법으로 사용하고 있는 것이다.

이것이 모든 예에 있어서 경쟁과 생산의 효율성의 사이에 긴장관계가 있다는 것을 의미하는 것은 아니다. 많은 경우에 있어서, 상대적으로 소규모기업은 생산의 효율성 측면에서 유리하다. 바꾸어 말하자면, 특정산업에 있어서 '최소최적의 크기'(minimum optimal size)가 충분히 작다면, 수많은 기업들이 당해 산업에 진입하여 치열하게 경쟁하고 효율적으로 생산할 수 있다.

독점금지의 간단한 모델에 있어서 다른 하나의 복잡한 요인은 '차선이론'(theory of second best)이다. 이 문제는 배분적 효율이라는 개념을 재검토함으로써 파악될 수 있다. 배분적 효율의 달성에 있어서 주요 요건은 ① 한계비용이 생산에 사용된 자원의 가치를 반영한다는 점과 ② 지불된 가격이 한계비용과 같다는 점이다. 앞서 설명된 바와 같이, 이는 완전경쟁 상태하에서 균형점의 경우이다. 그러나 이 기업이 구매하는 자원이 완전경쟁기업에 의해 공급받는 것이 아닌 경우에는, 그 생산물의 배분적 효율수준을 알려 주는 '신호'(signal)는 왜곡될 것이다. 요컨대 배분적 효율을 달성하는 수단으로서의 완전경쟁이란 관련된 다른 모든 기업들이 완전경쟁하에 있는 경우에만 의미를 갖는 것이다. 그렇지 않은 경우에는, 똑같이 불완전경쟁하에 있는 기업들의 경제상 분배적 효율에 좀더 면밀하게 접근할 수 있을 것이다. 이는 '차선'의 해결책일 것이다. 차선이론은 독점금지 정책에 큰 영향을 주지는 않았지만, 독점을 단순히 완전경쟁과만 비교하는 것은 정책을 오도할 수 있다는 점을 보여주고 있다.

B. 시장지배력과 시장의 한정

1. 시장지배력(Market Power)

현대 독점금지의 분석에서 두 번째로 중요한 경제적 요소는 시장지배력의 확정이다. 이는, 셔먼과 클레이튼 법(Sherman and Clayton Acts) 하에서 상당수의 독점금지소송은 원고로 하여금 피고가 시장지배력을 가지고 있다는 것을 증명하도록 요구하고 있기 때문에 중요하다.

시장지배력은 경쟁수준 이상으로 가격을 올릴 수 있고 나아가 유리하게 그 가격을 유지할 수 있는 능력으로 간단하게 정의될 수 있다. 실제로, 매우 경쟁적인 산업에 있는 기업을 포함하여 어떤 기업이라도 가격을 올릴 수 있다. 문제는, 당해 기업이 그 인상된 가격을 유지할 수 있는지 여부, 소비자들이 비교적 빠르게 다른 제품으로 방향을 돌릴지 여부 또는 새로운 공급자가 시장에 진입하여 문제의 제품을 판매하기 시작할지 여부이다. 어느 경우이건, 가격인상은 유지될 수 없을 것이다.

시장지배력은 전통적으로 기업의 시장점유율을 확정하는 것에 의해서 평가되었다. 시장점유율은, 기업의 일 시장의 판매고를 당해 시장의 총판매로 나눈 것이다. 시장점유율은 독점금지 목적을 위한 시장지배력 분석의 근간이 되는 것이지만, 가격 경쟁수준 이상으로 인상할지 여부를 결정하는 실제요인에 초점 맞춘 보다 치밀한 분석에게 어느 정도 그 자리를 양보했다.

2. 러너지수(Lerner Index)

러너지수는, 시장점유율에 단순히 의존하기보다는 시장지배력의 실질을 보다 잘 파악하는 시장지배력의 측정도구이다.[3] 이는 아래와 같이 표시된다.

$$L = (P - C) / P$$

이 방정식에서, L은 지수이고, P는 기업의 이윤을 최대화하는 가격이며 C는 이윤을 최대화하는 생산수준에서의 한계비용이다. 당해 기업이 고도의 경쟁상태하에서 운영된다면, P는 C에 접근할 것이므로 지수는 매우 낮아질 것이다. 기업이 시장지배력을 가지고 있는 경우에는 P는 C를 초과할 수 있고, 이 비율(지수)은 높아질 것이다.

시장지배력을 나타내는 또 다른 방법은, 기업이 직면하는 수요의 (가격)탄력성에 초점을 맞추는 것이다. 수요의 탄력성은, 소비자들이 가격변화에 대하여 얼마만큼 반응하는지에 관한 하나의 척도이다. 이는, 가격의 일정한 백분율변동을 그 결과로서 발생하는 수요량의 백분율변동과 비교함으로써 결정된다. 만일 수요량의 백분율변동이 가격의 백분율변동보다 작다면, 수요가 '비탄력적'이라고 말할 수 있다. 어떤 기업이 더 큰 시장지배력을 가지면 —즉 한계비용 이상으로 가격을 인상할 수 있을 것 같은 경우에는— 당해 기업이 직면하는 수요는 더욱 비탄력적으로 된다. 사실상, 러너지수는 또한 기업이 직면하는 수요

---

3) Abba Lerner, "The Concept of Monopoly and the Measurement of Monopoly Power," *1 Rev. Econ. Stud.* 157 (1934).

의 가격탄력성의 역수 또는 1/Ed과 같은데, 이곳에서 Ed는 수요의 가격탄력성(elasticity of demand)이다. 탄력성이 낮을수록 명백하게 지수가 높아진다.

3. 시장지배력의 결정요인

러너지수는, 기업이 직면하는 수요의 가격탄력성과 시장지배력이 3가지 요인에 의해서 결정된다는 것을 설명하기 위해서 재공식화될 수 있다.[4] 시장지배력의 첫 번째 결정요인은 당해 기업이 일부로서 참여하고 있는 산업에 대한 수요의 가격탄력성이다. 이러한 이유는 매우 명백하다. 대체재가 존재하는 어떤 재화를 생산하는 산업의 경우, 당해 산업에 속하는 각 기업이 시장지배력을 갖기는 쉽지 않다.

두 번째 중요한 요인은 공급의 가격탄력성이다. 공급의 가격탄력성이라 함은, 그 단어가 암시하듯이, 재화의 실제 또는 잠재적 생산자가 가격변화에 대하여 반응하는 정도이다. 다시 말해서, 생산자들이 가격상승에 대하여 얼마나 신속하게 생산량을 증가시킴으로써 반응하는가 하는 것이다. 공급량은 해당 산업의 기존업체 중 생산능력의 잉여분을 가진 기업에 의해 증가되는 경우가 있다. 공급량은 또한 생산설비를 가격이 인상된 품목으로 전환할 수 있는 기업에 의하여 증가되기도 한다. 공급량은 심지어는 신규업체에 의해 증가되는 경우도 있다. 기업들이 생산증가에 대하여 매우 민감한 반응을 보이는 경우는 —공급의 가격탄력성이 높은 경우— 개별기업의 입장에서는 가격을 인상하고 인상된 가격을 유지하기가 매우 어려울 것이다.

마지막으로, 시장점유율 또한 시장지배력을 결정하는 데 있어서 일정한 역할을 행하며, 다른 모든 조건이 동일하다면, 시장점유율이 높은 기업이 보다

4) Richard Posner & William Landes, "Market Power in Antitrust Cases," 94 *Harv. L. Rev.* 937(1981) 참조.

큰 시장지배력을 가지는 경향이 있다. 예컨대, 시장점유율이 90%인 기업의 경우, 가격을 인상하면 실제로 상당수의 고객을 잃겠지만 시장점유율에는 별다른 감소가 없을 것이다. 반면에, 동일한 시장에서 시장점유율이 10%인 기업은 매출의 감소를 시장점유율이 90%인 기업만큼 감내할 수는 없을 것이다.

4. 시장의 한정과 교차탄력성

앞서 논의한 대부분의 내용은 시장지배력의 문제에 대하여 정교한 수학적 해결책만을 제시하였다. 그러나 이는 현실에 있어서는 가능하지 않은 것이다. 문제는, 그러한 계산을 하기 위해서는 당해 기업이 속해 있는 시장을 확정하는 것이 필요하다는 것이다; 예컨대, 어떤 생산물이 당해 기업의 시장에 속한다고 볼 것인가? 마찬가지로, 어떤 산업에서 수요의 탄력성을 측정하기 위하여, 어느 기업이 당해 산업에 속하는지를 획정(劃定)하여야 할 것이다.

안타깝게도, 시장을 정확하게 한정하기란 매우 어렵다. 따라서, 시장의 한정과 시장지배력의 산정에는 '과학(science)'적인 작업에 상당하는 '예술(art)'적인 작업이 필요하다. 완전하지는 않지만, 유용한 도구로서 '수요의 교차탄력성'이 있다. 수요의 교차탄력성은 타 재화의 가격변화에 대하여, 어떤 재화의 매출이 반응하는 정도이다. 어떤 재화의 가격상승이 타 재화의 매출증가를 초래한다면, 이는 대체재이다. 이러한 반응이 클수록, 당해 재화의 대체가능성은 증가한다. 교차탄력성이 충분해서 대체재가 동일시장을 차지하는 것이 언제인가에 대하여는 시간적으로 명확한 기준선이 없다.

더욱이 교차탄력성에 과도하게 의존하면 많은 위험이 따른다. 첫째, 교차탄력성은 반응까지 허용된 기간이 길수록 상향변화될 수 있다. 예컨대, 가정용 난방연료인 석탄의 가격이 상승할 경우, 사람들은 석탄만이 사용되는 난방기구에 의존하였기 때문에 그 즉시 천연가스로 전환하지는 않을 것이다. 그러나, 이러한 석탄용 난방기구가 낡아 버린 경우에는, 그들은 가스용 난방기구로 전환할 수도 있으며, 그렇게 되면 가스와 석탄 사이의 교차탄력성은 보다 높게 나타날 것이다.

다른 문제로는, 계산의 기초(base)가 왜곡을 야기할 수도 있다는 것이다. 어떤 기업은 가격을 인상하여 고객 전체를 잃을 수도 있다. 그러나 당해 기업이 매출액이 훨씬 큰 대기업에게 고객을 빼앗기면, 대기업 매출액의 백분율증가는 매우 낮으며, 이는 교차탄력성이 매우 낮다는 것을 의미한다.

마지막 문제는, 교차탄력성 자체가 측정된 가격수준에 따라 변화할 수도 있다는 점이다. 예컨대, 경쟁자보다 저가격으로 판매하는 기업은, 매출의 감소 없이 가격을 인상할 수도 있다는 사실을 알게 될 것이다. 반면에, 고가인 경우에는 가격이 추가상승하면, 그 시점에 바로 소비자가 당해 재화의 구매를 포기할 수도 있다. 교차탄력성은, 높은 가격에서 측정하는 것이 낮은 가격에서 측정하는 것보다 더 높게 나타날 것이다.

5. 지리적 시장

독점금지의 시장분석은 재화가 합리적으로 상호 교환가능한 것인가뿐만 아니라 시장의 지리적 경계에도 초점을 맞추고 있다. 지리적인 관점에서의 시장이란, 매수인의 시각에서 보면, 문제되고 있는 기업과 경쟁하고 있는 모든 생산자를 의미한다. 어느 의미에서는, 생산품의 시장분석은 당해 재화가 합리적으로 상호 교환가능한 것인가에 집중되어 있으며, 지리적 시장분석은 공급자가 합리적으로 교체가능한가에 집중되어 있다. 매도인의 가격인상 능력을 제한할 수 있는 모든 기업을 충분히 설명하려면, 시장의 양쪽 측면이 고려되어야 한다.

지리적 시장의 문제(the geographic market question)는 제품시장의 정의(product market definition)와 동일한 방법론으로 접근할 수 있다. 이는 구매자가 격지의 판매자로부터 구매시 가격상승에 대하여 어떻게 반응할 것인가의 문제이다. 당해 구매자가 인근지역의 제품의 가격상승시 신속히 격지판매자(remote seller)에게로 이동한다면, 원거리판매자(distant seller)들도 당해 시장의 일부로 본다. 그렇지 않은 원거리판매자는 시장의 일부가 아니다. 다시 말하면, 어떤 기업을 당해 지리적 시장에 포함시키는 것에 대한 명확한 기준선은 없다. 이는 판단의 문제이며, 궁극적으로는 재판에서 전문가의 의견에 따라 결정되어야 하는 사항이다.

소비자가 (구매선을) 원거리판매자로의 전환을 쉽게 하는가의 문제에 있어서 주된 결정요소는 운송비용(transportation costs)이다. 분명한 것은, 구매자는 운송비용이 높을수록 원격지판매자에게 덜 의존하려 한다는 점이다. 운송비용은 제품원가의 결정시 가장 중요할 수 있다는 점에서는, 상세하게 논의될 사항일 것이다. 콘크리트벽돌산업은 운송비의 제품원가구성비가 비교적 높으므로 지역적(local)이라고 할 수 있다. 다른 한편, 다이아몬드 시장은 지리적인 범위에 있어서 국제적일 수 있다.

6. 공급탄력성

러너지수에 관한 논의의 연장선상에서 논의한 바와 같이, 한 기업의 수요탄력성에 영향을 주는 한 요소는, 경쟁기업이 가격인상에 반응함에 있어서 소비자에게 가용한 제품을 얼마나 신속하게 공급하는가이다. 이러한 경쟁기업들이 없는 경우에는, 구매자가 대체 공급자로 전환하려는 의사와는 상관없이, 한 기업의 가격인상 능력을 제한한다는 점에서는 아무런 차이가 없다. 이미 서술하였듯이, 공급증가의 원천은 3가지이다: 잉여생산능력을 가진 기존의 생산자, 기존의 생산능력을 문제제품의 생산능력으로 전환할 수 있는 기업들, 그리고 당해 산업에 신규로 진입한 기업들이다.

기업의 시장점유율 결정방식을 생각함으로써, 그러한 문제를 가장 잘 파악할 수 있다. 시장상황이 평가시기에 존재하는 생산품에 국한된다면, 이는 기존기업의 중요성을 과장할 수 있다. 바꾸어 말하면, 시장점유율 산정에 있어서 분모(denominator)가 인위적으로 낮아질 것이다. 이는 극소의 노력으로 문제 재화의 생산으로 전환가능한 기업이 존재하는 경우에 특히 그러하다. 반복해서 말하자면, 어떤 기업이 현재는 문제의 재화를 생산하지 않는다 하더라도, 그 기업이 시장에 포함되는 시기를 결정하는 명확한 기준선은 없다는 것이다.

공급탄력성의 주된 결정요소는 생산증가에 따른 생산비상승이 얼마나 빠른가이다. 이러한 관계는 명백하다. 가격이 상승하면, 새로운 가격보다 낮은 비용으로 추가생산을 할 수 있는 한, 기업은 생산량을 증가시킬 것이다. 생산량 증가에 따른 생산비상승이 매우 완만한 경우에는, 공급자들은 다른 기업이 시장지배력을 행사하는 것을 제한하는 데에 더 많은 역할을 할 것이다.

요컨대, 시장지배력은 '산업의 수요탄력성과 공급탄력성'과는 반대방향으로 변화한다. 시장지배력은 시장점유율에 의해서 직접적으로 영향을 받는다.

7. 고전적 및 현대적 사례

시장분석의 복잡성은 다음의 두 가지 중요한 사례로 가장 잘 설명될 것이다: 하나는 반독점의 고전적 사례이고, 다른 하나는 최근 신문의 헤드라인을 장식한 사건이다.

a. United States v. Aluminium Company of America (Alcoa)

런드 핸드(Learned Hand) 판사의 1945년도 Alcoa사 판례는 시장분석의 정수라 할 수 있다. 핸드(Hand) 판사는 Alcoa사가 알루미늄괴(塊)(virgin aluminium ingot)[5] 시장의 90%를 점하였으므로 독점이라고 판시하였다. Alcoa사의 판매분

5) 역자주: aluminium ingot는 알루미늄괴(塊)이다. virgin aluminium ingot란 재가공 처리된 것이 아닌 최초로 제련된(smelting) 알루미늄 잉고트라는 의미이다. 이하에서는 알루미늄이라고 부르기로 한다. 알루미늄에 대한 상세한 정보는 http://www.world-aluminium.org 참고.

이 아닌 나머지 10%는 수입품이었다. 결과적으로, 핸드 판사는 시장점유율의 분수(fraction)에 있어서 분자와 분모의 크기를 결정한 것이었다. 그렇게 함에 있어서, 핸드 판사는 오늘날 사법적 시장분석에서 발견되는 기술적 언어(technical language)에 의존하지 않고, 일부 흠은 있지만, 스스로의 논증을 통하여 위에 언급된 분수의 숫자를 고찰하였다.

Alcoa사의 시장점유율 결정에 있어서 핸드 판사는 여러 단계로 검토하였다. 첫째로, 당해 시장점유율의 분모적격을 정함에 있어서 2차 또는 재생알루미늄(secondary or recycled aluminium)은 배제하였다. 그 이유로 그는 2차 알루미늄(secondary aluminium)은 일부 사용자에게 부적격이므로 호환성이 없다는 점을 들었다. 오늘날의 용어로, 교차탄력성(cross-elasticity)이 매우 낮다는 것이었다. 더욱이 그는 Alcoa사가 재생시장의 알루미늄생산을 지배하고 있다는 점을 고려하였다. 사실상, 이러한 유형의 경쟁은 부분적이나마 Alcoa사의 지배하에 있는 것이었다. 이러한 사실을 시장에 포함시키는 것은, 그의 견해로는, 2차 알루미늄 시장의 존재가 Alcoa사의 (1차 알루미늄 시장) 가격지배력 제한요인으로 작용할 가능성으로 오도할 수도 있다는 것이다. 오늘날 대부분의 학자들은 2차 알루미늄을 완전히 배제함으로써, 시장이 너무 협소해졌고 Alcoa사의 시장점유율이 과장되었다는 점에 공감한다.

두 번째 단계로, 핸드 판사는 분모에 '미국 내에 이미 판매된 외국산 알루미늄'만을 포함시켰다. 다른 가능성은 모든 외국산 알루미늄괴를 포함하는 것이라고 볼 수 있다. 쟁점이 되었던 것은 공급탄력성의 문제였다. 바꾸어 말하면, 외국생산자가 미국 내의 가격상승에 대하여 얼마만큼 민감할 것인가의 문제였다. 핸드 판사는, Alcoa사의 가격인상이 있었다면 추가수입을 야기하였을 것이므로, 이미 수입된 알루미늄괴만 포함시키는 것은 부정확하다고 본 것 같다. 실제로, 핸드 판사의 논거를 살펴보면 그가 부분적으로 이러한 사실을 인식하고 있는 것으로 보인다. 오늘날 대부분 학자들은 2차 알루미늄(secondary aluminium)의 영향이 인위적으로 시장을 좁게 만들었고, Alcoa사의 시장점유율이 과장되었다는 점에 공감한다.

세 번째 단계로, 핸드 판사는 Alcoa사가 가공한 알루미늄괴에 대하여 다루었다. 사실상, 이는 Alcoa사가 판매목적이라기보다는 자체 사용목적으로 가공한 1차 알루미늄이었다. 문제는 Alcoa사가 가공한 알루미늄괴를 분자에 포함시켜야 하는가 여부이다. Alcoa사의 시장점유율은 이를 포함시키면 상승할 것이고, 배제한다면 하락할 것이다. 핸드 판사는 가공된 알루미늄을 포함하는 쪽으로 결정했다. 판결에서 그의 논거는 가격에 영향을 미쳤다는 점에서 가공하는 것이나 판매하는 것은 마찬가지라는 것이다. 가공한 알류미늄괴를 분자에서 제하면 Alcoa사의 시장점유율이 낮아질 것이고 가격지배력이 과소평가될 것이다.

b. United States v. Microsoft

2001년에 보도된 Microsoft 사건에서, 콜롬비아 항소법원은 OS(operating systems)시장에서 Microsoft사의 시장지배력을 평결하였다. Alcoa사 사례와 마찬가지로, 논란의 대부분은 관련시장(relevant market) 또는 시장점유율 분수의 분자에 무엇을 포함시킬 것인가 하는 점이었다. Microsoft사는 OS시장에 Apple사의 OS뿐만 아니라 중간웨어(middleware)[6]를 포함하여 비PCS장치(non-PCS devices)의 OS도 포함시키려 하였다. 법원은 호환성테스트(interchangeable test) 실패를 이유로 (MS사의 희망사항을) 전부 부인하였다.

더욱 흥미로운 것은 Microsoft사가 상대적으로 논란의 가능성이 적은 주장 두 가지를 추가했다는 것이다. 첫째의 주장은, 시장점유율이 높다는 사실이 Microsoft사의 가격지배력을 과대평가한다는 것인데, 그 논거로 당해 시장에 신규진입이 용이하다는 점을 들고 있다. 법원은 이 주장을 배척하였는데, 그 이유로 대부분의 소프트웨어가 Microsoft사의 OS환경을 기준으로 개발되는 상황이 지속되는 한, 신규진입을 통한 의미 있는 경쟁의 가능성은 거의 없다는 점

---

6) 역자주: 클라이언트에서 서버에 있는 응용프로그램이나 자원을 불러쓰기 위해 클라이언트와 서버 가운데 놓는 중간자를 말한다.

을 들었다.

Microsoft사는 또한 자사의 모든 우위는 자사시스템의 인기의 결과라고 주장했다. 이 주장은 네트워크효과(network effects)[7]의 개념에 연계된 것이다. 네트워크효과는 생산자의 시장점유율이 커짐에 따라 한 제품의 수요가 증가하는 때에 발생한다. 컴퓨터의 경우에는, Microsoft사의 시장점유율이 커지면 커질수록 제품은 더욱 개선되는데, 이는 수많은 컴퓨터사용자가 호환성 있는 시스템을 사용한다는 것을 의미하기 때문이다. 사실상, 독점은 소비자복지와 불일치한다기보다는 오히려 일치하게 된다. 법원은 네트워크효과의 긍정적인 주장을 발견하지 못했으나, 이러한 특별한 형태의 논증은 결과적으로 전통적인 시장분석에 변화를 가져올 수도 있는 것이다.

---

7) 역자주: 특정 상품에 대한 어떤 사람의 수요가 다른 사람들의 수요에 의해 영향을 받을 때 네트워크효과가 존재한다고 말한다. 그 상품을 쓰는 사람들이 일종의 네트워크를 형성해 다른 사람의 수요에 영향을 준다는 뜻이다. 이를 '네트워크 외부성'이라고 부르기도 한다. 예컨대, 담배를 피우는 사람이 주위 사람들이 모두 담배를 끊는 것을 보고 자기도 끊어야겠다고 결심하는 경우가 이 효과의 예이다. 네트워크 효과의 구체적인 사례로는 악대차효과(bandwagon effect)와 속물효과(snob effect)가 있다. ① 악대차 효과: 서커스단 같은 것이 마을에 오면 퍼레이드를 벌이는데 그 선두에서 나팔 불고 북 치는 사람들이 탄 '악대차'가 서고 그 뒤에 다른 광대들과 구경꾼이 따르는 것과 같이 사람들의 소비행위에서도 어떤 무리의 사람들이 유행을 이끌면 다른 사람들이 이에 따르는 양상이 나타날 수 있다. 주위 사람들이 모두 어떤 물건을 사기 시작해 일종의 유행이 되는 데 영향을 받아 그 물건을 사게 되는 것을 가리켜 악대차 효과라 한다. ② 속물효과: 비싼 명품을 사는 이유는 그것을 가질 수 있는 사람이 적기 때문이다. 특히 속물 근성이 강한 사람일수록 남들이 감히 사지 못하는 값비싼 명품 브랜드에 집착하는 경향이 있다. 이처럼 어떤 물건에 대해 수요하는 배경에 남들이 사지 못하고 자기만 살 수 있다는 심리가 깔려 있는 경우이다. 이런 경우엔 어떤 상품을 소비하는 사람의 숫자가 더 많아질수록 그 상품에 대한 수요가 줄어드는 결과가 나타나는데, 자기를 위시한 몇 사람만 그것을 살 수 있다는 속물적 욕구를 충족시키기가 힘들어지기 때문이다. 이렇게 어떤 상품을 소비하는 사람의 숫자가 증가함에 따라 그 상품에 대한 수요가 줄어드는 효과를 가리켜 속물효과라고 한다(악대차 효과의 반대).

제9장

정부규제의 경제학

09

제8장을 제외한 앞의 대부분에서는 사법(私法)이 자원분배 또는 수입과 부의 분배에 영향을 미치는 방식을 다루고 있다. 물론, 특정한 배분적 또는 분배적 결과를 달성하기 위하여 사법과 마찬가지로 특별히 제정된 많은 공법체계가 존재한다. 로스쿨에 있어서 이러한 소재는 산업규제에서 유가증권규제 및 환경법에까지 이르는 과목에서 다루어지고 있다. 이 장에서는 앞의 교과목들보다 기초적인 논지를 유지하겠다. 이 장의 초점은 규제적 개입의 기초로서 제시된 경제학적 근거에 맞추어져 있다.[1)] 이러한 모든 논의에 있어서 가장 중요한 문제는, 규제가 없는 시장보다 규제가 있는 시장이 보다 바람직한 결과를 만들어 내는지 여부에 있다.

A. 자연독점의 원리(The Natural Monopoly Rationale)

1. 자연독점 이론

정부규제를 뒷받침하는 가장 기본적 논거는 자연독점(natural monopoly)의 존재이다.[2)] 시장이 오직 한 개의 기업에 의해서만 가장 효율적으로 운용될 수 있을 때에 자연독점이 존재한다고 말한다. <표 1>은 생산이 증가함에 따라서 자연독점하에서의 비용이 어떻게 변화하는가를 나타내고 있다. 고정비용(fixed cost)란에서는 모든 생산수준에서 총고정비용이 10,000달러임을 나타내고 있다. 다른 한편, 변동비용(variable cost)은 생산량과 함께 꾸준히 증가한다. 그러므로,

1) 이 장의 구성은, Jeffrey Harrison, Tom Morgan & Paul Verkuil, *Regulation and Deregulation* (1995)에 기초하고 있음.

2) Kenneth E. Train, *Optimal Regulation: The Economic Theory of Natural Monopoly* (1991) 참조.

총비용(TC) 역시 생산의 증가와 함께 증가한다. 그러나 이를 검토함에 있어서 핵심이 되는 난은 평균총비용(ATC)란이다. 표에 나타나 있는 모든 생산수준에 있어서 평균총비용은 감소한다. 예컨대, 10단위의 생산에 있어서 평균총비용은 1,000.64달러까지 감소하였다.

〈표 1〉 〈단위: 달러〉

	고정비용	변동비용	총비용	평균총비용
1	10,000	1.00	10,001	10,001.00
2	10,000	1.90	10,001.90	5,000.95
3	10,000	2.70	10,002.70	3,334.23
4	10,000	3.40	10,003.40	2,500.85
5	10,000	4.00	10,004	2,000.80
6	10,000	4.50	10,004.50	1,667.42
7	10,000	4.90	10,004.90	1,429.27
8	10,000	5.30	10,005.30	1,250.66
9	10,000	5.80	10,005.80	1,111.76
10	10,000	6.40	10,006.40	1,000.64

평균총비용에 있어서 이러한 지속적인 감소는 기업의 생산비용에서 고정비용의 비율이 비교적 높을 때 발생한다. 고정비용은 생산수준의 증가에 따라서 변하지 않는 비용이다. 기업이 많은 양의 고정비용을 지출하는 전형적인 예는 공익사업(수도 · 전기 · 가스 · 교통기관 등)이다. 고정비용이 변동비용(생산량의 증가와 함께 증가하는 비용)에 비해서 비교적 크고 생산량이 증가함에 따라서 증가하지 않기 때문에, 생산의 평균총비용은 비록 생산상의 다른 비용이 증가한다 하더라도 감소할 것이다.

<그림 1>은 자연독점의 현상을 그래프로 나타내고 있다. 기업의 평균총비용은 그래프상의 ATC에 의해서 그려졌다. 곡선은 X축을 따라서 나타나 있는 대부분의 생산수준에서 감소하도록 그려져 있다. 곡선 D는 산업에서의 수요를 나타낸다. 그림에서 나타나 있듯이, 생산의 총비용은 모든 수요의 수준에

있어서 감소하고 있다. 요컨대, 생산비용의 관점에서 보면, 당해 산업을 조직하는 가장 효율적인 방법은 한 기업만이 모든 수요를 감당하도록 하는 것이다. 이러한 구조를 자연독점이라고 한다. 왜냐하면 만일 시장이 규제되지 않았더라면 한 개의 기업만이 생존하게 되는 지점에까지 이르게 될 것이기 때문이다.

〈그림 1〉

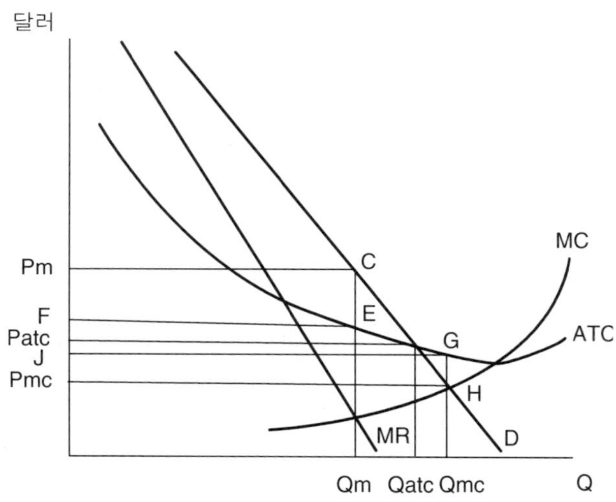

예컨대, 두 전기공급업자가 동일한 시장에서 전력을 공급하려고 시도한다고 가정하자. 두 전기공급업자의 고정비용이 모두 높을 경우, 그들 각각은 손해를 회피하기 위하여 시장의 대부분에 전기를 공급해야 할 것이다. 계속되는 경쟁은, 각 전기공급업자가 평균총비용 이하로 가격을 설정하는 치열한 가격경쟁의 형식을 취할 것이다. 결국, 그 중 한 전기공급업자는 시장을 포기할 것이고, 그 시장을 다른 공급업자에게 남겨줄 것이다.

자연독점상태가 가져오는 비용과 수요 사이의 관계는 일정한 딜레마를 야기한다. 만일 기업들이 규제받지 않는 상태에 놓이게 된다면, 그 기업들 중 한 기업만이 시장에 남을 때까지 가격은 내려갈 것이다. 이 때, 시장에 남는 기업은 독점자이며 가격인상 능력을 가지게 될 것이다. 제2장과 제8장에서 논의되었던 기초적 가격이론에 따를 때, 기업은 한계비용(<그림 1>에서의 MC)과 한계수입(MR)이 같아지는 지점까지 생산할 것이며, 그 생산량의 수준을 판매하기에 적합한 가격을 설정할 것이다. <그림 1>에서, 수량은 Qm이 되고 가격은 Pm이 된다. 독점자는 직사각형인 FPmCE 부분에 해당하는 이윤을 얻을 것이다. 만일 당해 산업진입비용이 매우 크다면, 그 기업은 경쟁수준을 초과하는 가격을 유지할 가능성이 있다.

독점적 가격설정의 위협에 대한 대비책은 가격을 규제하는 것이다. 만일 가격이 규제된다면 문제는 다음과 같다: 적절한 가격은 얼마인가? 여기에 대하여는 일반적인 문제와 개별적인 문제가 있다. 개별적인 문제는 뒤에서 논의하겠다. 보다 일반적인 수준에서, 가격을 결정하는 두 개의 유력한 기준이 있다. 첫 번째 기준은 배분적 효율성을 달성하는 가격(한계비용)을 선택하는 것이다. 예컨대, <그림 1>에서, 만일 배분상 효율적인 가격이 선택되었다면, 그 가격은 Pmc로 설정될 것이다. 제2장에서 논의되었듯이, 이는 한계비용이 생산물의 추가적 한 단위를 생산하는 데 드는 사회적 비용을 반영하기 때문이고, 수요곡선은 소비자가 그 생산물의 단위들에 대하여 부여하는 가치를 나타내기 때문이다. 전체적인 복리의 관점에서 본다면, 수요곡선이 한계비용곡선보다 위쪽에 위치하는 한 생산은 의미가 있다.

그림에 나타나 있듯이, 문제는 가격 Pm이 기업에게 있어서 생산의 평균총비용보다 낮다는 것이다. 사실, 기업의 전체적 손실은 각 단위에서의 손실에 대해서 판매된 단위의 수를 곱한 것과 같거나 또는 그림상의 직사각형인 JGHPmc와 같다. 따라서, 기업은 정부보조금 같은 외부의 자금원이 없이는 결국 생존할 수 없게 될 것이다. 이것 때문에, 기업으로 하여금 정상이윤을 포함하는 생산의 총비용을 회복하도록 하는 것에 대하여 끊임없는 압력이 있는 것이다. 이 그래프에서, 이는 평균총비용과 동일한 비용을 설정하는 것을 의미하거나 Patc의 부분을 의미한다.

2. 기관에 의한 규제

a. 수입요건(Revenue Requirement)

자연독점에 대한 대비책은 보통 규제기관을 이용하여 가격을 규제하는 것이다. 이는 현실적으로 두 단계를 포함한다. 그 중 하나는, 기업이 그의 가격설정구조를 통해서 인상이 허용되는 총수입을 결정하는 것이다. 앞에서도 지적하였듯이, 이에 대한 전형적인 접근방법은 기업으로 하여금 정상이윤을 포함하는 비용과 동일한 수입을 얻을 수 있도록 허용하는 것이다. 수입의 액수는 공식으로써 표현될 수 있다:

$$R = C + Ir$$

여기서 R은 총수입, C는 영업비용 또는 관련기간 중에 소비된 재화 또는 서비스의 비용, I는 가격산정기준 또는 관련기간 중에 소비되지 않은 재고, 그리고 r은 수익률이다.

가격심의에 있어서 위와 같은 요소는, 당해 공익사업의 임원들이 임금을 많이 받고 있는지 여부에서부터 당해 공익사업의 자본비용을 계산하는 것에 이르는 범위에까지 문제가 된다. 통상적으로 문제는 당해 공익사업이 어떠한 비용을 초래하는지 여부에 있는 것이 아니라, 그 비용이 가격지불자들에게 공평하게 전가될 수 있는지 여부에 있다. 예컨대, 어느 공익사업체는 그의 대표이사에게 200,000달러의 봉급을 지급하려고 한다. 이 때, 규제위원회는 적절한 봉급은 150,000달러라고 결정할 수도 있고, 소비자들에게 전가되는 가격 속에 대표이사의 그 정도의 봉급이 포함되도록 하는 것만을 허용할 수도 있다. 이 경우, 그것(200,000달러의 봉급지출)은 당해 공익사업체의 수입요건을 결정함에 있어서 '수용되지 않는' 부분을 포함한다.

만일 규제장치가 이상적으로 작동된다면, 공익사업에 의해서 벌어들인 총수입은 (규제기관에 의해서)승인가능한 수준의 이윤을 포함하여 합리적인 총비용과 동일하게 될 것이다. 다시 말해서, 총수입은 만일 기업이 경쟁상태하에서 운영되었더라면 벌어들였을 총수입에 접근할 것이다. 이러한 목적을 달성하는데 있어서의 문제는 충분히 증명되었고 매우 명확하다. 한 가지 관건이 되는 문제는, 어떻게 해야 기업으로 하여금 가능한 한 효율적으로 운영하도록 하는 동기를 적절하게 제공할 것인가 하는 것이다. 만일 기업이 그의 비용을 회수하는 것이 확보되고 그가 벌어들일 수 있는 수입이 제한되어 있다면, 규제가 없는 시장에서 발견되는 통상의 많은 동기들은 상실될 것이다. 이러한 문제는, 가격을 결정하는 동안, 시간경과에 따른 비용은 증가하나 그래도 기업은 수용할 수 있는 기관의 규제에 따라야 한다는 가능성에 의해서 어느 정도 해결된다. 이러한 '규제시의 시간지연'(regulatory lag)은 경영진으로 하여금 비용에 관심을 갖도록 하나, 그것이 어떠한 영향을 갖든지 간에 단지 규제가 없는 시장에서의 압력과 우연히 일치할 뿐이다.

규제가 없는 것과 같은 결과를 만들기 위해서는 기업이 설정하는 가격과 기업의 수입을 규제하는 시도에 관한 두 가지 문제에 특히 주목하여야 한다. 첫째는, 효율적인 운영을 촉진하는 모든 노력에 있어서의 순환성이다. 예컨대, 공익사업체가 그의 대표이사에게 과대한 봉급을 지불하기로 하고 어느 지역사회에 거액의 기부를 한다고 가정하자. 가격의 심의 · 결정에서, 행정기관은 당해 사업체가 그 비용을 가격지불자에게 전가하는 것을 허용하지 않는 결정을 할 수 있을 것이다. 지출은 공익사업자에 의해서 야기되는 것이므로, 그 순수한 효과는 규제가 없는 기업이 적어도 그의 비용과 일치하는 가격을 설정할 수 없는 경우와 다를 바 없다. 낮고 불확실한 이윤이 기업으로 하여금 새로운 투자자를 끌어오게 하는 것을 더욱 힘들게 만든다. 이로 인한 효과는 전술한 공식에서의 자본비용을 높이는 것이다. 그러므로, 특정지출을 수용하지 않는다는 것이 곧 가격 지불자가 궁극적으로 그 지출을 모종의 다른 형태로도 지불하지 않는다는 것을 의미하지는 않는다.

가격규제에 대하여 널리 논의되고 있는 또 다른 결과는 'Averch-Johnson'

효과로 불린다. 일반적으로, 규제되는 기업은 그가 투하한 자산과 관련해서 '적절한' 수익률을 얻는 것이 허용된다. 이들 자산을 취득하기 위하여 사용된 자금은 투자자에 의해서 제공된 자본이다. 만약 적절한 수익률이 기업의 실제적 자본비용보다 높다면 당해 기업은 자본에 투자할 동기를 가지게 될 것이고, 가능하다면 자본을 노동력과 같은 다른 투입물로 대체할 것이다. 기본적인 'Averch-Johnson' 효과는, 규제되는 기업은 규제되지 않은 기업과는 다른 투입물과 보다 덜 효율적인 투입물을 사용하도록 한다는 것이다.

b. 가격규제(Rate Regulation)

위에서 제시된 공식은 단지 기업이 획득하는 것이 허용되는 수입의 액수를 나타낼 뿐이다. 이 과정에서의 또 다른 단계는 부과되는 실질가격의 결정을 포함한다. 여기에는 두 가지 기초적인 방법이 있다. 이 중 한 가지는, 이용자들과 그들에게 서비스를 제공하는 데 드는 실질비용을 조화시키려는 시도이다. 이러한 '서비스비용'에 관한 접근방법은 서비스의 평균비용 또는 서비스의 한계비용에 기초를 둘 수 있다. 두 번째 접근방법은 종종, '서비스의 가치'에 기초하는 것으로 언급되고 있다. 일반적으로 서비스가치에 대하여 가격을 설정한다는 것은, 서로 다른 소비자집단에 대한 가격이 그 집단의 수요의 탄력성과는 역으로 변화할 것이라는 사실을 의미한다. 이들 접근방법은 모두 많은 복잡한 점과 단점을 내포하고 있고, 그 중 일부분은 여기서 논의된다. 나아가, 위의 2가지 기초적인 원리는 결합될 수 있다.

어느 가격전략을 채용할 것인가의 문제는, 1차적으로 기업을 운용하는 총비용과 동일한 수입을 올려야 하는 필요성과 배분적 효율성을 달성하는 수단으로서 소비자들에게 적당한 가격형성의 신호를 보내고자 하는 욕구 사이의 긴장관계로부터 발생한다. 따라서, 앞에서도 논의하였듯이, 한계비용과 동일한 가격은 기업이 그의 지출 전부를 충족시킬 수 없다는 것을 의미할 수도 있다. 이러한 경우에 대한 대응책으로서 기업은 아마도 생산의 '모든 비용'을 각 사용자에게 배분하려는 시도를 할 것이다. 다시 말해서, 소비자들로 하여금 생산의 총비용의 일정부분을 지급(부담)하도록 하는 방법으로 가격이 설정됨으로써 기업의 모든 고정비용은 배분된다. 물론 이는 소비자들에게 보내지는 가격설정신호가 더 이상 사회적으로 최적수준의 소비를 촉진하지 않는다는 점에서, 한계비용을 고려한 가격설정의 이점이 상실된다는 것을 의미한다.

위의 문제의 해결과 관련된 가능성은 양면적 또는 다면적 가격설정이라고 불린다. 이러한 경우에 소비자들에게는 최소한 쉽게 소비할 수 있는 일정한 가격이 설정되고 그 다음 사실상 판매되는 각 단위에 대하여 일정한 가격이 설정된다. 가격의 고정된 부분은, 기업이 생산상의 고정비용을 회수하는 것을 보장하도록 고안된 것일 수도 있다. 이는, 소비자들이 최대의 수요기간 중에 얼마만큼 수요를 하는지에 따라서 소비자들에게 배분될 수도 있다. 그 다음 각 단위의 가격이 한계비용을 반영하도록 설정될 수 있게 되는 것이다. 가격설정에 대한 이러한 접급방법은 기업으로 하여금 그의 수입조건을 갖추어 수입을 얻을 수 있게 해주는 한편, 소비자들에게 한계비용에 관한 정보를 제공하는 것이 목적이라는 점에서 일종의 혼합적 형태의 접근방법이다.

여기서 서술되는 형식에 있어서, 양면적 가격은 또한 일종의 성수기 가격설정(peak load pricing)이다. 성수기 가격설정은 소비의 시기에 따라서 상이한 가격을 설정하는 것을 말한다. 그 가격시스템에서 소비자의 수요가 전반적인 수요의 절정기와 일치하는 한, 수요의 절정기에 모든 소비자들에게 서비스를 제공하기 위하여 필요한 기업의 고정설비취득비용을 소비자가 부담하고 있다고 할 수 있다. 어떤 의미에서는, 한계투자비용과 관련하여 그의 책임에 맞는 방법으로 소비자에게 가격이 설정된 것이다.

'서비스가치'에 의한 가격설정은 '서비스비용'에 의한 가격설정과는 다른 관점을 내포하고 있다. 소비자들이 생산자에게 발생시키는 비용을 소비자에게 배분하는 시도 대신에, 초점은 소비자들 수요의 가격탄력성에 있다. 수요의 가격탄력성이 비교적 비탄력적인 소비자들에 대해서는 수요의 가격탄력성이 비교적 탄력적인 소비자들보다 높은 가격이 설정된다. 그렇다고 하여 이것이, 수요의 가격탄력성이 비교적 비탄력적인 소비자들이 다른 사람들보다 서비스에 대하여 더 많은 '가치'를 부여한다는 것은 아니다; 다른 요소들은 아마도 그들의 반응정도에 영향을 미칠 것이다. 예컨대, 비교적 비싼 상품의 선적인은 보다 싼 상품의 선적인보다 기꺼이 더 높은 운임을 지불할 것이다. 왜냐하면, 전자에 있어서 운송의 비용은 상품의 총비용에 비추어볼 때 중요하지 않은 요소이기 때문이다.

서비스가치에 의한 접근방법이 서비스비용에 의한 접근방법보다 나은 이점 중의 하나는 다음과 같다. 즉, 다른 일정한 소비자들(수요의 가격탄력성이 비교적 탄력적인 소비자들)에게 평균총비용보다 낮은 가격이 설정됨으로써 발생되는 손해를 없애기 위해서, 판매자들이 일정부분의 소비자들(수요의 가격탄력성이 비교적 비탄력적인 소비자들)에게 총비용을 초과하는 가격을 설정하는 방법을 제공한다는 것이다. 'Ramsey 가격설정'이라고 불리는 접근방법하에서는, 생산의 총비용에 맞추기 위해서 수요의 가격탄력성에 따라서 상이한 가격을 설정하는 것이 목적이다.[3)]

<그림 2>와 <그림 3>은 이러한 가능성을 나타내고 있다. <그림 2>에서 어느 소비자집단의 수요곡선이 비교적 수평적으로 그려져 있는데, 이는 수요가 비교적 탄력적이라는 것을 나타낸다. 기업의 평균총비용곡선(ATC)과 한계비용곡선(MC)도 그래프에 나타나 있다. 가격 P_1이 수요곡선과 한계비용곡선의 교차점에 설정됐다. 이 소비자집단은 기업의 고정비용에 아무런 기여도 하지 않으며, 이 소비자집단에게만 서비스를 제공함으로써 발생된 '손실'은 직사각형인 P_1ABC 부분과 같다.

<그림 3>에 나타나 있는 두 번째 소비자집단의 수요곡선은 비교적 비탄력적인 수요를 나타내기 위해서 비교적 가파르게 그려져 있다. 이 경우에, 설정된 가격은 Ph이며, 이 가격은 평균총비용을 초과한다. 직사각형 부분 PhEFA는 이 두 번째 소비자집단으로부터 벌어들인 '총이윤'이다. <그림 2>상의

---

3) 이 장 각주 2)의 Kenneth E. Train, 117-125면 참조.

〈그림 2〉

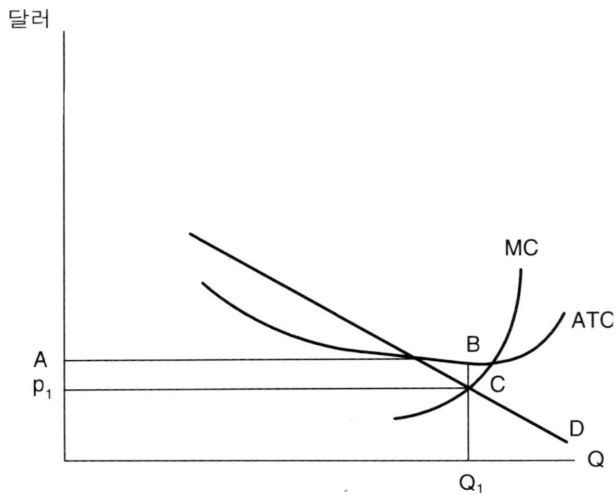

〈그림 3〉

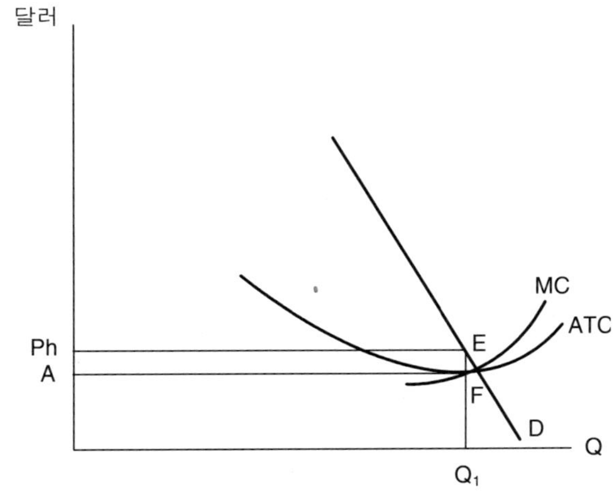

P_1ABC 부분이 <그림 3>에서의 PhEFA 부분과 같은 한, 당해 기업은 생산의 총비용을 회복할 수 있을 것이다.

c. 내부보조(Cross-Subsidization)

상이한 소비자집단에게 상이한 가격을 설정하는 가능성은 내부보조의 문제 또는 리차드 포즈너(Richard Posner)가 말하는 '규제에 의한 과세'의 문제를 가져온다.[4] 일반적으로, 다른 소비자집단에게 비용보다 낮은 가격을 설정하기 위하여 어느 소비자집단에게 비용을 초과하는 가격이 설정될 경우에 보조(補助)가 이루어진다. 보조를 받는 소비자집단은 서비스에 대해서 일반적으로 비교적 비탄력적인 수요를 가지고 있기 때문에, 서비스가치에 의한 가격설정과 명백한 상호관계가 있다.

이러한 단순한 차원에 있어서도, 두 가지 사실은 명확히 밝혀져야 한다. 첫째, 단순히 상대적인 가격만이 한 그룹의 소비자단체가 다른 그룹의 소비자단체를 보조하는지 여부를 결정하는 것은 아니다. 그러므로, 낮은 비용으로 서비스를 제공할 수 있는 소비자집단보다도 서비스를 제공하는 데 매우 높은 비용이 드는 소비자집단에게 더 높은 가격이 설정될 수도 있다. 더 높은 가격을 지불하는 소비자집단은, 설정된 가격이 비용보다 낮기 때문에, 여전히 보조를 받고 있는 집단이 될 것이다.

두 번째는, 어느 소비자집단이 보조를 받고 있고 어느 소비자집단이 보조를 하고 있는 것인지를 결정하는 것이 때로는 어렵다는 것이다. 예컨대, 소비자집단 1은 평균비용보다 낮으나 한계비용보다 높은 가격을 지불하고 있고, 소비자집단 2는 평균비용을 넘는 가격을 지불한다고 가정하자. 어떤 의미에 있어서는, 소비자집단 2가 소비자집단 1을 보조하는 것처럼 보인다. 다른 한편, 소비자집단 1이 한계비용을 초과하는 가격을 지불함으로써 고정비용에 대하여 기여를 하지 않았더라면, 소비자집단 2는 더 높은 가격을 지불해야 할 것이다. 실제로, 만일 소비자집단 1이 취득가능한 대체재가 많이 존재함으로 인하여 재화나 서비스에 대하여 매우 탄력적인 수요곡선을 가졌고 나아가 가격이 오를 경

4) Richard Posner, "taxation by Regulation," 2 *Bell J.* 22(1971).

우에는 모든 구매를 중지한다면, 그 소비자집단은 사실상 더 높은 가격을 지불하는 소비자집단을 보조하고 있다고 결론지을 수 있을 것이다.

내부보조의 보다 좋은 예는, 한 소비자(집단)가 한계비용과 동일한 가격을 지불하지 않는 경우이다. 인구밀집지역에 거주하고 있는 소비자로서 전기 또는 전화 용역에 대하여 동일한 가격을 지불하는 원거리 구매자에 관한 전통적인 예가 있다. 이 예에서 원거리 구매자가 그 원거리의 지역에 필요한 케이블 또는 전선을 설치하는 모든 비용을 지불해 오지 않았더라면, 그 비용은 당해 시스템의 어딘가에서 계산되어야 할 것이며, 아마도 그것은 다른 소비자 또는 소비자집단이 부담하는 비용에서 계산될 가능성이 있다. 또 하나의 유명한 예는 'life-line' 가격이라고 불리는 것을 통해서 가난한 사람들에게 전기를 공급하는 시도에 관한 것이다. 여기서도 마찬가지로, 라이프-라인 가격이 한계비용과 동일하거나 그보다 높지 않은 한, 그로 인한 '손실'은 당해 시스템의 다른 곳에서 보다 높은 가격의 형태로 전보되어야 할 것이다.

소비자가 한계비용보다 낮은 가격을 지불하는 경우, 전통적인 경제학적 근거로 내부보조를 설명하기는 어렵다. 가장 명백한 문제는, 한계비용보다 낮은 가격은 보조를 받는 소비자집단의 소비자들에게 '잘못된' 신호를 보낸다는 것과 배분상 비효율적인 소비수준을 촉진한다는 것이다. 이는, 한계비용이 생산물을 생산하는 실제의 사회적 비용을 반영하기 때문이다. 한계비용보다 낮은 가격으로 구매하는 소비자는, 당해 투입물이 사용되었을 수도 있는 다른 재화나 용역의 생산보다도 당해 생산을 정당화하기 위하여 충분히 높은 수준으로 생산물에 '가치'를 부여한다고 할 수 없다.

비록 협의의 전통적인 경제학적 논증이 올바른 보조를 뒷받침하지는 않지만, 생산물의 소비를 보조하는 경제학적 또는 도덕적인 이유는 아직도 충분히 있다. 예컨대, 가난한 사람들이 시장에서 보여주는 수요는 사실상 전기소비에 관한 그들의 '가치'평가를 적게 나타낸다는 점에서, 가난한 사람들의 난방을 위한 전기사용과 관련하여 충분한 긍정적인 외부효과가 있을 수도 있다. 마찬가지로, 전통적인 경제학이 수요를 지불의사 또는 지불능력으로서 정의하는데,

그러나 생활필수품과 생활필수용역은 오직 그것을 '수요'하는 사람에게만 배분되어야 한다는 점을 생각했을 때 비판의 여지가 있다.

또 다른 문제는, 배분의 효율성보다는 내부보조의 과세로서의 성격과 관련되어 있다. 규제적 맥락에서의 내부보조와 어느 그룹을 다른 그룹의 비용으로 보조하는 다른 모든 정책적인 결정을 구별하기는 어렵다. 그러므로, 전기의 구매를 돕는 보조는 식권의 발행이라든가 담배재배자에 대한 보조금의 지급과 사실상 다를 바가 없다. 폭넓은 보조금제도는 최소한 통일적이며 일관적인 일정한 모습을 향해서 노력하여야 한다. 규제되는 기업과 그 기업을 규제하는 기관에 의한 관여가 이러한 통일성의 달성에 대하여 방해가 될 것인지 아니면 도움이 될 것인지의 여부는 대단히 모호한 문제이다.

3. 경합시장

자연독점에 대한 또 다른 접근방법은 배분의 메커니즘으로서의 시장의 사용을 쉽게 포기하지 않는 것이다. 여기서의 기본적인 생각은 다음과 같다. 즉, 자연독점의 상태는 독점적 가격형성을 피하기 위하여 가격이 반드시 규제되어야 한다는 것을 의미하지는 않는다는 것이다. 그 대신, 어느 기업이 유일한 공급자가 될 것인가에 초점이 맞추어져 있다. 이는 경쟁에 의해서 결정될 수 있다.[5] 그러나 그 경쟁은 소비자 개개인을 위한 것이 아니고, 시장 그 자체를 위한 것이다.

이러한 접근방법에 대한 한 가지 형태는 다음과 같다. 즉, 어느 기업이 운영권의 경매를 통해서 그 시장에서 운영을 할 것인가를 결정하는 것이다. 예컨대, 지방정부는 최저 가격에 최고 서비스를 제공하는 기업에게 독점권을 낙찰할 것이다. 그 지방정부는 시장에서의 운영에 필요한 고정자원을 소유하였을

5) Harold Demesetz, "Why Regulate Utilities," 11 *J.L. & Econ.* 55(1968).

수도 있고 그 결과 이러한 자원들을 사용하는 권리를 한 개의 기업에게 낙찰하는 것이다.

이러한 방법에 대해서 복잡한 문제가 없는 것은 아니다.[6] 예컨대, 경매를 실시한 지방정부는 아마도 경락인인 기업과 상당기간의 계약을 체결할 것이다. 대부분 아마도 그 계약은 가격조정을 규정하고 있을 것이다. 조정이 요구되는 시기를 결정하는 과정은 보다 전형적인 가격형성과정과 닮아간다고 할 수 있다.

보다 이론적인 또 하나의 관점은 다음과 같다. 즉, 일정한 조건하에서 독점자는 정상이윤을 초과하는 이윤을 가져다주는 가격을 설정할 수 없을 것이라는 점이다. 여기서의 관건은, 신규참가자에 의한 당해 산업으로의 진입 또는 탈퇴는 기존의 기업보다 더 많은 비용이 들면 안 된다는 것이다. 이러한 조건하에서, 만일 기존의 독점자가 필요한 최소한도의 이윤보다 높은 이윤을 가져다주는 가격을 설정하려고 한다면, 다른 독점자는 시장에 진입하여 보다 낮은 가격을 설정하여 기존 시장을 완전히 차지해 버릴 것이다. 아마도 이러한 계속되는 위협은 기존의 독점자로 하여금 가격을 내리도록 하기에 충분할 것이다. 그러나, 이 이론이 자주 요구하고 있는 정도로 독점적인 생산자들이 얼마만큼 대체가능한가는 명확하지 않다.

B. 과도한 경쟁

종종 규제는 과도한 경쟁 또는 '파괴적' 경쟁에 대한 대응책으로서 행해져 왔다. 이러한 규제들은 전형적으로 시장으로의 진입 또는 설정될 수 있는 최저

---

6) 이 장 각주 2)의 Kenneth Train, 297-315면 참조.

가격을 제한하는 형식을 취한다. 일반적으로, 파괴적 경쟁에 관한 이론은 서로 다른 4가지 유형의 사례에서 유래되어 왔다. 첫째의 사례유형은 앞서 논의한 서비스가치에 의한 가격설정의 접근방법과 내부보조의 정책과 관련되어 있다. 이러한 예에서 한쪽 소비자집단에게 서비스를 제공함으로써 발생하는 '손해'는 다른 소비자집단, 즉 전형적으로 비교적 비탄력적인 수요를 보이는 소비자집단에게 서비스를 제공함으로써 벌어들이게 되는 추가수입에 의해서 충당된다. 만일 새로운 기업이 시장에 진입할 수 있고 비탄력적인 수요를 가진 소비자집단에게만 서비스를 제공할 수 있다면 이윤을 얻을 수 있을 것이다. 이러한 영업형태에 대하여 붙여진 명칭이 '크림 건져먹기'(cream-skimming)[7]이다. 이러한 이름이 암시하듯이, 크림 건져먹기의 형태로 영업을 하는 기업은 시장에 진입하고 '최고'의 소비자만을 취하여, 평균총비용 이하의 가격에 대해서만 지불할 의사와 지불할 능력이 있는 소비자들을 시장에 남는 다른 기업들에게 남겨 놓는다. 크림 건져먹기의 영업형태에 대한 확실한 대응책은 기존의 기업을 새로운 기업의 시장진입으로부터 보호하는 것이다.

시장으로의 진입과 최저가격의 설정을 규제하는 두 번째 근거는, 크림 건져먹기가 하나의 이유이기는 하지만, 그와 동시에 한 기업이 가지고 있는 비용의 유형에 대한 보다 직접적인 반응이 문제되는 경우도 염두에 둔 것이다. 고정비용은 생산수준에 따라서 변화하지 않는 비용이라는 것을 되새겨 보자. 비록 아무것도 생산하지 못했다 하더라도 기업은 그 비용을 반드시 지불해야 한다. 만일 기업이 높은 수준의 고정비용을 가지고 있다면 경쟁에서 특히 약할 것이다. 가장 매력 있는 소비자들을 위한 경쟁을 포함하는 경쟁의 증가는 기업이 평균총비용과 동일한 가격을 설정할 수 없다는 것을 뜻할 수도 있다. 게다가 기업의 비용이 고정되어 있는 이상, 단순히 폐업으로써 이러한 손실들을 피할 수는 없는 것이다.

---

7) 역자주: 가장 맛있는 부분만 먹어 버린다는 의미로서 여기서는 가장 이윤이 되는 영업형태만을 취한다는 것을 말한다.

이러한 곤경에 빠져 있는 상황은 <그림 1>을 다시 참조함으로써 알 수 있다. 기업은 가격이 한계비용보다 낮지 않은 한 생산물을 판매할 것이다. 이는, 가격은 최소한 생산의 결정에 의해 발생된 비용을 충당하고, 고정비용에 대한 일정한 기여를 고려하고 있기 때문이다. 그러나 평균총비용보다 낮은 가격을 끝없이 계속 유지할 수는 없다. 결국, 한 기업이 그의 비용을 전부 회수할 수 없는 한 사업을 그만두어야 할 것이다. 그러므로, 만성적인 손실에 대한 위험과 처음으로 시장에 진입하려는 일반적인 망설임을 피하기 위하여, 크림 건져먹기는 새로운 시장으로의 진입과 최저가격의 설정에 의한 규제를 통해서 방지될 수도 있다.

'파괴적' 경쟁의 제3의 기본적인 종류는 높은 고정비용의 경우와는 완전히 다른 성격의 것이다. 시장에 있는 기업들이 본질적으로 불안하기 때문에, 때로는 가격과 시장으로의 진입이 규제되어 왔다. 다시 말해서, 시장으로의 진입과 시장으로부터의 탈퇴가 비교적 쉽고 가격인하가 지배적인 경쟁의 수단이라면, 사업의 실패는 광범위하게 발생할 것이다. 물론, 이는 시장의 실제 참가자에게 있어서는 즐거운 전망은 아니며, 따라서 시장의 잔인함으로부터 그들을 보호하기 위하여 정책개입이 발생할 가능성이 있는 것이다. 이것이 1935년 자동차운송법(the Motor Carriers Act of 1935)의 제정의 원동력이 되었고, 이 법에서는 트럭산업에 대하여 이러한 형태의 보호를 규정했다. 이러한 보호의 동기는, 당해 산업이 존재하지 않게 되거나 고도로 집중화되는 것에 대한 우려보다는 각 트럭운전사의 일반적인 후생복지에 관한 대공황시기의 우려에 의해서 보다 더 강화되었다.

산업에서의 경쟁의 압력을 완화하는 것에 관한 네 번째의 정당한 근거는, 격렬한 경쟁은 서비스의 질을 저하시키는 결과를 가져온다는 가능성에 근거하고 있다. 항공산업의 맥락에서 논의가 이루어질 경우 항공이용자들의 공포심이 희생양이 된다는 것이며, 이는 특히 항공이용자의 안전과 관련된다. 비록 서비스의 질에 관한 논의가 어느 정도의 호소력이 있다고 해도, 전통적인 경제적 사고에 기초한 일련의 반론들은 경쟁제한의 기초로서의 서비스의 질에 관한 논의의 의미를 퇴색시키는 경향이 있다. 반론의 첫째는 부를 극대화하려는 각 기업은 계속해서 생산비용의 감소와 품질향상의 방법을 포함하여 이윤을 증가시키는 방법에 대하여 생각한다는 가정으로부터 시작한다. 높은 이윤에 대한 추구가 격렬한 경쟁시기에 변화하거나 보다 격렬하지 않는 한, 품질이 통상의 시장상태하에서의 품질과 다르게 될 것인지는 명확하지 않다.

나아가 품질이 떨어질 것이라는 논의는, 소비자들이 품질을 높이 평가하지 않거나 품질상의 차이를 평가하지 못한다는 믿음에 기초하는 것처럼 보인다. 만일 전자의 경우라면 품질의 저하는 사실상 바람직한 것이다. 비록 후자가, 기업은 경쟁적인 압력에 직면할 때까지 이윤을 만들어내는 계획으로부터 완전한 이득을 취해 오지 않았다는 것을 다시 한 번 시사하는 것이라 하더라도, 후자의 가능성은 보다 더 설득력이 있다. 그러나 정보비용에 관한 시장의 불완전성이 실제로 소비자들로 하여금 보다 좋은 품질에 대한 선호를 효율적으로 표현할 수 없도록 만들고, 이러한 품질의 저하가 격렬한 경쟁시기에만 있다고 가정해 보자. 그런데 이러한 경우에서도 보다 높은 품질을 확보하는 가장 효율적인 방법이 경쟁압력을 감소시키는 것인지는 명확하지 않다; 최소한도의 품질기준을 직접적으로 규제하는 것이 보다 더 합리적일 수 있다.

C. 본질적으로 희소한 자원의 배분
(The Allocation of Inherently Scarce Resources)

규제에 대하여 종종 제공되는 이론적 근거는 바로 '본질적으로 희소한 자원의 배분'이다. 이 일반적인 정당화 근거는 아마도 두 가지의 보다 더 기초적인 관심을 나타내고 있다. 방송주파수규제가 이러한 두 가지 관심을 설명해 준다. 방송주파수의 규제에 있어서 정당화 근거는 다음과 같을 것이다. 즉, 제한되지 않고 규제되지 않는 주파수사용은, 경쟁하는 방송사들이 서로를 방해하고 그로 인하여 방송주파수역의 유용성이 심히 제한된다는 것이다. 이런 특수한 문제는 배타적인 방송권에 관한 제도를 만들어냄으로써 간단하게 해결되어 왔고, 이러한 조치는 '방송주파수 공유의 비극'을 극복하기에 충분한 것이었다. 재산권제도와 배타적인 방송권을 강제실행하는 수단이 재산권제도를 효율적으로 운영하는 데 있어서의 기초이기 때문에, 이것이 아마도 규제의 가장 강력한 근거일 것이다.

두 번째 관심은 한정된 자원이 어떻게 배분되어야 하는가에 관한 것이다. 따라서 방송에 관한 사례에서, 방송권/재산권을 경매하는 것도 하나의 가능한 해결책이었을 것이다. 시장이 최종적인 소유권을 결정할 것이다. 소유권을 어느 쪽에게 할당할지를 결정하는 데 있어서, 그 권리들은 지불의사와 지불능력이 아닌 다른 요소에 기초해서 할당되었을 수도 있고 또한 그렇게 할당되었다. 대개의 경우, '본질적으로 희소한 자원의 배분'의 근거는 재산권시스템의 확립에 관한 관심뿐만이 아니라 분배에 관한 관심도 반영하고 있다.

그렇다고 하여 이것이, 경제적 요소는 권리가 공개시장에서 매매될 때에만 작용한다는 것을 의미하지 않는다. 사실, 시장을 통한 해결로부터 벗어나는 타당한 경제적 이유가 때로는 존재한다. 방송사례에 있어서, 긍정적 외부성의 존재에 기초하면서 경제적으로도 정당한 사유가 존재한다. 다시 말해서, 방송주파수역을 통하여 광범위한 견해를 듣게 하는 편익은 방송권을 취득하려고 경쟁하는 사람들이 아닌 일반사람들에게도 생길 수 있다는 것이다. 이는, 방송권의 할당에 있어서 인종적 다양성을 긍정하는 것으로부터 얻어지는 경제적 이득 중의 하나이다.

최근 몇 년 동안, 희소한 자원의 배분문제는 지구정지궤도상의 영역의 맥락에서 논의되어 왔다. 지구정지궤도상의 영역은 대기권으로부터 22,300마일 밖에 있다. 이곳에 위치한 위성은 지구의 회전과 거의 같은 속도로 돈다. 따라서 지구의 표면과의 관계에서는 '정지'인 것이다(즉, 지구표면에서 볼 때 정지상태에 있는 것으로 보이는 것이다). 이 영역은 통신위성이 있는 주된 장소이다. 지구정지궤도상의 영역은 그만큼만 존재한다는 점에서 근본적으로 한정되어 있다. 나아가, 그 영역의 대부분은 바다 위에 있으므로 다른 공간에 비해서 가치가 낮다. 그 결과, 이 영역에 인공위성들이 서로 밀집될 수 있다.

이러한 문제들은 초기에 방송규제를 행했을 때와 유사하다. 한 가지 선택은 바로 많은 사람들의 '영역의 선점'(land rush)인데, 이에 의해서 성공적으로 인공위성을 발사한 처음의 당사자들은 사실상 점유한 공간에 대하여 권리를 주장할 수 있다. 이는, 최고의 가격과 위험을 기꺼이 지불하거나 부담할 수 있는 당사자들 또는 국가들은 경매에 있어서 최고가의 입찰자와 같다는 점에서, 시장을 통한 해결에 비유된다. 만일 국제적인 조약에 의해서 완전히 해결되지 않는다면, 많은 제3세계국가는 보다 풍족한 국가만큼 '경매'에 참가할 수 없다는 것이 문제점으로 대두되었다. 여기에 있어서도, 가장 단순한 시장을 통한 해결책으로부터 벗어나는 결정이 이루어져 왔다는 것이다.

시장을 통한 할당과는 다른 방법으로 권리를 할당하는 모든 결정에서 발생하는 문제는, 권리를 할당받은 자가 최고의 입찰자에게 그 권리를 다시 팔 수 있는지 여부이다. 만일 그렇게 할 수 있다면, 소유권의 관점에서 볼 때 최종적인 결과는 경매로 인한 결과와 큰 차이가 없는 것 같이 된다. 그리고 최초의 할당에 있던 모든 긍정적인 외부효과들은 상실될 것이다. 물론, 원래 권리를 할당받은 사람의 부(재산)는 증가할 것이라는 점에서 중요한 분배의 결과가 존재한다.

D. 거래비용과 외부성에 대한 대응책

우리가 매일 접하는 상당수의 규제는 거래비용과 외부효과에 대응하려는 정부의 노력과 관련되어 있다. 제3장에서 논의했듯이, 거래비용은 실제로 어떠한 교환을 발생하게 하는 비용이다. 거래비용은 일방당사자로부터 타방 당사자에게 이전되는 현실적인 대가(actual consideration)가 아니라, 서로에 대한 위치 파악, 정보수집, 협상 및 거래조건의 초안작성 등과 같은 일에 관한 비용이다. 높은 거래비용은, 그와 같은 높은 비용이 없었더라면 유익하였을 거래를 발생하지 않게 할 수도 있다. 때로 규제는 거래당사자에게 거래를 보다 원활하게 또는 보다 저렴하게 해주기 위해서 이루어진다.

보통, 거래비용에 대한 3가지 넓은 영역의 대응책이 있다. 첫째는 산업을 합리적으로 만들어 주는 기준들을 설정하는 것이다. 이 기준들의 가장 기초는 재산권 또는 권원에 대한 할당과 그 권리내용의 확정에 관한 것이다. 둘째는 정보가 이용될 수 있도록 요구하는 것이다. 셋째로는, 상당수의 규제가 외부효과와 직접적으로 연관되어 있는 경우이다. 각 경우에 있어서 중요한 것은, 규제되지 않을 경우에 시장이 거래비용 문제에 대해 작용하여 효율적인 결과에 이를 수 있는지 여부를 따져 보는 것이다.

그렇다고 하여, 이 대응책들이 서로 아무 상관이 없다는 것은 아니다. 약품의 규제를 예로 들어 보자. 어떤 약품은 처방 없이 판매될 수 있고 어떤 약품은 처방이 있어야만 판매될 수 있으며, 그리고 어떤 약품은 법적으로 전혀 판매할 수 없는 것이다. 어느 관점에서 본다면, 이러한 분류체계는 약품생산자들이 새로운 약품의 개발에 있어서 사용해야 하는 기준들을 만들어낸다. 그 기준들은 시장에서 거래하는 여러 가지 수준의 권리들을 취득하는 데 무엇이 필요한가를 나타내는 규칙과 합리화장치이다. 이러한 여러 분류는 소비자뿐만이 아니라 제조업자들에게도 역시 가치 있는 정보원이다. 나아가, 소비자들은 일정한 주의사항 또는 정보가 제공되어야 한다는 요구로부터 이익을 얻는다. 마지막으로, 일정한 약품을 시장에서 완전히 판매하지 못하도록 하는 정책은, 발생할지도 모를 부정적 외부효과(의 방지목적)에 의해서 설명될 수 있다.

1. 산업의 합리화

우리는 앞에서 논의된 방송규제를 정당화시켜 주는 제1의 근거를 다시 생각함으로써 시장 또는 산업의 기초적인 구조를 형성하는 수단으로서 정부규제의 중요성을 이해할 수 있다. 방송권에 대한 최초의 할당이 없었다면, 아무도 성공적으로 방송주파수에 대하여 거래하거나 심지어 사용할 수 있는 배타적인 권리를 주장할 수 없을 것 같다. 비록 방송업에 대하여 관심을 가지고 있는 모든 사람들이 다른 잠재적인 방송업자들의 권리를 모두 사들이고 사적으로 결정된 재산권체계를 설정할 수도 있다는 이론적인 가능성은 있을 수 있겠지만, 그러나 이러한 노력에는 너무 많은 희생이 따를 것이며, 강요・거절 및 강제라는 중대한 문제에도 직면할 것이다. 산업은 관련 권리를 명확하게 해주는 정부의 간섭에 의해서 합리적으로 되거나 예견할 수 있게 된다.

정부가 특허권, 저작권 또는 상표권 소유의 의미를 결정하는 경우에 동일한 종류의 사건이 발생한다. 마찬가지로, 물에 관한 권리의 결정 또는 그것을 오염시킨 공장으로부터 손해를 회복할 수 있는 권리가 있는지 여부에 관한 결정을 통해서 거래할 수 있는 권원이 부여된다. 이러한 권리할당에 관한 첫 단계를 거치지 않고서는 의미 있는 거래가 발생하기 어렵다.

전문직에 관한 면허에 있어서도 이러한 합리화 기능이 작용하는 것을 볼 수 있다. 예컨대, 어느 개인이 의사의 치료를 필요로 하고 있지만 공식적인 면허절차가 없는 곳에서 거주하고 있는 상황을 상상해 보자. 아마도 모든 사람은 그들이 의료서비스를 공급한다는 광고판을 내걸 것이며 의사라는 명칭을 사용할 것이다. 이 경우에 '의사'라는 표시는 소비자에게 있어서 거의 가치 없는 정보일 것이다. 일정 수준의 훈련을 받았거나 전문기술을 가진 사람에게만 '의사'의 명칭사용과 의료서비스 제공을 허용함으로써, 정부는 명칭사용기준을 표준화하고 소비자가 보다 쉽게 비교할 수 있도록 해준다.

2. 정보획득가능성의 향상

앞에서 서술된 예에서, '의사' 명칭의 사용에 대한 규제는, 일정한 표준화를 촉진함으로써 산업을 합리화시킨다. 이러한 표준화는 또한, 자신을 의사라고 부르는 자들은 일정한 자격을 가지고 있다는 정보를 제공한다. 이러한 표준화와 그러한 명칭사용 허가가 내포하고 있는 최소한의 자격기준에 관한 정보가 없다면, 잠재적인 의료서비스 제공자들의 훈련과 전문기술의 질에 관하여 걱정하는 소비자들은 상당히 높은 정보비용에 직면할 것이다. 이러한 높은 비용은, 경우에 따라서는 소비자들은 전혀 선택의 여지가 없어서 시장에 참여하지 않는다는 것을 의미할 수도 있다. 한편 그와 다른 경우에는 소비자들은 열등한 선택을 할 위험을 겪는다.

판매자에게 일정한 유형의 정보를 제공할 것을 요구하는 것은, 그 정보가 식품의 영양에 관한 것이든 흡연과 음주로 인한 건강위험에 관한 것이든 새 차의 연비에 관한 것이든 아니면 '평이한 표현'(plain language)에 의한 대출조건의 표시에 관한 것이든지 간에, 그것은 소비자들에게 '정보의 형태를 취하는 생산물'을 생산하거나 제공하도록 판매자에게 요구하는 것에 지나지 않는다. 이러한 서비스가 제공되어야 한다고 요구하는 것은, 각 소비자가 발견하기에는 정보가 너무 비싸다는 사고와 소비자들로 하여금 보다 나은 선택을 할 수 있게끔 해준다는 사고에 대한 일관된 반응이라고 할 수 있다.

경제학상의 문제로서, 이러한 요구가 바람직한 분배적 효과를 가지는지 또는 배분적 효과를 가지는지가 중요하다. 정보가 제공되어야 한다는 요구에 관한 분배상의 목적은 상당히 명확하다. 정보는 소비자들로 하여금 생산자들을 보다 더 잘 비교할 수 있도록 해주는 만큼, 시장지배력은 감소되고 판매자들은 보다 경쟁적으로 가격을 설정하도록 압박을 받는다. 예컨대, 참치통조림 위에 새겨져 있는 것을 읽음으로써, 소비자는 상표등록이 되어 있지 않은 브랜드 또는 하우스 브랜드도 보다 고가이며 전국적으로 광고된 브랜드와 같은 영양가를 가지고 있다는 것을 알 수 있다. 만일 가격이 보다 경쟁적으로 된다면, 그렇지 않은 경우보다 분배적 효과는 소비자들에게 더 유리하다. 비록 정보를 제공하는 데 상대적으로 많은 비용이 들지 않는데도 불구하고, 판매자들이 정보획득 가능성을 차단하려는 이유가 바로 여기에 있다.

그렇다고 하여 이것이, 정보를 요구하는 것의 분배적 결과가 배분적 결과로부터 떨어져서 존재한다는 것을 의미하는 것은 아니다. 실제로, 제8장에서도 논의되었듯이, 시장지배력의 제거는 분배적 효과뿐만이 아니라 매우 중요한 배분적 효과도 갖는다. 참치통조림 위에 당해 제품에 관한 정보가 게시되어 있다는 사실은, 시장이 보다 경쟁적이라는 것을 의미하는 것이고, 또한 가격은 낮아지고 생산량은 높아져서, 그 결과 배분상 보다 효율적으로 된다는 것을 의미하는 것이다. 금전대차에 관한 계약조항은 충분히 그리고 자세히 설명되어져야 한다는 요구 이면에도 앞에서 논의된 것과 동일한 논리구성이 존재한다; 즉, 금전차주는 더 좋은 거래를 찾아다닐 수 있고 금전대주는 금전이 본질적으로 대체될 수 있다는 사실을 감출 수 없다.

그래도 여전히, 효율성의 전통적인 개념의 관점에서 볼 때, 앞에서와는 다른 시각에서 바라보는 것도 유익할 것이다. 소비자가 정보를 취득할 수 있도록 요구하는 것은 사실상 판매자들에게 제품판매의 조건으로서 소비자에게 정보를 제공하거나 판매하도록 요구하는 것이다. 나아가, 그 누구도 정보제공비용이 생산비용으로서 취급되지 않는다는 착각에 빠져서는 안 된다. 소비자는 결국 (정보비용을)강제구매하게 될 것이므로, '교환'은 만일 정보시장이 완전히 유동적이었다면 발생할 수도 있는 것이어야 한다는 점이 중요하다.

이는, 왜 정보가 규제 없이 충분한 양으로 제공되고 있는 것으로서 여겨지는가의 문제를 발생시킨다. 결국, 분배의 정당화 사유와 달리, 배분적 정당화 사유는 정보가 잠재적인 판매자보다 소비자들에게 보다 더 가치가 있다는 생각에 놓여져 있다. 그러나 만일 정보시장의 원활한 작동을 방해하는 거래비용이 존재한다면, 정보의 제공과 그에 따른 수요의 조정은 발생하지 않을 것이다.

정보의 자유로운 흐름을 방해하는 거래비용의 전형적인 형태는, 정보의 잠재적인 소비자가 그 정보가 있다는 것을 모르거나 그 정보의 가치를 평가하지 못하는 경우이다. 이런 경우에 있어서, 정보에 대한 실제적인 수요는 그 정보의 가치를 낮게 평가할 것이다. 담배에서 운동기구까지 다양한 제품의 건강상 또는 안전상의 위험에 관한 경고는 이에 대한 좋은 예가 될 수 있다. 정보를 효율적인 양으로 요구할 수 있기 위해서는, 소비자가 우선 정보의 존재와 정보의 검색능력에 관한 교육을 받지 않으면 안 된다. 만일 유용한 정보의 존재에 대해서 알게 된다면, 정보에 대한 수요가 발생할 것이다. 물론, 이러한 중간 단계에서는, 소비자는 아마도 정보에 대해 접근하는 최종적인 이익을 낮춤으로써, 그 결과 잘못하여 과소평가된 정보의 제공을 요구할 수도 있다.

그러나 비록 소비자들이 이러한 정보의 존재를 완전히 알고 그 정보에 대해서 기꺼이 지불하려고 해도, 무임승차의 문제가 발생할 수 있다. 예컨대, 어느 한 사람이 정보를 구입한 경우에, 그 정보가 비밀로 지켜진다는 보장은 거의 없다. 그러므로 각각의 잠재적인 소비자는 단순히 다른 사람의 수요가 정보의 제공을 가져다 줄 것을 바라며 기다릴 수도 있다.

무임승차의 문제는 다른 맥락에서 공급의 측면에서도 역시 작용을 한다. 이것을 위험의 문제가 아닌, 어느 생산물의 중요한 특성에 관한 문제라고 가정하자. 나아가 이들 특성을 이해하기 위하여, 소비자들은 일정한 기초적인 교육을 받아야 한다고 가정하자. 이는 단열재의 R-수치[8]에 관한 예였다.[9] R-수치는 재료를 비교하는 유용한 방법이지만, 그것의 이용은 일정한 기초적인 정보가 제공될 것이 요구된다. 문제는, 모든 정보제공자는 정보제공에 의한 이익을 전부 취득할 수 없다는 것이다; 다시 말해서 소비자들은 정보를 잘 이용하여 다른 생산자로부터 구매할 수도 있다는 것이다. 이는 저작권의 보호가 결여되었을 경우에 음악작곡가가 직면하게 되는 문제와 유사하다. 이런 결과, 생산자의 생산을 보장하기에 충분한 가치가 있는 정보를 소비자에게 제공하는 것은 그 어느 생산자에게도 합리적이지 않을 것이다. 이 문제에 대한 한 가지 해결

---

8) 역자주: 건축자재 등의 단열성능을 나타내는 수치.

9) Trade Regulation Rules; Labeling and Advertising of Home Insulation, F.T.C., 1979, 44 Fed. Reg. 50218를 참조.

책은 바로 모든 생산물에 정보가 제공되도록 요구하는 것이다.

3. 외부효과에 대한 대응책(Reactions to Externalities)

제3장에서 논의되었듯이, 외부효과는 긍정적일 수도 있고 부정적일 수도 있다. 긍정적 외부효과는 생산자가 생산되어진 것으로부터 생기는 이익 전부를 '내부화'(internalize)할 수 없을 때 존재한다. 고전적인 예로서는, 자신의 발명품이 사용단계에 들어간 후에 발명가는 더 이상 그의 발명품의 사용을 통제할 수 없는 경우를 들 수 있다. 많은 생산동기가 지불 없이 이익을 향유하려는 사람들에 의해서 흡수되어 버리기 때문에 긍정적 외부효과를 가져올 수 있는 재화와 용역은 비효율적으로 적은 양으로 생산되는 경향이 있다. 가능한 대응책으로서는, 저작권법 또는 특허법을 통해서 사용자들로 하여금 그들의 사용에 대하여 대가를 지불하도록 요구하거나, 재화생산에 (정부)보조금을 마련하는 것이다. 정보의 맥락에서 설명되었듯이, 또 다른 대응책으로서는, 적어도 운영의 조건으로서 일정한 생산자들로 하여금 과소생산된 재화를 생산하도록 요구하는 것이다.

보조금에 반대하는 대부분의 정부규제는 부정적 외부효과와 관련되어 있다. 이들 부정적 외부효과는 생산자 또는 사용자가 부담하지 않는 생산 또는 소비의 비용에 관한 것이다. 이에 대한 좋은 예로서는, 오염물질 배출공장이나 사람이 많은 방에서 담배를 피우는 사람을 들 수 있다. 주의해야 할 점은, 외부효과로서 어떤 것을 정의하는 것은 앞으로 다룰 많은 문제 중의 하나라는 것이다: 즉, 만일 공장 주변에 거주하고 있는 사람들이 맑은 공기에 대한 권리를 가진다면, 연기를 배출하는 공장은 단지 '외부효과'를 만들어내고 있는 것이다.

외부효과를 만들어내는 활동이라고 결정하는 것은, 가해당사자가 그의 활동을 계속할 수 있는 권리를 매입할 수 있는 기본구조를 설정한다. 그 결정은 또한, 피해당사자가 손해배상 또는 금지명령(injunction)을 통한 구제를 청구함으로써 그들의 재산권을 보호할 수 있는 상황을 만들어낸다. 제3장 또는 제4장에서 논의되었듯이, 이들 경우에 있어서 각 당사자는 그의 권리 또는 권원을 양도할 수 있다.

이 절에서는, 권리를 할당하는 행위뿐만이 아니라 그 권리를 침해하는 활동을 금지함으로써 그 권리를 사전에 보호하는 행위에도 초점이 맞추어져 있다. 즉, 소유자는 스스로 원하든 원하지 않든 간에 권리를 양도할 수 없다는 것이다. 이에 대한 좋은 예로서, 새 자동차에는 일정한 안전상의 장치가 갖추어져야 한다는 요구를 들 수 있다. 어떤 의미에 있어서 소비자는 일정한 안전기준에 따른 자동차를 구매할 권리가 있다. 다른 한편, 소비자가 그 권리를 제조자에게 되팔고 보다 낮은 가격으로 보다 덜 안전한 자동차를 구입하는 것은 허용되지 않는다. 또 다른 예로서는, 작업장의 안전, 육류검사, 그리고 조제약의 효능을 들 수 있다.

구체적인 문제들을 다루기 전에, 이러한 상황들에 있어서 두 가지 보다 덜 엄격한 규제가능성이 간과되었다는 점에 주의할 필요가 있다. 첫째는, 이미 살펴본 바와 같이, 소비자로 하여금 안전한 자동차 또는 안전작업장에 대한 그들의 '권리'를 양도할 수 있도록 하는 것이다. 둘째는, 소비자에게 재화 또는 서비스에 관한 정보를 제공하고 그에 따라서 소비자가 수요를 조정할 수 있도록 하는 것이다.

중요한 문제는, (소비자들에게)정보를 취득할 수 있게 해주고 당사자들에게 시장에서 그들의 선호를 표현할 수 있게끔 해주는 것 이상의 논의를 왜 더 해야 되는가 하는 것이다. 어쩌면 일부 사람들은 에어백과 안전벨트가 장착된 자동차에 대해서 반드시 지불해야 하는 것보다는 그것들이 장착되지 않은 자동차를 더욱 선호할 수도 있다. 어쩌면 일부 사람들은 또한 '안전과 효능'이 증명되지 않은 약품을 기꺼이 복용하려고 할 수도 있다. 경제학적 관점에서 볼 때, 이러한 선택사항들보다 앞서가는 규제는, 더 좋은 배분상 또는 분배상의 결과를 가져오는 경우에만 의미가 있다.

한 가지 높은 가능성은, 소유권자들은 그들이 과소평가하는 경향이 있는 권리를 양도하지 못한다는 것이다. 이는, 건축기준법을 적용하는 경우에서뿐만 이 아니라 작업장 또는 자동차 생산공장에서도 마찬가지로 타당할 수 있다. 예컨대, 노동자들에게 안전한 작업조건에 대한 권리가 할당되었고 이들 권리들은 양도될 수 있다고 가정하자; 이렇게 될 경우, 사용자는 위험한 조건하에서 노동하는 것에 대해서 더 높은 임금을 지급할 것을 제안할 수도 있다. 이들 권리는 잠재적인 양도인이 평가하는 것 이상으로 사실상 더욱 가치가 있을 가능성이 있으므로, 이들 권리가 양도되는 것은 배분상 비효율적일 수도 있다. 정확한 정보를 가진 노동자들은 이들 권리를 과소평가하지 않을 경향이 있다고 주장할 수도 있다. 기술적으로 이는 맞을 수도 있지만, 그러나 노동자들에게 충분한 정보를 주어서 그들이 올바른 평가를 하게 하는 노력은, 단순히 이들 권리의 양도를 처음부터 금지하는 것보다 더 많은 비용이 들 수도 있다.

자동차의 안전장치와 같은 다른 예에 있어서는 규제와 관련하여 제3자에게 중요한 이익이 있을 수 있다. 예컨대, 사고의 잠재적 피해자는 보다 나은 제동장치와 보다 나은 가시도(可視度)로부터 이익을 얻을 것이다. 이러한 장치로 인한 이익은 구매자에게만 발생하는 것이 아니기 때문에, 이러한 장치들은 구매자에 의해서 과소평가될 수도 있다. 이와 동시에, 막대한 거래비용은 이들 제3자의 이익을 시장의 수요로 전환시키는 것을 방해한다.

평가에 있어서 잠재적 오류가 일정한 규제들을 설명하고 있지만, 분배상의 목적 또한 이와 관련되어 있다. 제품의 품질기준 또는 작업장의 안전기준에 대한 최소한의 일반적인 요구는 거래조건의 관점에서 볼 때, 소비자 또는 노동자들에게 유리한 것으로 보여질 수 있다. 다시 말해서, 그들은 아마도 타방 당사자의 지출에 의해서 개선된다. 한쪽 당사자로 하여금 어느 비용을 내부화하도록 강제하는 규제를 통해서 얼마만큼 효율적으로 분배상의 목적이 달성될 수 있는가 하는 것은 여전히 문제로 남는다.

예컨대, <그림 4>에서, Y축은 노동의 비용이고 X축은 노동의 단위이다. D_1은 공장이 공기정화기와 기타 안전장치의 설치를 요구받기 이전의 노동의 수요량이다. 수요곡선은 기업이 각 노동의 양에 대해서 기꺼이 지불할 의사가 있는 최대액수를 나타낸다. S는 노동의 공급이다. 노동의 비용과 지급된 임금은 W_1과 같다. 장치의 설치는 공장의 소유자에게 있어서는 또 다른 노동사용의 비용으로서 여겨지고, 이 점에서 이 비용은 임금의 지급과 다르지 않다. 작업환경을 향상시키기 위하여 현재 일정한 노동비용이 사용되고 있다는 사실은, 기업이 각 노동량에 대하여 기꺼이 지불하고자 하는 액수를 변화시키지는 않는다.

기업이 각 노동량에 대해서 기꺼이 지불할 의사가 있는 액수와 임금의 형태로 지불하고자 하는 액수 사이에는 차이가 있다. 이는, 기업이 각 노동량에 대하여 지불할 의사가 있는 최대임금을 나타내는 새로운 수요곡선이 있다는 것을 의미한다. 이는 그래프상으로 D_2에 나타나 있다. D_1과 D_2의 사이의 수직적 거리(그림상 ab)는 안전장치의 비용이다.

새로운 임금은 D_2와 S의 교차점에서 결정되고, 이는 임금이 처음의 수준에서 W_2까지 내려간다는 것을 의미한다. 나아가, 고용된 노동량은 Q_1에서 Q_2로 낮아졌다. 그러므로, 비록 여전히 고용된 노동자들은 보다 안전한 작업환경을 누릴 수도 있겠지만, 그들은 임금과 고용기회의 면에서 대가를 치렀다. 분명한

〈그림 4〉

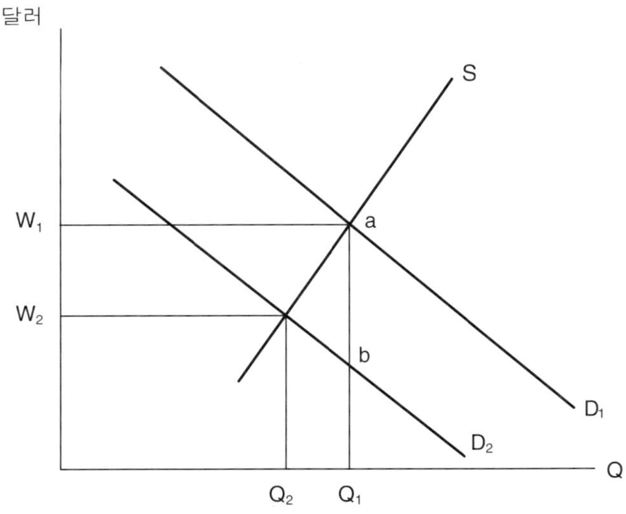

것은, 분배상의 영향은 기존의 임금의 가치에 대하여 보다 나은 작업조건을 만들어 준다는 것처럼 단순하지는 않다.

그렇다고 하여 이것이, 외부효과의 조절을 통해서 분배상의 목적을 달성하려는 노력이 반드시 실패한다는 것을 의미하지는 않는다. 왜냐하면, 첫째, 비록 임금은 낮아졌지만, 그들은 안전조치의 총비용만큼 떨어지지 않는다. 이는 W_1과 W_2의 차이(임금감소)와 D_1과 D_2 사이의 수직적 거리(안전조치의 비용)를 비교함으로써 알 수 있다. 임금감소의 형태로 노동자들에게 전가되는 안전조치의 비용액수는 수요와 공급의 상대적인 탄력성에 따라서 변화한다.

둘째, 여기서 사용되고 전통적인 경제학자들에 의해서 선호된 가장 단순한 모델은, 노동자들이 보다 안전한 작업조건하에서는 더욱 생산적으로 될 수도 있다는 사실을 고려하지 않는다. 그 결과, (노동에 대한)수요는 전혀 변화하지 않을 수도 있다. 셋째, <그림 4>와 같은 수요와 공급의 모델은 노동자들이 수요독점력(시장에서 구매하는 쪽에 대한 독점력)을 가지고 있는 노동시장에 대한 표본이 아니다. 이러한 시장에 있어서, 보상의 강제적 증가는 보다 낮은 임금과 고용수준을 가져오지 않을 수도 있다.[10] 넷째, 여기서 논의되고 있는 안전상의 규제는 양 당사자 모두에게 이익이 될 수도 있다. 예컨대, 노동자들은 높은 임금보다는 더 나은 작업조건을 선호할 수도 있고, 사용자들은 더 나은 작업조건의 제공과 더 낮은 임금의 지급을 더 선호할 수도 있으나, 거래비용은 그 거래를 방해한다. 여전히 올바른 분배상의 결과는 달성하기 매우 힘들 것이다.

외부효과 때문에 일정한 활동을 금지하는 마지막 이유는 지금까지 언급된 것보다 더욱 중요하다. 이는, 일정한 종(種)의 동물 또는 그 동물의 서식지를 위험에 빠뜨리는 활동을 금지하는 규제에 의해서 설명된다. 즉, 이들 규제는 생존할 권리를 그 종의 동물 또는 최소한 그 동물의 보호를 선호하는 사람들에게 부여한다. 부정적인 외부효과는 동물의 멸종이다. 만일 시장과 사법제도에

10) Jeffry L. Harrison, "The New Terminable-at-Will Employment Contract: An Interest and Cost Incidence Analysis," 69 *Iowa L. Rev.* 327, 340-342(1984) 참조.

맡겨진다면, 그 종의 동물을 파괴하는 것에 관한 손해액을 산정하는 것이 문제로 된다. 사실, 그 손해액은 산정할 수 없는 것이라고 주장할 수도 있다.[11] 분명한 것은, 그 종의 동물을 보호하고자 하는 사람들의 선호와 그 종류의 동물이 보호되었기를 바라는 장래 사람들의 선호는 거래비용 때문에 상당히 낮게 평가될 것이다. 그러나 여기서의 상당부분은 논점을 빠뜨리고 있다. 그 생존할 권리를 우선적으로 보호하는 조치는, 그 권리가 시장에 맡겨질 경우 경제적으로 효율적인 수준으로 보호되지 않을 것이라는 근거로부터 도출되지는 않는 것 같다. 그런데 보호되어야 하는 생존권의 문제는 전통적인 경제학의 범위를 넘는 것이다.

E. 사회정의에 의한 규제

많은 규제들이 효율성의 전통적인 개념들에 근접하지 못하는 것으로 보인다. 즉, 이런 규제들은 부정의(injustice)의 결과이며 이 부정의를 교정하는 것이라는 생각이다. 여러 가지 이유에서, 이는 경제학적 분석이 부적절하지 않다는 것을 의미하지는 않는다. 첫째로, 통상적으로 정의를 추구한다는 것은 경제적 정의를 의미하거나 개인은 경제적 처지가 개선되었다는 것을 의미한다. 이것은 대체로 재분배적인 목적이 있다는 것을 의미하기도 한다. 둘째로, 시장에서의 결과를 정당한 결과에 맞추려는 시도에는 비용이 든다는 것이다. 셋째로, 증가된 사회적 정의의 비용을 누가 지불할 것인가에 대한 결정이 이루어져야만 한다. 끝으로, 정의와 효율의 목적이 필연적으로 상충되는 것은 아니다. 예를 들어, 상상 가능한 가장 고비용의 재분배 정책을 생각해 보자. 이 정책의 혜택을

---

11) Tennessee Valley Authority v. Hill (U.S.1978) 참조.

입게 되는 자와 이 정책을 지지하는 자는 이 정책으로 손해를 보게 되는 자들을 보상해 줄 수 있어야만, 이 정책이 칼도-힉스 효율적이라 할 수 있다.

대단히 많은 사회정의에 의한 규제들은 두 범주 중 하나와 일치한다. 첫 번째 범주는 동일한 생산성을 가진 사람들을 서로 차별하는 경우이다. 이는 성별이나 인종의 차별이 될 것이다. 사용자가 단지 수익성에만 관심을 가진다면, 이런 차별은 결국 사라질 것이다. 예를 들어, 사용자가 남성과 동일한 생산력을 지닌 여성을 고용하지 않음으로 차별한다면, 노동시장에는 여성노동력의 초과공급이 생기게 될 것이다. 이 초과공급은 여성의 임금을 낮추고 남성의 임금을 높일 것이다. 여성을 고용하는 자들은 결국 생산비용이 낮아지게 될 것이고 매출을 늘릴 수 있을 것이다. 차별을 계속하는 기업들은 사업을 그만두든가, 아니면 살아남기 위해서 여성들을 고용해야만 할 것이다. 즉, 성별이나 인종으로 차별하는 사용자에게는 이윤극대화와 일치되지 않는 값비싼 관행이 따르게 되는 것이다.

시장에서 성별이나 인종에 의한 고용차별이 자동적으로 없어진다면, 굳이 규제를 할 필요가 없지 않을까? 가장 주요한 근거는, 시장은 느리게 작동하거나 어쩌면 그 작동이 멈추게 될지 모른다는 점에 있다. 예를 들어, 노동비용이 생산비용에서 단지 작은 부분만을 차지하는 경우를 보자. 이 경우, 차별하는 사용자들은 당분간은 아무 경고도 받지 않을 것이다. 또는 어떤 사용자가 시장 지배력을 가지고 있다면, 그의 노동력 선호에 대해 아무런 압박도 받지 않을 것이다. 게다가, 차별경력은 그들의 바람대로 몇몇 집단만 직업교육을 받게 할 것이다. 성 그 자체와 직접적 연관을 가지는 이유가 아니라, 남성들의 직업은 여성에게는 맞지 않다는 인식 때문에 여성들이 남성과 동등한 직업교육을 받지 못하게 되어, 여성의 노동생산성은 계속 낮은 수준에 머물러 있게 될 것이다. 중요한 점은, 규제는 사용자들을 시장이 효율적으로 작동하는 것과 같은 경우처럼 할 수 있게 한다는 점이며, 궁극적인 결과는 바람직한 것이 될 것이다.

더 흥미로운 것은, 시장에서 사용자들에게 그들의 본능을 잊도록 하는 규제이다. 가장 좋은 예는 미국의 '장애인법'(the Americans with Disabilities Act)이다. 이 법은 다소 복잡하지만, 기본적으로는 만일 어떤 사람이 그 직업의 본질적인 역할을 수행할 수 있다면, 장애인을 고용할 수 있는 합리적 공장시설의 유무와 관계없이 장애인을 차별하는 것을 금지한다. 이 법에서의 '합리적'(reasonable)이라는 개념이 '비용정당화'(cost-justified)라는 뜻은 아니다. 즉, 사용자는 단지 장애인에 적합한 공장시설을 만들기에는 생산성에 비추어볼 때 비용이 많이 든다는 점 때문에 장애인을 고용해야 할 책임을 회피할 수 없다는 것이다. 경제학적 관점에서 볼 때, 사용자들은 어떤 점에서 보면 그들이 고용하지 않았을 경우보다 이윤을 못 남기는 노동자들을 고용하고 보조하도록 요구받는 것이다. 물론, 장애인들은 사기가 진작되어 이윤을 남기는 긍정적인 효과도 있을 것이다. 그러나 이는 이 법의 목적은 아니다. 보조(장애인 고용)에서의 상한의 설정은 사용자들이 '과도한 고통'을 겪을 필요가 없다는 것을 명문화한 것이다.

장애인을 고용하는 것에는 분명 많은 이득이 있다. 자부심에 관한 영향을 제외하더라도, 보다 많은 장애인들이 고용된다면 정부에 대한 의존도는 줄어들 것이다. 요컨대 두 경우의 가능성이 있다. 하나는, 규제가 칼도-힉스 효율적이라는 것이다. 장애인이나 그들의 친지들, 동료 노동자들과 지역사회 구성원들이 보다 정의로운 세상에서 산다고 느끼게 됨으로써, 이들에게 돌아가는 편익이 사용자의 비용보다 많다. 반면에, 이는 칼도-힉스 효율은 되지 못하나, 아마도 철학적인 근거에서 합리화될 수 있을 것이다. 상황이 그러함에도 불구하고, 만일 적은 비용으로 같은 이익을 달성할 수 있거나 또는 같은 비용으로 큰 정의를 달성할 수 있다면 비용은 아마도 적절하다고 할 수 있을 것이다.

경제학은 또한 사회적 정의를 달성하기 위한 시도를 재정적으로 뒷받침하는 방법에 대해 밑그림을 그린다. 이 법률에서는, 장애인을 위한 시설에 드는 비용은 기업의 고객과 주주들에게 분담된다. 이 비용이 이 보조(장애인 고용)에 대해 찬성하는 모든 담세자들에게 보다 널리 분담되어야 할 것인지의 여부는 또 다른 문제이며, 만일 이 비용이 보다 넓게 분담된다면 비용을 더 낮출 수 있을 것이다.

제10장

지적재산권

10

최근, 지적재산권법에 대한 관심은 폭발적이었으며 지적재산권법은 경제학적 분석에 잘 어울리는 분야라고 할 수 있다. 그럼에도 불구하고, 이 분야가 이 책에서 다루었던 다른 분야만큼 경제학적 관점에서 자세하게 다루어지지 않았다는 점은 특기할 만하다. 이는 아마도 특히 저작권법과 특허법이 너무 복잡하고 나아가 창의적이고 독특한 사람들의 전유물로 여겨졌기 때문일 것이다. 지적재산권에 대한 법경제학적 접근이 독점금지에 관한 법경제학적 접근과 관련되어 있음으로 인하여, 우리는 이 분야에 대한 보다 많은 분석을 고찰할 수 있을 것이다. 이 장에서의 논의는 특허(patent), 저작권(copyright) 및 상표(trademark)에 관한 법으로 한정된다. 그 밖의 분석은 각 주의 지적재산에 관한 법이론 및 거래비밀보호에 관한 법에서의 논의로 미루고자 한다.

본격적인 논의에 앞서서, 우선 다음과 같은 점에 주의할 필요가 있다. 제8장의 독점비용을 읽었다면, 아마도 정부가 왜 지적재산권을 보호하는 제도를 만들고, 소유자에게 독점적 권한을 부여하는 것인지에 대하여 궁금해 할 것이다. 만일 이러한 생각을 가지고 있다면, 일반적인 인식오류에 빠졌다고 할 수 있다. 특허법, 저작권법 그리고 상표법은 그 자체로는 시장지배력을 야기하지 않는다. 우리가 잘 아는 바와 같이, 이 법들은 물론 소유자들에게 배타적인 사용권한을 부여한다. 그러나 그 기초재산이 수요자를 끄는 매력이 없는 한, 그 재산에 대한 사용권한이 독점적 지배력을 얻게 되지는 않는다. 이것을 이해하기 위하여, 레스토랑 냅킨에 그려진 그림을 생각해 보라. 분명히 그 그림에는 저작권이 부여되었을 것이지만, 그러나 같은 목적에 공헌하는 수많은 그림이 있을 것이다. 요점은 특허권, 저작권 그리고 상표권은 재산권의 범위를 한정하고 사적 재산권에 대한 접근을 제한한다는 것이다. 많은 경우에 특허권, 저작권 그리고 상표권은 필요하지만, 그렇다고 하여 그것들이 독점적 지배력을 만들어 내는 데 충분한 것은 아니다.

A. 경제적 원리(The Economic Rationale)

지적재산권 시스템의 개발에 관하여는 다양한 이론이나 원리들이 있다. 그러나 경제학적 접근방법은 주로 인센티브 제공이라는 개념에 치중하고 있다. 이는 미국연방법원의 획기적인 저작권 판결(Mazer v. Stein 사건)에서 도출된 것이다: "특허권과 저작권 등의 배경이 되는 경제철학은 …(중략)… 개인의 노력을 그에 대한 소득으로 보상해 주는 것이 저작자와 발명가들의 재능을 공공복리의 향상으로 이끌 수 있는 최선의 방법이라는 것" [347 US, at 333(1954)].

여러 가지 면에서 볼 때, 이것은 재산권의 종류를 정하는 경제학적 논리와 같다. 예컨대, 당신이 가축의 방목에 적합한 양질의 토지를 '보유'하고 있으나, 울타리를 세울 형편이 못 된다고 가정하자. 뿐만 아니라, 당신의 토지로 다른 사람들이 들어오거나 또는 당해 목초지의 사용가치를 측정할 명분으로 그들의 가축이 들어와서 손해의 발생이 예상되는[1] 때에도 이를 금지시킬 수 없다고 가정하자. 당신이 당해 목초지의 가치가 그렇게 크다는 사실을 아는 것은 쉽지 않으므로, 최상의 목초지 개발에 대한 투자판단을 내릴 가능성은 적을 것이다. 우리의 생각을 유용한 장치(device), 잘 찍은 사진 또는 홍보하고자 하는 제품의 이름 쪽으로 돌려 보자. 누군가 당신의 장치의 사용을 원하여 제작방법을 터득함으로써 자신의 작품을 만들었다고 가정하자. 또는, 당신이 촬영한 사진을, 누군가가 재인화해서 자신의 것이라고 주장한다고 가정하자. 그리고 당신이 'Joe's Chop House'라는 이름의 레스토랑 체인을 개발해서 품질관리와 동질성 유지에 심혈을 기울이고 있는데, 누군가가 자신의 레스토랑에 'Joe's Chop House'라는 이름을 사용한다고 가정하자. 이 모든 경우(특허권, 저작권 및 상표권)에 있어서 당신은 무임승차(free-riding)의 희생자이다. 바꾸어 말하면, 당신은

1) 역자주: 여기서 예상되는 손해는 목초의 감소이다.

당신의 노력의 대가를 완전하게 내부화하지 못하게 된 것이다. 자신의 노력에 기인한 이익을 얻을 수 없다면, 그러한 노력을 기울일 마음이 애초부터 줄어들 것이다. 이것이 바로 제약회사들이 막대한 연구개발비를 정당화하기 위하여 특허권 보호를 주장하는 논거이다.

이것은 문제이다. 그러나 지적재산권을 관리하는 공적인 관리체계를 정당화하기 위해서는 사적인 관리체계가 편리하거나 비용이 덜 드는 것은 아닌가 하는 것을 생각해 보아야 한다. 예를 들어, 당신의 화랑에 오는 모든 관람객에게 전시된 작품의 복제품 제작을 않겠다는 계약서에 서명할 것을 요구할 수도 있을 것이다. 그러나 여기에는 높은 거래비용이 들 것인데, 이와 달리 공적 관리체계를 채택하게 되면 지적재산권 보호체계의 운영비가 상대적으로 낮아질 것이라는 사실을 쉽게 이해할 수 있다.

이러한 기본적인 인센티브의 원리가 특허권, 저작권 및 상표권에 적용되지만, 여기에는 중요한 차이가 있다. 특허권과 저작권은 무엇인가 새로운 것을 창조한 사람에게 줄 대가(reward)로서 창안되었다. 이러한 측면에서 특허권과 저작권은 유사하지만, 다른 측면에서는 차이가 있다. 특허를 취득하기 위해서는, 고안품(device)이나 공정(process)은 반드시 새로운 것, 즉 신규성이 있어야 한다. 저작권은 무엇인가 원작(original)인 것을 보호하는 것이다. 이는 그것이 반드시 첫 번째의 것이어야 함을 의미하는 것이 아니라, 복제되지 않은 것이어야 함을 말한다. 예컨대, 어떤 사람이 이미 저작권이 인정되어 있는 것과 동일한 시를 쓰는 것은, 그가 실제로 원판(first version)을 베낀 것이 아니라면, 침해행위가 되지 않을 것이다.

상표권은 약간 다른 문제로서 더욱 광범위하게 적용된다. 상표권의 목적은 거래비용의 절감에 있다(여기서 말하는 비용은 특히 자신이 원하는 제품과 유사제품을 구별하는 데 들어가는 비용을 말한다). 예컨대, 당신이 부근에서 콩요리(soy chops)를 제일 잘하는 'Joe's Chop Shop'에서 맛있게 식사를 했다면, 그 집을 다시 찾고자 할 것이다. 그런데 모든 레스토랑이 모두 'Joe's Chop Shop'이라는 상호를 사용한다면 분명히 문제가 발생할 것이다. 물론 맨 처음에 그 상호를 사용한 레스토랑은 '원조 Joe's Chop Shop'이라는 이름을 사용하는 방법을 채택할 수도 있겠지만, 이는 궁극적으로 그리 좋은 방법이라고 볼 수는 없다.

개별적인 지적재산권 사이에 이와 같은 차이가 존재하기는 하지만, 동일한 문제가 모든 지적재산권에 영향을 미친다. 그 문제는 다음과 같다: 지적재산권의 보호의 범위와 기간은 어느 정도로 해야 할 것인가? 목장의 예로 돌아가면, 논점은 '대지 둘레에 경계선을 정하는 것'으로 나타날 수 있다. 지적재산권의 관점에서 보면 그것은 '아이디어의 둘레에 경계를 치는 과정'으로 볼 수 있다. 보호에는 동일한 복제품을 침해로 인정하는 좁은 보호(narrow protection)와 타인이 복제품을 만들지 못하도록 함으로써 발명가나 저자를 보호하는 넓은 보호(broad protection)가 있다. 또한 보호는 기간을 정하는 방법으로 행해지기도 한다. 특허권과 저작권은 기간으로 보호되는 반면에 상표권은 그것을 포기하면 소멸되는 것이다. 보호기간이 길면 길수록 재산권의 가치는 더 크게 인정되는 것이다.

소유권(property ownership)의 개념은 일반적으로 불확실성을 줄이고, 거래를 허용하며, 인센티브를 창출하는 경제적 장치로 보여 왔지만, 所有權 學說 대부분의 원리는 또한 역사와 전통을 바탕으로 탄생한 것이다. 그러나 경제적 관점에서 볼 때, 지적재산권에 관한 관리체계는 사회복리를 증가시키기 위하여 존재하고 고안된 것이다. 본질에 있어서, 특정한 재산권의 창설과 청구는 순효과(net effect)가 사회적으로 이익이 되는 한도 내에서 허용되는 것이다.

지적재산권의 예에 있어서의 사회복리는 상충관계(trade-off)[2]를 수반한다. 여기서의 상충관계는 창작 노력에서 얻어지는 수익과 그 창작의 독점성으로 인하여 발생하는 비용 사이에서 발생하고, 또한 지적재산권 보호체계의 운영 사이에서도 있게 된다.[3]

---

2) 역자주: 두 개의 정책목표 가운데 하나를 달성하려고 하면 다른 목표의 달성이 늦어지거나 희생되는 경우의 양자간의 관계.

3) William M. Landes & Richard A. Posner, "An Economic Analysis of Copy Right Law," XVIII *J. Leg. Stud.* 325 (1989) 참조.

창작의 독점성으로 인하여 발생하는 비용의 일부는 예상되는 시장지배력과 관련되어 있다. 예컨대, 효과가 좋은 신개발 약품의 가격은 발명자의 독점에 의하여 매우 비쌀 수 있다. 기타 독점성비용은 다른 창작자들의 인상된 창작비용과 관련이 있다. 창작비가 인상되는 이유는, 다른 창작자들이 이미 타인에 의해 먼저 주장된 아이디어를 사용할 수 없기 때문이다.

이론적으로만 본다면, 지적재산권의 보호정도는 그것의 발생에서 얻어지는 사회적 편익을 최대화하기 위한 비용과 균형이 맞춰질 수 있다. 실제로, 지적재산권의 보호정도를 설정하려는 많은 학설은 바로 이러한 효율적 균형을 달성하려는 노력이라고 볼 수 있다.

B. 보호에 대한 제한

특허권과 저작권 및 상표권에 있어서 야기되는 문제는 무엇이 보호되는 것인지를 정의하는 것이다. 비록 각 영역이 다른 원리들에 의해서 지배되기는 하지만, 기본적인 사고는 필요 이상으로 보호를 확장하지 않아야 한다는 것이다. 이는 저작권에 있어서 원래의 생각의 표현은 복제할 수 있지만 그 생각 자체는 그러하지 못하다는 데에서도 드러난다. 예를 들어 당신이 밀밭을 가로질러 달리는 개를 그린다는 '아이디어'를 가졌다고 해보자. 당신의 관념은 보호받기 어렵겠지만, 캔버스 위에 실현된 아이디어는 보호될 수 있다(물론 여기에는 상당한 제한이 있겠지만). 마찬가지로, 어떠한 '사실'을 발견하기에 아무리 많은 노력이 들었다 하더라도, 그 '사실' 자체에 대해서는 저작권을 부여하지 않는다.

'표현'(expression)과 대립되는 '아이디어'(idea)와 '사실'(fact) 사이의 차이에 대한 경제학적 해석은 매우 명확하다. 첫째, 밀밭을 가로질러 달리는 개의 그림에 대하여 배타적 권리를 당신에게 허락하는 것은 당신의 그림을 위해서 필요한 것보다 더 넓은 보호를 하는 것이다. 사실상 그 보호는 비효율적으로 넓은 것이다. 둘째로, '표현'에 대립되는 '아이디어'를 침해했는지 여부를 평가하는 것은 복잡하고 많은 비용이 드는 작업이다. 예컨대, 누군가가 울타리가 있는 옥수수밭에서 달리는 개와 함께 그 밭 중앙에 자동차와 루 리드(Lou Reed)[4]가 낡은 돌더미 위에 있는 그림을 그렸다고 하자. 이것을 침해라고 볼 수 있는가? 핵심은, 당신의 실제 표현을 검토하여 이것이 복제되었는가를 판단하는 것이 당신의 아이디어를 정의하고 그것이 복제되었는지 여부를 평가하는 것보다 상대적으로 쉽다는 것이다. 만약 아이디어들이 보호되었더라면 배타성과 관리를 위한 비용은 이익보다 클 것이다. 현재의 체계하에서는, 저작권이 부여되기 위해서는 표현이 '고정'(fixed)적이어야 한다는 요건에 의해서 관리비용은 보다 감소된다.

특허라고 하는 것은 '어떠한 새롭고 유용한 공정(Process), 기계, 제조 또는 구성'인 경우에만 부여된다는 요건으로 인하여, 특허법에 있어서도 유사한 문제가 발견된다. 저작권에서처럼, 아이디어나 관념(concept)은 특허가 될 수 없다. 게다가 저작권과는 달리 특허법은 유용성을 포함한다. 누구나 아이디어를 갖고 거기서 무언가 신기하고 유용한 것을 창조할 수 있겠지만, 보호는 창조된 것에만 행해질 수 있고 아이디어 자체는 보호되지 않는다. 경제적 관점에서 이는 배타적으로 허용되는 것의 한계를 지어줄 뿐만 아니라, 관리비용도 낮춰 준다.

상표권에 있어서도, 상표권자에게 지나치게 넓고 포괄적인 주장을 허용하는 것이 아니라 그에게 특정한 표지(즉, 상표)에 대한 권리를 부여하는 것에 의해서 유사한 접근이 가능하다. 중요한 문제는 상표가 한 판매자와 다른 판매자를 구별하는지에 있다. 예를 들어, 'Bill's Best Hamburger'라는 것은 하나의 생산자를 다른 생산자와 구별해 준다. 한편, 상표권의 보호를 'Hamburger'에 허용한다면 한 아이디어를 저작권이나 특허권화하는 것과 비슷한 효과를 낳는다.

---

4) 역자주: Lou Reed는 미국의 인기 있는 뮤지션이다.

이는 상표사용자에게 불필요한 독점을 허용하는 것이고, 햄버거를 판매하는 또 다른 경쟁자의 비용을 상승시킬 뿐이다. 즉, 상표권이라고 하는 것은 어떤 상품의 속성을 설명하는 데 의미가 있는 것이 아니라, 한 상표권자를 다른 사람과 구별시켜 주는 데 의미가 있는 것이다.

C. 균형을 유지하는 것

위에서 언급된 원칙들은, 경제적 관점에서는, 지적재산권 보유자가 모든 영역에 있어서 우선권을 보유하는 것을 방지하는 수단들이다. 이러한 넓은 제한 외에도 균형유지의 기능을 하는 여러 가지 다른 원칙, 요건 및 예외가 있다. 그러나 이런 모든 수단들이 효율의 측면으로 설명될 수 있다는 것은 아니다. 사실 1976년의 저작권법을 한 번 읽어 보면 이것은 효율과는 거리가 멀고, 오히려 그 저변에 깔린 동기는 분배적 결과이다. 그러나 경제적인 분석이 보다 중요한 원칙에 얼마나 적용되는지를 검토하는 것은 의미 있는 일이다.

1. 균등이론(The Doctrine of Equivalents)[5)]

침해자가 특허를 받은 장치나 공정을 그대로 복제한 경우에는 특허의 침

---

5) 역자주: 균등이론이라 함은 침해자가 특허품을 있는 그대로 복제하지는 않더라도 일정한 유사성이 유지된다면 특허권의 침해를 인정한다는 이론이다. 즉 복제품이 특허품과 실질적으로 동일한 기능을 가지고 있거나, 동일한 목적을 달성할 수 있을 때에는 특허권자가 균등이론을 근거로 소를 제기할 수 있다. 이는 사소한 차이로 인해 특허권자가 보호되지 못하는 상황을 방지하기 위한 것이다.

해를 인정하기가 상대적으로 쉽다. 보다 어려운 것은, 그대로의 복제는 아니지만 특허를 받은 것과 아주 많은 유사성을 띠는 경우에 대하여 특허권 침해여부를 판단하는 것이다. 이러한 경우에 균등이론이 기능하게 된다. 즉, 이 원칙은 특허를 받은 공정과 완전히 일치하지는 않는 특허권침해행위가 발생한 경우이다. 특허권침해행위가 있다고 판단함에 있어서는 특허의 내용에 얼마나 근접하고 있는가 하는 것이 문제이다. 결국, 판단의 내용은 특허권보유자의 권리범위를 어디까지 할 것인가를 판단하는 것이다.

이러한 결정이 가지는 경제적 중요성을 과소평가해서는 안 된다.[6] 만약 당신이 최초의 특허권이 인정된 후에 그 연구영역에 진입하여 연구에 대한 투자가 효율적으로 행해지기를 바라는 사람이라면 이것을 이해할 수 있을 것이다. 최초의 특허권을 광범위하게 보호하게 되면 최초의 것에 근접함에 따른 위험을 감수하려는 투자 의욕을 감소시킬 것이다. 이것은 타당한 것 같기도 하다. 이로 인하여 경쟁자들은 진정으로 획기적인 발명품을 만들려는 노력에 집중하게 될 것이기 때문이다. 뿐만 아니라, 특허권자들은 약간의 차이를 통해 진입하려는 자들에게 이익을 빼앗길 위험이 없기 때문에 최초의 것을 개선하려는 동기를 갖게 될 것이다. 그러나 개선의 여지는 있었으나 특허권자에 의해서 이루어지지는 않은 작지만 중요한 개선이 다른 사람에 의해서 이루어질 가능성이 있다. 만약 그러하다면 최초의 특허를 넓게 보호하는 것은 그 특허의 개선을 정체시킬지도 모른다.

한편, 보호의 범위를 좁히게 되면 이미 특허를 받은 것과 매우 유사한 연구에 대한 투자를 촉진하는 계기가 된다. 이는, 상대적으로 비용이 많이 들 것 같은 '획기적인 것'에는 투자를 하지 않는다는 것을 의미한다. 어떤 경미한 개선은 사회적인 가치가 거의 없이 단지 제품을 구별하는 수준의 개선이 될 수도 있을 것이다. 그러나 만약 특허권자가 독점적 지위를 누리고 있는 경우라면 좁은 보호가 소비자에게 유리하다고 볼 수 있는데, 왜냐하면 진입 장벽이 낮아져

6) Hilton Davis Chemical Co. v. Warner-Jenkinson Co., Inc.(Fed. 1995) 참조.

서 가격이 하락할 것이기 때문이다.

2. 공정사용

저작권법에 있어서, 아마도 '공정사용(fair use)' 이론[7]보다 더 자세히 검토된 이론은 없을 것이다. 균등이론(doctrine of equivalents)과 달리 공정사용이론에 따르면, 같은 행위라 하더라도 어떠한 복제행위는 저작권 침해행위로 되고 어떠한 복제행위는(즉, 공정사용에 해당하는 것으로 인정되는 때에는) 저작권 침해행위로 인정되지 않는다. 즉, 공정사용은 항변사유이다. 그러나 재산권의 한계를 규정하는 방법이라는 면에서는 균등이론과 마찬가지이다.

공정사용에 대한 판단에 있어서는 네 가지 중요한 기준이 있다. 첫째로, 그 '사용의 목적과 성질'에 관한 것을 들 수 있다. 여기서의 판단기준은 그 사용이 교육용인지 아니면 상업용인지의 여부이다. 여기에 추가되는 기준은 이 사용으로 원작이 변형되었는지의 여부이다. 일반적으로 말하면, 어떤 사람이 다른 사람의 작품을 복제할 것을 허락받은 경우, 새로운 것이 창조되었다면 공정사용이 될 가능성이 높을 것이다. 둘째로, 원작의 성질을 들 수 있다. 주로 사실에 대한 서술을 내용으로 하는 작품과 달리, 창조적인 작품은 저작권의 보호를 받을 가능성이 보다 높아질 것이고, 이 경우 공정사용의 항변을 하기가 보다 어려울 것이다. 셋째로, 원작을 복제한 양이 전체에서 차지하는 비중이다. 복제는 새로운 작품을 위하여 필요한 정도를 넘어서서 행해져서는 안 된다. 게다가 복제한 양이 많아질수록, 후속 작품의 성질이 중요한 고려 대상이 된다. 넷째로, 원작의 가치에 미치는 영향이다. 다른 조건이 모두 동등하다면 그 영향이 클수록 공정사용으로 인정될 가능성이 줄어든다.

---

7) 역자주: 저작권의 배타적 성격을 제한하기 위하여 저작물의 무단사용을 일정한 조건하에서 적법한 것으로 인정하는 미국판례법상의 이론이다(예: 교육, 연구 또는 조사 목적으로 사용하는 경우).

공정사용의 근본적인 성질은 특허법과의 비교를 통해서 이해하면 편리한데, 이는 특허법에는 그와 유사한 이론이 없기 때문이다. 즉, 공정사용은 어떤 경우에는 새로운 작품을 만들기 위해 다른 작품을 복사하는 것이 허용된다는 것을 의미한다. 이 경우를 특허법의 시각에서 본다면 발명가에게 다른 발명가의 작품을 모방하는 것을 허용하는 한편, 더 나아가 그 후속작품이 사회적으로 유용하고 원작에 아무런 손해도 주지 않는다는 내용의 항변을 허용하는 것과 마찬가지이다. 또한 이 경우는, 방목에 관한 전통적인 사례[8]에서 사회적으로 유용하다면 다른 사람의 토지를 사용할 수 있게 하는 것과 유사하다. 이러한 면책의 극단성은 그 면책이 책임법의 일반원칙을 얼마나 벗어나고 있는가 하는 사실을 통해서 이해될 수 있다. 즉, 토지의 예에서는 어떤 사람이 본의 아니게 다른 사람의 토지를 변형하거나 손해를 가했다면 적정한 시장가격으로 보상을 해야 된다. 그러나 공정사용에 있어서 사용자는 공정한 시장가격을 지불하지 않는다. 즉, 저작권은 애초부터 제한적인 것이다.

공정사용을 효율성과 조화시키는 방법에는 여러 가지가 있다. 어떤 경우에는 사용자가 저작권자에게 사용료를 지불하려 할 것이고, 저작권자도 이를 받으려 할 것이다. 그렇지만, 거래비용이 매우 높아서 거래가 실현 불가능할 수도 있다. 이 경우에 있어서 공정사용은 칼도-힉스 효율적이라고 할 수 있다. 그렇지만, 단지 명백한 1 : 1의 거래관계를 넘어서도 거래비용의 가능성은 존재한다. 예를 들어, 소비자들이 서적이나 영화, 연극에 대한 비평을 높이 평가하고 있고, 보다 좋은 비평이 되기 위해서는 원래 작품의 일부분을 인용해야 한다고 하자. 이 자료의 가치, 즉 유익한 비평의 가치는 원래 작품의 저작권자가 계속적으로 독점하는 것에 부여하는 가치보다 높을 것이다. 이 경우 무임승차와 거래비용으로 인하여, 비평가는 원래 작품의 저작권자가 제시하는 가격을 지불하기에 충분한 수입을 벌지 못하게 될 것이다. 또한 여기서도 공정사용은 칼도-힉스 효율의 결과를 이끌어 낼 수 있을 것이다.

---

8) 이에 대해서는 이 장 A를 참조할 것.

공정사용의 항변에 대한 정당화 근거로 거래비용을 드는 것은, 만일 거래비용이 낮은 상황이라면 이런 항변을 할 수 없을 것을 암시한다. 그렇지만 이는 상황에 따라 다르다. 여러 차례에 걸쳐 피고인들은 거래비용의 공정사용의 항변을 성공적으로 사용했다. 역으로 말하면, 거래비용이 높다는 사실이 침해자에게 유리하게 작용하지 않는다는 것이다. 예를 들어, 플로리다 주 Archer의 어떤 술집 악단이 루신다 윌리엄스(Lucinda Williams)의 노래에 대한 커버 버전을 만드는 것에 대해, 윌리엄스와 교섭하여 계약을 체결하는 비용이 그들의 작품에서 얻는 어떠한 이익보다 더 크다는 내용의 공정사용의 항변을 주장할 수 없을 것이다.

또 다른 경우로, 거래비용이 낮지만 저작권자가 일정한 정도의 독점력을 가지고 있는 것을 들 수 있다. 높은 허가 수수료에 대한 수요는 저작권자가 요구하는 가격을 후속 사용자가 지불할 수 있는 가능성을 더 낮추기 때문에 앞서 언급한 거래비용의 문제를 더 악화시킬 것이다. 또한, 그 제시가격은 저작권자가 그 인용이 직접적인 비평이나 패러디의 부분이 되리라고 예상할 경우에 더 부풀려질 수 있다. 즉, 높은 가격은 저작권자의 시장지배력을 잠식시킬지도 모르는 소비자의 정보를 제한시키고자 하는 욕구 때문에 소비자를 착취할 수도 있다. 이 모든 경우에 있어서, 공정사용은 원래 작품이 거래가 필요한 경우에 발생할 수 없는 경우를 제외한 사회적으로 유용한 방법으로 사용되게 한다.

실제로 공정사용이 이루어지는 많은 경우는, 복사하는 사람이 저작권의 보호대상인 작품을 더 바람직한 용도로 사용한다는 것으로 설명된다. 이런 '더 바람직한 사용'이 경제학적 용어로 표현될 수 없다 하더라도 공정사용의 항변은 그러한 사용이 일어나도록 해준다. 이는 주로 목적이 교육적인 용도가 되는 경우일 것이다.

능률적인 구조와 조화되기에 가장 어려운 것은 거래비용이 낮고 모방자의 사용이 상업적인 목적에 있는 경우로서, 후속 작업물에는 중요한 요소가 전혀 없거나 또는 아주 조금밖에 없는 때이다. 이러한 경우들 중 일부에 대해서는 공정사용의 항변이 허용되지 않으나, 언제나 그런 것은 아니다. 이런 견지에서 특기할 만한 사안은 1994년 최고법원의 판결인 Campbell v. Acuff-Rose Music, Inc. 사건인데, 랩 그룹인 Two Live Crew가 'Pretty Woman'이라는 작품의 저작물 사용권을 구입하고자 시도한 후에 이것을 패러디하여 녹음을 하였다. 이 사건은 앞에서 이론적으로 논의되었던 독점・약탈가격(monopoly/predatory price)에 의해 설명될 수 있다. 그러나 'Pretty Woman'의 저작권자는 랩 그룹이 그 작품을 사용함으로써 'Pretty Woman' 팬들에게 끼치게 될 충격에 대해 걱정하는 것으로 보이지 않는다. 여전히, 심지어 3가지 요건이 —낮은 거래비용, 상업적인 사용, 창조적 요소의 부재— 존재한다 하더라도 공정사용을 인정하는 것이 경제적으로 의미를 가질 것이다. 첫째 저작권자는 작품의 창조가 그가 사용하고자 의도했던 사용에 의하여 유발되었다고 주장할 수는 없다. 이처럼 공정사용은 해로운 결과를 가져오지는 않는다. 게다가 파레토 최적의 입장에서 볼 때, 사회와 복제하는 집단에게는 이익이 되는 반면에 저작권자에게는 아무런 손해도 없다.

앞에서 논의했던 것과 같은 예에서, 공정사용의 항변은 원작품의 저작권자로부터 위반자에게 재분배가 되도록 하는 논의를 일으킨다. 이것은 아마도 부정확한 것으로 보인다. 첫째, 만약 모방된 작업이 원소유자에 의해 예기치 않은 것이라면, 첫 번째 집단으로부터 뺏은 재산이라고 볼 수 없고 두 번째 집단에 의해 간단히 창조된 새로운 재산과는 반대되는 두 번째 재산으로 분류된다. 둘째, 재분배에 대한 생각은 저작권자가 어떤 것을 먼저 소유했다는 것을 가정한다. 기술적인 문제로서, 저작권자는 공정사용이라고 할 수 있는 행위를 방해할 수 있는 권리를 소유하지 않았다. 이와 같이 재분배는 존재하지 않는다. 그렇다 하더라도 이러한 이론에는 약간의 순환성이 있다. 그러나 지적재산권이 입법적인 창조물이라는 사실을 상기하는 것은 중요하며, 사람은 입법부가 먼저 부여하지 않았던 무엇을 잃을 수는 없다.

D. 존속기간

지적재산권의 개념의 부분은 이 권리가 존재하는 시간의 길이에 그 핵심이 있다. 투자의 관점에서 본다면, 기간이 길어질수록 수익은 더 커지고 투자액도 증가한다. 이와 같이 경제적인 분석에 있어서, 균형점은 증가하는 고무적인 결과와 배타성에 대한 추가적인 비용 및 여러 해 동안의 경영결과 사이에 있다. 발명과 창작의 모든 영역에 걸쳐 효율을 극대화하는 한결같은 기간은 없다. 게다가 현재의 투자에 대한 장래수익의 영향이 과대평가되는 경향이 있다. 그 이유는, 15년 또는 20년 동안에 생길 소득은 현재조사비용(current research dollars)과 비교되기 위해 현재의 가치로 매우 많이 할인되어야 하기 때문이다.

반면에, 존속기간은 창조적 작업에 투자할 것을 계획하고 있는 사람들에게나 현재 이미 특허권 또는 저작권을 보유하고 있는 사람들 모두에게 중요한 문제이다. 사실, 특허권이나 저작권을 취득할 당시에 예상했던 것이 아닌 한, 현재 특허권이나 저작권을 보유한 사람들에게 있어서 존속기간의 연장은 횡재라고 할 수 있다. 이와 같은 기간연장으로 인한 부가적 수입은 현재 권리를 보유하고 있는 사람들에게 매력적인 것이기는 하나, 현존하는 지적재산권의 기간을 연장하자고 주장하는 사람들의 논거를 약화시킨다. 이것은 아래에서 더욱 자세히 논의될 것이다. 그러나 우선, 상표권의 존속기간은 저작권 및 특허권의 존속기간과 다르게 기능한다는 점과 이 중에서 상표권 측면에서의 접근이 보다 경제학적 관념에 적합하다.

특허권과 저작권의 존속기간은 고정적인 것임에 반해, 상표권은 그 권리자의 사용에 따라 기간의 제약없이 지속될 수 있다. 존속기간에 제한이 없다 하더라도 특별한 문제는 없는데, 왜냐하면 무한한 수의 잠재적 상표가 존재할 수 있기 때문이다. 상표에 대한 권리는 권리자의 의사 또는 구체적인 행동,

혹은 당해 상표가 그것의 특성을 반영하기에 부족하게 된 때에 소멸한다. 결국, 상표권의 상실은 무엇보다도 상표의 기능과 밀접하게 연관된다. 상표가 소비자들의 탐색비용을 낮춘다는 원래의 기능을 상실하게 되면 그 상표는 버려질 것이다.

이미 지적한 바와 같이, 고정된 존속기간에 대해서는 여전히 논의가 있다. 이익을 받는 사람들로부터 존속기간을 연장하자는 내용의 정치적인 압력이 있는 것 같다. 최근 최고법원은 존속기간 연장이 문제된 Eldred v. Ashcroft (2003) 사건을 다루었다. 법원은 저작권의 존속기간을 저작권자의 사망 이후 50년까지였던 것을 70년으로 연장한 1998년의 저작권존속기간연장법(Copyright Term Extension Act of 1998)에 대하여 심리하였다. 사안에서의 쟁점은 그 연장에 소급효가 있는지 여부에 관한 것이었다. 법원의 분석은 경제적 동기부여[9]에 관한 것이었다. 소급적 연장의 문제는 이미 존재하는 저작물이라고 해서 불이익을 입을 수 있다고 말하기는 어렵다는 데 있다. 특허권법과 저작권법을 인정하는 헌법규정이 존속기간에 대하여 기능적이며 실용적인 접근을 요구한다는 전제에 서는 한, 소급적 기간연장이 가능하다고 보여진다.

법원은, 존속기간의 기능을 부정하기보다는 오히려 이미 존재하는 저작물에 대해서도 인센티브를 제공하는 소급적 기간연장을 인정했다. 법원의 논거는 기간연장이 항상 소급적이었다는 것이다. 창조적인 사업에 투자하는 사람과 그 밖의 일반대중 사이에 모종의 이해관계가 존재한다고 보는 경우에, 발명가나 저작자는 현존하는 존속기간으로부터 발생한 이익뿐만 아니라 그 기간에 발생할 수도 있는 기간연장으로부터 발생한 이익도 향유하는 것으로 이해된다. 결국, 소급적 기간연장은 충돌하는 이해관계를 조율하는 하나의 방식이었고, 국회는 소급적 기간연장의 입법을 함으로써 그 이해관계를 해결하였다. 달리 말해, 만약 국회가 기간을 연장한다면, 타산적인 저작권자 또는 1940년의 발명

---

9) 역자주: 기존의 저작권자들이 기간연장으로 인한 혜택을 받아야 되는가 여부의 문제를 말한다.

가 또는 보호대상인 작품에 대한 권리를 취득한 당사자들은 그들의 미래의 수입을 산정함에 있어서 현재 주어진 존속기간 내에서 발생할 수 있는 수입뿐만 아니라 연장된 기간 내에서 발생할 수 있는 수입까지도 포함시킬 것이다.

E. 구제수단

대부분의 권리와 마찬가지로, 저작물과 특허품은 상표와 함께 책임규칙, 재산규칙 또는 거래금지원칙(rule of inalienability)[10]에 의해 보호될 수 있다. 그러나 거래금지의 이론은 투자형식으로 나타나는 재산에 쉽게 적용되지 않기 때문에 이 원칙이 지적재산권에 적용될 가능성은 매우 희박하다.

앞에서 본 바와 같이 일반적으로, 책임규칙은 경제학적 관점에서 거래비용이 거래이익보다 상대적으로 높을 때 더 효과적이고, 재산규칙은 거래비용이 거래이익보다 상대적으로 낮을 때 더 선호된다. 광범위한 일반화이긴 하지만, 거래비용이 높은 전형적인 경우와 비교해 볼 때, 지적재산권은 상대적으로 낮은 거래비용의 영역에 속한다. 지적재산권자 대부분은 자신들에게 권리가 있음을 알리고 잠재적 권리침해자(infringer)들에게 자신이 이미 그 권리를 취득했음을 알리고 싶어 한다.

책임규칙하에서, 침해자는 기본적으로 라이선스(license)의 판매를 강요할 수 있을 것이다. 이론적으로, 창작물을 사용하여 더 많은 이윤을 창출할 수 있는 침해자는 그 창작물을 사용하고 침해로 인해 얻은 것보다 적은 액수를 권리자에게 손해배상을 할 수도 있을 것이다. 이러한 해석은 효율적인 계약위반

10) 자세한 분석은 Roger D. Blair & Thomas F. Cotter, "An Economics Analysis of Damages Rules in Intellectual Property Law," 39 *Wm. & Mary L. Rev.* 1585 (1998).

과 유사하다. 계약위반의 효율성에서와 같은 문제가 침해의 효율성에서도 제기될 수 있다. 실제로, 자신의 재산권을 침해당한 사람이 그보다 더 나쁜 지위에 처하지 않을 정도로 손해액이 높게 산정되어 있는가? 문제는, 공정시장가격과 동일한 정도의 손해액은 이러한 기능을 하지 못할 것이라는 점이다. 사실상, 침해가 파레토 우월 또는 칼도-힉스 효율적일 것이라는 보장은 없다. 책임규칙에 의한 보호의 또 다른 요건은 인센티브(incentive)의 문제와 연결된다. 만약 권리자가 창작물에 의한 이익을 전부 내부화하려 하다면 동기는 보다 높아질 가능성이 있다. 흥미로운 점은, 어떤 저작물은 책임규칙과 다르지 않은 의무라이선스(compulsory licensing)[11]의 대상이 되고 동일한 비효율성을 포함할 수도 있다는 것이다. 비자발적 거래의 가능성과 손해의 배상에 대한 가능성은 지적재산권법에 의해 발생하는 인센티브를 낮출 뿐이다. 한편, 재산규칙은 자발적 거래를 요구하게 되고, 그 결과 파레토 우월과 칼도-힉스 효율이 달성될 것이다.

여기에서 논의되는 지적재산권에 대한 세 가지 제도 모두 원고에게 금지명령에 의한 구제(injunctive relief)를 허용하고 있으며, 따라서 재산규칙의 요소를 가지고 있다. 그 밖의 구제방법과 관련해서는 중요한 차이가 있다. 저작권과 상표권을 침해하는 두 경우 모두에 있어서 침해자는 침해로 인한 손해와 그로 인해 얻은 이익에 대해서 책임을 질 수 있다. 즉, 이득의 반환(disgorgement)이 가능하다는 것이다. 예컨대, 저작권의 대상인 노래를 브로드웨이 쇼에 사용한 침해자는 허락 없이 사용한 그 노래 덕분에 쇼로부터 발생한 이익의 일부분에 대해 책임을 질 것이다. 이러한 배분은 쉬운 절차는 아니지만, 이는 최소한 실정법상으로는 특허법과 상당한 차이가 있다. 특허법에서 권리자는, 확정되거나 합리적인 로열티만큼의 금액에 대하여 손해배상을 받는다. 즉, 특허의 경우에는 이득반환이 허용되지 않는다.

---

11) 역자주: 의무라이선스란 특허물, 저작물 또는 다른 지적재산을 사용할 수 있도록 정부가 부여하는 라이선스이다. 정부가 시장에 개입하여 시장실패를 막기 위해 지적재산권을 제한하는 경우에 사용된다.

저작권과 상표권을 특허권과 비교해 볼 때 그 차이는 상당히 극단적이다. 특허법의 구제수단은 침해자가 공정시장가격에 대해 책임을 진다는 점에서 책임규칙의 접근방법을 반영한다. 어떤 법원은 손해배상액이 이득반환의 수준에 접근한다는 가능성하에 배상을 인정하는 경우가 있는데 이러한 상황을 제외하면, '효율적 침해'(efficient infringement)가 실제로 발생하게 될 것이다. 또한, 가능한 범위 내에서 법원이 3배 배상(treble damages)을 인정할 수 있는 권한을 행사하게 되면 책임규칙을 근간으로 하는 특허법에 대한 구제수단의 맹점을 보완하게 된다.

저작권과 상표권의 경우에 있어서는 이득반환이 가능함에 따라, 구제수단은 그 효과 면에서 재산규칙과 유사하게 되는데, 이는 2차 이용자를 자발적 거래로 이끌려는 경향 때문이다. 이는, 만약 저작권 또는 상표권의 침해에 대한 책임을 100% 완전하게 물을 수 있다면, 잠재적 침해자는 침해로 인해 얻은 이익을 모두 반환하거나 또는 자신이 적어도 이익의 일부를 가지는 것이 허용되는 거래에 참여해야 될 것이기 때문이다. 물론, 현실적으로 그 책임추궁을 100% 완전하게 할 수 없기 때문에 침해에 대한 기대비용을 인상시키기 위하여 일정한 형태의 징벌적 손해배상이 필요하게 된다. 저작권법은 원고가 실제 손해와 다른 법정 손해를 인정받았을 때에는 더 많은 손해배상을 받을 수 있도록 규정하고 있지만, 징벌적 손해배상(punitive damages)에 대한 명문규정은 없다.

가장 중요한 문제는 어떠한 제도가 지적재산권에 더 적합한 것인가 하는 것이다. 창의력에 대한 최대한의 동기를 제공해야 한다는 맥락에서 주요 요건은 창의력이 풍부하고 독창적인 사람이 그의 노력에 대한 모든 보상을 받을 수 있게 하는 것이다. 권리자의 손실과 동일한 손해액을 인정해서 효율적 침해를 허용하는 제도는 이러한 목표를 달성하지 못하고, 아마 더 중요하게는, 침해자의 사용이 효율적 침해라는 것을 보장하지 못한다. 그러나 재산규칙 또는 이득반환 원리의 효율성은 거래비용에 의하여 영향을 받고 또한 효율적인 사용이 이루어지지 않았음을 의미하는 쌍방독점 문제에 의해서도 영향을 받는다.

저작권의 문제와 관련해서, 대부분의 구제수단에 대한 분석은 무료 의무라이선스로 유추될 수 있는 공정사용의 측면에서 논의되어야 한다. 공정사용의 실행자가 보다 더 효율적 사용자라는 특별한 보장은 없다. 사실상 저작권은 공정사용의 경우인 0부터 이득반환에 이르기까지 다양한 가격으로 이루어지는 듯하다. 그 사이에는 의무라이선스로 인해 확립된 가격들도 있을 것이다. 효율성에 대한 견해가 포괄적인 것이 되기 위해서는 이러한 모든 가능성을 고려해야 할 것이다.

제11장

공공선택

11

이 책의 대부분과 법에 대한 경제분석의 대부분은 묵시적 또는 명시적 시장거래를 포함한다. 묵시적 거래는 과실운전의 '가격' 또는 계약위반의 '가격'과 같은 논점과 관련되어 있다. 명시적 가격은 독점금지, 산업규제 그리고 계약법 일부분에서 찾아볼 수 있다. 이들 경우에 있어서는 선호와 선택의 문제가 관계되어 있고 적어도 이론적으로는, 자원은 개인효용 극대화의 목적을 위해서 배분된다.

오랫동안 경제학자들은 선택 결정과 자원 배분에 관한 또 다른 모델 —정치적 활동을 통해 발생하는— 을 연구해 왔다. 최근에는 법에 경제학을 적용하는 사람들도 이러한 연구 분야에 시야를 돌리고 있다. '공공선택'(public choice)에 관한 연구는 시장선택보다는 정치적 선택에 대한 경제분석의 적용과 관련되어 있다.

3가지 중요한 요소가 정치적인 영역에서의 의사결정을 전형적인 시장거래와 구별해 준다. 첫째, 불공평하게 배분되는 달러를 사용하는 것보다도 사람들은 일반적으로 공평하게 분배되는 투표를 통해서 그들의 선호를 '소비(투표)'하거나 표현한다. 둘째, 투표행위는 다른 유권자의 선호가 최종적인 결과에 영향을 미친다는 맥락에서 이루어진다. 따라서 어떤 사람의 표가 '소비'[1]되었을 때 그것을 통해서 그가 무엇을 얻을 수 있을 것인가 하는 것은 확실하지 않다. 셋째, 선호는 종종 중개자를 통해서 표현되기도 한다. 이들 중개자는 선거직공무원, 이익집단 또는 로비스트가 될 수도 있다. 이들 중개자들의 존재는 표현된 선호를 감소시키거나 증가시킬 수도 있다.

공공선택에 대한 연구는 많은 주제를 포함하고 있다.[2] 그 중 일부분은 다음과 같이 매우 광범위하다: 도대체 왜 개인들은 정부를 가지려고 선택했는가 그리고 투표하는 것이 합리적인 일인가? 다른 주제들은 다양한 투표형태의 장점 및 단점과 같이 그 범위가 좁고 더욱 기술적이다. 다른 주제들은 주어진 문

1) 역자주: 투표를 의미함.

2) Iain Mclean, *Public Choice: An Introduction* (1987)을 참조.

제에 대하여 어떻게 투표할 것인가를 예측하는 노력과 여전히 관련되어 있다. 이 장에서는, 이 주제들 중 일부분만 논의하며, 그리고 그 논의들도 표면적으로만 다룰 것이다.

A. 왜 정부가 필요한가?

공공선택의 연구에 있어서 문제의 출발점은, 왜 개인들이 정부가 필요하다는 선택을 하는가이다. 이러한 맥락에서 '정부'는 사람들이 자신들의 선택을 행사할 수 있는 자유로운 지배권을 가지지 못하는 환경을 의미한다. 다시 말해서, 이는 정부에 의해 조절되는 어떤 요소가 있음을 의미한다. 논의를 현실과 너무 동떨어지지 않게 하기 위해, 이러한 선택을 하는 사람은 거의 없다는 사실을 인식할 필요가 있다. 그러나 그들은 다른 정부형태를 선호하여 어느 정부형태로부터 일탈하려는 선택과, 현재의 정부하에서 다소의 강압을 억누르려는 선택을 가지고 있다.

전통적인 경제학의 관점에서, 사람들은 그렇게 함으로써 효용극대화가 된다면 사람들은 자유에 대한 현실적 또는 잠재적 손실에 동의할 것이다. 사람들이 자신의 자유의 일부분을 포기하는 근본적인 이유는, 자유가 또한 제한된 타인과의 묵시적 또는 사회적 계약에 있어서 필연적인 부분이기 때문이다. 본질적으로 이것은 타인의 협조를 유도해내기 위해서 반드시 포기해야 하는 것이다. 사람이 자신의 자유를 제한하는 데 합의하는 것은 정부의 형성에 필요한 '사회계약'(social contract)의 약인(consideration)을 구성할 뿐만 아니라, 다른 사람에게 미치는 자신의 영향력을 사실상 증가시킬 수도 있다. 예컨대, 한쪽 당사자가 약속을 지키거나 일정한 행위규범을 준수할 것이라는 타인의 인식은 다음과 같은 사실을 의미할 수도 있다. 즉, 그 다른 사람들은 약속자(promisor)를 신뢰하고 약속자가 요구한 바대로 행동한다는 것이다.

자기 자신의 자유의 일부분을 포기하는 것이 다른 사람의 자유의 일부분을 구매하기 위해서 필요할 수 있지만, 여전히 문제가 있다: 어떻게 해서 이것이 한 개인이 개선되도록 해주는 것인가? 그 근본적 이유는 외부효과 —긍정적이든 부정적이든— 의 개념으로 거슬러 올라갈 수 있다.

이들 개념은 제3장 및 제9장에서 논의되었지만, 복습하자면, 어느 이익의 생산자가 다른 사람이 그 이익을 향유하는 것을 방해하지 못할 때 긍정적인 외부효과가 발생한다. 문제는 생산자가 모든 이익을 '내부화'(internalize)할 수 없다는 것은, 어떤 재화가 가치는 있으나 다른 사람이 그것을 생산할 것이라는 기대를 가지고 그것에 대해서 지불하려고 하지 않을 것이기 때문에 생산을 저하시킬 수도 있다. 이러한 재화는 일반적으로 공공재라고 불린다.

공공재에 대한 예로서 이웃이 경비견을 구입했으나, 그 개 짖는 소리는 사실상 잠재적인 도둑에게도 겁을 주게 되어 이웃 전체로부터 멀어지게 할 수 있다는 것이다. 관련 당사자의 수가 적은 사례에서, 공공재의 생산은 일련의 사적 합의를 거쳐 행해질 것이다. 개개인은, 모든 사람이 이익을 얻을 수 있는 재화의 구매 또는 생산을 위해 사용될 자금에 대하여 기부하는 데 동의할 것이다. 관련 당사자의 수가 증가한다면, 일련의 사적 계약에 대한 거래비용도 증가할 것이다. 나아가 사실상 아무런 기여도 없이 그 단체의 노력으로부터 이익을 얻기를 희망하며 '버티는 자'(hold-outs)도 있을 것이다. 이들 요소들은 사적 합의의 형성과정을 무색하게 하는 경향이 있다.

그 용어가 제시해 주듯, 부정적 외부효과는 긍정적 외부효과의 반대이다. 긍정적 외부효과에서는, 생산자는 모든 생산비용을 부담하나 그로부터 생기는 이익 전부를 취득하지는 못한다. 부정적 외부효과의 경우에는, 생산자가 생산으로부터 생기는 모든 이익을 취득하나 생산비용은 부분적으로 타인에 의해서 부담된다. 이에 대한 전형적인 예는, 물과 공기를 오염시키면서도 그 물과 공기의 사용에 대해 어떠한 비용도 부담하지 않는 공장을 들 수 있다. 개개인이 어떻게 악화되는가를 가장 잘 설명해 주는 사례가 바로 '공유지의 비극'(tragedy of the commons)이다. 이 시나리오에서 각 기업은 자신만이 신선한 물의 유일한 사용자인 것처럼 생각하며 생산하고 있다. 물론 만일 그들이 각각 그처럼 생각하고 행동한다면, 어느 시점에 가서 물의 공급은 단절될 것이고 누구도 물을 이용할 수 없을 것이다. 여기서도 마찬가지로, 외부효과는 사적 합의를 통해 조절될 수 있으나, 이는 누가 물에 대한 권리를 가지는가를 결정하는 절차를 먼저 밟지 않는 한 어려울 것이다. 게다가, 많은 당사자들이 관련된다면, 더 복잡한 합의가 요구되고 거래비용에 대한 문제 역시 발생한다.

공공재의 존재와 공유지의 비극은 모두 다음과 같은 사실을 시사하고 있다. 즉, 개개인에 대한 전체적인 복리는 협력을 통해 향상될 수 있다는 것이다. 문제는 큰 규모에 대한 협력은 '생산'에 대해 많은 비용이 들고, 무임승차자(free-riders)와 버티는 자들(hold-outs)에 의해 위협을 받는다는 것이다.[3] 따라서, 합리적으로 최대한 자기이익을 추구하려는 자도 지배받는 것에 따르는 자유의 상실에 동의할 것이다.

이러한 논의는 다음과 같은 사실을 제시해 준다: 일정한 법체계하에서 사람들은 개선되기 때문에 기본적으로 통치받는 것에 동의할 수도 있다는 것이다. 이러한 선택에 대한 경제학적 특징이 가장 두드러지게 나타나는 방법으로 설명하자면, '자연상태'(state of nature) 또는 정부의 부재(absent of government)보다 더 효율적인 정부기구가 존재한다는 것이다. 사람들이 기꺼이 양도할 수 있는 자유의 양은, 이론적으로, 개개인의 자유가 정부로 '집합'(pooling)됨으로써 얻어지는 가치에 대응하는 자유의 가치에 의해 결정될 것이다.

문제의 복잡성은 여기서 끝나지 않는다. 제2장에서 지적하였듯이, '효율성'은 다양한 정의와 해석을 포함한다. 만일 파레토 효율성의 관점에서 고려해 본다면, 논의는 다음과 같이 전개될 것이다: 정부에 종속되는 모든 사람이 동의하지 않는 한, 정부는 존재하지 않을 수도 있다는 것이다. 다른 한편, 칼도-힉스 관점에서는, 정부로부터 이익을 받는 사람이 악화되는 사람들을 보상해 줄

---

3) 이들 개념에 대한 보다 자세한 내용에 대해서는 제2장을 보라.

수 있는 한, 그 보상이 실제로 이루어지는지 여부를 불문하고 그 정부기구는 효율적이다.

이는 개인을 실제로 구속하는 정부는 파레토 기준을 만족시킬 수 없음을 의미한다. 다른 한편, 개선될 것이라고 느끼는 다수에 의해 정부가 수립되고 소수가 원하는 바가 경시되는 것에 동의할 수도 있다. 이는 파레토 효율성을 달성하지 못할 뿐만 아니라 칼도-힉스 효율성을 달성한다는 보장도 없다. 왜냐하면 다수가 누리는 이익이 소수가 부담하는 손실을 충당하기에 충분할지 여부는 알 수 없기 때문이다.

사전(ex ante)보상의 개념을 사용할 경우, 자신이 나중에 궁극적으로 소수로 될 수도 있음을 알고 통치받는 것을 기다리는 사람들은 사실상 정부에 동의하고 있으며, 그러므로 반드시 개선된다고 논쟁할 수 있다. 그러나 이것이 어떠한 의미 있는 방법으로서의 동의인가는 의심스럽다. 분명한 것은, 비록 정부의 존재가 합리적으로 최대한 자기이익을 추구하려는 자에 의한 이익지향적인 의사결정에 적합할 수는 있어도, 그러한 효율성이 달성된다는 보장은 없다.

B. 정부에 대한 관점들(Approaches to Government)

합리적인 자기이익지향적 사람들이 일정한 형태의 정부를 선택할 수 있다는 사실은 그들이 정부의 적절한 역할에 동의할 것이라는 점을 의미하지 않는다. 이는 비록 그들이 개인적인 효용을 최대화하는 목적에 관심이 있다 하더라도 마찬가지이다. 논의의 핵심은 그들이 효용을 추구하기 위하여 얼마만큼의 위험에 자신을 기꺼이 노출시킬 것인가에 있다. 극단적인 방법으로 달리 표현하자면 다음과 같다: 이익을 받는 사람들은 상당히 유복해질 수 있고 이익을 받지 못한 사람들은 상당히 어려운 상황에 처하게 되는 사회를 선호하는가; 또는 심지어 악화된 상황에서도 자신들이 보호받는 정부기구를 선호하는가? 이들 2가지 가능성은, 어느 정도 여기서 논의되는 2가지 접근방법에 의해서 설명된다: 즉, 공리주의(Utilitarianism)와 존 롤스(John Rawls)의 '정의론'(Theory of Justice)이 그것이다. 이들은 모든 가능성을 총망라한 것은 결코 아니고, 따라서 그 논의도 필연적으로 개괄적이다.4)

1. 공리주의(Utilitarianism)

사회의 효용을 극대화하는 것이 자신들의 효용을 극대화하는 것이라고 할 때 사람들은 이러한 위험을 기꺼이 인수한다는 관점과 일치하는 모델이 바로 '공리주의'이다. 법경제학적 형식에 있어서 '부의 극대화'는 '효용의 극대화'로 대체됨으로써, 공리주의는 칼도-힉스 효율성과 밀접하게 관련되어 있다.5)

사회목적의 한 모델로서의 '공리주의'는 많은 문제에 둘러싸여 있다.6) 이들 중 일부는 '범위'(boundary)의 문제이다. 다시 말해서, 효용이 최대화되기 위한 사회의 범위는 어느 정도인가? 거기에는 특정한 지리적 한계범위가 있는가? 만일 그렇다면, 이러한 지리적 한계범위를 설정하기 위한 어떤 합리적 또는 도덕적 기초가 존재하는가? 또한 동물도 고려대상이 되는가, 또는 효용이 극대화되어야 하는 것은 인간의 효용뿐인가?

또 다른 문제는, 그 목적이 전체적 또는 평균적 효용을 최대화시킬지 여부에 있다. 우리는, 비록 개개인은 궁핍하지만, 많은 인구가 존재하고 엄청난 효용을 지닌 사회를 상상해 볼 수 있다. 반면에 평균효용을 최대화하는 것은 인

4) David Barnes and Lynn Stout, *Cases and Materials on law and Economics,* pp.418-435(1993)을 보라.

5) 효용의 극대화와 자산의 극대화 사이에 차이가 존재한다. 여기에 존재할 수 있는 차이점과 관련된 논의에 관해서 독자는 제2장을 참조하기 바란다.

6) J.J.C Smart and Benard Williams, *Utilitarianism: For and Against,* 77-150(1973); Richard Posner, *The Economics of Justice,* 51-60(1980).

구규모의 조절을 요구할 수도 있다.

아마 가장 어려운 문제는, 사람들은 전체의 효용을 최대화하기 위해서 자신들의 효용이 희생되어야 할지도 모른다는 가능성에 둘러싸여 있다는 것이다. 이에 대한 가장 극단적인 예는 이른바 효용의 극단적 추구자(utility monster)이다. 이는 다른 사람이 불쾌하게 생각할 수도 있는 활동으로부터 상당한 만족을 얻으려는 사람을 말한다. 이러한 사람은 만일 얻어낸 만족이 충분할 정도로 높다면, 그것은 다른 사람이 겪을 수도 있는 모든 비효용을 '정당화'시킬 수 있다고 여긴다. 물론, 효용의 극단적 추구자는 한 개인일 수 있고 소수의 사람일 수도 있다.

부의 극대화의 접근방법이 이들 문제의 일정 부분을 '해결'할 수 있는 경우가 있다. 예컨대 자신을 과시하는 수단으로 돈을 소유해야 하는 필요성은 '극단적인 효용의 추구자'의 위험을 낮출 수도 있다. 그리고 동물들은 시장에서 그들의 감정을 표현할 수 없으므로, 고려의 대상이 되지 않는다. 비록 부의 극대화의 접근방법이 문제의 일부분에 대하여 해답을 제공해 주지만, 그것이 어떠한 독립적·도덕적 근거를 가지고 문제를 해결한다고 보기 어렵다.

다수가 주도권을 가지고 있다는 맥락에서 가장 일반적인 위험은, 사람들은 자신들이 다수의 효용을 확보하거나 증가시키기 위하여 스스로의 자유를 제한시켜야 하는 소수의 일부분이라는 사실을 알게 된다는 점이다. 예컨대, Bowers v. Hardwick (S.Ct. 1986) 사건에서, 미연방대법원은 조지아 州의 반동성애법을 지지하면서, "남성의 동성연애는 비도덕적이고 받아들일 수 없다는 것이 조지아 주 대다수 유권자의 추정되는 믿음"이라고 판시하고 위와 같은 논의를 명시적으로 말하고 있다. 2차 세계대전 중에 일본계 미국인의 억류에 대한 합헌성을 다룬 Korematsu v. United States (S.Ct.1944) 사건에서도 동일한 논리를 발견할 수 있다. 최고법원은 간첩행위와 방해공작의 위협에 대한 피억류자가 겪을 고통과 혼란을 비교했다.

이 사례들이 설명해 주는 것은 공리주의 세계에서는 승자뿐만이 아니라 패자도 있다는 것이다. 만일 목적이 부의 극대화라고 하더라도 마찬가지이다:

즉 그들의 재산 및 부를 빼앗는 것은 그러한 이익을 이전받는 자가 원 소유자보다 그 이익에 대하여 더 많은 가치를 부여하는 한 받아들여지는 것으로 간주된다는 것이다. 물론 부의 극대화 세계에서는 부의 극대화가 전체적인 복리의 최대화를 가져올 수도 있고 그렇지 않을 수도 있다는 점에서 결점이 존재한다.

분명한 것은, 공리주의 모델 또는 부의 극대화에 대한 태도는 사람들이 그 사회에서 차지하고 싶은 지위에 달려 있게 될 것이다: 그들은 효용 또는 부의 극대화란 이름 아래 필요한 규칙 또는 재분배의 순수한 수혜자가 될 경향을 가지고 있는가 아니면, 그들은 결국 기여자가 될 경향을 가지고 있는가? 이에 대해 아무도 절대적으로 확신할 수 없고, 어떤 사람의 견해는 부분적으로 자신만의 평가 그리고 궁극적으로 '순수한 수령자'와 대비되는 '순수한 기여자'가 되는 위험을 얼마만큼 기피하는지 여부에 의해 형성될 것이다. 위험을 기피하는 사람에게 있어서 '거래'의 결과 손해를 입게 되는 가능성은 공리주의를 매력이 없는 선택사항으로 만들 수 있다.

2. 롤스(Rawls)의 정의론

공리주의에 대한 대안으로 나온 이 이론은, 공리주의하에서 개인들은 불이익을 받는 소수로 전락될 위험에 대하여 기피하는 성향이 있음을 명확하게 지적하는 것을 내용으로 하는 것인데, 존 롤스(John Rawls)가 말한 이른바 '정의론'의 이름으로 발전되어 왔다. 롤스는 만일 사람들이 그들 자신의 개인적인 특징 또는 그들이 사회에서 궁극적으로 차지하게 될 위치를 모른다면 어떤 유형의 사회를 선택할 것인가라는 문제를 제시한다. 그들은 선택된 체제하에서 '순수한 기여자'가 될지 아니면 '순수한 수령자'가 될지에 관한 가능성을 결정하는데 도움을 주는 어떤 정보로부터도 차단될 것이다. 롤스학파의 견해에 의하면, 사람들이 그 사회에서 자신이 최고의 그룹에 속하게 될지 또는 악화된 그룹에 속하게 될지 여부를 알 수 없는 경우에 선택된 것이 진정으로 공평한 상태라고 한다.

이러한 '무지의 베일'(veil of ignorance) 하에서, 롤스는 두 가지 원칙이 선택될 것이라고 결론내렸다. 첫째는 각 개인은 다른 사람이 소유하고 있는 비슷한 자유와 양립할 수 있는 가장 광범위한 기본적 자유를 가진다는 것이다. 둘째는 모두에게 이익이 될 수 있을 것이라고 합리적으로 기대되는 한, 사회적 · 경제적 불평등이 조정될 수 있을 것이라는 사실이다.[7] 이 두 번째 원칙 —'차등원칙'(difference principle)이라고 부르는— 은 수입과 부에 있어서의 불평등을 허용한다. 그러나 이러한 허용은 개선되고자 하는 사람들의 입장에서 볼 때 분배질서에 있어서 최하위에 있는 사람까지 향상될 수 있다고 판단되는 경우에만 그렇게 할 수 있다. 우리는 롤스의 차등이론과 파레토 효율성의 척도 사이에서 유사성을 발견할 수 있다. 이것은, 전체적인 복지와 부가 증가되는 한 개개인이 악화되는 것도 허용된다고 하는 공리주의(칼도-힉스이론과는 다른)와 구별하여야 한다.

롤스학파의 모델의 핵심은, 사람들이 위험을 기피한다는 믿음에 있고, 이 믿음은 실제로 어느 정도 경험에 의해 지지된다. 사람들은 위험에 대하여 너무 기피적이기 때문에 'maximin'이라는 의사결정규칙을 채택한다. maximin 규칙 하에서, 개개인은 자신이 궁극적으로 사회에서 악화될 것으로 가정하고, 악화된 복지를 최대화시켜 주는 행동원리를 선택할 것이다. 사람들이 '무지의 베일' 하에서 위험을 기피함으로써 maximin 결정규칙을 선택할 것인가 하는 것은 알 수 없다.

요컨대, 국가의 형태가 어떠한 것이어야 하는지에 대하여 개인이 자신의 선호를 표현하는 것에는 그만한 충분한 경제학적 근거가 있다. 선호되는 국가의 정확한 형태는 예측하기 더욱 어렵다. 나아가, 한 국가의 지도원리에 대한 의사결정에 구체화되어 있는 사항은, 자신들이 처하게 될 지위에 대하여 얼마만큼 그들이 알도록 허용되어 있는지에 대한 도덕적 이론적 문제이다.

---

7) John Rawls, *A Theory of Justice* 60-61(1971).

C. 도대체 왜 투표를 하는 것인가?

도대체 왜 사람들이 투표를 하려고 애쓰는 것인가의 문제는 오랫동안 사회과학자들을 혼란에 빠뜨린 문제 중의 하나이다. 전통적인 경제학적 분석은 투표하는 것이 비합리적이라고 제시한다.[8] 전통적인 경제학적 분석하에서 자기 이익의 합리적 극대자는 투표의 비용과 이익을 비교한다. 미국에 있어서 투표는 개개인에게 일정한 불편함을 요구한다. 당해 투표에서 얻어지는 이익은, 투표가 결과에 있어서 차이를 만들어 줄 확률과 전체적인 투표가 자신이 원하는 대로 되었을 때 자신의 복리의 변화분을 곱한 것이다. 모든 대규모 선거에 있어서, 기대되는 이익은 기름값, 주차비용 그리고 투표절차에서 소비되는 시간을 넘을 것 같지는 않다.

투표에 대한 의사결정을 설명하기 위해, 사람들이 효용을 이끌어내는 것의 종류에 대한 개념을 확장할 필요가 있다. 한 가지 가능성은 사람들이 의무감으로 투표를 한다는 것이다. 본질적으로, 그들은 자신들이 일정한 의무를 기피하였다는 생각으로부터 피하기 위하여 투표를 하는 것이다. 또 다른 가능성은 좁게 말하자면 그들은 자신들의 이익을 향상시키기 위해 투표를 하는 것이 아니고, 다른 사람 —어린이 또는 노인들— 의 복지를 모색하기 위해 투표를 한다는 것이다. 이 경우에, 비록 그들의 투표가 결과에 미치는 확률은 변화가 없다 하더라도, 만일 결과가 사실상 지속적으로 영향을 받는다면, 발생하는 이익은 증가된다.[9] 어느 경우이건, 가장 단순한 비용-이익 분석은 적용되지 않는다.

보다 상세하게 말하자면, 이는 정치적 선호를 표시하기로 하는 결정은 전통적으로 자신의 이익과 일치하는 것으로 간주되는 것이 아닌 그 밖의 요소에

8) Anthony Downs, *An Economic Theory of Democracy* 260-276(1957); Godon Tullock, *Toward a Mathematics of Politics* 110-112(1967).

9) Harold Margolis, *Selfishness, Altruism and Morality* 88-95(1982).

의해서 영향을 받을 수 있음을 시사한다. 투표에 대한 의사결정이 이들 요소에 의해서 영향을 받을 수 있을 뿐만 아니라, 어떻게 투표해야 하는가에 관한 결정도 역시 영향을 받을 수 있다. 사람들이 투표하는 방향은 보편화된 '가치'에 의해서 영향을 받기 쉽고, 반면에 보다 더 전통적인 시장거래는 개인의 '선호'에 의해서 영향을 받는다[10]고 말하고 있다. 법경제학에서 논의되는 의사결정은 아마도 이들 양 극단 사이의 어느 지점에 속할 것이다.

D. 투표를 통한 선호확정의 문제

1. 만장일치 투표와 다수결 투표

제3장에서 언급했듯이, 전통적인 시장에서조차도 선호를 확정하는 것은 어려운 일이다. 첫째, 선택은 선호를 정확하게 반영하지 않을 수도 있다. 둘째, 재산과 수입은 사람들이 자신들의 선호 또는 선호도를 보여주는 능력을 제한하기 때문에, 최종적으로 배분된 재화와 서비스가 효용을 최대화시켜 줄 것이라는 보장은 없다.

정치적 맥락에서는, 선호를 보여주기 위해 금전을 사용하기보다는, 투표 그 자체가 '통화'이다. 이 점이 또한 선호를 결정하는 데 있어 문제를 발생시키고, 상이한 형태의 투표방식은 상이한 이익과 불이익을 발생시킨다.

가장 기초적 규칙이자 외견상 위험을 기피하는 것처럼 보이는 규칙은 만장일치 법칙일 것이다. 다시 말해서, 전원의 찬성이 없이는 아무런 활동도 이루어지지 않는다는 것이다. 명백한 것은, 이러한 규칙은 파레토 효율성의 형태에서 그것의 경제학적 대상을 찾을 수 있고, 이 규칙의 가장 큰 장점은 개인의

10) Kenneth Arrow, *Social Choice and Individual Values* 81-83(1963).

자유를 최대한 존중해 준다는 것이다. 강력한 다수조차도 자신들의 목적을 달성하기 위해 소수를 종속시키거나 이용할 수 없다.

그러나 많은 것들이 이러한 투표 형태하에서 희생된다. 분명한 것은 개인의 자유를 완전히 존중한다는 것은 효용극대화와 불일치할 수도 있다. 20명의 자격 있는 자로 구성된 단체 중 19명이 특정정책이 채택되어야 한다고 강력하게 표명하는 상황을 우리는 쉽게 상상할 수 있다. 남은 1명의 투표자는 반대의견을 가지고 있지만, 그것은 거의 의미가 없다. 그러나 그가 기본적으로 거부권을 가지고 있다는 것은 분명하다. 물론, 당해 특정정책에 찬성하고 있는 19명의 투표자가 그다지 적극적으로 찬성하고 있는 것은 아니며, 반대의견을 가지는 1명의 투표자가 강력하게 반대할 수도 있다. 이러한 경우 만장일치를 요구하는 것은 총 효용을 향상시키는 기회를 떨어뜨리지 않을 수도 있다.

거부권 행사의 가능성은 또한 사소한 다른 문제를 발생시킨다. 20번째 투표자가 현실적으로 특정정책에 대해 무관심하거나 사실상 다수의견에 다소 찬성하고 있다고 가정하자. 이 경우 그 사람은 버팀으로써 다른 사람들에게 일정한 양보를 하도록 강요할 수 있는 기회와 아마도 그를 다수의견에 참여하도록 권유하기 위한 금전적 보상의 기회가 주어진다. 물론, 모든 투표자가 잠재적인 '20번째 투표자'이며, 만장일치를 달성하는 가능성 —모든 사람이 개선되는 상황에서조차도— 은 감소될 수 있다.

만장일치의 요구에 내재하는 고유한 문제에 대한 확실한 대응책은 바로 일정한 형태의 다수결 투표이다. 이는 단순히 다수를 요구하는 것일 수도 있고 2/3 또는 3/4의 다수를 요구하는 것일 수도 있다. 이들 투표규칙의 이점 중의 하나는, 버티는 사람들의 힘을 대폭 감소시킴으로써 일정한 결과를 달성하는 '비용'을 낮춰 준다는 것이다. 이러한 투표형태는 중요한 특징으로부터 나온다. 즉, 모든 사람들의 투표를 통한 동의 없이도 정책이 채택될 수 있다는 것이 그것이다. 경제학적 관점에서 보면, 이는 파레토 효율성보다는 공리주의 또는 칼도-힉스 효율성과 더 유사하다.

그렇다고 버티기의 문제를 배제하는 것이 모든 면에서 좋다는 것을 의미하는 것은 아니다. 어느 투표자가 다른 선거민들로부터 지불을 강요하기 위해 상업적 맥락에서 기회주의적으로 행동할 때에만 문제가 발생하는 것으로 생각하는 경향이 있다. 그러나 이것은 단순히 하나의 가능성에 불과하다. 또 다른 하나의 가능성은 버티는 사람은 진정으로 자신의 위치에 믿음을 가지고 있으며, 다른 사람들이 잘못되었다는 것을 설득하기 위해 버틴다는 것이다. 이는 투표자들이 배심원의 일원일 때의 경우이다. 만일 배심원이 만장일치의 투표보다 적은 수의 투표로 평결을 내릴 수 있다면, 이른바 좋은 아이디어 —다수를 계몽시킬 수도 있는 생각— 로 버티는 것은 무시당할 수도 있다.[11)]

마찬가지로, 우리는 다수투표의 어떠한 형태가 효용 또는 부의 극대화를 보장해 준다는 가정을 함에 있어 신중하여야 한다. 적어도 이것이 성공한다는 보장은 없다. 사람의 지불능력은 그 사람이 당해 구매품으로부터 얻는 효용과 별로 관련이 없는 것처럼, 다른 선택대상보다 당해 선택대상에 투표하려는 사람의 능력은, 그 선택대상에 대한 아주 약한 선호의 결과일 수 있다. 마찬가지로, 투표에서 결국 패배한 소수투표자들이 그들이 투표한 선택대상에 대해 매우 강한 욕구를 가질 수 있다. 단순한 다수보다 그 이상의 투표를 요구하는 투표방식은, 비록 위험을 감소시켜 준다 하더라도 효용 최대화를 보장하는 데 있어서 역시 부족하다.

마찬가지로, 이러한 투표방식은 칼도-힉스 또는 자산극대화의 결과를 보장하지도 않는다. 또 한번 반복하자면, 많은 사람들이 다른 선택대상보다 당해 선택대상에 대하여 투표한다는 사실이 투표로부터의 순수익자가 손해을 입은 사람들을 보상해 줄 수 있는가에 관해서는 아무 것도 말해 주지 않는다. 사실, 설사 투표가 수입의 직접적인 재분배를 가져온다 하더라도, 칼도-힉스 개선은 없다. 왜냐하면 당해 공동체에 남아 있는 자산은 동일한 수준에 머물러 있기 때문이다. 그리고 이전(transfer)이 어느 정도 일정한 비용의 발생을 포함하는 한, 재분배는 공동체를 악화시킬 수 있다. 물론, 만일 수입을 빼앗긴 사람들보

11) Apodaca v. Oregon(S.Ct.1972)(Douglas 법관의 반대의견).

다 수령자들이 그 추가적 수입에 대해 더 많은 가치를 부여한다면, 재분배는 복지 및 효용을 향상시킬 수 있다.

이것은 또다시, 다수가 소수를 마구 이용한다는 다수결제도에 관한 주된 문제를 발생시킨다. 소수에 의해 소비되는 제품에 세금을 부과함으로써 다수가 이익을 얻을 수 있는 사업계획에 자금을 조달하기 위해 투표하는 상황을 상상해볼 수 있다. 실질적으로 각각의 세금과 지출 결정은 일정한 재분배의 효과를 가진다. 투표자 중의 다수가 각종의 재분배의 순수익자일 수도 있지만, 공적으로 승인된 사업계획이 비교적 소규모의 단체를 원조하기 위해 고안된 것처럼 보이는 것도 사실이다.

나아가 재분배가 문제될 때에는, 다수와 소수의 관점에서 생각하는 것보다 그 재분배가 부자 또는 가난한 자 중 누구에게 더욱 이익이 되는가의 관점에서 생각하는 것이 더 유용하다. 예컨대, 의료교육 또는 법학교육을 보조하기 위해 보통세(general tax)[12]의 수입을 사용하는 것은 상대적으로 부유한 사람들에게 유리한 재분배를 의미하는 것일 수도 있다. 반면에, 무료식사 지원프로그램(food stamp program)에 대한 자금을 조달하기 위해 동일한 자금을 사용하는 것은 가난한 사람들에게 유리한 수입의 재분배이다.

어떠한 재분배이든 그 방향이 중요하다. 왜냐하면 일반적으로 대부분의 사람들은 금전의 한계효용이 감소한다고 생각하기 때문이다. 이는 부자의 수입이 징수될 경우, 만약 가난한 사람이 그 수입을 얻는다면, 가난한 사람이 얻을 효용에 비해 부자는 보다 적은 효용을 상실한다는 것을 의미한다. 그러므로 자금이 어떻게 재분배되었는가의 문제에 답함으로써, 다수가 전체적 효용을 향상시키는 방향으로 투표를 했는가의 문제에 대한 대답도 한 것이 된다.

12) 역자주: 보통세는 특별한 목적이 재정수요를 위하여 부과되는 조세인 목적세와 대비된다.

2. 애로(Arrow)의 정의와 가능한 해결책

투표를 통한 선호를 확인하는 데 있어서 부딪치게 되는 가장 중요한 문제 중의 하나는 애로(Arrow)의 '불가능정리'(Impossibility Theorem)이다.[13] 이 정리는 단순한 예를 가지고서도 충분히 설명될 수 있다. 한 반의 36명의 법대생들에게 그들이 치르게 될 시험의 종류에 대해 투표하도록 요구하였다고 가정하자. 여기에는 3가지 가능성이 있다: 3시간짜리 오픈 북 작문 시험(OB), 3시간짜리 객관식 시험(CB), 그리고 48시간짜리 집에서 해오는(take-home) 오픈 북 시험(TH). 12명의 학생은 CB보다 OB를 선호하고 TH보다 CB를 선호한다고 가정하자. 12명의 다른 학생은 TH보다 CB를 선호하고 OB보다 TH를 선호한다. 끝으로, 12명의 마지막 그룹의 학생은 OB보다 TH를 선호하고 CB보다 OB를 선호한다고 가정하자. 이들의 선호순서는 다음과 같이 설정할 수 있다.

그룹 Ⅰ: OB > CB > TH
그룹 Ⅱ: CB > TH > OB
그룹 Ⅲ: TH > OB > CB

이런 상황에서 만일 교수가 그 학생들로 하여금 투표하도록 한다면, 24명의 학생은 CB보다 OB를 선호할 것이 분명하다. 다른 한편, 24명의 학생들 또한 TH보다 CB를 선호한다. 마지막으로, 24명의 학생은 OB보다 TH를 선호한다. 문제는 투표결과가 불안정하다는 것이다; 즉 선택사항이 어떻게 투표에 붙여지느냐에 따라 투표결과가 달라질 것이기 때문에 당해 그룹이 실제로 선호하는 선택대상을 결정하는 것은 불가능하다는 것이다. 이는 '순환'(cycling)의 문제로 알려져 있다.

만일 순환의 문제가 발생하면, 선택대상이 투표에 붙여지는 순서에 따라 투표결과가 달라질 수 있는 가능성이 생긴다. 시험의 순서를 어떻게 설정하느

---

13) 이 장 각주 10)의 Kenneth Arrow의 저서 참조.

냐에 따라서 투표의 결과를 결정할 수도 있다. 예컨대, 시험에 관한 가상적인 예를 들어보자. 교수는 객관식 시험을 치르고 싶어하나, 한편으로는 학생들에게도 인기 있고 동시에 그들도 자신들이 보는 시험의 종류에 대한 결정에 참여하였다는 느낌을 주고 싶어한다는 가정을 해보자. 교수는 우선 학생들이 오픈북의 3시간짜리 시험을 선호하는지 아니면 집에 가지고 가서 해오는 시험을 선호하는지 생각할 것이다. 그에 대한 답은, 대다수의 학생들은 집에서 해오는 시험을 선호한다. 그 다음 집에서 해오는 시험은 마지막 가능성인 객관식 시험과 짝을 이루어 선택대상이 된다. 이번에는 객관식 시험이 선택되었다.

이 시험에 관한 가상적인 예가 수반하는 문제는 단지 불안정성이 존재한다는 것에만 있는 것이 아니다. 설사 불안정성의 문제가 없다 하더라도, 또 하나의 문제는, 선택대상에 대한 순서설정에 따라서 당해 투표의 정확성이 영향을 받는다는 것이다. 투표자들이 자신들의 선호에 대한 순서를 정하는 것('순서'에 관한 투표)을 넘는 어떠한 행위를 하지 못하는 한, 그들의 선호도는 측정되지 않을 것이며, 선택대상 중의 하나에 대한 투표결과는 실제로 전체의 복지에 부합하지 않을 수도 있다. 다시 말해서, 비록 순서설정이 안정적인 결과를 가져올지라도, 정확성의 문제는 존재할 수 있다는 것에 주의할 필요가 있다.

시험에 관한 가상적인 예로 돌아가 보자. 각 학생의 투표에는 10포인트가 부여되고, 그들은 그 투표를 3개의 선택대상에 배분할 수 있다고 가정해 보자. 12명으로 구성된 각 그룹은 총 120포인트의 투표권을 가질 것이다. 학생들이 그들의 포인트를 행사하는 데 있어서, 서열은 여전히 같아도, 학생들은 자신의 느낌과 일치하는 방향으로 포인트를 배분함으로써 그들의 느낌의 강도를 반영시킬 것이다. 그 결과는 아래와 같을 수도 있다(괄호 안의 숫자는 각 선택대상에 대한 총 투표를 나타낸다):

그룹 Ⅰ: OB(84) > CB(24) > TH(12)
그룹 Ⅱ: CB(74) > TH(40) > OB(6)
그룹 Ⅲ: TH(60) > OB(36) > CB(24)

포인트제하에서, 오픈 북 시험을 치르는 교실은 126점을 얻고, 객관식 시험은 122점 그리고 집에서 해오기 시험은 112점의 투표를 얻었다. 이 결과는 안정적이고 나아가 투표자에게 그들의 선호도에 관한 정보를 제공한다.

'순환'은 겉보기에 통일되지 못한 법원의 판결 또는 법원의 입장의 불안정성에 대한 설명으로서 제시되어 왔다.[14] 사실, 어느 사안에 대한 판시는 다수규칙의 적용을 나타내는 것이 아니고, 오히려 서로 다른 철학을 가진 9명의 판사가 행할 2가지 선택에 대한 순서설정이다. 예컨대, 법원이 누드 댄스의 문제를 다루게 되었다고 가정하자. 3명의 판사는 미국 연방헌법 수정 제1조(First Amendment)[15]의 절대론자이어서 모든 댄스를 표현의 형태로 보고 있고(A), 3명의 판사는 이 조문을 역시 강력하게 지지하지만 댄스는 보호받는 표현형태로 생각하지 않으며(N), 그리고 나머지 3명의 판사는 댄스가 보호받는 표현형태일 수도 있지만 예술작품으로서의 댄스와 외설이라고 보여질 수도 있는 댄스 사이에는 비교형량이 이루어져야 한다고 생각한다(B). 만일 이들 견해들이 각 그룹에 있는 3명의 판사에 의해 순서가 설정된다면, 채택되는 '견해'에 따라 순환의 가능성이 존재한다. 순서가 아래와 같다면 순환의 가능성이 발생할 것이다:

그룹 Ⅰ: A > B > N
그룹 Ⅱ: N > A > B
그룹 Ⅲ: B > N > A

이 사안에 대한 판결은, 이익형량의 관점에 따라 판단하는 판사들의 견해에 의할 것 같다. 그런데 여기에서 주의해야 될 점은, 이 판결이 이익형량을 하여야 한다는 '견해'를 채택한 결과는 아니라는 것이다. 한 사안에 대한 결과가 어떻게 되든지 간에, 그 다음 사안은 이전과 다른 방향으로 결정되는 것처럼

---

14) Frank Easterbrook, "Ways of Criticizing the Court," 95 *Harv. L. Rev.* 802(1982).
15) 이 헌법에서는 표현의 자유를 규정하고 있다.

보일 수도 있다. 물론 이러한 불일치는, 처음의 결정이 누드 댄스와 관련하여 법원이 채택한 원칙의 산물일 경우에만 발생한다.

판사들의 선호는 조정될 수 있고, 만일 조정된다면 아마도 대부분 '다수견해'에 따르는 패턴으로 될 것이다. 위의 예에서, 이와 같은 패턴은 아래와 같은 결과를 가져올 수도 있을 것이다:

그룹 Ⅰ: A > B > N
그룹 Ⅱ: A > N > B
그룹 Ⅲ: N > B > A

여기서, 결과는 안정적이고 '다수'견해는 A이다. 그러나 그룹 Ⅱ에 속하는 판사들은 댄스가 보호받는 표현형태라는 점에 대해서 긍정적이지 않기 때문에 N보다 A를 조금 더 선호하는 것뿐이다. 그리고 그룹 Ⅲ에 속하는 판사들은 적극적으로 댄스가 수정헌법 제1조에 의해서 보호받지 못한다고 생각한다. 이제, 비록 안정적인 상태가 존재하더라도, 느낌의 강도가 고려될 경우에 다수견해가 (진정한)'견해'를 정확하게 반영한 것인가에 관한 문제가 발생한다.

a. 정치적 거래

앞에서 말한 바와 같이, 법원의 판단은 불안정한 것이라는 사실을 알 수 있는데, 왜냐하면 사용되는 투표방식에 따라 결과가 달라질 수 있기 때문이다. 다른 한편, 입법적인 결정은 그것이 선례에 구속되지 않기 때문에 보다 큰 안정성을 나타내는 것처럼 보인다. 입법적인 결정이 보다 안정적일 수 있는 이유에 대한 설명으로서, 정치적 거래(logrolling) 가능성을 들 수 있다. 정치적 거래는 사실상 표를 거래하는 활동을 의미한다. 예컨대, 플로리다의 입법자는 역외거래(域外去來: 주와 주 사이의 거래 등)를 다루는 법안에 대해서는 매우 중요하게 생각하겠지만, 콩을 경작하는 농부들의 보조금에 관한 법안의 결과에 대해서는 아무런 관심도 가지지 않을 것이다. 반면에, 아이오와 주의 입법자는 정반대의 관심을 가지고 있기 때문에, 상대적으로 역외거래의 법안에 대해서는 무관심하지만 콩 보조금에 대해서는 매우 중요하게 생각할 것이다. 만일 아이오와 주의 입법자가 역외거래 법안에 대해 투표를 한다면, 플로리다 주의 입법자는 콩 보조금에 관해 아이오와 주의 입법자가 원하는 방향으로 투표하는 것에 동의할 것이다. 요컨대, 아이오와 주의 입법자는 역외거래와 관련하여 플로리다 주의 입법자에게 2표를 주고, 플로리다 주의 입법자는 아이오와 주의 입법자들에게 콩 보조금과 관련하여 2표를 줌으로써, 입법자들은 표에 대한 거래를 한 것이다.

정치적 거래는 사실상 입법자들로 하여금 1표가 아닌 그 이상을 행사하도록 해준다. 입법자들은 자신들이 가장 관심을 가지고 있는 안건에 던질 표를 모으기 위해 표를 거래함으로써, 그들은 특정 안건에 대하여 '찬성' 또는 '반대' 표를 던질 필요가 없고, 단지 간접적으로 그들의 선호도를 나타낼 수 있게 된다. 이러한 관점에서, 정치적 거래는 앞에서 논한 포인트 투표제와 동일한 결과를 낳을 수 있다. 결과는 안정적일 것이다. 나아가, 당해 안건에 대해 가장 관심을 가지는 사람들의 표가 당해 안건을 중요하게 생각하지 않는 사람들의 표보다 사실상 더 큰 가치를 가지게 될 것이라는 점에서 그 결과는 더 정확할 수 있다.

b. 단일선호(Single Peaked Preferences)

'애로(Arrow)의 불가능정리'를 고려하는 것은 중요한 것이지만, 그렇다고 하여 이 정리가 광범위하고 다양한 예에 적용되는 것은 아니다. 이 정리가 유지되기 위한 필요적 전제조건 중의 하나는 바로 투표자들에게 자유로운 선택범위가 주어져야 한다는 것이다.[16] 이는, 각 개인이 선택대상들을 임의의 순서로

16) 이 장 각주 4)의 David Barnes and Lynn Stout의 저서 465-466면 참조.

설정할 수 있어야 한다는 것을 의미한다. 그러나 사람들이 관심을 가지는 문제의 대부분이 그런 것은 아니다. 오히려 그들의 선택은 예상가능한 범위에 따라서 조정될 것이다. 이러한 경우에 각 개인은 '단일선호'를 한다. 예컨대, 총기규제에 대하여 3가지 입장이 있다고 가정하자: 모든 총기에 대한 규제(B), 일정한 총기에 대한 규제(SB), 그리고 모든 총기의 허용(NB). 3명의 투표자는 아래와 같이 그들의 선호를 표명할 수도 있다:

투표자 Ⅰ: B> SB > NB
투표자 Ⅱ: NB > SB > B
투표자 Ⅲ: SB >B > NB

총기규제를 대단히 선호하는 투표자 Ⅰ은 총기규제가 없는 것보다는 적어도 일정부분 총기에 대해 규제가 있는 것을 선호할 것이기 때문에 위와 같은 순위설정은 현실적인 것처럼 보인다. 마찬가지로, 총기를 규제하지 않는 것을 선호하는 투표자 Ⅱ는 모든 총기를 규제하는 것보다는 일정한 총기에 대해 규제하는 것을 선호할 것이다. 이 경우에 안정적이며 우위에 서는 결과는 SB이다. 다시 말하자면, 여기서 주의해야 될 점은, 안정성이 선호도가 확정될 수 있을 경우에 있게 되는 결과와 동일하지 않다는 것이다.

E. 입법에 관한 경제이론

지금까지 이 장에서는, 각 투표자가 각각의 문제에 대해 투표할 권리가 있고 그 중 다수의 입장이 법률로 되는 식으로 공공선택의 문제에 접근하였다. 이미 지적하였듯이, 투표에 의해 나타나는 선호는 안정적이며 정확하지 않을 수도 있다. 투표자들이 투표하는 대상은 문제된 법안 자체가 아니라 그 법안에 대하여 투표할 사람(국회의원)이라는 사실을 생각한다면 상황은 더욱 복잡해진다. 그러므로 공공선택에 관한 연구의 대부분은 '입법이론'에 관한 것이다. 이 논의분야는 무엇이 입법자들에게 동기를 부여하는가의 문제에 관한 것이다. 그들은 전적으로 오로지 재선에만 관심이 있는 것인가? 그들은 현재 자신들의 선거구민의 복지향상과는 일치하지 않을 수도 있으나 객관적으로 보아 이상적인 방향과 일치하는 쪽으로 투표하는 것인가? 이익집단들이 입법적 결과에 영향을 미치는 데 있어서 얼마만큼의 힘을 발휘하는가? 캠페인을 통한 기여와 다른 동기부여의 수단에 의해서 결과가 달성될 수 있는 것인가?

1. 입법자들은 무엇을 원하는가?

우리가 예상할 수 있듯이, 입법에 관한 경제이론은 입법자들이 자기이익의 합리적 극대자라고 하는 개념으로부터 시작한다. 문제는 다음과 같다: 즉 입법자의 효용함수에서 발견할 수 있는 여러 변수가 무엇인가 하는 것이다. 한 가지 가능성은 바로 입법자는 재선되고자 하는 욕구에 의해서 영향을 받는다는 것이다. 즉, 만일 재선이 안 된다면 공직에서 얻을 수 있는 이익이 무엇이든지 간에 잃게 된다. 이는 다음과 같은 경험적인 증명에 의해서 뒷받침된다: 즉, 상원의원의 재선캠페인에서 후보자들은 자신의 주에서 가장 최근에 선출된 상원의원이 주장하는 입장에 따라 움직이려는 경향이 있다는 것이다.[17] 다른 한편, 이러한 '유연성'은 상당히 제한적이다. 그러나 이것 또한 재선되고자 하는 욕구와 일치되는 것일 수도 있다. 왜냐하면, 투표자들은 우유부단하다고 생각되는 후보자를 회피할 수도 있기 때문이다.

17) A. Glazer and M. Robbins, "How Elections Matter: A Study of U.S. Senators," 46 *Public Choice* 163(1985) 참조.

이는 다음과 같은 문제를 가져온다: 즉, 재선을 보장하는 가장 좋은 방법은 무엇인가? 한 가지 가능성은 다음과 같다: 즉 입법자들은 결국 자신들이 지지하는 입법이 그의 선거구민에 의해서 지지된다는 점을 반드시 확인해야 한다는 것이다. 그리고 입법자들이 자기이익의 합리적 극대자라고 가정한다면, 이는, 그들이 반드시 다수의 선거구민에게 이익이 되는 방향으로 투표를 해야 한다는 것을 의미한다. 이는, 그들이 선거구민의 좁고 제한된 경제적 복리만을 고려한다는 것을 의미하는 것인지 아니면 보다 보편적인 가치를 평가하는 노력이 존재한다는 것인지 분명하지 않다. 최근에 후보자들이 낙태의 권리와 성추행 문제를 중요하게 다루는 것은 보편적인 가치가 실제로 투표자와 이 이론에서의 정치 후보자들에게 동기를 부여한다는 점이다. 입법자들은 선거구민이 선호하는 방향으로 투표하는 데 있어서 신중하여야 한다는 이론에 대한 근본적인 문제는, 이 이론이 투표자의 이익과 정보에 관하여 많은 것을 전제하고 있다는 것이다. 예컨대, 이미 논의한 바와 같이, 만일 전통적인 경제학적 논리를 적용할 경우에는 투표하기로 결정하는 것조차도 비합리적인 것으로 보일 것이다. 아주 소규모의 선거를 제외하면, 투표비용은 그로부터 얻는 이익을 초과할 가능성이 있다. 나아가, 이 이론이 작용되기 위해서는, 분명하지 않을 수도 있는 입법이 그들에게 어떠한 영향을 미치는가를 계속 살펴보는 경향이 있는 상당한 정보력을 갖춘 선거구민을 전제하여야 할 것이다. 다시 말해서, 정보수집비용은 투표에서 얻을 수 있는 이익을 초과할 수도 있다는 것이다.

다른 한편, 재선은 실제로 정치적인 기여를 할 수 있고 당해 후보를 지지하는 사람들로 하여금 정말로 투표하도록 하는 것을 확실하게 해주는 특정이익집단의 지지(부동의를 회피하는 것)를 얻는 것에 달려 있다. 이러한 방향으로 접근한다면, 재선되기를 희망하는 입법자는 가장 강한 영향력을 가지는 이익집단에게 그의 표를 파는 것처럼 보일 수 있다. 사실 입법이론은, 이익집단이 주요 수요자가 되고 입법자들이 공급자가 되어 수요와 공급의 관점에서 논의되었다. 이익집단의 이론에 대한 보다 상세한 논의는 아래에서 다루겠다.

입법에 대한 경제학적 이론은, 입법적 투표에 대해 극히 단순한 설명을 제시한다는 이유로 비판을 받아 왔다. 특히, 다니엘 파버(Daniel Farber)와 필립 프리키(Philip Frickey)는 입법자들이 직접적으로 그들의 선거구와 이익집단에 대하여 반응하는 것인지 또는 그들 자신들의 이상에 대하여도 반응하는 것인지에 대해 의문을 제기한다. 파버와 프리키에 따르면, 입법자들의 투표는 경험적 사실에 비춰볼 때, 이들 가능성에 의해서 완전히 설명되지 않는다고 한다. 게다가, 다른 경제학적 이론들은 왜 투표자의 이익 또는 이익집단의 이해관계와 입법자의 투표활동(법안통과를 위한 투표) 사이에 일정한 불일치가 있는가를 설명하고 있다. 그러므로 파버와 프리키는 선거구민의 이익, 특정 이익집단 그리고 이상적인 방향으로의 투표를 통해 투표활동을 설명하는 광범위한 모델을 제시한다.[18]

2. 이익집단

공공선택에 관한 논의에서 자주 등장하는 개념으로 '지대추구'(rent seeking)라는 것이 있다. 공공선택의 분야에 있어서, '지대'(rent)는 경쟁 상태하에서 받았을 수입을 넘어서 받는 수입을 의미하는 용어이다. 이익집단의 대부분의 활동은 지대의 추구라고 할 수 있다. 다시 말해서, 이 집단들의 구성원은 시장의 경쟁상태로부터 보호받기를 원한다는 것이다.

예컨대, 사례집에서 선호하는 Williamson v. Lee Optical of Oklahoma (S.Ct. 1955) 사건에서, 최고법원은 안경사가 처방전 없이 렌즈 또는 안경을 제공하는 것을 금지한 오클라호마 주의 법을 심리했다. 이는 대부분의 안경이, 안경사와는 달리, 시력을 검사하거나 처방전을 발급하는 면허를 가진 검안사에 의해서 판매되었다는 것을 의미한다. 나아가, 고객을 위하여 복사 또는 복제되어야 하

18) Daniel Farber & Philip Frickey, "The Jurisprudence of Public Choice," 65 *Tex. Rev.* 873.

는 모든 렌즈는 검안사에 의해서 제공되어야 했다. 최고법원이 적법절차를 위반하지 않았다고 판시하였던 이 입법에 대하여, 오클라호마의 검안사 협회는 최고법원의 그러한 결정을 적극 지지하였다. 이러한 판시가 의도하는 경제적 효과는 안경시장의 경쟁을 제한하고, 이를 통해서 검안사가 부과할 수 있는 가격을 올려주는 데 있다. 여기서 가격의 상승은 지대의 일종으로 간주된다. 이와 비슷한 결론이, 의대 또는 법대의 신설에 반대하는 의사 또는 변호사의 노력이 성공적으로 이루어졌을 경우에도 발생한다.

이익집단의 존재는 지대추구의 관점에서 설명될 수 있다. 그러나 분명히 이익집단은 소비자의 이익과 도덕적 혹은 종교적 가치를 지지하기 위하여 만들어질 수도 있다. 경제학적인 관점에서 이익집단을 연구하는 것은 공공선택에 속하는 다른 많은 문제들을 연구하는 것과 유사하다. 이익집단과 무임승차의 효과의 문제를 지지하는 것이 합리적인 경우와 관련하여 문제가 생긴다.

중요한 문제는, 비용이 이익집단의 형성과 활동에서 얻어지는 이익을 초과하는지 여부에 있다. 상당히 높을 수도 있는 이 비용은, 이익집단이 입법과정에서 일정한 법률 또는 구체적 안건의 통과에 대하여 영향을 미칠 수 있을 경우에만 정당화된다. 나아가 이러한 노력은 하나의 이익집단이 다른 이익집단과 경쟁하는 경쟁 상황하에서 발생할 수도 있다. 각 투표자가 투표할지 여부를 결정하는 경우와 마찬가지로, 이 경우에도 원하는 효과를 달성할 가능성은 반드시 고려되어야 한다.

이익집단 참여의 가장 큰 장점은 규모경제에 있는 것으로 보인다. 일정 수준의 영향력을 행사하는 데 있어서, 아마도 많은 개인들이 함께 활동하는 경우가 협력 없이 개별적으로 노력하는 경우보다 비용이 더 적게 들 것이다. 반면에 이익집단 참여의 단점은, 이익집단의 성공적인 노력으로부터 얻는 금전적 이익이 거액이라 하더라도, 이들 이익은 100% 확실한 것이 아니며, 나아가 이들 이익은 수익자들 사이에서 나누어져야 한다는 것이다. 모든 것을 고려했을 때, 비록 노력 자체는 성공했다 하더라도 그 최종적인 결과는 손실로 될 수도 있다.

또 다른 문제는 무임승차로부터 발생한다. 이익집단의 노력은 전형적으로 발생하는 이익이 공헌한 사람들에게만 한정될 수 없다는 점에서 공공재와 같다. 따라서 방관자로서 앉아 있으면서 다른 이해관계 당사자들이 기여하기를 바라는 유혹을 받는다. 분명한 것은, 만일 많은 이해관계 당사자들이 그와 동일한 생각을 가지고 있다면, '집단'은 결코 형성되지 않을 수도 있으며, 설사 형성된다 하더라도 그의 '이익' 수준은 적게 나타날 수도 있다.

3. 입법시장

이익집단의 활동과 모든 사정이 동등한 경우에 가능성은, 큰 자금력을 가진 이익집단이 영향력을 행사할 것이고 이것이 반드시 나쁜 것인가 하는 문제를 가져온다. 궁극적으로, 이익집단에 참여하고 기여하는 것을 통하여 사람들은 자신들의 선호의 강도를 표현할 수 있게 된다. 이는 순환의 문제를 피할 수 있을 뿐만 아니라, 일견 자산 최대화와 어쩌면 효용 최대화와도 일치되는 것처럼 보인다.

예컨대, "고래를 구하자"라는 그룹은 포경을 제한할 적절한 법률제정에 영향력을 주기를 원하는 후원자들에게서 1,000,000달러를 모을 수 있다고 가정해 보자. 또한 산업에 있어서 몇몇 생산자들이 "산업을 발전시키자"라는 그룹의 일원들이라고 가정해 보자. 그 그룹은 증가하는 고래 보호에 반대하여 2,000,000달러를 모을 수 있다. 만약 이것이 법률제정을 위한 경매였다면, 산업그룹은 환경론자보다 높은 값을 매길 것이다. 그리고 그들은 포경을 반대하는 입찰자보다도 고래들에 대한 권리를 더 평가한다고 말할 수도 있을 것이다.

분명한 것은, 그러한 입장에 대하여 몇 가지 비판이 있다는 것이다. 첫 번째로, 앞에서 강조했듯이, 지급 의사·능력과 효용 사이에는 명백한 불일치가 있다. 이처럼 고래보호 입법에 대해 반대하는 것이 전부의 효용을 증가하게 한다는 보장은 없다.

두 번째로, 부가 극대화될 것이라는 것도 명백하지 않다. 일정한 정도의 무임승차는 어느 한쪽 그룹의 '후원자'에 의해서 존재하고, 실제 가치는 낮게 평가될 것이다. 결국, 한 사람이 무임승차를 선택하였다고 하여 반드시 그가 다른 사람보다 결과를 낮게 평가하였다는 것을 의미하지는 않는다; 그는 단순히 다른 사람들의 노력의 결실을 즐김으로써 부와 효용을 최대화하려는 것을 시도하려 한다.

"고래를 구하자"라는 그룹은 수만 명의 작은 후원자들로 구성되고 "산업을 발전시키자"라는 그룹은 12명의 생산자로 구성될 것이다. 만약 그렇다면, 무임승차는 "고래를 구하자"의 후원자들 사이에서 더 발생할 가능성이 있다. 왜냐하면 회원수의 확대는 무임승차자의 수가 늘어난다는 것을 의미하기 때문이다. 따라서 제재되거나 혹은 어떠한 이익으로부터 배제될 가능성은 매우 낮아질 것이다.

반면에, "산업을 발전시키자" 그룹에 속하는 일원은, 누가 무임승차자이었는가를 금방 알 수 있었을 것이고, 그에 따라 무임승차자가 피하고 싶어하는 방법에 대응할 수 있는 가능성이 더 높아지게 된다. 이들 두 그룹과 관련되는 후원자들은 '문제'된 법률제정권에 부여된 가치에 대해 거의 표시하지 않을 것이다. 이것은, 회원 수가 비교적 풍부한 단체들로 구성된 작은 그룹들이 그들의 계획들을 이루는 데 있어서 가장 효과적이라는 사실을 보여주고 있다.

이해관계 성향이 강하면서 적은 수의 회원으로 구성된 집단이 법률제정에 관한 시장에서 상대적으로 '큰 힘'을 발휘한다는 사실은 경험적인 지지를 받고 있다. 아마 무임승차의 우려로 인하여, 당해 산업에 있어서 회사의 수가 많을수록 정치활동위원회(PAC)에 대한 지지는 줄어들 것이다. 어느 산업이 집중될수록 어느 정도까지는 PAC활동이 증가할 것이다.[19] 당해 산업이 어느 선까지 집중된 후에, 이익집단은 정치적 활동 이외의 다른 방향을 지향할 때에 지대

19) 이에 관해서는 공공선택학회(Public Choice Society) 1990년 회의에서 발표된 Kevin Grier, Michael Munger & Brian Roberts, "PAC IT OR LEAVE IT: Concentration and Corporate Political Participation"을 참조.

추구를 위한 노력이 보다 생산적이라는 사실을 발견하게 될 것이다.

만약 이익집단이 지대추구자라면, 매우 큰 힘을 가진 이익집단에 의한 고비용의 로비활동이 부를 극대화할 것이라는 가능성은 훨씬 감소된다. 성공적인 목적달성이 비효율적일 뿐만 아니라, 그 목적달성을 위한 경쟁이 손실이기도 하다. 왜냐하면 경쟁관계에 있는 이익집단의 노력은 단순히 서로의 상태를 악화시킬 수도 있는 것이기 때문이다. 사실, 비록 그 목적달성이 효율적인 것으로 보여질 수 있다 하더라도, 그 목적달성의 과정에서 이익집단이 경쟁함으로써 소모되는 비용은 그 목적을 달성하기 위하여 지출되는 비용을 초과할 수도 있다.

국문색인

영문색인

명 순 구

서울고등학교(1980년)
고려대학교 법과대학 법학사
고려대학교 대학원 법학석사
프랑스 파리 제1대학교(Université de Paris I, Panthéon-Sorbonne) 법학박사
프랑스 교수자격(Habilitation à Diriger des Recherches)
프랑스 파리 제1대학교 채권법센터(Centre du droit des obligations) 연구위원
Erasmus Mundus 초빙교수(프랑스 Université du Havre)
고려대학교 법과대학 조교수, 부교수, 교수(1995~현재)
E-mail: skmyoung@korea.ac.kr
Home Page: www.dres.pe.kr

▨ 주요논저

〔저서 · 역서〕

- 법 학

La rupture du contrat pour inexécution fautive en droit coréen et français, Paris, L.G.D.J., 1996.
프랑스민법전 제1권 [人], 법문사, 2000.
민법학기초원리, 세창출판사, 2002.
프랑스민법전, 법문사, 2004.
미국계약법입문, 법둔사, 2004.
현대미국신탁법, 세창출판사, 2005.
민법총칙, 법문사, 2005.

- 기 타

공저 실크로드로 가는길, 세창출판사, 2001.
공저 우리동거할까요, 도서출판 코드, 2002.
공저 안암동1번지, 세창미디어, 2003.

〔연구논문〕

이혼청구권이 형성권인가?
부동산매매목적물로부터 발생한 과실: 그 수취권의 판단
1980년 계엄당국의 강박에 의한 증여계약의 효력과 취소권의 제척기간
대차형계약의 쌍무성 · 유상성 판단에 관한 비판적 시각
채권자대위제도의 오용과 남용: 그 원인분석과 대안
통일후 토지소유권의 재편방향: 소유권회복의 장애
안중근과 이토 히로부미의 접점에 대한 법적 평가 등 다수

법경제학

2006년 4월 10일 초판 인쇄
2006년 4월 15일 초판 발행

저 자 JEFFREY L. HARRISON
역 자 명 순 구
발행인 이 방 원
발행처 세창출판사
서울 종로구 교남동 47-2 협신빌딩 3층
전화 723-8660 팩스 720-4579
E-mail: sc1992@empal.com
homepage: www.sechangpub.co.kr
등록 1990. 10. 8. 제2-1068호(윤)

정가 22,000 원 ISBN 89-8411-145-7 93360